PROPRIEDADE PRIVADA
E DIREITO À MORADIA

UMA CRÍTICA

DIOGO DE CALASANS MELO ANDRADE

PROPRIEDADE PRIVADA E DIREITO À MORADIA

UMA CRÍTICA

EDITORA
IDEIAS&
LETRAS

Direção Editorial:
Marlos Aurélio

Conselho Editorial:
Fábio E. R. Silva
Márcio Fabri dos Anjos
Mauro Vilela
Ronaldo S. de Pádua

Coordenador da Série:
Alysson Leandro Mascaro

Copidesque e Revisão:
Luiz Filipe Armani
Pedro Paulo Rolim Assunção

Diagramação e Capa:
Tatiana Alleoni Crivellari

Ilustração da capa:
Minha cidade
Gravura de Alysson Leandro Mascaro

Série Direito & Crítica

Todos os direitos em língua portuguesa, para o Brasil, reservados à Editora Ideias & Letras, 2018.

1ª impressão

EDITORA
IDEIAS &
LETRAS

Rua Barão de Itapetininga, 274
República – São Paulo/SP
Cep: 01042-000 – (11) 3862-4831
Televendas: 0800 777 6004
vendas@ideiaseletras.com.br
www.ideiaseletras.com.br

Dados Internacionais de Catalogação na Publicação (CIP)
(Câmara Brasileira do Livro, SP, Brasil)

Propriedade privada e direito à moradia: uma crítica
Diogo de Calasans Melo Andrade
São Paulo: Ideias & Letras, 2018.
Bibliografia.
ISBN 978-85-5580-048-1
1. Direito à habitação 2. Direito à moradia - Brasil
3. Propriedade privada 4. Propriedade privada - Filosofia
I. Mascaro, Alysson Leandro. II. Título. III. Série.

18-19137   CDU-347.171

Índices para catálogo sistemático:
1. Direito à moradia: Direito civil 347:171
2. Direito de habitação: Direito civil 347:171

Se todo atentado contra a propriedade, sem qualquer distinção, sem determinação mais precisa, for considerada furto, não seria furto toda propriedade privada? Por meio de minha propriedade privada não estou excluindo todo e qualquer terceiro dessa propriedade? Não estou, portanto, violando seu direito à propriedade? (Karl Marx)

O Estado burguês não quer e não pode eliminar a miséria habitacional. (Friedrich Engels)

SUMÁRIO

PREFÁCIO	9
APRESENTAÇÃO	13
INTRODUÇÃO	17

1. DAS FORMAS AO DIREITO: FORMA JURÍDICA, SOCIAL E IDEOLÓGICA — 39

1.1. O fenômeno jurídico: a forma jurídica
e o sujeito de direito — 39

1.2. As formas sociais: mercadoria, valor
e subjetividade jurídica — 59

1.3. Conceito marxista do direito, classe dominante
e forma ideológica do direito — 79

2. O DIREITO À CIDADE NAS OBRAS DE LEFEBVRE E HARVEY — 103

2.1. O direito à cidade nas obras de Henri Lefebvre — 103

   2.1.1. A transformação campo, indústria e urbanização:
o direito à cidade e a questão da moradia — 103

   2.1.2. A forma urbana: lugar de reunião e simultaneidade — 145

2.2. O direito à cidade nas obras de David Harvey — 167

   2.2.1. Direito à cidade como um direito coletivo
concentrado e o mercado de moradias — 167

2.2.2. A teoria do uso do solo urbano: valor de uso,
valor de troca e a moradia como mercadoria   188
2.3. Diferenças e semelhanças das ideias de Henri Lefebvre
e David Harvey sobre direito à cidade   200

3. A (RE)CONFIGURAÇÃO DA PROPRIEDADE PRIVADA E O DIREITO À MORADIA   205

3.1. Repensando a cidade: a cidade e a moradia
como mercadoria   205
3.2. Espaço urbano: interesses do capital, ação do Estado
e a luta contra a segregação   223
3.3. A cidade global: a globalização, a atuação do mercado
imobiliário e financeirização da moradia   261
3.4. A urbanização como negócio: a gentrificação,
o planejamento urbano e os interesses do mercado
do capital   287

4. A POLÍTICA HABITACIONAL NO BRASIL: DO ÁPICE À CRISE   317

4.1. Políticas "não" públicas de habitação: benefícios
por parte do Estado para o setor privado   317
4.2. A teoria da renda da terra agrícola *versus* a
terra urbana: a teoria da localização e a transformação
da terra em mercadoria   351
4.3. Entraves da lógica de produção social na política
habitacional no Brasil: a estrutura jurídica institucional   384
4.4. A questão da moradia e o Programa Minha Casa
Minha Vida   409

CONCLUSÃO   447
REFERÊNCIAS   465

PREFÁCIO

A crítica à sociedade é rara e especial num mundo em que se dão por naturalizadas a exploração, as desigualdades e a vida dominada. Quando se levantam impulsos críticos em face desse quadro, no entanto, via de regra eles acabam por reconfirmar as mesmas bases daquilo a que se opõem: ao pleitear mais direitos, sagra-se a sociabilidade regida por direitos. O vínculo jurídico é o que garante o capital, a propriedade privada, a exploração do trabalho do trabalhador e a extração de mais valor. Por direito se dá a acumulação. Mais direitos, quando são pensados para afirmar o oprimido contra o opressor, acabam por garantir o modo relacional opressivo, apenas dando-lhe desconto.

A grande crítica há de alcançar o estrutural na sociedade capitalista e, com isso, compreender as *formas de sociabilidade* que erigem os vínculos sociais. A sociedade é constituída de relações e vínculos determinados pela produção: o modo pelo qual o trabalho é organizado, sua divisão, a apreensão dos meios produtivos e dos bens, tudo isso determina a forma pela qual as interações e as práticas se dão. O capitalismo, lastreado na forma mercadoria e na forma valor, constitui todas as individualidades em subjetividades jurídicas: o que se tem e o que se relaciona se o fazem por direito. O sujeito de direito compra, vende, registra, entesoura.

Assim se permite que seres humanos explorem seres humanos, na circulação mercantil de tudo e todos. Uns por direito têm; outros, pelo mesmo direito, não podem arrogar a tenência daquilo que seja suficiente para a sobrevivência. A venda do trabalho ou as práticas que depois serão reprimidas penalmente são as alternativas aos que não possuem os meios de produção.

Também a política é derivada dessa mesma forma social basilar, mercantil, que tem por orientação a valorização do valor e a acumulação. Para que as mercadorias se troquem e o trabalho seja explorado, dá-se a concreção e a universalização dos sujeitos de direito, considerados livres e iguais, permitindo então a equivalência geral. Com essa igualação, ninguém se impõe como poder político dominante por conta de seu capricho ou de seu domínio direto. A política passa a ser consolidada num aparato terceiro em face de exploradores e explorados: o Estado. Este não é neutro nem técnico nem indiferente ao modo de produção no qual brota. Conforme trato e desenvolvo em *Estado e Forma Política* (Ed. Boitempo), o Estado é a forma específica e inexorável de organização da política no capitalismo. Assim o sendo, ainda que os trabalhadores dominem cargos nos governos, podendo mesmo estar à testa de presidências de repúblicas, a política estatal é capitalista pela forma. Quando se constroem casas aos que não as têm, isto se dá mediante arranjo orçamentário e em benefício de empresas construtoras. O capitalismo é o modo pelo qual se financia, se faz e se distribui até mesmo aquilo que parece ter um lado benéfico, como dar o teto ao que não o tem.

O presente livro de Diogo de Calasans Melo Andrade parte desse horizonte de crítica plena das formas sociais capitalistas, bebendo nas bases de Marx, Engels e Pachukanis, dentre outros. Aqui, toda a crítica do capitalismo, do Estado e do direito é direcionada à questão da moradia. Sem se valer do discurso fácil do juspositivismo, de uma mera exegese do direito constitucional à habitação, Andrade expõe o cerne da moradia como mercadoria, extraindo daí as contradições tanto de um direito que se louva como garantista e promovedor da dignidade humana quanto, também, do Estado e suas políticas públicas. A propriedade privada e a acumulação têm papel central na organização das cidades e na garantia da abundância espacial de alguns e da privação de muitos. Daí, aponta Andrade, a materialidade da moradia deve ser descoberta no mercado. Na economia capitalista, o espaço urbano é um de seus produtos mais centrais: não só pela demanda de cada habitante pelo teto como, ainda, pela especulação financeira que faz do local e do mundial uma só espacialidade da acumulação.

O autor anela ainda, na reflexão deste livro, pensadores marxistas que diretamente tratam da questão espacial, urbana, da cidade e da moradia, como Henry Lefebvre e David Harvey, dentre outros. Andrade estabelece uma fina costura teórica que não desconhece as diferenças e as divergências de leitura e mesmo de proveito político nas tantas críticas que se podem fazer à moradia no capitalismo. Muito de tais contrastes de leituras se deve ao fato de que se trabalha com esperanças e margens de manobra por dentro da reprodução social capitalista, que então, exprimindo-se em luta por direitos, leva muitos dos progressistas a falar em direito à moradia ou em direito à cidade como se, assim, se investisse contra a lógica da exploração. Trata-se apenas de reiterar as formas de exploração com a esperança de que o seu uso alternativo pudesse lograr resultados frutíferos. O atrito dessas visões teóricas, posto na presente obra, serve de fricção necessária para quebrar as crostas do imediatismo e repor a luta em seus termos estruturais.

Ao pensar o insigne, ou seja, a sociabilidade capitalista por dentro de suas formas, sua dinâmica e seus limites, Andrade revela o quanto as políticas reformistas, em sociedades como a brasileira, historicamente apelam a intervenções do Estado para a construção de moradias. Mas estas não são apenas multiplicações de metros quadrados de tetos ofertados aos que não os têm: acima de tudo, trata-se de uma política patrimonialista, que faz com que Estado, construtores e proprietários de terras e imóveis gerenciem, sob o rótulo de políticas públicas, uma máquina de engendramento negocial que permita a valorização de seus ativos. O autor se dedica em especial a estudar, em casos recentes e exemplares, propostos por governos ditos progressistas, como o do Programa Minha Casa Minha Vida, as contradições e os limites da construção de moradias como estratégia de acumulação.

Esta obra consagra uma trajetória de reflexões e de engajamento de Diogo de Calasans Melo Andrade em torno da habitação e do direito. Com um mestrado dedicado ao tema, além de livros e artigos, esta, que é originalmente a tese de doutorado do autor, consolida e entrega ao público uma contribuição fundamental para se ler, com os olhares da radical crítica do direito, o tema da moradia. Acompanho de há muito a trajetória de Andrade, que foi meu aluno e orientado por mim, em conjunto com o Professor Silvio Luiz de Almeida, em seu doutorado, e tenho a alegria de nele ver a junção de potencialidades entre um advogado de grande destaque, um professor universitário de virtuosa docência e didática e um pesquisador dedicado, crítico e avançado. Nas muitas conferências, aulas e eventos que fiz em seu Estado natal, Sergipe, pude ver com alegria que o intelectual que se desdobra em advogado, professor e pesquisador é, também, um ser humano de alta qualidade e valores pessoais.

Tem o leitor, em mãos, uma crítica plena do teto que falta, na luta e na esperança de uma futura sociabilidade do teto do espaço socialista.

São Paulo, 2018.

Alysson Leandro Mascaro
Professor da Faculdade de Direito da USP

APRESENTAÇÃO

Não pense o leitor ou a leitora que encontrará neste livro mais um libelo a favor do "direito à moradia". Não é disso que se trata. O livro de Diogo de Calasans Melo Andrade apresenta ao menos sofisticadas abordagens que o diferenciam de grande parte da produção nacional e internacional sobre o tema.

Logo nas primeiras páginas do trabalho vê-se que a preocupação do autor é mais com a *moradia* do que propriamente com o *direito à moradia*. Isso se dá pelo fato de que o autor coloca a questão no campo da economia política, tratando a moradia como relação social concreta determinada pelas condições materiais do capitalismo. Como relação social, a moradia não se reduz a um imperativo ético ou a um "direito", mas aparece em toda a sua complexidade, como parte da sociabilidade capitalista. Em outras palavras, Diogo Calasans demonstra que a moradia, assim como a propriedade em geral, é inseparável das formas sociais do capitalismo, ou seja, da mercadoria, do dinheiro, do Estado e do direito. Sob o domínio do capital, a moradia é, inevitavelmente, moradia *no* capitalismo. E para atingir este intento, o autor vai além das referências jurídicas, valendo-se da obra de autores clássicos da reflexão crítica sobre a formação do espaço, a cidade e o capitalismo como Henri Lefebvre e David Harvey.

Mas isso não significa dizer que a dimensão jurídica da moradia não seja tratada no livro. Diogo, a exemplo do que fizera em obras anteriores, demonstra um amplo domínio das questões técnico-jurídicas que circundam a propriedade e, particularmente, a moradia. Entretanto, ao fundar as bases de sua reflexão no solo da economia política, o direito também não se reduz às normas jurídicas. O direito é associado às relações sociais de troca mercantil, de tal sorte que falar em *direito à moradia* é, ao mesmo tempo, falar de como a moradia se constitui como direito, exatamente porque está no circuito das trocas sob a forma de mercadoria.

E, por fim, merece destaque o olhar lançado pelo autor sobre a moradia no contexto da financeirização da economia e da globalização. Diogo Calasans demonstra com habilidade a forma com que o "direito à moradia", no caso de políticas públicas como o "Minha Casa Minha Vida", influencia o sistema financeiro. Esse processo denota o modo com que o capital vai produzindo o espaço e como a cidade não é somente o lugar da realização das relações sociais do capitalismo, mas é, também, a materialização destas mesmas relações, que agora ocorrem a partir dos desígnios do capital financeiro. Como afirma o autor, "a cidade é uma mercadoria consumida conforme as leis da reprodução do capital, assim, a terra urbana, que deve ser servida de infraestrutura e serviços, passa a ser inserida no mercado imobiliário, por conta disso, a produção de moradia exige um pedaço de cidade e não de terra nua. E essa reprodução do capital realiza-se através do setor financeiro (imobiliário), de lazer, de turismo e do narcotráfico".

Com este livro, fruto de sua tese de doutoramento que tive a honra de orientar, o professor Diogo Calasans coroa uma trajetória acadêmica brilhante, em que a erudição filosófica e o conhecimento jurídico resultaram em obras marcadas pelo rigor e pela coerência, sem abrir mão do posicionamento político decididamente em prol de um mundo em que ter um lugar para morar não se submeta à forma mercantil.

Silvio Luiz de Almeida
Professor da Faculdade de Direito da Universidade Presbiteriana Mackenzie dos cursos de graduação e de pós-graduação stricto sensu em Direito Político e Econômico

INTRODUÇÃO

O tema aqui estudado é interdisciplinar uma vez que necessita da filosofia, da geografia, da sociologia, da arquitetura, do urbanismo e, principalmente, do direito para sua correta análise e compreensão. É um tema atual e relevante que contribui para a sociedade no intuito de superar as desigualdades existentes entre as classes sociais em relação ao direito à moradia.

O assunto a ser apresentado foi escolhido com base na escassez de moradia presente no nosso cotidiano. Sendo assim, a presente obra, apresentada na área de concentração em Direito Político e Econômico (Dinter), tem o objetivo geral de analisar os meios pelos quais se deu o desenvolvimento da forma jurídica moradia e, para isso, será necessário atingir certos objetivos específicos, descritos no decorrer dessa introdução, sem os quais não será possível atingir o fim dessa empreitada.

O método aqui, por ser marxista, articula a teoria com a prática (práxis) em sua indissociabilidade, apontando a crítica como condição desse trabalho, para tentar desvendar a realidade escondida e dissimulada pelas formas. Cumpre frisar que a teoria marxista coloca os problemas suscitados pela prática social e política, por isso, pode-se afirmar, que não existe produção de conhecimento a não ser relacionando à análise de uma situação concreta. Para esse fim, faz-se necessário deduzir instrumentos teóricos da observação de situações concretas.

Sabe-se que inexiste um único método que conduza à verdade e, com base na necessidade científica de não dogmatizar o processo investigativo, a presente obra foi realizada com fundamento no método dialético, com a análise da realidade social concreta, em confronto com teorias e fundamentos relacionados e contrapostos, para que possamos chegar às conclusões, ao final, apresentadas. Esse método de pesquisa constitui em princípio da unidade e luta dos contrários, com ele, percebe-se que os opostos estão em constante luta, constituindo fonte de desenvolvimento da realidade.

A respeito do aspecto metodológico, como pressupõe um problema de natureza jurídica, a coleta de dados se dará através da legislação, jurisprudência e doutrina, mediante pesquisa bibliográfica, utilizando-se de fontes documentais e bibliográficas pertinentes, buscando, sempre que possível, a partir das fontes primárias, dialogar com os principais teóricos que se debruçaram sobre o tema e se prestem a auxiliar na construção das ideias e verificação das reflexões que serão dispostas nos capítulos pelos quais está dividida a presente obra.

Assim, esse trabalho está condicionado a algumas teorias marxistas sobre propriedade privada, moradia, direito à cidade e urbanismo e, consequentemente, a teóricos que tratam do tema e que ajudarão a sustentar e embasar a ideia aqui desenvolvida. Os referenciais teóricos desta obra são Henri Lefebvre e David Harvey, entretanto, para a correta interpretação deles, utilizou-se, principalmente, a literatura estrangeira de Louis Althusser, Jordi Borja, Costas Douzinas, Manuel Castells, Friedrich Engels, Mark Gottdiener, Karl Marx, Davi Mike, Evgeny Pachukanis, Michael Tigar e a literatura nacional fundamentou-se em Ana Fani Alessandri Carlos, Csaba Deák, João Sette Whitaker Ferreira, Ermínia Maricato, Alysson Leandro Mascaro, Márcio

Bilharinho Naves, Raquel Rolnik, Milton Santos, Flávio Villaça e Nabil Bonduki.

O desenvolvimento dessa obra foi dividido em quatro capítulos e em cada um deles será descrito o problema, a hipótese e objetivo de cada um. No primeiro capítulo estudou-se a forma jurídica como vínculo jurídico interno ligada à forma mercantil, desse modo, são as relações econômicas que criam as relações jurídicas vinculadas ao sistema econômico que têm como base a propriedade privada e a forma jurídica. Detectou-se que é com o princípio da equivalência que se permite a constituição da forma jurídica e, essa forma, é reflexo da relação social (relação dos proprietários de mercadorias), considerada um dado histórico social concreto e seu desenvolvimento se dando com a circulação mercantil.

Foi Pachukanis quem relacionou a forma mercadoria com a jurídica, defendendo que a jurídica é reflexo da mercantil e, para isso, utilizou-se do princípio metodológico onde primeiro analisa-se as categorias simples (como classes, salário, lucro, preço, valor e mercadoria) para depois, interpretar a totalidade concreta, a sociedade, a população e o Estado, sendo que a totalidade é ponto de chegada, pois o ponto de partida são as classes sociais.

Verificou-se que o sujeito de direito é o núcleo da forma jurídica, nasce na esfera das circulações das mercadorias e não advém do Estado, mas das relações de produção capitalista e, com o sujeito de direito, "livre e igual", permite-se a troca da propriedade privada e da moradia, fazendo circular a mercadoria habitação, através do contrato. Para isso, o Estado, através das normas, considera as pessoas sujeitos de direito, com o objetivo de fazer contratos livremente e comercializar a propriedade privada e a moradia.

Analisou-se a forma mercadoria como propriedade abstrata do valor constituída pelas relações sociais, como também, conceitos como valor de uso, considerado como utilidade de uma coisa, corpo da mercadoria e socialmente necessário para o valor, e o valor de troca como sendo uma forma de manifestação do valor.

Compreendeu-se que a forma valor originou-se na circulação de produtos, tornados mercadorias, sendo considerada como uma relação social, pois só existe em uma relação entre mercadorias e é estabelecida da generalização e abstração do trabalho. Por outro lado, a subjetividade jurídica torna o sujeito de direito livre e com a possibilidade de dispor de sua propriedade privada e sua moradia, ou seja, o homem passa a ser um potencial proprietário e é, essa forma, que confere especificidade ao direito concedendo, formalmente, capacidade para praticar os atos da vida civil.

Na parte final do primeiro capítulo, identificou-se o Estado como forma de organização para garantia recíproca de propriedade, passando a ter uma existência particular com a emancipação da propriedade privada capitalista; além disso, apresenta-se como vontade geral e abstrata e, sua dominação, não é direta, mas um poder impessoal.

Por outro lado, verificou-se, também, a concepção de Estado dada pela Teoria da Derivação do Estado e do Direito, mudando os mecanismos de atuação e os modos de intervenção do Estado, não reduzindo o Estado a mero instrumento de classes dominantes, mas entendendo-o como forma política específica da sociabilidade capitalista, derivado das categorias da economia capitalista, do processo de produção e circulação de mercadorias e da acumulação de capital.

Assim, tanto o Estado quanto o Direito são formas que derivam da troca mercantil e o Estado, muitas vezes, não protege a propriedade de forma intransigente, pois, se for necessário, para a manutenção da sociabilidade capitalista, ele pode ir de encontro à propriedade privada, expropriando-a. Identificou-se que uma das áreas de maior interferência do Estado é a de produção do espaço, ou seja, produção/transformação de estruturas espaciais, ou ainda, ambientes construídos.

Por fim, identificou-se que o direito passa a existir na Idade Contemporânea com o capitalismo, após a Revolução Industrial, estando vinculado a um modo de organização da subjetividade humana que permite a circulação de mercadoria. Por outro lado, a ideologia esconde as relações sociais de dominação e o direito e o Estado são formas ideológicas, assim, quando se diz "todos são iguais perante a lei" temos uma dominação técnica, com a exclusão dos privilégios e, uma dominação ideológica, com a igualdade formal e não concreta. Já a superestrutura jurídica compreende as normas e as relações sociais e, para existir, depende de uma organização estatal que tem por base a força física, pois para sua existência necessita-se de uma autoridade que formule as normas e, as relações de propriedade, constituem seu comando mais profundo.

O segundo capítulo trata do direito à cidade nas obras de Lefebvre e Harvey e, inicialmente, convém ressaltar que estivemos longe de significar uma leitura dogmática dos autores, mas sim uma orientação teórico-metodológica para entendermos a realidade e, para isso, fez-se necessário, a partir das obras de Henri Lefebvre a respeito do tema, construir conceitos como terra – suporte material da sociedade, grande laboratório que fornece o instrumento e a matéria de trabalho – e o conceito de cidade, que substitui a terra e é espaço – um meio que transforma a natureza e a terra, laboratório das forças sociais.

Define-se, também, a cidade como forma de simultaneidade, campo de trocas, projeção da sociedade sobre um local, sobre o lugar sensível. Para Lefebvre a cidade não cria nada, pois centraliza as criações e, por outro lado, cria tudo pois nada existe sem a troca. Chegamos, igualmente, ao conceito de direito à cidade como o direito à vida urbana transformada, renovada, ligada à globalidade, manifestada no direito à liberdade, individualização, socialização e no habitar. Para ele, o sentido de cidade, é aquele conferido pelo uso, nos modos de apropriação do ser humano para a produção de sua vida.

Identificou-se, a partir do pensamento de Lefebvre, que a sociedade industrial acarretou a urbanização, permitindo a generalização das mercadorias, assim, a urbanização é produto da industrialização e, sua tese, é que a sociedade industrial não é um fim em si mesma, mas preparatória para o urbanismo e, a partir de ponto, entramos em uma fase de mundialização, destruindo as particularidades locais em favor do mundo globalizado.

Entretanto, o urbano e o urbanismo se impõem em escala mundial do duplo processo de implosão e explosão da cidade, a primeira, ocorre quando a industrialização nega a centralidade na cidade e, a segunda, surge na projeção de fragmentos da malha urbana pelas periferias. Ele considera o urbano como superestrutura do modo de produção e sua problemática como mundial, assim, as histórias particulares das cidades realizam-se no seio mundial.

Lefebvre defende que na urbanização está o sentido, o objetivo e a finalidade da industrialização e, apesar da cidade estar morta, o urbanismo persiste como o motor das transformações da sociedade. Essa urbanização é central para a sobrevivência do capitalismo e, como o urbanismo é funcional, não conseguimos sair de uma crise permanente entre os interesses públicos e privados.

Define-se, da mesma forma, o conceito de espaço como representação sincrônica da realidade e o conceito de tempo, que denota a ordem diacrônica, processo histórico da produção social; assim, tempo e espaço, só podem ser compreendidos em um contexto de uma sociedade específica, pois são fundamentalmente históricos.

Compreendeu-se, com base nas teorias de Lefebvre, que o fenômeno urbano se apresenta como uma realidade global, não pertencendo a uma ciência especializada e depende de dimensões ou níveis, sendo o primeiro, o global, que exerce o poder do Estado; o segundo, o misto, com a junção do mercado de capitais e a política do espaço; o terceiro, o privado, que é o especificamente urbano, o nível da cidade; e, o quarto, o habitar, que são os imóveis.

Por meio dos argumentos de Lefebvre compreendemos a definição de habitar, não se resumindo a ter uma moradia, mas como um direito político no sentido mais profundo, pois sabe-se que é reconhecido o direito à moradia formalmente, mas não na prática, por isso, defende-se esse direito como uma condição revolucionária que se opõe à homogeneização do capital.

Analisou-se a forma urbana em Lefebvre e, dentro dela, a forma propriedade, com sua evolução, partindo da propriedade comunitária, existente nas tribos, onde a divisão do trabalho era quase natural na família; passando pela propriedade comunal, com a reunião de várias tribos em uma mesma cidade; até chegarmos à propriedade privada, em sua oposição entre comércio e a indústria no interior da cidade.

Essa forma urbana é simultaneidade uma vez que reúne e torna simultânea coisas, pessoas, signos, assim, a simultaneidade é um elemento necessário da reprodução social capitalista. Igualmente, essa forma é pura, cumulativa, ligada à lógica das formas e à dialética dos conteúdos, é expressão das estruturas, forma material, mas concreta, é encontro e reunião de todos os objetos e sujeitos que é preciso explorar; assim, revela-se uma abstração, porém chave do concreto, da prática, ou seja, é o ponto de partida para entender o conteúdo.

Analisou-se, de acordo com as obras de Lefebvre, que o espaço urbano é contraditório, uma vez que é produto social, mercadoria, compreendido como um produto social que se refere a uma forma social específica e é, nesse espaço, onde se reproduz as relações dominantes de produção; para isso, o espaço representa um valor de uso, reduzindo o cidadão à condição de usuário de serviço. Para ele, a produção do espaço, pode ser dividida em três dimensões, ou momentos, o que se denomina de forma trinitária, com seus três elementos, em interação e negação: vivido, concebido e percebido e, a relação entre esses três elementos, é determinada dialeticamente.

Ainda no segundo capítulo, compreendemos as ideias de David Harvey a partir de suas obras específicas sobre o tema e chegamos a importantes definições, a primeira delas é a de direito à cidade – que surge nas ruas e bairros e demanda a união do esforço coletivo com a formação de direitos políticos. O autor considera um direito coletivo concentrado, pois incluem todos aqueles direitos que facilitam a reprodução da vida cotidiana, além de entender como um direito ativo de fazer a cidade diferente, de formá-la de acordo com as necessidades coletivas.

Identificou-se, em Harvey, que o urbanismo é uma forma particular ou padronizada do processo social, é forma social ligada à divisão do trabalho, é um produto de atividade individual que forma um modo de interação social e econômico. Dessa forma, estudando o urbanismo, contribui-se para a compreensão das relações sociais na base econômica da sociedade. Sendo a urbanização um processo social espacialmente fundamentado, depende do excedente, existindo uma conexão entre o desenvolvimento do capitalismo e a urbanização, igualmente, pode-se considerar um fenômeno de classe, já que o excedente é extraído de um lugar e de alguém.

Analisou-se a definição de excedente em Harvey como aquela quantidade de produto além e acima do que é necessário para garantir a sobrevivência da sociedade, e percebeu-se que os direitos de propriedade resultam do poder de classe do capital de extrair e manter o controle dos excedentes. Contudo, para desafiar o capitalismo, faz-se necessário combater os processos materiais por meio dos quais os excedentes são criados e apropriados pelo capital.

Não menos importante foi verificar que o conceito de excedente surge da análise da forma alienada de mais-valia, conceituada como aquela parte do valor total da produção que é a parte posta de lado, depois que os capitais constante e variável foram computados; considerando a mais-valia como uma quantidade medida em termos de troca, assim, para produzi-la, é obrigatório produzir excedentes de produção e, por conta disso, o capitalismo necessita da urbanização para absolver o excedente.

Detectou-se, a partir do pensamento de Harvey, que o processo de acumulação de capital é uma questão global, destruindo os ambientes construídos, acabando com o espaço, desvalorizando o capital investido ali e, depois, abrindo caminho para um ajuste espacial, com a abertura de novos territórios e, para esse objetivo, o urbanismo tem uma função particular na dinâmica da acumulação do capital. Por outro lado, o espaço reflete a ideologia prevalente dos grupos e instituições dominantes na sociedade e é moldado pela dinâmica das forças de mercado, assim, uma vez criada a forma espacial ela determina o futuro desenvolvimento do processo social.

Identificou-se, com as argumentações de Harvey, que o mercado de moradias é sensível às pressões econômicas e políticas e, à oferta de moradia, é locacional e parcialmente fixado pelo estoque de moradia disponível, assim, analisando o mercado de moradias, pode-se indicar a estrutura e a forma de equilíbrio que uma dada distribuição de renda. Para ele, a terra gera rendas advindas do monopólio/domínio, por isso, são consideradas mercadorias na economia capitalista pois, propiciam a oportunidade de acumular riquezas. Sendo a moradia mercadoria, é uma coisa dupla, pois possui um valor de uso e um valor de troca, um objeto de utilidade e um valor.

Harvey fez-se compreender o valor de uso como utilidade de algum objeto particular, pois nenhuma coisa pode ter valor sem ser objeto de uso, assim, o valor de uso é socialmente necessário para o valor, por isso, ele considera o valor de uso das mercadorias na troca, e essas mercadorias, são trocadas por preços proporcionais a seu valor. Já o valor de troca é o poder de compra de outros bens que a posse do objeto transmite, assim, são relativos e acidentais e, esse valor, tem uma objetividade fantasmagórica.

Aplicando esses conceitos ao tema propriedade, podemos identificar o valor de troca na compra de uma propriedade que foi alugada para, posteriormente, obter uma renda ou na compra de um imóvel utilizando o financiamento para aumentar o valor líquido das posses; já o valor de uso da propriedade pode ser visualizado no usuário de moradia que consome os aspectos da habitação conforme os seus desejos e necessidades.

Ao final desse segundo capítulo procuramos identificar os argumentos semelhantes, em relação ao direito à cidade e à moradia, nas obras de Henri Lefebvre e David Harvey, como também, diferenciamos o pensamento de cada um dos dois autores, em relação aos temas aqui estudados, quais sejam, direito à cidade; urbanismo; urbanização e espaço.

No terceiro capítulo identificou-se o conceito de cidade como expressão do processo de produção, materialidade, produto do processo do trabalho. Dessa forma, a cidade é mercado, mercadoria a ser vendida de acordo com as leis de reprodução do capital, meio de consumo coletivo, por isso, pertence ao capital, subjugando o homem às necessidades de reprodução do capital, é uma forma de apropriação do espaço urbano produzido. Essa cidade investe em imagem competitiva no mercado com a finalidade de atrair investimento, refletindo na segregação espacial.

Percebeu-se a importância de analisar o tema especulação e a dependência da questão da moradia em relação às leis econômicas que regulam o mercado e, para isso, definiu-se a moradia como *status*, mercadoria a ser consumida pelo morador/consumidor, dependente do processo de produção material e, através de uma ação conjunta do setor imobiliário com a construção civil, reproduz-se o espaço enquanto mercadoria; por conta disso, o modo pelo qual o indivíduo tem acesso à moradia vai depender da hierarquia das classes sociais; igualmente, essa mercantilização da moradia afeta o direito social à moradia, pois abandona-se as políticas públicas de habitação.

Compreendeu-se o espaço como condição e produto da condição humana, visível e representante das relações sociais reais, por outro lado, o espaço urbano é considerado como produto do trabalho e, esse produto, é a terra-localização, irreprodutível, pois não circula por seus consumidores, revelando-se em dois momentos: o espaço produzido que se torna mercadoria e o espaço reprodução, com o produto imobiliário, por isso, esse espaço, também é mercadoria e valor de troca.

Percebeu-se que para analisar o espaço, que é socialmente produzido, necessita-se estudar os elementos econômicos, políticos e ideológicos, bem como a prática social. Por outro lado, compreendeu-se o urbano como produto do capitalismo, ficando sujeito às dinâmicas normais capitalistas, tanto na forma como o urbano é apropriado quanto na forma como ele é usado.

Para isso, utilizando os conceitos do capítulo anterior, entendemos o conflito/dicotomia entre o valor de uso, na forma como o urbano é usado e, valor de troca, na forma como ele é disputado, pela apropriação do valor de troca para ganhar dinheiro, através da especulação imobiliária, o que é extremamente perverso, mas próprio do capitalismo.

Analisou-se o papel do Estado e sua interferência no processo de produção, controlando e regulando o uso e a ocupação do solo, por meio de instrumentos jurídicos e de coação, podendo transformar a propriedade privada em "propriedade de interesse público". Assim, a ação do Estado no que se refere à moradia é um tema fundamental para se pensar no futuro das cidades.

Compreendeu-se que a segregação ocorre porque as classes dominantes controlam o processo de estruturação do espaço urbano e é mais acentuada, quanto maior for a desigualdade social. Essa segregação segue os parâmetros exigidos de rentabilidade do capital e tem como base as manifestações ideológicas a seu favor e a grande mídia como difusora dessa ideia positiva sobre a segregação.

Identificou-se que a cidade é global, sua imagem é uma questão ideológica, qual seja, fazer crer que a globalização beneficia a modernização e inserção econômica e, o próprio poder público, adota o discurso da cidade global. O capital global passa a controlar a terra e a cidade global sobrevive quando inserida na competição pelo investimento público, através do planejamento estratégico.

Compreendeu-se que com a globalização formam-se cidades e sistemas urbanos mundiais (a mundialização do espaço geográfico), ampliando as relações econômicas para além-fronteiras, ocasionando uma expansão e aprofundamento da monetarização das relações sociais. Entretanto, para os países periféricos significa uma nova relação de dominação e exploração.

Percebeu-se que com a expansão do mercado imobiliário o dinheiro passou do setor produtivo industrial para o setor imobiliário, ou seja, o capital industrial deslocou-se para o capital financeiro, produzindo o espaço como mercadoria. Para alcançar seus objetivos, o mercado imobiliário realiza as mudanças de uso e a produção de novos valores de uso e de troca do espaço, deixando fora desse mercado parte da população, contribuindo, assim, para a carência de moradias.

Avaliou-se que o financiamento é necessário à produção e ao consumo da moradia, para isso, as reformas urbanas, o controle sobre a propriedade e o uso do solo, subordinam a propriedade imobiliária ao circuito financeiro, assim, essa propriedade imobiliária, através da forma jurídica propriedade, possibilita a mais-valia. Detectou-se que a financeirização da moradia gerou uma explosão de novos empreendimentos em espaços pouco valorizados e localizados em bairros periféricos, acentuando o processo de valorização do solo e dos imóveis.

Identificou-se que a apropriação na cidade se expressa através do uso do solo e, o produto capitalista, só se realiza através da apropriação, via propriedade privada e esse uso, submetido à propriedade privada, delimita os espaços possíveis de apropriação. Apropria-se um lugar construído na cidade e, o habitar, engloba vários planos de apropriação, assim, a apropriação dos lugares se realiza a partir da habitação.

Percebeu-se que a gentrificação trata-se de uma recentralização urbana e social seletiva, considerada como uma resposta à desindustrialização e o desinvestimento de áreas urbanas, além de ser uma estratégia global ao serviço do urbanismo e dos interesses da reprodução capitalista. Hoje, a fronteira da gentrificação ultrapassou os limites do perímetro central da cidade para estender-se aos espaços mais amplos e, por conta da mídia, é apresentada como símbolo de renovação urbana.

Compreendeu-se que faz parte do processo de urbanização a invasão de terras urbanas, sendo estrutural e institucionalizada pelo mercado imobiliário, impulsionando o papel da propriedade privada da terra. Para a expansão da urbanização foi importante o papel do Estado na definição da propriedade privada da terra, na infraestrutura e na regulação e controle urbanístico.

Percebeu-se que o planejamento urbano é expressão das classes dominantes, instrumento de dominação ideológica, que oculta a cidade real e contribui para a formação de um mercado imobiliário especulativo, além de servir para expandir fronteiras do capitalismo financeirizado sobre o território e, suas decisões, são políticas e submetidas aos interesses do mercado.

Já o plano diretor recebeu o nome de planejamento urbano e a ação desse planejamento e da política habitacional tem sido fundamental para a expansão das fronteiras do capitalismo financeirizado sobre o território. No Brasil, o planejamento estratégico é o modelo de planejamento urbano e tem um papel nas cidades globais: desregular, privatizar, fragmentar e dar ao mercado um espaço absoluto, para isso, apropria-se, simbolicamente, de novos locais, vinculados à valorização imobiliária.

No quarto e último capítulo, analisou-se, historicamente, a intervenção estatal na moradia e identificou-se que até 1930 o Estado não interferia na provisão de moradias subsidiárias, mas, na Era Vargas, o governo interviu no mercado de moradias com o congelamento dos aluguéis, a produção de moradias e a criação de instituições com esse objetivo.

Identificou-se que junto com o Estado do bem-estar social criaram-se os direitos sociais, especialmente a moradia, e o objetivo desse Estado é superação da contradição entre a igualdade política e a desigualdade social. Entretanto, buscou-se compreender se a maior intervenção estatal, com o objetivo de "assegurar a moradia", alcançou essa finalidade ou, essa intervenção, preserva a forma mercadoria propriedade privada e moradia.

Essa intervenção estatal em relação à moradia justificou-se pelo fato de a moradia não ser um produto de fácil comércio em razão do seu alto valor e não estar dentro da cesta salarial. Por isso, o ponto central dessa análise é perceber se, no Brasil, tivemos um Estado do bem-estar social ou uma política pública patrimonial, onde se mistura o que é público com o que é privado, uma vez que, na sociedade patrimonial, os interesses particulares estão acima dos interesses coletivos, tendo como características a predominância da propriedade privada como valor central da sociedade.

Essa sociedade patrimonial atua em sentido oposto ao do Estado uma vez que permite uma ação livre e desregulada do mercado de construção, não realizando um controle fundiário e gerando especulação, por isso, sem opções habitacionais, a uma única opção para a população carente é a autoconstrução de moradia nas periferias da cidade.

Percebeu-se que é por meio das políticas públicas de moradia que o Estado deve efetivar esse direito social e, somente o Estado, é capaz de atuar no espaço urbano, para isso, através de políticas públicas, criam-se infraestruturas e dirigem-se os investimentos para determinados setores da sociedade.

Dessa forma, definiu-se a política pública de moradia como um programa ou ação governamental, através de uma atuação concreta do Estado, por meio de medidas coordenadas, com um objetivo determinado de dar movimento à máquina do governo, procurando efetivar o direito fundamental de moradia.

Entretanto, procurou-se identificar se, no Brasil, as políticas públicas de moradia são públicas ou patrimoniais, analisando, para isso, a ação do Estado na criação dos processos de valorização diferenciada do espaço através dos investimentos públicos.

Essa intervenção do Estado pode se dar na demanda ou na oferta de moradias, além da concessão de facilidades de crédito imobiliário, pois o espaço urbano é produzido pela articulação entre o Estado e o setor imobiliário, sendo necessária essa ligação para preservar a forma-mercadoria propriedade privada e moradia.

Para construir habitações é essencial um conjunto de ações do Estado, incluindo público e privado, além de uma continuidade das políticas públicas de moradia, proteção dos servidores que a implementem, além de boa remuneração dos mesmos.

Assim, buscou perceber se a moradia transformou-se em um negócio urbano financeirizado, contribuindo para os processos de valorização, segregação e criação de periferias, contribuindo para a criação de um campo de aplicação do excedente.

Por outro lado, compreendeu-se a teoria da renda da terra agrícola de Marx, entendendo seu conceito como pagamento suplementar pelo direito de usar a terra e tendo como pressupostos que a renda é o pagamento por uma dádiva da natureza e o pagamento de transferência do excedente do trabalho entre duas classes (dos capitalistas aos proprietários de terra). Entretanto, interpretou-se a renda da terra agrícola, dentro de um contexto de uma teoria inglesa que deve ser compreendida tendo em vista as peculiaridades da sociedade que a originou.

Percebeu-se que a renda da terra origina o monopólio que é uma forma econômica e uma ficção jurídica, concedendo ao proprietário o direito de exigir um pagamento pelo seu uso, colocando o monopólio no centro explicativo da renda da terra, uma vez que sendo a terra exclusiva traz uma concepção absoluta de espaço.

Identificou-se que Marx nunca chegou a estudar a localização, pois acreditava que a localização produziria renda analogamente à fertilidade, assim, o que ele defendeu foi a renda dos terrenos para construção junto com o preço da terra, além do capital, mas não propriamente a localização.

Conceituou-se a teoria da localização como um produto socialmente produzido pelo capitalismo no espaço urbano, constituída de uma estrutura física sobre o solo e considerada um valor de uso e troca para toda a atividade de produção e reprodução. Compreende-se, também, que a terra-localização é um produto do trabalho, com a peculiaridade da irreprodutividade, uma vez que a localização não pode ser reproduzida e, por ser única, não pode ser distribuída equitativamente entre os que necessitam.

Identificou-se que é no espaço urbano que se definem as localizações. Sabe-se que o valor é resultante do trabalho social e seu preço se define pelo valor de uso e, determinado valor de uso, habilita o proprietário apoderar-se da mais-valia. Dessa forma, a localização é um valor de uso porque é comercializada como mercadoria, dotada de um valor de troca.

Conceituou-se os preços e percebeu-se que não poderiam existir sem o poder monopolista da propriedade privada da terra e a capacidade de apropriação da renda, sendo que o preço da terra é pagamento pela localização. Já o preço da localização entra como parte do preço da produção de mercadorias e, por fim, o solo urbano, enquanto mercadoria, tem um valor que se expressa através da localização.

Identificou-se que a moradia mercadoria está vinculada a uma parcela de terra, atrelada à disponibilidade de uma base físico-espacial, assim, o solo urbano enquanto mercadoria tem um valor que se expressa através da localização e permite ao proprietário da moradia receber uma quantia em dinheiro paga em troca da autorização para outro habitar seu imóvel.

Por outro lado, o que dá suporte à produção é a urbanização, chamada, por alguns, de localização e que corresponde não à fertilidade como dizia Marx, mas ao conjunto de processos produtivos, sociais e privados que dão suporte físico de uma localização.

Percebeu-se que o Estado assume vários poderes de regulação do uso da terra, com a expropriação, o planejamento e os investimentos públicos, por isso, o Estado e o mercado, participam do processo de produção do preço da terra e, essa intervenção do Estado, é condição para a existência da localização, e os investimentos estatais afetam os preços das localizações. Assim, para regular o mercado de localização o Estado estabelece os instrumentos urbanísticos com o intuito de equilibrar o mercado e as localizações.

De mais a mais, retomamos os conceitos marxistas de direito, superestrutura jurídica, subjetividade jurídica e sujeitos de direito, buscando com isso, entender quais são os entraves jurídicos ao direito à moradia. Para isso, compreendeu-se que o direito à moradia decorre da função social da propriedade urbana e é, ao mesmo tempo, um direito humano e fundamental, necessitando do Estado e do direito para concretizar esse direito social, através de leis urbanísticas, que possibilitem a restrição da ocupação democrática da propriedade.

Identificamos que o sujeito de direito "livre e igual" é o núcleo da forma jurídica e não advém do Estado, mas das relações de produção capitalistas, provenientes da circulação das mercadorias. Sendo esse sujeito livre e igual, é permitido que ele negocie a moradia, comprando ou vendendo uma habitação como uma mercadoria qualquer.

Para analisar os instrumentos urbanísticos, o primeiro instrumento jurídico estudado é o Estatuto da Cidade, que disciplina o conteúdo da função social da propriedade urbana definindo as diretrizes da política urbana, tendo como instrumentos da política urbana o parcelamento, a edificação compulsória, o IPTU progressivo e a desapropriação. Buscamos detectar, através de pesquisas já realizadas anteriormente, se esses instrumentos urbanísticos são de fato aplicados pelos municípios do nosso país ou apenas simbólicos.

Analisou-se, também, o Plano Diretor, considerado instrumento de política de desenvolvimento e expansão urbana que tem como finalidade desenvolver a função social da propriedade urbana, estabelecendo dentro do plano quais são os requisitos para uma propriedade privada urbana atender à função social. Assim, buscou-se compreender se nos planos diretores são incorporados tais requisitos, para que se possa aplicar o princípio da função social da propriedade urbana e, consequentemente, a moradia.

Percebeu-se que o Plano Nacional de Habitação (PNH) possui uma ação conjunta do Sistema Nacional de Habitação, o Desenvolvimento Institucional, o Sistema de Informação e Avaliação e Monitoramento da Habitação, além do Plano Nacional de Habitação (PlanHab). Esse PNH atua de duas formas, uma voltada à provisão de novas moradias e, outra, urbanizando os assentamentos precários; assim, seus eixos são a política fundiária, política financeira e estrutura institucional. Por fim, buscou-se entender se o objetivo do plano em planejar as ações públicas e privadas, durante 15 anos, para combater o déficit habitacional foi alcançado ou não.

Compreendeu-se a Política Nacional de Habitação (PlanHab), com suas ações públicas e privadas, no sentido de equacionar as necessidades habitacionais com base em quatro eixos: o financiamento, os arranjos institucionais, a cadeia produtiva da construção civil e as estratégias urbanas fundiárias. Buscou-se, também, analisar se o Programa Minha Casa Minha Vida (PMCMV) está ou não em consonância com as estratégias trazidas pelo PlanHab.

Nesse sentido, seria necessário fazer uma pesquisa científica específica, que não é o objetivo desta obra, para perceber se o PMCMV acompanhou as diretrizes do PlanHab. Entretanto, através da doutrina especialista no assunto, procuramos identificar se o PMCMV adotou ou não o conjunto de estratégias que o PlanHab julga necessárias para diminuir o déficit habitacional no Brasil, como também se ignorou ou não as premissas e os debates em torno do plano.

Trouxemos, mais uma vez, a forma jurídica moradia como reflexo da relação social, fixando um vínculo entre essa forma e a mercantil. Detectou-se que a escassez de moradia atingiu todas as classes em todos os tempos, sendo consequência direta da privação do trabalhador, resultado do aumento da concentração urbana e decorrente do modo de produção capitalista, buscando, através da doutrina, a "solução" para essa escassez.

Procurou-se, através da leitura marxista, a possível solução para pôr um fim na escassez da moradia. Percebeu-se que essa escassez decorre do atual modo de produção capitalista e os problemas relativos à moradia não são resolvidos, mas, somente transferidos de um lugar para outro.

Buscou entender o sentido e o alcança do conceito de moradia para Engels que defendia como solução para a questão da moradia a abolição do modo de produção capitalista, trazendo a ideia que a extinção do documento da propriedade (título de propriedade) é uma saída para a questão da falta de moradias.

Identificou-se que as invasões de terras, apesar de ser ilegal, é institucional e funcional para a economia, mercado imobiliário e para os investimentos públicos, com o objetivo da extração da renda fundiária. Percebeu-se que as favelas se tornam a única alternativa para a falta de habitação e, nesse sentido, foi coletado dados estatísticos na doutrina especialista, para situar o Brasil em relação à população que vive da informalidade.

Buscou-se dados na Fundação João Pinheiro, relativos ao déficit habitacional, tendo como finalidade orientar as definições da política nacional de habitação, além de questionar a capacidade da fundação de mensurar a carência de habitações. Por outro lado, coletou-se no Censo-IBGE a quantidade de pessoas que vivem em aglomerados urbanos.

Detectou-se que, em virtude do enorme número do déficit habitacional no Brasil, além do grande número de pessoas que moram em aglomerados subnormais, o governo criou o PMCMV com o intuito de reduzir esses dados. Para entender o programa, compreendeu-se suas fases e faixas, sua finalidade, além de conhecer seus agentes, quais sejam, operador financeiro, as construtoras e o Município.

Identificamos que a política do programa se divide em, de um lado, subsídio público, à produção habitacional para a população de baixa renda (em parceria com os municípios), com a utilização de investimentos públicos, operados pela Caixa e, em contrapartida, destinado à renda média, denominada, segmento econômico, os descontos, recursos onerosos do FGTS, redução de juros e acesso ao crédito.

Percebeu-se que é de competência do Poder Público local a elaboração dos planos diretores e das leis de uso e ocupação do solo urbano, além da necessidade da participação do município no mercado de terras e, na escolha da localização do empreendimento, dessa forma, envolve-se com a instalação dos serviços de educação, saúde, lazer e transporte público. Assim, cabe ao município ofertar a terra urbanizada e bem localizada, além de estabelecer os instrumentos urbanísticos, infraestrutura, equipamentos e serviços.

Compreendeu-se a ligação entre a utilização dos fundos públicos e a construção das habitações pelo PMCMV, como também, suas consequências. Através das publicações dos resultados das pesquisas do "Observatório das Metrópoles" identificou-se o lucro líquido das construtoras, além da quantidade de áreas úteis comercializáveis de sua propriedade. Detectou-se as consequências gerais desse programa, além de analisar a segregação em seus níveis econômicos, políticos-institucionais e ideológicos.

Identificou-se os pontos positivos e negativos em relação às moradias construídas através do programa, como também quais são as prioridades do Estado na escolha da aplicação dos investimentos. Cumpre lembrar que não é objeto dessa obra avaliar o Programa Minha Casa Minha Vida, mas analisar as pesquisas científicas já realizadas, como também a doutrina especializada no tema, para que possamos compreender melhor as consequências que o programa trouxe em relação ao déficit habitacional e entender sua relação com as construtoras, Caixa Econômica Federal e municípios, além de detectar a qualidade nas produções das moradias.

Por fim, também através das pesquisas publicadas no "Observatório das Metrópoles", onde foram avaliadas moradias construídas pelo programa em Estados e Municípios do Brasil, trazendo quais são os entraves ao Programa MCMV.

1
DAS FORMAS AO DIREITO: FORMA JURÍDICA, SOCIAL E IDEOLÓGICA

1.1. O fenômeno jurídico: a forma jurídica e o sujeito de direito

Houve uma evolução no que se refere à dialética,[1] uma vez que primeiro existia o conflito entre senhor e escravo, com base na força; segundo a oposição entre senhor feudal e servo, sob o domínio direito; e, a terceira e atual, é a contradição entre capital e trabalho assalariado, com a dominação com base no capital. Detectamos também que existiu uma mudança nos modos de produção, inicialmente tínhamos no escravismo a força; depois, no feudalismo o modo senhorial; e, atualmente, no capitalismo, o contrato (capital *versus* trabalho assalariado).

Dialética era, na Grécia, a arte do diálogo, aos poucos, passou a ser a arte de, no diálogo, demonstrar uma tese por meio de uma argumentação capaz de definir e distinguir claramente os conceitos

---

1 "Pode-se dizer, por exemplo, que a dialética é o processo em que há um adversário a ser combatido ou uma tese a ser refutada, e que supõe, portanto, dois protagonistas ou duas teses em conflito; ou então que é um processo resultante do conflito ou da oposição entre dois princípios, dois momentos ou duas atividades quaisquer". (ABBAGNANO, Nicola. *Dicionário de Filosofia*. São Paulo: Martins Fontes, 1998, p. 269).

envolvidos no discurso; na acepção moderna, entretanto, dialética significa outra coisa: é o modo de pensarmos as contradições da realidade, o modo de compreendermos a realidade como essencialmente contraditória e em permanente transformação.[2]

Para entendermos racionalmente o mundo e o desenvolvimento da realidade atual, faz-se necessário utilizar-se da dialética, ou seja, analisar os opostos, conflitos reais (tese e antítese) que se modificou no decurso da história até chegar ao atual estágio (capital e trabalho assalariado).

A dialética é um processo de entendimento racional e filosófico do mundo, é o modo que se dá o desenvolvimento da realidade, assim discorre Mascaro sobre a dialética de Hegel:

> A inovação do pensamento Hegeliano, no que tange à dialética, reside justamente no fato de que o conflito entre tese e antítese, entre os opostos, é um conflito real.
> [...]
> O indivíduo, por meio de sua apreensão imediata, percebe o conflito; dialeticamente, consegue entender racionalmente o quadro geral na qual está inserida a realidade conflituosa, e entender a razão que está ligada a esse ser.[3]

Para Naves, o método dialético de Marx deriva de Hegel,[4] mas é diferente em seus fundamentos, pois é crítico e revolucionário, estuda as contradições da sociedade burguesa e da luta de classes, ou seja, é uma dialética de destruição, pois ela implica na extinção do que é negado e na criação de algo novo:

> É o estudo, também, consequentemente, das condições de possibilidade da resolução dessas contradições, do processo revolucionário que os trabalhadores conduzem em direção ao comunismo.

---

2 KONDER, Leandro. *O Que é Dialética*. São Paulo: Brasiliense, 2008, p. 7-8.
3 MASCARO, Alysson Leandro. *Filosofia do Direito*. 4. ed. São Paulo: Atlas, 2014, p. 244 e 246.
4 Althusser não comunga com esse entendimento.

[...]
Ora, a dialética marxista, ao contrário dessa dialética teleológica da conservação, da síntese, é uma dialética da destruição. Ela implica a extinção do que é negado e a sua substituição por algo novo, que não existe no elemento negado e, portanto, não pode ser conservado ou recuperado.⁵

Marx reteve de Hegel o princípio dialético e começou a elaborá-lo no sentido da dialética materialista, quando deu à dialética a configuração materialista, Marx expurgou-a das propensões especulativas e adequou-a ao trabalho científico.⁶

Althusser explica a dialética materialista que não se separa do materialismo dialético:

> Chamaremos Teoria⁷ (com inicial maiúscula) a teoria geral, ou seja, a Teoria da prática em geral, ela mesma elaborada a partir da Teoria das práticas teóricas existentes (das ciências), as quais transformam em "conhecimento" (verdades científicas) o produto ideológico das práticas "empíricas" (a atividade concreta dos homens) existentes.
> A "teoria" importa à sua própria prática,⁸ diretamente. Mas a relação de uma "teoria" com sua prática, na medida em que essa relação está em causa, interessa também, com a condição de ser refletida e enunciada, à própria Teoria geral (dialética), em que está expressa teoricamente a essência da prática teórica em geral, e

---
5 NAVES, Márcio Bilharinho. *Marxismo e Direito: Um Estudo Sobre Pachukanis*. São Paulo: Boitempo, 2008a, p. 140-142.
6 MARX, KARL. *O Capital: Crítica da Economia Política*. Tradução de Regis Barbosa e Flávio R. Kothe. Livro primeiro. Tomo I. Cap. I. São Paulo: Nova Cultural, 1996a, p. 9-23.
7 "Por teoria entendemos, portanto, uma forma específica da prática, pertencente também a ela à unidade complexa da 'prática social' de uma sociedade determinada, a prática teórica encaixa-se na definição geral da prática". (ALTHUSSER, Louis. *Por Marx*. Tradução de Maria Leonor F. R. Campinas/SP: Editora Unicamp, 2015, p. 136).
8 "Por prática em geral entenderemos todo processo de transformação de uma matéria-prima determinada em um produto determinado, transformação efetuada por um trabalho humano determinado, utilizando meios (de produção) determinados." (ALTHUSSER, Louis. *Por Marx*. Tradução de Maria Leonor F. R. Campinas/SP: Editora Unicamp, 2015, p. 136).

por meio dela a essência da prática em geral, e por meio dela a essência das transformações, do "devir" das coisas em geral. A única Teoria capaz de levantar, se não de colocar a questão prévia dos títulos dessas disciplinas, de criticar a ideologia em todos os seus disfarces, inclusive os disfarces das práticas técnicas em ciências, é a Teoria da prática teórica (em sua definição da prática ideológica): a dialética materialista, ou materialismo dialético, a concepção da dialética marxista na sua especificidade.[9]

Marx inverteu a dialética hegeliana e colocou na posição certa, isto é, de pé. Em suma, a dialética tem de ser capaz de entender e representar processos em movimentos, mudança e transformação. Os próprios termos de Marx são dialéticos e isso nos obriga a fazer uma leitura dialética de todo *O Capital*.[10]

A dialética da sociedade capitalista corresponde à relação antagônica entre Estado e mercado, é no âmbito dessa dialética que a totalidade dos processos sociais toma forma e é também em seu interior que as lutas políticas por sua transformação podem e devem ser travadas.[11]

Assim, conhecendo a forma jurídica burguesa podemos entender as formas jurídicas anteriores, pré-capitalistas, onde o direito estava contido em outras formas sociais, pois nas sociedades escravistas e feudais a forma jurídica não era bem desenvolvida por encontrar-se misturada com as relações sociais.

Essa forma jurídica, ligada ao conceito de sujeito de direito, é reflexo da forma mercantil e é na mercadoria que está a parte principal da reprodução capitalista, que constitui o fenômeno

---
9 ALTHUSSER, Louis. *Por Marx*. Tradução de Maria Leonor F. R. Campinas/SP: Editora Unicamp, 2015, p. 137-139.
10 HARVEY, David. *Para Entender O Capital*. Tradução de Rubens Enderle. São Paulo: Boitempo, 2013a, p. 21-22.
11 MORI, Klára Kaiser. A Ideologia na Constituição do Espaço Brasileiro. In: DEÁK, Csaba; SCHIFFER, Sueli Ramos (Org.). *O Processo de Urbanização no Brasil*. 2. ed. São Paulo: Editora Edusp, 2015, p. 69.

jurídico. Assim, as relações econômicas criam as relações jurídicas vinculadas ao sistema econômico que tem como base a propriedade privada e a forma jurídica.

É o princípio da equivalência que permite a constituição da forma jurídica, permitindo ao homem a possibilidade de praticar atos da vida civil, sem qualquer diferença, hierarquia ou discriminações que existiam anteriormente nas sociedades pré-capitalistas, em razão do "status" da pessoa:

> É ideia de equivalência decorrente do processo de trocas mercantis que funda a ideia de equivalência jurídica.
> [...]
> A relação de equivalência permite que se compreenda a especificidade do próprio direito, a sua natureza intrinsecamente burguesa.
> [...]
> A forma jurídica, portanto, só se constitui quando o princípio da equivalência se torna dominante, tornando possível distinguir o elemento jurídico do elemento biológico, ritual e religioso.[12]

Assim, é a equivalência no processo de trocas que cria a equivalência jurídica, sendo a forma jurídica formada quando esse princípio da equivalência se torna dominante e distinto de outros elementos, permitindo que se compreenda o direito.

Marx foi o primeiro a mostrar, simultaneamente, a condição fundamental, enraizada na estrutura econômica da própria sociedade, da existência da forma jurídica, ou seja, a unificação dos diferentes rendimentos do trabalho segundo o princípio da troca equivalente. Ele descobre, assim, o profundo vínculo jurídico interno que existe entre a forma jurídica e a forma mercantil.[13]

---

12 NAVES, Márcio Bilharinho. *Marxismo e Direito: Um Estudo Sobre Pachukanis*. São Paulo: Boitempo, 2008, p. 58-60.
13 PACHUKANIS, Evgeny. *Teoria Geral do Direito e Marxismo*. Tradução de Silvio Donizete Chagas. São Paulo: Editora Acadêmica, 1988, p. 28.

Já a equivalência subjetiva real realiza-se concretamente, na prática de atos de troca, na qual a capacidade volitiva autoriza ao homem a realizar, na condição de sujeito de direito, o contrato, ou seja, a igualdade é uma condição objetiva:

> Mas é somente nas condições de existência de um modo de produção especificamente capitalista que o indivíduo pode se apresentar desprovido de quaisquer atributos particulares e qualidades próprias que o distingam de outros homens; ele se apresenta como pura abstração, como pura condensação de capacidade volitiva indiferenciada. É isso que empresta ao homem, a qualquer homem da sociedade burguesa, a capacidade de praticar os mesmos atos da vida civil, sem quaisquer diferenças, hierarquias ou discriminações de nenhuma natureza entre eles.[14]

Aqui, no sistema capitalista, o indivíduo é desprovido de quaisquer atributos particulares que o distingam dos outros, ou seja, torna-se uma abstração, uma capacidade volitiva, o que permite que o homem, na sociedade burguesa, pratique quaisquer atos da vida civil, sem qualquer diferença, hierarquia ou discriminação.

Foi Evgeny Pachukanis que relacionou a forma da mercadoria (da economia mercantil) com a forma jurídica (do direito), considerando que a forma jurídica é espelho da forma mercantil. Essa forma jurídica, dentro do conceito de sujeito de direito, é reflexo da forma mercantil. Já a mercadoria é o cerne da reprodução social capitalista, que constitui e permeia o fenômeno jurídico. Para ele, o direito é uma relação de troca de mercadorias.

Para isso, Pachukanis introduz um princípio metodológico, desenvolvido por Marx, que exprime a necessidade de primeiro analisar as categorias mais simples, tais como as classes sociais,

---
14 NAVES, Márcio Bilharinho. *A Questão do Direito em Marx*. São Paulo: Outras Expressões; Dobra Universitária, 2014, p. 68.

o salário, o lucro, o preço, o valor e a mercadoria, para depois interpretar a totalidade concreta, ou seja, a sociedade, a população e o Estado:

> O que vai do abstrato ao concreto, e o que vai do simples ao complexo. Segundo Pachukanis, para Marx poderia parecer "natural" que a economia política partisse da análise de uma totalidade concreta, a população, mas esta é uma abstração vazia se não forem levadas em considerações as classes sociais que a compõe, e as classes, por sua vez, exigem para serem compreendidas o exame dos elementos de que sua exigência depende, o salário, o lucro, etc. E o estudo dessas categorias, por fim, depende da apreensão das categorias mais simples: preço, valor, mercadoria, de modo que, somente partindo dessas categorias mais simples, é que torna-se possível recompor a totalidade concreta em uma unidade plena de determinações. ...A totalidade concreta – sociedade, população, Estado – deve ser o resultado e o último estágio de nossa pesquisa, não o ponto de partida.[15]

Esse método alcança a totalidade como ponto de chegada e não como ponto de partida, assim, segundo Pachukanis, a economia política deve partir da análise das classes sociais para se chegar à totalidade concreta (a população), ou seja, o estudo das categorias depende primeiro da análise das categorias mais simples, até chegarmos às categorias mais complexas.

Assim, para entendermos essa metodologia teremos que iniciar a análise da forma jurídica (abstrata e pura) para chegarmos ao contexto histórico (concreto), pois a evolução histórica não implica apenas uma mudança no conteúdo das normas jurídicas e uma modificação das instituições jurídicas, mas também um desenvolvimento da forma jurídica como tal.[16]

---

15 Id. *Marxismo e Direito: Um Estudo Sobre Pachukanis*. São Paulo: Boitempo, 2008a, p. 41.
16 PACHUKANIS, Evgeny. *Teoria Geral do Direito e Marxismo*. Tradução de Silvio Donizete Chagas. São Paulo: Editora Acadêmica, 1988, p. 35.

Para Pachukanis, a elaboração teórica deve partir do sujeito de direito, pois é a categoria-chave que não exige a mediação de nenhuma outra para ser explicada e, ao mesmo tempo, medeia a explicação de todas as demais. Assim, para reconstruir o direito, na teoria da totalidade concreta, toma como início o sujeito de direito.[17]

Assim, foi Pachukanis que relacionou a forma mercadoria com a forma jurídica, afirmando que a jurídica é reflexo da mercantil. Ele utilizava o princípio metodológico que primeiro analisa as categorias mais simples, ou seja, o ponto de partida: as classes, o salário, o sujeito, o lucro, o preço, o valor e a mercadoria; para depois chegarmos ao ponto de chegada: a sociedade, a população e o Estado (totalidade concreta).

A forma jurídica é reflexo da relação social, ou seja, relação dos proprietários de mercadorias e o direito é determinado pelo processo de troca mercantil:

> Como já observamos, essa relação social deve ser encontrada na esfera da circulação mercantil, ali onde os sujeitos-proprietários estabelecem relações mútuas de troca equivalentes. A relação social da qual a forma jurídica é o "reflexo" é, assim, a relação dos proprietários de mercadorias entre si.
> [...]
> O direito é imediatamente determinado pelo processo de troca mercantil, mas, considerado que a esfera da circulação é estruturada segundo as exigências das relações de produção capitalistas, o direito também experimenta essa mesma determinação, mas de modo "mediado", "em última instância". Ou seja, a existência da forma jurídica depende do surgimento de uma esfera de circulação que só o modo de produção capitalista pode constituir.[18]

---

17 KASHIURA JUNIOR, Celso Naoto. *Pachukanis e a Teoria Geral do Direito e o Marxismo*. Revista Jurídica Direito e Realidade, v. 1, 2011, p. 9.
18 NAVES, Márcio Bilharinho. *Marxismo e Direito: Um Estudo Sobre Pachukanis*. São Paulo: Boitempo, 2008a, p. 56 e 76.

Por isso, a relação social deve ser encontrada na circulação mercantil, onde os sujeitos realizam as trocas entre si, assim, a forma jurídica é reflexo da relação social, ou seja, relação entre os proprietários de mercadorias. Também o direito é determinado pelo processo de troca, assim, o direito experimenta essa mesma determinação.

Percebe-se, então, que existe uma ligação lógica entre a forma mercantil, presente na esfera da circulação das mercadorias subsumida ao capital e a forma jurídica que se coloca como tal de modo pungente somente com a subsunção real ao capital.[19]

Sobre a subsunção real do trabalho ao capital,[20] Naves adverte que após o sistema das máquinas o processo de trabalho transformou o trabalhador em um fornecedor de energia sem qualidade específica, ocasionando o domínio completo do burguês sobre o operário:

> Com a utilização do sistema de máquinas, o processo de trabalho se converte em um conjunto de operações que não mais exige do operário as condições intelectuais e a habilidade de antes; ao contrário, o trabalhador se torna um mero fornecedor de energia laborativa indiferenciada, sem qualquer "qualidade" específica.
> [...]
> Assim, se constitui um modo de produção especificamente capitalista, no qual o controle do processo de produção pelo capitalismo e seu domínio sobre o operário é completo, isto é, agora ele tem efetiva capacidade de dispor dos meios de produção, configurando a subsunção real do trabalho ao capital.[21]

---

19 SARTORI, Vitor Bartoletti. *Marx, Marxismo e o Terreno do Direito: Um Debate Necessário*. Revista on-line de filosofia e ciências humanas, n. 19, ano 10, abril de 2014, p. 1-3.
20 "A força do trabalho dos operários é objetivamente igualada, uma vez que ela é reduzida a mera energia dispendida em um determinado tempo. É isso que Marx chama de subsunção (ou subordinação) real do trabalho ao capital." (NAVES, Márcio Bilharinho. *Marx: Ciência e Revolução*. São Paulo: Quartier Latin, 2008b, p. 100).
21 NAVES, Márcio Bilharinho. *A Questão do Direito em Marx*. São Paulo: Outras Expressões; Dobra Universitária, 2014, p. 44.

Assim, após o processo das máquinas não se exigiu mais do trabalhador condições intelectuais e habilidades, tornando-o sem qualidade específica, ou seja, no sistema capitalista o controle do processo de produção e o domínio sobre o trabalhador é completo, configurando-se a subsunção real do trabalhador ao capital.

A forma jurídica, explica Mascaro, não é tomada como um mero normativo genérico, fora da história, é a circulação mercantil que dá especificidade ao direito, assim, a forma jurídica é um dado histórico-social concreto, do plano do ser, e não mais do dever ser:

> Para Pachukanis, a forma jurídica não corresponde a um quadro de trocas tomado no seu sentido genérico, ou então a meras trocas simples. As relações jurídicas, identificadas às relações mercantis, só existem como tal a partir de um sistema generalizado de trocas, isto é, a partir de um sistema de trocas mercantis capitalistas. E a própria dialética entre troca e produção não passa despercebida para Pachukanis. A relação entre a forma jurídica e a forma mercantil é complexa, porque se refina e se plenifica nas próprias relações de produção.[22]

O desenvolvimento completo da forma jurídica pode ocorrer apenas com a universalização da circulação mercantil, pois é somente aí que o sujeito-direito se torna universal. A universalidade da forma mercadoria demanda a universalidade da forma sujeito de direito. A forma jurídica é determinada imediatamente pela circulação mercantil, mas é determinada mediatamente, em última instância, pelas relações de produção capitalista.[23]

Sobre essa ideia de universalidade presente na circulação, na mercadoria e no sujeito de direito, Naves ensina que decorre

---

22 MASCARO, Alysson Leandro. *Filosofia do Direito*. 4. ed. São Paulo: Atlas, 2014, p. 477.
23 KASHIURA JUNIOR, Celso Naoto. *Pachukanis e a Teoria Geral do Direito e o Marxismo*. Revista Jurídica Direito e Realidade, v. 1, 2011, p. 11.

da classe dominante que dá às suas ideias a forma de universalidade, como únicos racionais e válidas:

> Isso verifica-se porque a classe dominante, ao tomar o poder, deve "apresentar os seus interesses como sendo interesses comuns de toda a sociedade", o que a leva necessariamente a dar às suas ideias a "forma de universalidade" apresentando-se como as únicas racionais e as "universalmente válidas".[24]

A propriedade no modo de pensar jurídico nasceu não porque tenha surgido aos homens a ideia de se atribuírem reciprocamente tal qualidade jurídica, mas porque passar-se por proprietário era a única maneira de poderem trocar mercadorias. Contudo, a propriedade privada só adquire um caráter acabado e universal com a passagem à economia mercantil, ou mais precisamente à economia mercantil capitalista.[25]

Assim, não restam dúvidas de que a forma jurídica decorre da forma mercantil e tem a mercadoria como base da reprodução capitalista e é o princípio da equivalência que permite a constituição da forma jurídica. Além do mais, a forma jurídica é reflexo da relação social, qual seja, relação dos proprietários dessas mercadorias, e ela é um dado histórico – social concreto e seu desenvolvimento deve-se a circulação mercantil e às relações de produção capitalista.

Cumpre lembrar, que os camponeses foram expulsos do campo, transformando-se em proletários na cidade, mas a necessidade dos proprietários dos meios de produção era de homens livres, assim, todos os homens tornaram-se em sujeito de direitos, agora livres, e poderiam realizar o contrato de trabalho. Assim, a forma jurídica é forma de subjetividade jurídica, as

---

24 NAVES, Márcio Bilharinho. *Marxismo e Direito: Um Estudo Sobre Pachukanis*. São Paulo: Boitempo, 2008a, p. 52.
25 PACHUKANIS, Evgeny. *Teoria Geral do Direito e Marxismo*. Tradução de Silvio Donizete Chagas. São Paulo: Editora Acadêmica, 1988, p. 82-83.

pessoas se relacionam como sujeito de direito e essa forma jurídica é um espelho da forma mercantil e a especificidade do capitalismo é a forma jurídica.

Essa forma jurídica está interligada ao conceito sujeito de direito[26] e decorre, de forma imediata, da circulação mercantil e, de forma mediata, das relações de produção. Entre a forma mercantil e a forma jurídica, temos a mercadoria submetida ao capital. Dentro da forma jurídica temos, além do sujeito de direitos, o direito subjetivo, os direitos e as obrigações, os princípios da liberdade[27] e da igualdade, base dos contratos.

Os indivíduos são interpelados como sujeitos de direito:

> Esta interpelação é constitutiva do seu próprio ser jurídico, no sentido de que é esta interpretação "tu és um sujeito de direito", que lhe dá o poder concreto, que lhes permite uma prática concreta. Sendo sujeito de direito, tu és capaz de adquirir e de (te) vender.[28]

O núcleo da forma jurídica, o sujeito de direito, não advém do Estado, uma vez que seu surgimento, historicamente, não está na sua chancela pelo Estado. A dinâmica do surgimento do sujeito de direito guarda vínculo, necessário e direto, com as relações de produção capitalistas. A circulação mercantil e a

---

26 "A forma sujeito conhece duas etapas: na primeira a subjetividade ainda não adquiriu a forma especificamente capitalista, em virtude da não transformação das forças produtivas, isso significa que a vontade do indivíduo ainda dispõe de determinação suficiente para que a fabricação do produto dependa em algum grau de seu exercício, mas essa vontade já está subordinada às exigências do capital; na segunda, com a introdução no processo de trabalho do sistema de máquina, a vontade é "esvaziada" de qualquer conteúdo, ela perde qualquer "qualidade" e se transforma em vontade do capital, em simples dispêndio de energia intelectual comandada pelas exigências da valorização." (NAVES, Márcio Bilharinho. *A Questão do Direito em Marx*. São Paulo: Outras Expressões; Dobra Universitária, 2014, p. 80).
27 "Diferente dessa liberdade é a liberdade para Marx que possui a existência natural que independe de qualquer regulamentação positiva, ela é um direito natural cuja existência perdura mesmo se uma lei procura negá-la." (NAVES, Márcio Bilharinho. *Marx: Ciência e Revolução*. São Paulo: Quartier Latin, 2008b, p. 31).
28 EDELMAN, Bernard. *O Direito Captado pela Fotografia*. Tradução de Several Martins e Pires de Carvalho. Coimbra: Centelha, 1976, p. 34.

produção baseada na exploração da força de trabalho jungida de modo livre e assalariado é que constituem, socialmente, o sujeito portador de direito subjetivo.²⁹

Só no modo de produção capitalista é que os indivíduos adquirem estatuto universal de sujeitos e é na esfera das circulações das mercadorias que nasce a forma sujeito de direito:

> A forma-sujeito de que se reveste o homem surge como a condição de existência da liberdade e da igualdade que se faz necessária para que se constitua uma esfera geral de trocas mercantis e, consequentemente, para que se constitua a figura do proprietário privado de bens, objetos da circulação. É na esfera da circulação das mercadorias, como um elemento dela derivado que opera para tornar possível a troca mercantil, que nasce a forma de sujeito de direito.³⁰

Assim, é necessário que a lei reconheça a recíproca propriedade dos proprietários, para que através da relação jurídica livre (liberdade e igualdade), na forma de contrato, mediante a vontade das partes, possa a propriedade privada ser vendida ou trocada, o que tem como consequência uma relação econômica.

Para que no mercado exista o homem livre (objeto do comércio) é necessário que ele tenha uma forma jurídica, forma sujeito, sem a qual ele não pode manifestar a sua vontade e firmar o contrato. A respeito da livre troca da propriedade, Naves ensina que sem a liberdade as pessoas não podem se vender nem tampouco vender seus bens, mas considerando-as sujeito de direito, esses sujeitos fazem circular a mercadoria para a troca:

> Com efeito, se eu não fosse proprietário de mim mesmo, eu seria para o outro escravo, isto é, incapaz de me vender (res),

---

29 MASCARO, Alysson Leandro. *Estado e Forma Política*. São Paulo: Boitempo, 2013, p. 40.
30 NAVES, Márcio Bilharinho. *Marxismo e Direito: Um Estudo Sobre Pachukanis*. São Paulo: Boitempo, 2008a, p. 65.

> e se o outro não fosse também livre, ele não poderia se vender. Em outras palavras, a livre troca da propriedade de si implica uma livre produção e uma consumação dessa produção.
> [...]
> Na condição de sujeito-proprietário, o homem faz circular a si mesmo como objeto de troca, pois em sua existência, ele só aparece como representante dessa mercadoria que ele possui: a si mesmo, de modo que se pode dizer que o homem como sujeito de direito é constituído para a troca, e é justamente essa condição que realiza a sua liberdade.[31]

Para ele, o escravo é incapaz de vender-se, mas o proprietário, sujeito de direito livre, permite a troca da propriedade, fazendo circular a mercadoria, ou seja, esse homem sujeito de direito é constituído para a troca, realizando nessa condição sua igualdade e liberdade.

Assim, o direito existe como condição subjetiva, decorrente do movimento de circulação, para que se efetive um circuito de troca, com um sujeito livre para que o ato jurídico se aperfeiçoe, excluindo, no ato de troca, qualquer modo unilateral e coercitivo de apropriação privada:

> Essa é a razão pela qual o ato jurídico não se aperfeiçoa quando da presença de sua vontade impossibilitada de se exprimir livremente. É por isso que Marx afirma que a troca de mercadorias exige que os seus possuidores se reconheçam no ato de alienação de seus haveres, isto é, que as suas vontades sejam suficientemente capazes de operar o circuito mercantil, excluindo, portanto, todo e qualquer modo unilateral e coercitivo de apropriação privada.[32]

Percebe-se, então, que o sujeito de direito surge das relações de produção capitalista e não do Estado. Esse sujeito nasce para

---

31   Ibid., p. 67-68.
32   NAVES, Márcio Bilharinho. *A Questão do Direito em Marx*. São Paulo: Outras Expressões; Dobra Universitária, 2014, p. 51.

a perfeita circulação das mercadorias (troca mercantil) e ele é livre e igual, sem qualquer possibilidade de coerção ou ato unilateral que possa influenciar na realização do contrato. É o Estado, através de normas, que concede a esses sujeitos a liberdade e a igualdade para realizar os negócios jurídicos.

Assim, o assalariado não é coagido a trabalhar para um determinado empresário, mas apenas vende-lhe a sua força de trabalho formalmente com base num contrato livre. À medida que a relação de exploração se realiza formalmente como relação entre dois proprietários de mercadorias "independentes" e "iguais" dos quais um, o proletário, vende a sua força de trabalho, e outro, o capitalista, a compra, o poder político de classe pode revestir-se de um poder público. O poder de um homem sobre outro expressa-se na realidade como o poder do direito, isto é, como o poder de uma norma objetiva imparcial.[33]

Os agentes da produção já se apresentam na estrutura social capitalista como sujeitos de direito, operando relações sociais concretas, quando os Estados os definem formalmente como tais e lhes dão seus contornos peculiares, como as atribuições da capacidade. São as normas estatais que conformam o sujeito de direito a poder realizar vínculos contratuais livremente a partir de uma idade mínima estabelecida, mas esse sujeito já se impunha na estrutura social por derivação direta da forma-mercadoria.[34]

Por esses motivos, o vínculo do sujeito de direito não decorre do Estado, mas sim das relações de produção capitalista. Ele é constituído socialmente em função da circulação mercantil e com a exploração da força de trabalho. A norma estatal permite que os sujeitos de direito possam contratar, mas ele (sujeito de direito) não deriva do Estado, mas sim da forma-mercadoria. Assim, o sujeito de direito é o fundamento de todo direito.

---

33 PACHUKANIS, Evgeny. *Teoria Geral do Direito e Marxismo*. Tradução de Silvio Donizete Chagas. São Paulo: Editora Acadêmica, 1988, p. 96-97.
34 MASCARO, Alysson Leandro. *Estado e Forma Política*. São Paulo: Boitempo, 2013, p. 40.

O direito tem como objetivo resguardar a circulação da força de trabalho (que é uma mercadoria), por isso, a forma do direito é a forma mercantil. O possuidor do dinheiro necessita encontrar uma mercadoria de qualidade específica, que seu valor de uso possa ser fonte de valor, que seu consumo fosse objetivação de trabalho, criação de valor, ou seja, a força de trabalho:

> Para que o capital se constitua é necessário que o possuidor do dinheiro encontre no mercado uma mercadoria que se revista de uma "qualidade" específica, de que nenhuma outra mercadoria é dotada, que tivesse a peculiaridade de o seu valor de uso ser fonte de valor, portanto, que seu consumo fosse objetivação de trabalho, criação de valor. Essa mercadoria o possuidor das condições objetivas da produção encontra no mercado, é a força de trabalho.[35]

O sujeito jurídico é o proprietário de mercadorias abstrato e transposto para as nuvens, que dispõe delas no ato de apropriação e de alienação, ou seja, a sua vontade, juridicamente tem o seu fundamento real no desejo de alienar, na aquisição, e de adquirir, na alienação. Para que tal desejo se realize, é indispensável que haja mútuo acordo entre os desejos dos proprietários de mercadorias. Juridicamente essa relação aparece como contrato ou como acordo, entre vontades independentes.[36]

Marx assevera que para que as coisas possam se tornar mercadorias é necessário que os sujeitos de direito, através do acordo recíproco, manifestem a sua vontade e, assim, sejam considerados proprietários privados, sendo que o conteúdo dessa relação de vontade é dado por meio da relação econômica:

---

35 NAVES, Márcio Bilharinho. *Marxismo e Direito: Um Estudo Sobre Pachukanis*. São Paulo: Boitempo, 2008a, p. 100.
36 PACHUKANIS, Evgeny. *Teoria Geral do Direito e Marxismo*. Tradução de Silvio Donizete Chagas. São Paulo: Editora Acadêmica, 1988, p. 75-78.

> Para que essas coisas se refiram umas às outras como mercadorias, é necessário que os seus guardiões se relacionem entre si como pessoas, cuja vontade reside nessas coisas, de tal modo que um, somente de acordo com a vontade do outro, portanto cada um apenas mediante um ato de vontade comum a ambos, se aproprie da mercadoria alheia enquanto aliena a própria. Eles devem, portanto, reconhecer-se reciprocamente como proprietários privados. Essa relação jurídica, cuja forma é o contrato, desenvolvida legalmente ou não, é uma relação de vontade, em que se reflete a relação econômica. O conteúdo dessa relação jurídica ou de vontade é dado por meio da relação econômica mesma. As pessoas aqui só existem, reciprocamente, como representantes de mercadorias e, por isso, como possuidores de mercadorias.[37]

Para Marx as coisas só se tornam mercadorias se os guardiões das coisas se relacionarem entre si como pessoas e, mediante o acordo de vontade de ambos (contrato), realizarem a troca das mercadorias, mas para isso, antes eles devem ser reconhecidos como proprietários recíprocos, ou seja, sujeitos de direito.

Não é demais repetir que o sujeito de direito é o núcleo da forma jurídica e não advém do Estado, mas das relações de produção capitalistas, pois nasce na esfera das circulações das mercadorias. Esse sujeito de direito livre e igual pode trocar a sua propriedade, fazendo circular as mercadorias e, são as normas estatais, que concedem a esse sujeito a liberdade e a igualdade para firmar contratos.

Por outro lado, o sujeito de direito pode perder, por intervenção extrema do capital. O sujeito de direito pode perder, por intervenção extrema do Estado, o direito ao voto, o direito à dignidade da identidade cultural, religiosa, de sexo ou raça, mas não perde o núcleo da subjetividade jurídica, que é dispor-se

---

[37] MARX, Karl. *O Capital: Crítica da Economia Política*. Tradução de Regis Barbosa e Flávio R. Kothe. Livro primeiro. Tomo I. Cap. I. São Paulo: Nova Cultural, 1996a, p. 209-210.

contratualmente ao trabalho assalariado, bem como o capital privado quase nunca é expropriado em sua total extensão.[38]

Na forma sujeito o indivíduo existe apenas e tão somente para a troca. É a igualdade universal entre todos os homens que torna essas relações de troca possíveis, pois é o que garante que o objeto de troca não seja tomado de outro pela força advinda da subordinação de uns sobre outros.[39]

A propriedade capitalista é a liberdade de transformação do capital de uma forma para outra, a liberdade de transferência do capital de uma esfera para outra, visando obter o maior lucro possível sem trabalhar. Essa liberdade de dispor a propriedade capitalista é impensável sem a existência de indivíduos necessitados de propriedade, ou seja, proletários. A qualidade de ser sujeito jurídico é uma qualidade puramente formal. As pessoas são dignas de serem proprietárias, mas não as torna, por isso, proprietárias.[40]

Assim, o sujeito de direito pode perder, através das normas estatais, diversos direitos, mas não a subjetividade jurídica, que possibilita a realização do contrato e a troca das mercadorias. É a liberdade que transforma o homem em sujeito de direito capaz, mas essa qualidade conferida de ser sujeito de direito é apenas formal.

O Estado no capitalismo faz de cada qual um sujeito de direito, que lhe dá, formalmente, direitos e deveres. A forma da capacidade e do sujeito de direito resulta da sociedade capitalista. A propriedade privada, a garantia do entesouramento dos lucros e da mais-valia, a exploração mercantil e produtiva, são imperativos do capitalismo que têm imediata correspondência com o direito. O conceito de sujeito de direito é a pedra angular de todo direito e de toda a sociedade capitalista, é aquele que

---

38 MASCARO, Alysson Leandro. *Estado e Forma Política*. São Paulo: Boitempo, 2013, p. 43.
39 NAVES, Márcio Bilharinho. *A Questão do Direito em Marx*. São Paulo: Outras Expressões; Dobra Universitária, 2014, p. 55.
40 PACHUKANIS, Evgeny. *Teoria Geral do Direito e Marxismo*. Tradução de Silvio Donizete Chagas. São Paulo: Editora Acadêmica, 1988, p. 84.

tem direitos, aquele que compra e vende no mercado, aquele que tem direito à propriedade privada.[41]

É o próprio desenvolvimento da economia mercantil que determina a constituição do sujeito de direito numa forma social generalizada, o sujeito de direito surge sob o imperativo da forma mercantil, como o outro lado da equivalência das mercadorias fundadas no valor, e isto porque o processo do valor de troca, não pode se dar sem a subjetividade jurídica, agentes de troca, que realizam o intercâmbio da mercadoria.[42]

Assim, tanto as formas políticas estatais quanto à forma jurídica derivam da forma mercantil, e os indivíduos, no capitalismo, não são como membros de determinadas classes ou grupos, mas sim como sujeitos de direito e cidadãos. É por meio de tais formas e suas ferramentas correlatas – direitos subjetivos e deveres, voto – que a pressão social é retrabalhada pelo Estado.[43]

A constituição do sujeito de direito está vinculada ao processo de abstração próprio da sociedade capitalista, o trabalho abstrato vai corresponder à abstração do sujeito, o processo de equivalência mercantil derivado do caráter abstrato que toma o trabalho em certas condições sociais determina o processo de equivalência entre sujeitos, que só é possível se as pessoas perderem qualquer qualidade social que possa diferenciá-las.[44]

Nas sociedades anteriores às capitalistas, a forma jurídica não pôde encontrar as condições objetivas ao seu desenvolvimento, manifestando-se, eventualmente, de modo parcial ou indiferenciado. Numa sociedade posterior à sociedade burguesa, na

---

41 MASCARO, Alysson Leandro. *Introdução ao Estudo do Direito*. 5. ed. São Paulo: Atlas, 2015a, p. 20-95.
42 KASHIURA JUNIOR, Celso Naoto. *Pachukanis e a Teoria Geral do Direito e o Marxismo*. Revista Jurídica Direito e Realidade, v. 1, 2011, p. 9.
43 MASCARO, Alysson Leandro. *Estado e Forma Política*. São Paulo: Boitempo, 2013, p. 49.
44 NAVES, Márcio Bilharinho. *A Questão do Direito em Marx*. São Paulo: Outras Expressões; Dobra Universitária, 2014, p. 56.

qual as relações de produção capitalista sejam extintas, também a forma jurídica deverá encontrar sua extinção.[45]

Por outro lado, existe uma crítica à concepção de Pachukanis segundo o qual o direito se relaciona intrinsecamente ao capitalismo, ligando a forma da mercadoria e do valor como "circulacionista", pois ignoraria a esfera da produção, onde se daria o momento determinante do capitalismo. Nesse sentido, Poulantzas:

> Procurei demonstrar que esta concepção (de Pachukanis, JN) é insuficiente e parcialmente falsa, porque ele procura o fundamento do Estado nas relações de circulação e nas trocas mercantis (o que é de qualquer forma uma posição pré-marxista) e não nas relações de produção, que têm lugar determinante no conjunto do ciclo de reprodução ampliada do capital.[46]

Essa crítica de Poulantzas a Pachukanis como "circulacionista" ignora o fato de que a generalização da forma mercantil e, consequentemente, da forma valor, sempre significou a emergência do trabalho abstrato e, portanto, das relações de produção capitalistas; ele traz uma visão superficial, bastante comum no marxismo tradicional de considerar circulação de modo transitório.[47]

Pelo exposto, conclui-se que a forma jurídica decorre da forma mercantil, sendo a primeira, reflexo das relações sociais, pois essas formas jurídicas constituem um dado histórico-social concreto. O desenvolvimento das formas jurídicas fundamenta-se na circulação mercantil e nas relações de produção capitalista, para essa circulação surgiu o sujeito de direito das relações de produção e não do Estado, ele é livre e igual e esses direitos lhes são conferidos pelas normas estatais para que ele possa firmar

---

45   KASHIURA JUNIOR, Celso Naoto. *Op. Cit.* p. 12.
46   POULANTZAS, Nicos. *O Estado, o Poder e o Socialismo*. Tradução de Rita Lima. 4. ed. Rio de Janeiro: Graal, 2000, p. 49.
47   NASCIMENTO, Joelton. *Direito e Capitalismo Segundo Marx*. Revista Convergência Crítica, n. 6, v. 1, 2015, p. 149.

contratos e trocar as mercadorias (a propriedade). Essa qualidade do sujeito é formal e decorre do processo de abstração que faz com que o sujeito perca qualidades sociais que o diferenciam dos outros, tornando-os iguais. Por fim, esse sujeito de direito pode perder vários direitos, mas não a subjetividade jurídica, que o possibilita realizar negócios jurídicos.

1.2. As formas sociais: mercadoria, valor e subjetividade jurídica

As formas sociais exigem para sua realidade e eficácia uma materialidade institucional e, no mundo capitalista, essa forma manifesta-se em forma de coerção, determinando que as instituições fiquem adequadas à essa ou àquela forma. Se forem necessárias mudanças institucionais para adequar-se às novas formas, elas serão realizadas pelos atores em conflito, mas o significado e o contexto da forma social só serão reconhecidos pelos participantes de forma fetichizada.

As sociedades de acumulação do capital, com antagonismo entre capital e trabalho, giram em torno de formas sociais como valor, mercadoria e subjetividade jurídica. Tudo e todos valem num processo de trocas, tornando-se, pois, mercadorias e, para tanto, jungindo-se por meio de vínculos contratuais.[48]

As formas sociais são objetivações de relações sociais apresentadas ao indivíduo, são expressões de uma sociedade que não permite uma comunidade política direta e, nelas, a sociabilidade (forma de socialização)[49] do indivíduo se apresenta como independente:

---

48 MASCARO, Alysson Leandro. *Estado e Forma Política*. São Paulo: Boitempo, 2013, p. 22.
49 "O idioma alemão possui três palavras diferentes do substantivo *socialização*; a primeira, *Sozialisation*, segundo Joachim Hirsch, refere-se aos processos de socialização de natureza predominantemente psicológica e/ou educacional envolvendo a adaptação social dos indivíduos; a segunda, *Sozialisierung* designa as relações no processo de trabalho e de produção, estrito senso; a terceira, *Vergesellschaftung* remete ao modo e à forma da relação entre pessoas na sociedade em geral. E é exatamente esta terceira expressão que é utilizada no original em alemão; ressalvando o fato de que as duas últimas relações estão englobadas no quadro da análise feita sobre a ligação/separação entre política e economia." (grifos do

> Como se mostrou, as formas sociais, resultantes dos princípios gerais de socialização, são objetivações de relações sociais contrapostas aos indivíduos de modo fetichizado e coisificado. Elas são expressões de uma sociedade, cuja particularidade consiste em não permitir a direta e consciente elaboração das relações sociais de trabalho, e, com isso, de uma comunidade política direta. Nelas, a sociabilidade dos indivíduos se apresenta como 'poder alienado', como um objeto aparentemente independente.[50]

Essas formas sociais são objetivações decorrentes das relações sociais opostas ao indivíduo de forma fetichizada. As formas sociais resultam da socialização que remete ao modo e à forma da relação entre pessoas na sociedade. A forma social é forma de relação social, forma de relacionar-se. O Estado é uma forma de relação social, baseado nas relações do dia a dia e o Estado está na base social, na exploração do capital. O que constitui o direito é a relação social e não a norma jurídica.

Assim, as formas sociais mercadoria, valor e subjetividade jurídica, necessitam de uma materialidade e as sociedades capitalistas giram em torno dessas três formas. Elas são objetivações das relações sociais, são expressões de uma sociedade, sendo que as instituições sociais materializam as determinações das formas sociais e são consideradas modos de coordenação de comportamento com o objetivo de estabilidade social.

O decisivo é que as instituições sociais[51] não podem ser simplesmente conceituadas como manifestações concretas das formas sociais, pois a forma é mais do que a simples manifestação

---

autor) (HIRSCH, Joachim. *Forma Política, Instituições Políticas e Estado* I. Revista Crítica Marxista, 1994, p. 3).
50 Ibid., p. 18.
51 "Estas formas gerais de percepção e estes modelos de comportamento se concretizam em instituições sociais, ou ao contrário: nas instituições se materializam as determinações formais sociais gerais. Em seu significado geral, instituições são modos de orientação, rotinização e coordenação de comportamentos que tanto orientam a ação social como a tornam normalmente possível, proporcionando relativa estabilidade aos sistemas sociais." (Ibid., p. 18).

abstrata da instituição. Por isso, a forma social exige uma materialidade institucional e manifesta-se em forma de coerção, são objetivações de relações sociais apresentadas ao indivíduo e o Estado é uma forma de relação social e está na base social. Não perceber esta diferença e equiparar a "forma Estado" a um mero conjunto institucional definido é um erro frequentemente encontrado.[52]

Essas formas sociais são expressões que não permitem a análise direta e consciente da relação social de trabalho. Sobre a alienação do trabalho, Naves ensina que quanto mais o trabalhador produz um produto, mais ele cai no domínio dos objetos produzidos por ele, ou seja, o trabalhador está sob o domínio do capital:

> [...] consiste, portanto, em que o produto do trabalho, os objetos produzidos pelo trabalhador, não lhe pertencem, aparecendo-lhe como algo estranho, como um poder independente dele e que o domina. Quanto mais o trabalhador produz, mais vê-se privado dos objetos necessários à sua subsistência e, na medida em que menos objetos ele possui, mais ele cai sob o domínio dos produtos que são criados por ele, isto é, sob o domínio do capital.[53]

Sabe-se que na sociedade capitalista seu fundamento está na troca e nas concorrências decorrentes da exploração do trabalho, cuja forma de socialização ganha, com as formas econômicas (mercadoria, dinheiro e capital) e políticas (Estado e direito), expressão e movimento:

> Surgem então relações sociais objetivadas, exteriores aos indivíduos e na aparência independentes deles, que permitem que essa sociedade possa se manter e se reproduzir, apesar de seus antagonismos fundamentais e da ausência de uma "vontade geral" direta e articulada. As formas

---
52 Ibid., p. 18-19.
53 NAVES, Márcio Bilharinho. *Marxismo e Direito: Um Estudo Sobre Pachukanis*. São Paulo: Boitempo, 2008a, p. 34.

econômicas e políticas não são derivadas uma das outras, mas formam uma causalidade complexa e contraditória, enraizada nos princípios de socialização fundamentais. Elas se condicionam e ao mesmo tempo se opõem uma à outra: 'Mercado' versus 'Estado'.[54]

Cumpre salientar que na Roma antiga, embora a troca de bens tenha conhecido um relativo grau de expansão, o processo do valor de troca permaneceu bloqueado. Além disso, a vontade na antiguidade está vinculada às condições naturais de existência, à cidade, confundindo-se com o livre-arbítrio. Em Roma, a vontade não é livre porque a liberdade não está interiorizada na pessoa, mas como uma qualificação do extrato social. Já a subjetividade está presa a determinações qualitativas, como condição social diversificada entre as pessoas.[55] Assim, como na Roma antiga, as diferenças entre as pessoas decorriam da estrutura de classe (*status*) e do domínio da propriedade, além do escravagismo, fazia surgir uma determinação política:

> A atribuição de capacidade para a prática de atos de comércio a alguns homens e não a todos, e o bloqueio da autonomia da vontade do cidadão romano, são, assim, uma determinação política, de modo que a liberdade e a igualdade dos homens não decorrem do processo do valor de troca, como na sociedade do capital, mas do seu status.[56]

A primeira forma social a ser estudada será a forma mercadoria. Essa mercadoria é considerada uma propriedade abstrata do valor e através do contrato faz surgir o processo de troca. A forma mercadoria está intimamente ligada ao dinheiro, ao trabalho, à propriedade, à mais-valia, ao sujeito de direito e à

---

54   HIRSCH, Joachim. *Forma Política, Instituições Políticas e Estado* I. Revista Crítica Marxista, 1994, p. 21.
55   NAVES, Márcio Bilharinho. *A Questão do Direito em Marx*. São Paulo: Outras Expressões; Dobra Universitária, 2014, p. 62-74.
56   Ibid., p. 73.

política. Essa forma mercadoria é uma realidade capitalista e é constituída das relações sociais. A propriedade surge no sistema capitalista para que o proprietário possa trocar sua mercadoria, a propriedade.

No capitalismo, é a generalização das trocas que constitui uma forma econômica correspondente, a forma mercadoria. Tal forma, posteriormente, configura a totalidade das relações sociais – o dinheiro, a mensuração do trabalho, a propriedade e o mais-valor, o sujeito de direito e a própria política. Se a forma mercadoria é constituinte da realidade capitalista, ela é constituída pelas interações sociais que estão na base dessa mesma realidade.[57]

Existe a necessidade para a pessoa humana de tomar a forma sujeito de direito, isto é, tomar a forma geral de mercadoria:

> O que quero demonstrar é que o sujeito de direito, na sua própria estrutura, é constituído sobre o conceito de livre propriedade de si próprio; é que esta forma, que é forma mercadoria da pessoa – o conteúdo concreto da interpelação ideológica da pessoa como sujeito de direito – apresenta este carácter inteiramente extraordinário, de produzir em si, isto é, na sua própria forma, a relação da pessoa com ela própria, a relação do sujeito que se toma ele próprio como objeto.[58]

Vimos antes que o contrato de trabalho, após a Revolução Industrial, tornou-se mercadoria no capitalismo. Na verdade, no capitalismo tudo é mercadoria e, principalmente, a força de trabalho. Não foram todos os povos que conheceram a forma mercadoria, mas os que conheceram foram submetidos à forma mercantil e o produto de seu trabalho foi transformado em mercadoria. Na sociedade burguesa, cada mercadoria tem um valor de uso e um valor de troca.

---

57 MASCARO, Alysson Leandro. *Estado e Forma Política*. São Paulo: Boitempo, 2013, p. 22.
58 EDELMAN, Bernard. *O Direito Captado pela Fotografia*. Tradução de Several Martins e Pires de Carvalho. Coimbra: Centelha, 1976, p. 93.

Por outro lado, segundo Marx o valor de uso é a utilidade de uma coisa, o corpo da mercadoria, e constitui o conteúdo material da riqueza e, o valor de uso ou bem, possui valor porque está materializado trabalho humano abstrato:

> A utilidade de uma coisa faz dela um valor de uso... O corpo da mercadoria mesmo, como ferro, trigo, diamante etc. é, portanto, um valor de uso ou bem. Esse seu caráter não depende de se a apropriação de suas propriedades úteis custa ao homem muito ou pouco trabalho... O exame dos valores de uso pressupõe sempre sua determinação quantitativa... Os valores de uso das mercadorias fornecem o material de uma disciplina própria, a merceologia. O valor de uso realiza-se somente no uso ou no consumo. Os valores de uso constituem o conteúdo material da riqueza, qualquer que seja a forma social desta.
> [...]
> Portanto, um valor de uso ou bem possui valor, apenas, porque nele está objetivado ou materializado trabalho humano abstrato.
> [...]
> Tempo de trabalho socialmente necessário é aquele requerido para produzir um valor de uso qualquer, nas condições dadas de produção socialmente normais, e com o grau social médio de habilidade e de intensidade de trabalho.[59]

Assim, o valor de uso é o trabalho humano abstrato, objetivado ou materializado na mercadoria. Para Marx, o valor é o tempo de trabalho socialmente necessário. O valor de uso, por ter quantidades e qualidades materiais, heterogêneo, é socialmente necessário para o valor. Assim, são os valores da mercadoria e as necessidades sociais que os determinam. Acontece

---

59 MARX, Karl. *O Capital: Crítica da Economia Política*. Tradução de Regis Barbosa e Flávio R. Kothe. Livro primeiro. Tomo I. Cap. I. São Paulo: Nova Cultural, 1996, p. 166-169.

que os valores das mercadorias estão sujeitos a um poderoso conjunto de forças.[60]

Já o valor de troca, para Marx, é o modo necessário de expressão ou forma de manifestação do valor, aparece como algo casual e relativo, intrínseco à mercadoria e homogêneo:

> O valor de troca aparece, de início, como a relação quantitativa, a proporção na qual valores de uso de uma espécie se trocam contra valores de uso de outra espécie, uma relação que muda constantemente no tempo e no espaço. O valor de troca parece, portanto, algo casual e puramente relativo; um valor de troca é imanente, intrínseco à mercadoria (*valeur intrensèque*), portanto uma *contradictio in adjecto*.[61]

Para que exista o valor de troca, ou seja, para que uma mercadoria seja trocada por outra, é necessário que no mínimo tenhamos duas mercadorias, além de algo comum que as iguale, que reduza uma a outra, deixando de lado a qualidade da mercadoria, para analisarmos o aspecto quantitativo (valor de uso realizado pelo trabalho concreto, que coloca na mercadoria sua utilidade).

Assim, a categoria do valor da troca presume que os que trocam sejam sujeitos aptos a dispor autonomamente de seus direitos, por meio dos contratos, mas não se trata de um circuito apenas determinado de trocas mercantis, estas se conectam por meio da estrutura da própria produção.[62]

Assim, o valor de troca (quantitativo e homogêneo) é uma representação de valor e este é o tempo de trabalho socialmente necessário. Comentando o valor de uso e o valor de troca, Harvey

---

60 "As forças podem ser exemplificadas: revolução na tecnologia, o grau médio de destreza dos trabalhadores, o grau de desenvolvimento da ciência e de sua aplicabilidade tecnológica, as transformações no ambiente natural e a migração para lugares com condições naturais mais favoráveis." (HARVEY, David. *Para Entender O Capital*. Tradução de Rubens Enderle. São Paulo: Boitempo, 2013, p. 31).
61 MARX, Karl. *Op. Cit.* p. 166, grifos do autor.
62 MASCARO, Alysson Leandro. *Introdução ao Estudo do Direito*. 5. ed. São Paulo: Atlas, 2015a, p. 61.

explica que os valores possuem uma objetividade fantasmagórica que está sujeita a revoluções impostas por mudanças nas relações sociais e materiais:

> Ele (Marx) reconheceu, porém, que os valores de uso são incrivelmente diversos, os valores de troca são acidentais e relativos e o valor tem (ou parece ter) uma "objetividade fantasmagórica" que está sujeita a perpétuas revoluções impostas por mudanças tecnológicas e reviravoltas nas relações sociais e materiais.[63]

O valor refere-se às características quantitativas da mercadoria (qualidade de trabalho ou tempo de trabalho necessário à sua produção). Sendo assim, o valor não pode ser apreendido sensorialmente no mundo capitalista, pois independe da vontade humana e do conhecimento dos produtores individuais. Desse modo, para que se possa trocar as mercadorias, faz-se necessário que seus proprietários levam suas mercadorias ao mercado, assim, é obrigatório que exista a propriedade privada dos meios de produção para que um possa trocar suas mercadorias com os outros.

Assim, podemos diferenciar o valor de uso do valor de troca, pois o primeiro é a utilidade de uma coisa, é o corpo da mercadoria, possui valor (é socialmente necessário para o valor) porque está materializado no trabalho humano abstrato, possui quantidade e qualidades materiais e é heterogêneo; já o segundo, é a forma de manifestação do valor, pois é uma representação de valor, e este é o tempo de trabalho socialmente necessário, possui quantitativo e é homogêneo.

Para Marx, escondendo as características do trabalho esconde-se a relação social entre trabalhos individuais dos produtores e o trabalho total, refletindo apenas a ligação entre os produtos

---

63 HARVEY, David. *Para Entender O Capital*. Tradução de Rubens Enderle. São Paulo: Boitempo, 2013, p. 34.

do trabalho frente ao produtor, o que ele denomina fetichismo da mercadoria:

> Não é mais nada que determinada relação social entre os próprios homens que para eles aqui assume a forma fantasmagórica de uma relação entre coisas. Por isso, para encontrar uma analogia, temos de nos deslocar à região nebulosa do mundo da religião. Aqui, os produtos do cérebro humano parecem dotados de vida própria, figuras autônomas, que mantêm relações entre si e com os homens.
> Assim, no mundo das mercadorias, acontece com os produtos da mão humana. Isso eu chamo o fetichismo que adere aos produtos de trabalho, tão logo são produzidos como mercadorias, e que, por isso, é inseparável da produção de mercadorias.[64]

No mesmo sentido, Pachukanis entende que as relações sociais tomam uma forma coisificada nos produtos de trabalho que aparecem como valores, sendo a mercadoria a embalagem coisificada da propriedade abstrata do valor:

> Isto quer dizer que as relações sociais dos homens no processo de produção tomam uma forma coisificada nos produtos do trabalho que aparecem, uns em relação aos outros, como valores. A mercadoria é um objeto mediante o qual a diversidade concreta das propriedades úteis se torna simplesmente a embalagem coisificada da propriedade abstrata do valor, que se exprime como capacidade de ser trocada numa determinada proporção por outras mercadorias.[65]

Explicando melhor o fetichismo da mercadoria, temos uma inversão de papéis, aparecendo a mercadoria, sua distribuição e

---

64 MARX, Karl. *O Capital: Crítica da Economia Política*. Tradução de Regis Barbosa e Flávio R. Kothe. Livro primeiro. Tomo I. Cap. I. São Paulo: Nova Cultural, 1996a, p. 198-199.
65 PACHUKANIS, Evgeny. *Teoria Geral do Direito e Marxismo*. Tradução de Silvio Donizete Chagas. São Paulo: Editora Acadêmica, 1988, p. 70.

a divisão do trabalho como naturais e escondendo-se o verdadeiro processo de exploração:

> O fetichismo da mercadoria consiste na inversão dos papéis entre as próprias mercadorias e os seus produtores; a relação entre os produtores aparece mediada pelas coisas e a relação entre os produtos do trabalho aparece como relações personificadas. Portanto, as relações entre as mercadorias específicas de um momento da história humana, com sua consequente distribuição e divisão social do trabalho, aparecem como naturais, ocultando as relações sociais e não permitindo que os homens vejam que são eles que estão obnubilados nesse processo.[66]

Ensina Naves que as mercadorias parecem ser dotadas de um valor por sua própria natureza, mas escondem que o valor delas decorre da forma de organização da produção material, assim, as relações sociais entre homens assume a forma de relação entre as coisas:

> Não obstante, as mercadorias parecem ser dotadas de valor por sua própria natureza, obscurecendo que o valor nelas contido decorre de uma específica forma de organização da produção material. É assim que "determinada relação social entre homens [...] assume a forma fantasmagórica de uma relação entre coisas", como diz Marx explicando o que ele denomina de fetichismo da mercadoria.[67]

Harvey explica que esse disfarce, essa construção artificial, esconde as relações reais por meio de troca de coisas e esse fetichismo não é mera ilusão, mas uma construção que pode ser entendida:

---

66 MELO, Carlos Emanuel Alves Florêncio de. *Sobre a Mercadoria Força de Trabalho em Karl Marx*. Dissertação (mestrado) – Universidade Federal da Bahia. Faculdade de Filosofia e Ciências Humanas, Salvador, 2015, p. 39.
67 NAVES, Márcio Bilharinho. *Marxismo e Direito: Um Estudo Sobre Pachukanis*. São Paulo: Boitempo, 2008, p. 102.

O que interessa a Marx, porém não são as implicações morais. Seu interesse é mostrar como o sistema de mercado e a forma dinheiro disfarçam as relações reais por meio da troca de coisas. Ele não está dizendo que esse disfarce, que ele chama de "fetichismo, é mera ilusão, uma construção artificial que pode ser desmontada quando bem entendermos.[68]

A generalização das trocas constitui a forma mercadoria e esta configura a totalidade das relações sociais. Assim, como a forma mercadoria configura a totalidade das relações sociais e, com a mercadoria, temos o seu fetichismo, apresentando-se como natural, mas escondendo, com isso, as verdadeiras relações sociais, ou seja, o verdadeiro processo de exploração do homem.

Marx diz que a mercadoria é um fenômeno tipicamente capitalista, muito embora a mercadoria exista muito antes do surgimento desse modo de produção. É que, não obstante nas sociedades pré-capitalistas o produto do trabalho possa se revestir da forma da mercadoria, só na sociedade burguesa ocorre essa "mercantilização" universal, em virtude não só de que praticamente todos os produtos são mercadorias, mas também em virtude de que a própria força de trabalho se constitui como mercadoria.[69]

No capitalismo, a compra da força de trabalho é considerada a realização da igualdade e liberdade, requisitos necessários para a realização do contrato de trabalho, o acordo de vontade das partes, sem coação e de forma livre e igual no processo de troca:

> Assim, na esfera da circulação de mercadorias, a compra de força de trabalho do operário aparece como a realização da liberdade e da igualdade: o trabalhador não é coagido a vender a sua força de trabalho, mas ele a vende por um

---

68 HARVEY, David. *Para Entender O Capital*. Tradução de Rubens Enderle. São Paulo: Boitempo, 2013, p. 48-49.
69 NAVES, Márcio Bilharinho. *Marxismo e Direito: Um Estudo Sobre Pachukanis*. São Paulo: Boitempo, 2008a, p. 62.

ato de sua livre vontade e em condições de plena igualdade face ao capitalismo; ambos são proprietários que dispõem do que é seu, e o operário recebe em contrapartida, um valor equivalente por sua mercadoria.[70]

Assim, a mercadoria, na sociedade burguesa, deixa de lado sua qualidade para analisar a quantidade e o valor das mercadorias não depende da vontade ou do conhecimento, mas da qualidade do trabalho e do tempo de trabalho necessário para produzir o produto.

Já o dinheiro é o equivalente geral de todas as mercadorias, que pode comprar tudo o que pode ser convertido em mercadoria, ou seja, o dinheiro é mercadoria, mas especial, porque pode ser trocada por todas as outras. O possuidor troca a mercadoria pelo dinheiro. Harvey discorre sobre a mercadoria-dinheiro afirmando que surge de um sistema de trocas e a proliferação e a generalização das relações de troca são condições para a solidificação da forma dinheiro: "A mercadoria-dinheiro surge de um sistema de trocas, e não o precede, de modo que a proliferação e a generalização das relações de troca são a condição necessária, crucial, para a cristalização da forma dinheiro".[71]

Por ter o capitalista o controle do processo de produção, ele produz aquilo que lhe interessa com o objetivo de extrair mais-valia da mercadoria. Se de um lado o capitalista personifica o capital, de outro o trabalhador personifica o trabalho assalariado. O capitalista, através do dinheiro, compra o valor de uso da força de trabalho do trabalhador, para depois vender o produto no final.

Assim, percebe-se que apesar de nas sociedades pré-capitalistas o produto do trabalho se revestir da forma mercadoria, foi na sociedade burguesa que surgiu a mercantilização universal da

---
70 Id. *Marx: Ciência e Revolução*. São Paulo: Quartier Latin, 2008b, p. 106-107.
71 HARVEY, David. *Para Entender O Capital*. Tradução de Rubens Enderle. São Paulo: Boitempo, 2013, p. 40.

mercadoria, uma vez que todos os produtos e a força de trabalho transformam-se em mercadoria.

Pelo exposto, podemos concluir que a forma mercadoria é a propriedade abstrata do valor e é constituída das relações e interações sociais. Na atual sociedade capitalista tudo é mercadoria, inclusive a força de trabalho e os valores das mercadorias possuem uma objetividade fantasmagórica, assim, o fetichismo da mercadoria faz transparecer que a mercadoria, sua distribuição e a divisão do trabalho são naturais, escondendo o real processo de exploração. Por fim, a forma dinheiro surge de um sistema de trocas e é considerada equivalente geral de todos as mercadorias, pois é uma mercadoria especial que pode ser trocada por todas as outras mercadorias.

Passa-se agora para a segunda forma, a forma valor, que tem sua origem na circulação dos produtos tornados mercadorias. Se de um lado temos as mercadorias como coisas dotadas de valor, do outro, temos os portadores das mercadorias, com vontade, denominados sujeitos de direito. Na forma valor, a força de trabalho é abstrata e também mercadoria.

O valor é uma relação social, ele só existe em uma relação entre mercadorias e é expresso na forma mercadoria-dinheiro, ou seja, sua forma se apresenta de modo relacional, assim explica Harvey:

> O valor é uma relação social, e não podemos ver, tocar ou sentir diretamente as relações sociais, no entanto, elas têm uma presença objetiva. Se o valor é imaterial, não há como medi-lo diretamente. Encontrar valor em uma mercadoria apenas olhando para ela é como tentar descobrir a gravidade numa pedra. O valor só existe em uma relação entre mercadorias e só pode ser expresso materialmente na forma contraditória e problemática da mercadoria-dinheiro.[72]

---

72   Ibid., p. 41-45.

Marx demonstra que é no processo de abstração que está a explicação do caráter mercantil e a valorização do valor, ou seja, a forma valor é espécie de produção social, mas não da produção social natural e eterna, mas sim decorrente da forma mercadoria, do capital e do dinheiro:

> A forma valor do produto de trabalho é a forma mais abstrata, contudo também a forma mais geral do modo burguês de produção que por meio disso se caracteriza como uma espécie particular de produção social e, com isso, ao mesmo tempo historicamente. Se, no entanto, for vista de maneira errônea como a forma natural eterna de produção social, deixa-se também necessariamente de ver o específico da forma valor, portanto, da forma mercadoria, de modo mais desenvolvido da forma dinheiro, da forma capital etc.[73]

Naves defende que a categoria valor está vinculada a um determinado modo de produção (capitalista) que é o único modo de produção no qual o trabalho abstratamente humano é a única fonte de valor dispendido na produção:

> Isso significa que a mercadoria em sentido próprio, só pode adquirir plena existência em uma formação social capitalista, pois somente nela o trabalho se reveste desta forma, e é somente nela que a condição absolutamente essencial para a generalização da forma mercadoria se verifica: a transformação da própria força de trabalho em mercadoria.[74]

Esse valor só pode surgir em termos de uma relação entre mercadorias, de tal sorte que sua forma se apresenta, então, sempre de modo relacional. Assim, as formas valor, capital e

---

73 MARX, Karl. *O Capital: Crítica da Economia Política*. Tradução de Regis Barbosa e Flávio R. Kothe. Livro primeiro. Tomo I. Cap. I. São Paulo: Nova Cultural, 1996a, p. 205-206.
74 NAVES, Márcio Bilharinho. *A questão do direito em Marx*. São Paulo: Outras Expressões; Dobra Universitária, 2014, p. 41.

mercadoria transbordam, necessariamente, em forma política estatal e forma jurídica.[75]

Como se sabe, a raiz da forma jurídica encontra-se na realidade social. A forma jurídica é determinada imediatamente pela relação de troca de mercadorias. De um lado, a relação se dá entre coisas dotadas de valor que se equivalem qualitativamente sob a forma de mercadorias e, de outro lado, uma relação de portadores de tais mercadoria, seres dotados de vontade, que se equivalem qualitativamente sob a forma de sujeitos de direito.[76]

Tanto o valor como o direito têm origem num único e mesmo fenômeno: a circulação dos produtos tornados mercadorias. Assim, o valor surge da relação entre mercadorias. A forma jurídica surge da troca de mercadorias e temos a relação que, em uma ponta, está mercadoria e, na outra, os sujeitos de direito, portadores das mercadorias.

Para que os produtos do trabalho humano possam entrar em contato entre si como valores, devem os homens comportar-se como pessoas mutuamente independentes e iguais, com base da lei do valor:

> O homem, efetivamente, enquanto sujeito moral, ou seja, enquanto pessoa igual às outras pessoas, nada mais é do que a condição prévia da troca com base na lei do valor. O homem, enquanto sujeito jurídico, ou seja, enquanto proprietário, representa também a mesma condição, essas duas ligadas a uma terceira na qual o homem figura como sujeito econômico egoísta.[77]

Assim, é condição prévia da troca que todos os homens sejam iguais, considerados sujeitos de direito, proprietários, como

---

75 MASCARO, Alysson Leandro. *Estado e Forma Política*. São Paulo: Boitempo, 2013, p. 23.
76 KASHIURA JUNIOR, Celso Naoto. *Pachukanis e a Teoria Geral do Direito e o Marxismo*. Revista Jurídica Direito e Realidade, v. 1, 2011, p. 8.
77 PACHUKANIS, Evgeny. *Teoria Geral do Direito e Marxismo*. Tradução de Silvio Donizete Chagas. São Paulo: Editora Acadêmica, 1988, p. 104.

também sujeitos econômicos egoístas. O valor existe no contrato realizado entre homens iguais que, através de sua vontade, livre e igual, realizam o negócio jurídico para a troca de mercadorias, expressa na forma dinheiro.

A forma valor é estabelecida da generalização e abstração do trabalho, ou seja, trabalho e mercadoria se constituem sob o dístico de uma forma valor, assim esclarece Mascaro:

> Tal forma valor só pode se dar nas sociedades capitalistas, porque somente nelas o trabalho se torna abstrato, generalizando-se como mercadoria. Todas as coisas que se trocam no mercado, variadas e distintas, só têm por ponto de igualdade genérica um dado: o valor, que assume a forma de valor de troca, e que permeia o trabalho abstrato. Dessa generalização e abstração do trabalho estabelecem-se os parâmetros da forma valor.[78]

Assim, percebe que o ponto de igualdade entre as coisas trocadas no mercado é o valor, valor de troca e que passa pelo meio do trabalho abstrato. As mercadorias são reduzidas a trabalho humano igual, a trabalho humano abstrato. "Assim, todas as mercadorias são produtos do trabalho humano. O que as mercadorias têm em comum é que são suporte de trabalho humano incorporado em sua produção".[79]

Pelo exposto, detecta-se que a forma valor tem origem na circulação dos produtos tornados mercadorias, é uma relação social e uma espécie da forma produção social, decorrente da forma mercadoria, do capital e do dinheiro e, também, é estabelecida da generalização e abstração do trabalho. Assim, a forma valor é relacional, uma vez que decorre de uma relação social que só existe em uma relação entre mercadorias.

---

78 MASCARO, Alysson Leandro. *Estado e Forma Política*. São Paulo: Boitempo, 2013, p. 23.
79 HARVEY, David. *Para Entender O Capital*. Tradução de Rubens Enderle. São Paulo: Boitempo, 2013, p. 28.

A terceira e última forma social é a subjetividade jurídica, que nada mais é do que a possibilidade de o sujeito de direito dispor-se livremente ao contrato e, para isso, constitui o homem como potencial proprietário, capaz de realizar os atos de troca, de forma livre e igual com os outros sujeitos de direito. Assim, a forma que confere especificidade ao direito é a subjetividade jurídica.

As categorias jurídicas liberdade e igualdade da sociabilidade burguesa permitem a circulação mercantil e, sobretudo, a circulação de uma mercadoria essencial à valorização do capital, a força de trabalho, ao criarem as condições de existência da subjetividade jurídica, ao dar ao indivíduo uma capacidade que o habilita a praticar atos de compra e venda como operações em que sua vontade se manifesta livre e plena.[80]

Assim, por meio da liberdade e da igualdade permite-se a circulação mercantil, criando condições para a subjetividade jurídica, uma vez que os indivíduos passam a ter capacidade e habilidade para contratar, de forma livre e plena e podem trocar sua mercadoria.

Essa liberdade transforma o homem em sujeito de direito capaz, mas essa qualidade conferida de ser sujeito de direito é apenas formal. Discorrendo sobre a categoria liberdade, atributo necessário para que o homem se transforme em sujeito de direito capaz, Naves explica:

> [...] o homem – qualquer homem – passa a ser dotado de uma mesma capacidade que o direito lhe confere, podendo realizar atos jurídicos e celebrar contratos. Uma vez investido de personalidade, o homem, agora sujeito de direito, pode vender seus atributos, seus predicados, de tal sorte que podemos dizer que a liberdade do homem é o seu livre consentimento [...].[81]

---

80 NAVES, Márcio Bilharinho. *A Questão do Direito em Marx*. São Paulo: Outras Expressões; Dobra Universitária, 2014, p. 29.
81 Ibid., p. 50.

Com o mesmo pensar, Flores defende que a figura do contrato é baseada em um conjunto de abstrações e os sujeitos idealizados e idênticos gozam de uma igualdade apenas formal:

> Portanto, apesar de suas conotações concretas, a figura do contrato é baseada em um conjunto de abstrações que, quando separados ideológica e ficticiamente dos contextos de onde se dão as situações concretas entre indivíduos e grupos normatizam, legitimam e legalizam posições de desigualdade anterior, com o objetivo de reproduzir indefinidamente. Neste processo está instaurando uma segunda questão muito importante para o nosso tema: aparece um espaço ideal/universal – o espaço público – de onde se movem idealmente sujeitos idealizados e idênticos que gozam da igualdade formal perante a lei.[82]

Assim, podemos considerar a subjetividade jurídica como a relação jurídica que permite a ligação entre sujeitos de direito por meio de contrato, relevando-se a relação entre produtos de trabalho transformados em mercadorias. Por isso, a subjetividade jurídica e o contrato casam com o capital e o trabalho, para se efetivar a circulação mercantil. Para Naves, o capital é uma relação social em que os meios de produção se convertem em capital através do trabalho assalariado, ou seja, a relação entre burguesia e operário, mediadas pelo trabalho:

---

82 Tradução feita pelo autor de texto extraído da obra em espanhol. No original: "Por consiguiente, y a pesar de sus connotaciones concretas, la figura del contrato se basa en un conjunto de abstracciones que, al separarse ideológica y ficticiamente de los contextos donde se dan las situaciones concretas entre los individuos y los grupos, normalizan, legitiman y legalizan posiciones previas de desigualdad con el objetivo de reproducirse infinitamente. En este proceso se va instaurando una segunda separación muy importante para nuestro tema: aparece un espacio ideal/universal – el espacio público – donde se moverían idealmente sujetos idealizados e idénticos que gozan de la igualdad formal ante la ley." (FLORES, Joaquín Herrera. Los Derechos Humanos en el Contexto de la Globalización: Tres Precisiones Conceptuales. In: RÚBIO, David Sanchez; FLORES, Joaquín Herrera; CARVALHO, Salo de. *Direitos Humanos e Globalização: Fundamentos e Possibilidade Desde a Teoria Crítica*. 2. ed. Porto Alegre: ediPUCRS, 2010, p. 80).

[...] uma relação social, uma relação de produção burguesa, uma relação de produção da sociedade burguesa, acrescenta Marx, ressaltando que é precisamente "o caráter social determinado o que converte em capital os produtos que servem para uma nova produção". Se o capital é uma relação social, isso significa que os meios de produção só se convertem em capital quando são combinados com a força de trabalho assalariada, portanto só há capital quando o proprietário das condições materiais da produção encontra disponível no mercado a força de trabalho e a consome no processo de produção. É justamente a relação entre essas duas classes, a burguesia e o operariado, medida pelos meios de trabalho, que constitui a relação de capital ou capitalismo.[83]

Por isso, a subjetividade jurídica faz com que o sujeito de direito possa dispor de forma livre e igual aos outros, tornando o homem como potencial proprietário, ou seja, concede uma capacidade para praticar os atos da vida civil, mas essa qualidade é apenas formal. É a forma que confere especificidade ao direito.

Assim, percebe-se que o direito é um conjunto de normas, abstração, já a relação jurídica ou subjetividade jurídica é o ponto central do direito, é a relação entre os sujeitos de direito, é a forma jurídica em movimento, é viva, real e anterior à própria norma. A força de trabalho é transformada em forma de direito, através da subjetividade jurídica, para ser oferecida ao mercado.

Naves ensina que para a força de trabalho possa ser oferecida ao mercado através da circulação, é necessário que ela seja transformada em forma de direito, sujeito de direito e contrato, ou seja, sob a forma de subjetividade jurídica:

> Ora, a força de trabalho só pode ser oferecida no mercado e, assim, penetrar na esfera da circulação, transfigurada em

---

83 NAVES, Márcio Bilharinho. *Marx: Ciência e Revolução*. São Paulo: Quartier Latin, 2008b, p. 87.

elemento jurídico, isto é, sob a forma do direito, por meio das categorias jurídicas – sujeito de direito, contrato e etc. – enfim, sob a forma de uma subjetividade jurídica.[84]

Assim, toda relação jurídica é uma relação entre sujeitos. A análise do conceito de "sujeito" deve servir de fundamento ao estudo da forma jurídica. A forma jurídica, em sua forma desenvolvida, corresponde precisamente a relações sociais burguesas-capitalistas. É claro que formas particulares de relações sociais não suprimem essas mesmas relações e as leis que lhes servem de fundamento. Afirmo somente que a propriedade não se torna o fundamento da forma jurídica a não ser enquanto livre disponibilidade dos bens no mercado.[85]

Na relação jurídica, na relação de sujeitos de direitos, Pachukanis encontra a forma jurídica em movimento, o aspecto vivo e real do direito, não é necessário que uma norma incida sobre uma relação social para que esta adquira juridicidade, relações outras que não as trocas mercantis podem apresentar-se juridicamente na medida que assumem a forma subjetiva da relação de troca, assumem a forma de sujeito de direito. A norma jurídica figura em segundo plano de uma relação jurídica que lhe é anterior.[86]

Por outro lado, o mistério do sobrevalor[87] se resolve no fato de que o capitalista pode se servir da força de trabalho, isto é,

---

84 NAVES, Márcio Bilharinho. *Marxismo e Direito: Um Estudo Sobre Pachukanis*. São Paulo: Boitempo, 2008a, p. 69.
85 PACHUKANIS, Evgeny. *Teoria Geral do Direito e Marxismo*. Tradução de Silvio Donizete Chagas. São Paulo: Editora Acadêmica, 1988, p. 68-69.
86 KASHIURA JUNIOR, Celso Naoto. *Pachukanis e a teoria geral do direito e o marxismo*. Revista Jurídica Direito e Realidade, v. 1, 2011, p. 10.
87 "Para entender o alcance da análise de Marx, devemos saber que, para ele, o sobrevalor é a fonte de todas as outras rendas, salvo o salário, preço da força de trabalho. Do sobrevalor, transformado em lucro, destacam-se o 'juro' e a renda 'fundiária'. Esses dois tipos e renda são, para Marx, 'formas' do sobrevalor. O valor 'é' o trabalho (num conjunto de determinações que o especifica); o sobrevalor é, correlativamente, um sobretrabalho e a fonte das rendas do capital, inclusive a renda fundiária." (RENAULT, Emmanuel; DUMÉNIL, Gérard; LOWY, Michael. *Ler Marx*. Tradução de Mariana Echalar. São Paulo: Editora Unesp, 2011, p. 249).

fazer o trabalhador trabalhar mais tempo do que o necessário para produzir os elementos constitutivos do poder de compra que lhe confere seu salário. A mercadoria força de trabalho é comprada a um preço proporcional a seu valor, mas é capaz de criar mais valor, isto é, incorporar às mercadorias produzidas mais valor do que ela própria necessita para sua produção.[88]

A relação jurídica entre capitalista e trabalhador antecede necessariamente o processo de produção em sentido estrito: a subjetividade jurídica e o contrato são as formas do "encontro" entre capital e trabalho na esfera da circulação mercantil, "encontro" que antecede o "terreno oculto" da produção. A relação de produção capitalista se caracteriza, portanto, como uma relação de exploração do trabalho mediada pela liberdade jurídica, como uma relação de desigualdade econômica mediada pela igualdade jurídica.[89]

Pelo exposto, detecta-se que a forma social subjetividade jurídica é a forma que confere especificidade ao direito, uma vez que por meio das categorias jurídicas liberdade e igualdade torna-se possível a circulação das mercadorias, pois através dos contratos o indivíduo apresenta-se, formalmente capaz (sujeito de direito) para, de forma livre e igual, sem coação ou hierarquia, realizar contratos e trocar mercadorias.

1.3. Conceito marxista do direito, classe dominante e forma ideológica do direito

Partimos agora para a crítica das formas de dominação de classe, realizadas através do direito e com a representação jurídica do Estado. O direito é um sistema de relações sociais, com o objetivo de atender as classes dominantes e com o aval da força

---

88   Ibid., p. 248.
89   KASHIURA JUNIOR, Celso Naoto; NAVES, Márcio Bilharinho. *Pachukanis e os 90 Anos de Teoria Geral do Direito e Marxismo*. Revista On-line Virinotio, n. 19, ano X, abr. 2015, p. 74.

organizada chamada Estado, ou seja, o direito não é mera criação do intelecto humano, mas projeção das relações sociais existentes.

Com a emancipação da propriedade privada o Estado se tornou uma existência particular, com a finalidade de garantir a propriedade recíproca burguesa e, como o Estado é a forma na qual a burguesia faz valer os seus interesses, as instituições coletivas são controladas pelo Estado através da forma política, assim adverte Marx:

> Por meio da emancipação da propriedade privada em relação à comunidade, o Estado se tornou uma existência particular ao lado e fora da sociedade civil; mas esse Estado não é nada mais do que a forma de organização que os burgueses se dão necessariamente, tanto no exterior como no interior, para a garantia recíproca de sua propriedade e de seus interesses.
> [...]
> Como o Estado é a forma na qual os indivíduos de uma classe dominante fazem valer seus interesses comuns e que sintetiza a sociedade civil inteira de uma época, segue-se que todas as instituições coletivas são mediadas pelo Estado e adquirem por meio dele uma forma política.[90]

Assim, para Marx o Estado é uma forma de organização de que a burguesia se utiliza para garantia recíproca da propriedade e de seus interesses, assim, o Estado é utilizado para que a classe dominante possa valer os seus interesses comuns. Acontece que essa dominação[91] de classe não se apresenta de forma direta e imediata, mas pelo contrário, apresenta-se como um poder impessoal.

---

90 MARX, Karl; ENGELS, Friedrich. *A Ideologia Alemã*. Tradução de Rubens Enderle, Nélio Schneider e Luciano Cavini Martorano. São Paulo: Boitempo, 2007, p. 75-76.

91 "A dominação espiritual", isto é, a dominação ideológica, aparece como uma extensão da dominação exercida na esfera da circulação e da produção pela classe que dispõe dos meios de produção. Do mesmo modo que essa classe controla esses meios materiais, ela igualmente controla os meios de produção e de difusão das ideias." (NAVES, Márcio Bilharinho. *Marx: Ciência e Revolução*. São Paulo: Quartier Latin, 2008b, p. 52).

Por outro lado, foi a teoria da derivação que extraiu do marxismo o entendimento sobre a forma estatal, tratando cientificamente do Estado como forma política específica da sociabilidade capitalista, assim, essa forma se ergue no seio das contradições das relações de exploração, orientadas para a acumulação. Destarte, a teoria da derivação do Estado combate a concepção que reduzia o Estado a mero instrumento da classe dominante, procurando elucidar a função estrutural do Estado no modo de produção capitalista, necessitando do estudo da forma jurídica para explicar o papel estruturante desempenhado pelo Estado no capitalismo.[92]

Essa teoria da derivação do Estado procura mostrar como o Estado deriva do capitalismo, não sendo, portanto, mero resultado da vontade da classe dominante, mas sim, de um determinado modo de produção e das relações sociais que lhe são inerentes e diferenciadoras de todos os modos anteriores:

> O cerne da argumentação dos autores aqui estudados consiste na derivação da forma do Estado capitalista a partir das categorias da economia capitalista, do processo de produção e circulação de mercadorias e de acumulação de capital, reconhecendo assim determinadas funções do aparelho estatal como vinculadas objetivamente à reprodução do capital, dentre elas a preservação do Direito e o seu funcionamento a partir de categorias típicas da ideologia jurídica.[93]

Sobre a ideia do Estado como autoridade pública, distante e acima das classes, Naves ensina que o Estado se apresenta como vontade geral abstrata, limitando-se a garantir a ordem e as normas, o que exclui a coerção e funciona sob o modelo da ideologia do sujeito, isto é, o seu funcionamento repousa no processo de troca:

---
92 CALDAS, Camilo Onoda. *A Teoria da Derivação do Estado e do Direito*. São Paulo: Outras Expressões, 2015, p. 9-16.
93 Ibid., p. 256.

> O Estado pode se apresentar, assim, como "vontade geral" abstrata que se limita a garantir a ordem pública e a velar pela observância das normas jurídicas, o que exclui o exercício da coerção estatal como sujeito de uma parte da sociedade por outra.
> [...]
> O liame que permite essa passagem da sociedade civil para o Estado é a eleição, por meio da qual se produz a atomização política dos indivíduos, agora cidadãos, pela superação de sua condição de classe.
> Percebemos, assim, que a representação jurídica do Estado funciona sob o modelo da ideologia do sujeito, isto é, que o seu funcionamento repousa no processo do valor de troca, que como diz Karl Marx, é a "base real" da liberdade e da igualdade.[94]

Assim, o Estado possui uma existência particular com a emancipação da propriedade, é uma forma de organização utilizada para garantia recíproca da propriedade, como também é utilizada pela classe dominante para valer os seus interesses comuns. Essa dominação não é direta, mas um poder impessoal, pois apresenta-se como vontade geral abstrata, com a função de garantir a ordem e o cumprimento das leis, sem coerção e sob o modelo da ideologia do sujeito.

Já o direito é o da classe dominante, tendo como fundamento a relação de propriedade dos meios de produção, que, com a exploração, permite que a classe dominante burguesa se aproprie do trabalho da classe trabalhadora, proletária. O direito é uma projeção das relações sociais existentes e não transforma a sociedade.

Sabe-se que o direito como conhecemos hoje só existe na idade contemporânea, com o capitalismo, pois o direito que existia no passado era primo da moral, da força bruta, da

---

[94] NAVES, Márcio Bilharinho. *Marxismo e Direito: Um Estudo Sobre Pachukanis*. São Paulo: Boitempo, 2008a, p. 79-85.

tradição ou da religião. Esse direito contemporâneo surgiu após a Revolução Industrial, com o contrato de trabalho, onde surgiu a subjetividade jurídica, o sujeito de direito e a mercadoria. Nesse sentido, adverte Mascaro:

> Nas Idades Antigas, Medieval e mesmo boa parte da Idade Moderna, não há um direito como objeto específico e instância particular do todo social. Há uma apreciação do direito muito próxima da religião, da ética, da moral, e por isso uma certa indistinção entre todos esses fenômenos. Já na Idade Contemporânea, com a especificidade plena do direito no quadro da sociedade capitalista, pode-se então vislumbrar também uma específica filosofia do direito como sua decorrência.[95]

Não é pela quantidade nem pelo assunto que se há de identificar o direito moderno, e sim pela qualidade – pelas suas formas e ferramentas técnicas estatais específicas – correlata da forma mercadoria que o é. A depender das relações sociais de exploração, de certas estruturas, necessidades, interesses e vontades da sociedade, tudo pode ser chamado de jurídico. A princípio tudo pode ser jurídico, a forma jurídica é a forma de equivalência universal das mercadorias.[96]

Para Pachukanis, a relação jurídica é a célula central do tecido jurídico e é unicamente nela que o direito realiza o seu movimento real e o direito, enquanto conjunto de normas, não é senão uma abstração sem vida:

> O direito, enquanto fenômeno social objetivo, não pode esgotar-se na norma ou na regra, seja ela escrita ou não. Para afirmar a existência objetiva do direito não é suficiente conhecer apenas o seu conteúdo normativo, mas é

---
95 MASCARO, Alysson Leandro. *Filosofia do Direito*. 4. ed. São Paulo: Atlas, 2014, p. 19.
96 Id. A Crítica do Estado e do Direito: A Forma Política e a Forma Jurídica. In: NETTO, José Paulo (Org.). *Curso Livre Marx-Engels: A Criação Destruidora*. São Paulo: Boitempo; Carta Maior, 2015b, p. 10.

necessário igualmente saber se este conteúdo normativo é realizado na vida, ou seja, através de relações sociais. O estudo científico, ou seja, teórico, não pode levar em consideração senão realidades de fato.[97]

Assim, percebe-se que o direito se identifica pela qualidade, ou seja, pelas formas e ferramentas estatais ligadas à mercadoria, pois a forma jurídica é a forma de equivalência universal das mercadorias. Já a relação jurídica é o ponto central do direito e nela realiza o seu movimento real.

Existe um conceito marxista do direito[98] encontrado nas obras de Marx, embora não formulado por ele, pois o direito, para Marx, está vinculado a um modo de organização da subjetividade humana que permite a circulação das mercadorias em geral (e a circulação do próprio indivíduo como mercadoria da qual ele é o único possuidor).[99]

Naves elucida que Marx, em sua primeira fase, sustenta uma visão jusnaturalista e liberal radical e, na segunda, defende uma posição humanista.[100] Sendo adepto do jusnaturalismo, defendia um conjunto de reivindicações políticas democrático-radicais contra o Estado e, para Marx, uma lei só pode ser admitida como lei se:

---

97 PACHUKANIS, Evgeny. *Teoria Geral do Direito e Marxismo*. Tradução de Silvio Donizete Chagas. São Paulo: Editora Acadêmica, 1988, p. 47-49.
98 "Mais adiante o mesmo autor elucida: o direito é uma forma social sui generis, a forma da equivalência subjetiva autônoma... só há direito em uma relação de equivalência na qual os homens estão reduzidos a mesma unidade comum de medida em decorrência de sua subordinação ao capital. Toda relação em que a equivalência não existe ou se encontra em posição subordinada é uma relação de natureza não jurídica, uma relação de poder que, como já notamos, pode se manifestar como moralidade ou misticismo religioso." (NAVES, Márcio Bilharinho. *A Questão do Direito em Marx*. São Paulo: Outras Expressões; Dobra Universitária, 2014, p. 87).
99 NAVES, Márcio Bilharinho. *A Questão do Direito em Marx*. São Paulo: Outras Expressões; Dobra Universitária, 2014, p. 50.
100 "Esse período compreende duas fases: na primeira, na época da 'Gazeta Renana', Marx sustenta uma posição jusnaturalista e liberal radical; na segunda, na época dos 'Anais Franco-alemães', Marx defende posição humanista que o levam do democratismo extremo de 'Sobre a questão judaica' ao comunismo dos 'Manuscritos de 44'." (Ibid., p. 17).

> Ela for o reconhecimento da lei natural que a precede e da qual ele deve ser a expressão necessária. Assim, a lei só pode ser reconhecida como tal, ser verdadeiramente lei, quando "ela é a existência positiva da liberdade". É por isso que Marx pode dizer que a lei da censura, assim como a lei da escravidão, não podem tornar-se leis "mesmo que tenham existido como leis por mil anos".[101]

Assim, Marx defende que a lei só pode ser admitida como lei se for o reconhecimento da lei natural, assim, para a lei ser verdadeiramente lei ela deve ser a existência positiva da liberdade. Já o direito é o modo de organização da subjetividade humana que permite a circulação mercantil e, a forma do direito, é a equivalência subjetiva autônoma, onde só existe direito em uma relação equivalente, ou seja, homens são reduzidos na mesma unidade comum de medida em virtude de sua dependência ao capital.

Marx, na fase da Gazeta Renana,[102] quando escreveu a obra *Sobre a Questão Judaica* (1844), fez uma crítica à representação do Estado como esfera separada da sociedade civil (emancipação política) na qual os interesses gerais da sociedade estariam assegurados, mas que não leva à emancipação humana. Ele diz:

> A revolução política é a revolução da sociedade civil, em resumo, uma revolução liberal que consagra o reino do mercado livre e da "concorrência não falsificada". Ela "aboliu o caráter político da sociedade civil" que faz a moral e prega a caridade. Por isso, com a revolução e o Estado meramente políticos, o homem não se libertou da religião, ele obteve a liberdade religiosa. Não se libertou da propriedade, obteve a liberdade da propriedade. Não

---

101 Ibid., p. 19.
102 "Foi fundado então um jornal de tendência liberal – a *Gazeta Renana* – financiado pelos círculos burgueses mais progressistas da Renânia e do qual participavam muitos jovens hegelianos de esquerda, como Marx, que depois viria a se tornar o seu redator-chefe." (NAVES, Márcio Bilharinho. *Marx: Ciência e Revolução*. São Paulo: Quartier Latin, 2008b, p. 18).

se libertou do egoísmo da atividade profissional, obteve a liberdade da atividade profissional.[103]

Naves afirma que essa obra de Marx mostra a insuficiência de uma emancipação que permanece no campo exclusivo da política e não se estende ao conjunto das determinações do homem, ou seja, uma emancipação puramente política não levaria a uma emancipação humana, antes ela seria um impedimento a essa emancipação:

> Ele procura demonstrar que essa representação nada mais é do que uma reação às carências e limitações da vida civil, onde os homens, buscando a satisfação dos seus interesses particulares, encetam uma luta entre si, destruindo toda a possibilidade de uma convivência verdadeiramente humana, daí resultando uma projeção dessa existência humana autêntica, fundada em laços de convivência e harmonia social, a um espaço imaginário, fantástico, no qual a sociabilidade perdida se realizaria.[104]

Ainda a respeito da sua obra *Sobre a Questão Judaica*, Marx afirma que a Declaração dos Direitos do Homem constitui-se no direito do "homem egoísta", membro da sociedade civil, homem que está separado do homem e da comunidade. A liberdade pode aparecer como tendo por base não o vínculo entre os homens, mas "(a) separação entre homem e outro". A liberdade é o "direito a essa separação, o direito do indivíduo limitado, limitado a si mesmo", e "a aplicação prática do direito humano à liberdade equivale ao direito humano à propriedade privada".[105]

Ainda em 1844, Marx escreve sua obra *Manuscritos Econômicos-Filosóficos*, onde reforça a ideologia jurídica quando coloca

---

103 MARX. Karl. *Sobre a Questão Judaica*. Tradução de Nélio Schneider e Wanda Caldeira Brant. São Paulo: Boitempo, 2010b, p. 91.
104 NAVES. Márcio Bilharinho. *A Questão do Direito em Marx*. São Paulo: Outras Expressões; Dobra Universitária, 2014, p. 19.
105 Ibid., p. 20.

como núcleo de análise a propriedade privada, cuja alienação (sujeito-objeto) é refletida sob o modelo da compra e venda:

> A última consequência é, portanto, a dissolução da diferença entre capitalista e proprietário fundiário, de modo que, no todo, só se apresentam, portanto, duas classes de população, a classe trabalhadora e a classe dos capitalistas. Essa venda ao desbarato (*Verchacherung*) da propriedade fundiária, a transformação da propriedade fundiária numa mercadoria é a ruína final da velha aristocracia e o aperfeiçoamento final da aristocracia do dinheiro.[106]

Em 1846, Marx escreve sua obra *A Ideologia Alemã*,[107] onde ocorre uma ruptura na trajetória intelectual de Marx, na qual houve uma parcial e limitada separação do humanismo. Marx afirmou "que o direito não tem história própria", pois ele bloqueia as ilusões de autonomia e os voos cegos especulativos que fazem do direito a tradução da vontade, da ideia ou de força místicas, e não condicionado pelas condições materiais de produção.[108]

Na obra *A Ideologia Alemã*, Marx afirma que o direito é reduzido à lei e é uma ilusão jurídica pensar que a lei ou o direito fundamentam-se na vontade e, essa ilusão jurídica, que reduz o direito a simples vontade, resulta no desenvolvimento das relações de propriedade, ou seja, permite ter o título da coisa sem ter de fato a coisa:

> Daí a ilusão, como se a lei se baseasse na vontade e, mais ainda, na vontade separada de sua base real [*realen*], na

---

106 MARX, Karl. *Manuscritos Econômico-Filosóficos e Outros Textos Escolhidos*. Tradução de Jesus Ranieri. São Paulo: Boitempo, 2004. p. 74, grifo do autor.
107 "A ideologia vai aparecer então como um processo no qual os homens e suas relações surgem invertidos... Assim, pode adquirir uma existência imaginária todo um conjunto de ideias e representações que parecem fundar a realidade, quando elas são, na verdade, a "emanação" de relações sociais determinadas." (NAVES, Márcio Bilharinho. *Marx: Ciência e Revolução*. São Paulo: Quartier Latin, 2008b, p. 49).
108 NAVES, Márcio Bilharinho. *A Questão do Direito em Marx*. São Paulo: Outras Expressões; Dobra Universitária, 2014, p. 21-25.

vontade *livre*. Do mesmo modo, o direito é reduzido novamente à lei.

O direito privado se desenvolve simultaneamente com a propriedade privada, a partir da dissolução da comunidade natural.

[...]

Essa ilusão jurídica, que reduz o direito à mera vontade, resulta necessariamente, no desenvolvimento ulterior das relações de propriedade, no fato de que alguém pode ter um título jurídico de uma coisa sem ter a coisa realmente.[109]

Nesta obra, Marx vai procurar o fundamento do jurídico nas condições de vida real dos homens, nas relações de produção e nas forças produtivas. Para ele, a lei nunca poderia ser expressão de qualquer vontade livre ou soberana, já que, como vimos, a lei (e o direito) é condicionada pelas condições econômicas de uma dada sociedade e, consequentemente, atravessada por interesses particulares de classe.[110]

Nesses escritos, Marx adverte que é uma ilusão dos juristas pensar que os códigos e o contratos são baseados em relações que se fundamentam na vontade, sob o arbítrio individual dos contratantes:

> A partir dessa mesma ilusão dos juristas explica-se que, para eles e para todos os códigos jurídicos em geral, seja algo acidental que os indivíduos estabeleçam relações uns com os outros, contratos por exemplo, que essas relações sejam consideradas como relações que podem ser estabelecidas ou não a depender da vontade, e cujo conteúdo repousa inteiramente sobre o arbítrio individual dos contratantes.[111]

---

109 MARX, Karl. *A Ideologia Alemã*. Tradução de Rubens Enderle, Nélio Schneider e Luciano Cavini Martorano. São Paulo: Boitempo, 2007, p. 76 e 77, grifos do autor.
110 NAVES, Márcio Bilharinho. *Op. Cit.* p. 21-25.
111 NAVES. Márcio Bilharinho. *A Questão do Direito em Marx*. São Paulo: Outras Expressões; Dobra Universitária, 2014, p. 77.

Ainda na obra *A Ideologia Alemã*, Marx demonstra que a representação que os "verdadeiros socialistas" têm no comunismo[112] corresponde à idealização pequeno-burguesa da propriedade. A sua crítica à propriedade privada leva-os a sustentar a necessidade de substituí-la por uma propriedade comum a todos, uma propriedade universal, instaurando a igualdade como princípio unificador do comunismo.[113] Assim, critica Marx: "Descobriremos, então, que a sua propriedade egoísta, a propriedade na acepção incomum, nada mais é que a propriedade comum ou burguesa, transfigurada por sua fantasia santificadora".[114]

Em 1848, Marx escreve o *Manifesto Comunista* sustentando uma concepção voluntarista do direito e misturada com economicismo, reduzindo o direito à lei e considerando não somente que o direito é uma expressão de vontade, mas identificando com a lei:

> Vossas próprias ideias são um produto das relações burguesas de produção e de propriedade, assim como vosso direito é apenas a vontade de vossa classe erigida em lei, vontade cujo conteúdo é determinado pelas condições materiais de existência da vossa classe.[115]

Comentando a análise da forma nesses escritos, Naves esclarece que a forma Estado tem natureza de classe, não sendo possível à classe operária utilizar o Estado para exercício de seu domínio político:

> A rigor, o que Marx descura, no Manifesto, quando analisa a questão do Estado depois da revolução, é a questão da

---

112 "O comunismo, desse modo, é entendido por Marx como um modo de apropriação das forças produtivas pelo homem, ou seja, como a apropriação do objeto pelo sujeito, invertendo-se assim a relação de alienação, fundada no domínio do sujeito pelo objeto." (NAVES, Márcio Bilharinho. *Marx: Ciência e Revolução*. São Paulo: Quartier Latin, 2008b, p. 31).
113 NAVES, Márcio Bilharinho. *Op. Cit.* 2014, p. 27.
114 MARX, Karl. *A Ideologia Alemã*. Tradução de Rubens Enderle, Nélio Schneider e Luciano Cavini Martorano. São Paulo: Boitempo, 2007, p. 355.
115 Id. *Manifesto do Partido Comunista*. Tradução de Luciano Cavini Martorano. São Paulo: Martin Claret, 2015, p. 83.

> forma, prendendo-se exclusivamente ao conteúdo classista do aparelho de Estado, de modo que ali não está colocada a questão que ele elucidará depois, de que a própria forma Estado tem natureza de classe, não sendo possível à classe operária utilizar o Estado burguês para o exercício de seu domínio político.
> [...]
> Marx considera apenas o conteúdo expresso da lei, mas não a razão pela qual esse conteúdo se exprime em uma forma jurídica, e não por outra forma social.[116]

No ano de 1852, Marx escreve *O 18 de Brumário de Luís Bonaparte* elucidando que o Estado é burguês não porque um burguês governa, mas porque a forma estatal é burguesa, assim, mesmo o poder sendo exercido por Luís Bonaparte, a forma era de sociedade burguesa, porque a dominação de classe já estava garantida, mesmo que a burguesia não estivesse no poder:

> A derrota dos insurgentes de junho, entretanto, havia preparado, aplainado o terreno sobre o qual podia ser fundada e erigida a república burguesa; ao mesmo tempo, porém, ela havia evidenciado que, na Europa, as questões em pauta iam além da alternativa "República ou Monarquia". Ela havia revelado que, nesse caso, a *república burguesa* representava o despotismo irrestrito de uma classe sobre outras classes. Ela provou que, em países de civilização antiga com estrutura de classes evoluída, com modernas condições de produção e com um consciente intelectual em que todas as ideias tradicionais foram dissolvidas por séculos de elaboração, *a República só pode representar a forma de revolução política da sociedade burguesa* e não a sua *forma de vida conservadora*.[117]

---

116 NAVES, Márcio Bilharinho. *Op. Cit.* p. 26.
117 MARX, Karl. *O 18 de Brumário de Luís Bonaparte*. Tradução de Nélio Schneider. São Paulo: Boitempo, 2011, p. 35-36, grifos do autor.

Nesses escritos, Marx mostra que a burguesia pode deixar de exercer o domínio direto do Estado sem que este perca a sua natureza de Estado da classe burguesa, porque a dominação de classe já está garantida, independentemente de ele ser ocupado ou não pela classe dominante, em razão de sua forma ser a mesma. O caráter de classe do Estado é um atributo objetivo, que está dado pela sua própria organização interna, pelo modo que ele especificamente se estrutura no processo de troca.[118]

Em 1867 foi publicado o primeiro volume de *O Capital*, considerada a obra primordial de Marx onde, mais uma vez, ele demonstra que as relações de produção capitalistas surgem antes das forças produtivas capitalistas, pois as segundas decorrem das primeiras, assim as forças produtivas são o conteúdo material das relações de produção:

> Para Marx, agora, portanto, são as relações de produção o elemento que determina o desenvolvimento das forças produtivas, imprimindo a elas o seu caráter social. Não há mais qualquer desenvolvimento das forças produtivas que ocorra fora de determinadas relações de produção, justamente porque as forças produtivas são, a rigor, o conteúdo material das relações de produção.[119]

Marx, na obra *O Capital*, se preocupa mais uma vez com o direito, primeiro na relação entre economicismo e humanismo, depois, porque para conhecer as formas de dominação de classe é necessário o conhecimento das determinações do direito, qual seja, a forma jurídica na qual se passa o conflito de classe:

> O capital vai possibilitar, assim, uma dupla revolucionarização: por um lado, oferecendo os meios de correção do

---

118 NAVES, Márcio Bilharinho. *A Questão do Direito em Marx*. São Paulo: Outras Expressões; Dobra Universitária, 2014, p. 33.
119 Ibid., p. 38.

economicismo presente até então nas análises marxianas; e também, permitindo à classe trabalhadora conhecer as razões de seu subjugamento ao capital e, assim, abrindo a possibilidade de sua negação. Particularmente no que respeita ao direito, esse movimento conceitual apresenta um interesse crucial. Em primeiro lugar, devido à ligação – de que já nos ocupamos – entre o economicismo e o humanismo; e, em segundo lugar, porque o conhecimento das formas de dominação de classe burguesa exige o conhecimento das determinações do direito, isto é, das formas jurídicas nas quais se passa o conflito de classes.[120]

Assim, podemos perceber que o conceito de direito em Marx estabelece um vínculo entre a forma jurídica e forma mercadoria, além dos processos de equivalência e abstração. Detectamos que o homem é livre para criar valores pertencentes a outrem e sua vontade está interligada ao capital. Para ele:

> Descobrimos que o direito é essa forma social específica ao identificarmos nele o elemento irredutível que o distingue de todas as formas sociais: a existência de uma subjetividade autônoma na relação de equivalência como resultado de um processo de abstração do trabalho exclusivamente gestado quando o capital subsume realmente o trabalho.[121]

Por isso, deve-se repetir, que o direito só existe, como nós temos hoje, na idade contemporânea, após a Revolução Industrial e ligado à forma jurídica, à subjetividade jurídica, aos sujeitos de direito e ao contrato de trabalho. O direito para Marx está vinculado a um modo de organização da subjetividade humana que permite a circulação de mercadorias.

Assim, após detectar os principais conceitos marxistas do direito presente nas obras de Marx, faz-se necessário

---

120 Ibid., p. 35-36.
121 Ibid., p. 87.

analisar a ideologia burguesa que caminha dentro do espaço jurídico por meio de sujeito de direito, propriedade, liberdade e igualdade. Pachukanis trata da ideologia[122] em três diferentes conceitos, trazendo sempre a ideia de que a ideologia esconde as relações sociais de dominação existentes na sociedade.

Pachukanis afirma que o direito e o Estado são formas ideológicas e o Estado, além de forma ideológica é, ao mesmo tempo, uma forma do ser social, assim, a natureza ideológica do conceito de Estado não suprime o Estado real como uma organização de dominação de classe:

> A natureza ideológica de um conceito não suprime a realidade e a materialidade das relações sociais por ele expressas. Somente quando se considera o Estado como uma organização real de dominação de classe é que podemos estudar o Estado tal como ele é na realidade e não apenas as formas subjetivas. Por mais racionalizada e irreal que possa parecer esta ou aquela construção jurídica, ela assentará sobre uma base sólida enquanto se mantiver dentro dos limites do direito privado, principalmente do direito de propriedade.[123]

Tanto o Estado quanto o direito são formas ideológicas, assim, a natureza ideológica do conceito de Estado não faz desaparecer as relações sociais reais e materiais, pois o Estado é

---

122 "Na obra de Pachukanis existem três tipos de ideologias, na primeira, a ideologia significa a forma como os seres humanos representam mentalmente para si a produção e reprodução de sua vida material; na segunda, trata-se da identificação entre ideologia e uma "falsa consciência", por vezes qualificada, no tratamento dado por Pachukanis, por esta falsidade decorrer de uma deformação intencional, provocada por um interesse consciente subjacente; e a terceira, Pachukanis tratará a ideologia como um véu de ocultamento das relações sociais de dominação existentes na materialidade social." (BATISTA, Flávio Roberto. *O conceito de Ideologia Jurídica em Teoria Geral do Direito e Marxismo: Uma Crítica a Partir da Perspectiva da Materialidade das Ideologias*. Revista On-line Virinotio, n. 19, ano X, abr. 2015, p. 97-98).
123 PACHUKANIS, Evgeny. *Teoria Geral do Direito e Marxismo*. Tradução de Silvio Donizete Chagas. São Paulo: Editora Acadêmica, 1988, p. 37-45.

uma organização real de dominação de classe, e não apenas uma forma subjetiva.

Com isso, é possível apontar, no pensamento de Pachukanis, uma ligação funcional e uma ligação ideológica do Estado e do direito ao capital, a funcional, é a razão mesmo de ser desses aparatos institucionais; a ideológica, é incidental, mas não no sentido de opcional, e sim como suplemento, na medida em que a ideologia jurídica é plenamente arraigada nas sociedades capitalistas, que tem necessidade de marcar, pela aparência de igualdade, uma realidade de desigualdade.[124]

Naves afirma que o direito e a ideologia interferem, através do contrato e do sujeito de direito, na exploração capitalista, nas relações de produção, que também são influenciadas pelo movimento econômico:

> A exploração capitalista, portanto, é intrínseca ao processo de trabalho. Sendo assim, a reprodução das relações de produção capitalistas é garantida, no fundamental, por um movimento estritamente econômico. No fundamental, porque também interferem nesse processo tanto o direito e a ideologia jurídica, que jogam um papel importante ao possibilitar, através da constituição das categorias do contrato e do sujeito de direito, a compra e venda da força de trabalho, como o Estado, por meio de seu aparato repressivo (como as forças armadas) e ideológicos (com a escola).[125]

Segundo Zizek, para a ideologia dominante funcionar tem que incorporar uma série de recursos nos quais a maioria explorada possa reconhecer seus autênticos anseios:

> Para que funcione a ideologia dominante deve incorporar uma série de características nas quais a maioria explorada será capaz de reconhecer seus anseios autênticos. Em

---
124 MASCARO, Alysson Leandro. *Filosofia do Direito*. 4. ed. São Paulo: Atlas, 2014, p. 484.
125 NAVES, Márcio Bilharinho. *Marx: Ciência e Revolução*. São Paulo: Quartier Latin, 2008b, p. 120-121.

outras palavras, cada universalidade hegemônica deve incorporar pelo menos dois tópicos particulares, o conteúdo popular autêntico e sua distorção pelas relações de dominação e exploração.[126]

Assim, o direito possui uma forma ideológica e, sua dominação, tanto é técnica, com a exclusão dos privilégios da nobreza, quanto é ideológica, na utilização da igualdade formal e não concreta que esconde a real desigualdade e, através do contrato e do sujeito de direito, realiza a exploração capitalista.

De mais a mais, também a interpretação ideológica do sujeito de direito permite, além da constituição de sua individualidade, que cada indivíduo mantenha relações sociais de produção no seio capitalista:

> A postulação aqui, portanto, é que a interpelação ideológica do sujeito de direito não interfere apenas na constituição de sua individualidade, mas como própria condição de possibilidade de que cada indivíduo mantenha relações sociais de produção no seio do capitalismo.
> [...]
> Em outras palavras, uma leitura simplista do conceito pachukaniano de ideologia a partir do capítulo de sua obra especificamente dedicado ao tema pode levar a leituras psicologizantes e individualizantes que não se coadunam com o intento realizado na crítica da forma jurídica, que pode, por si mesma, constituir outra teoria da ideologia jurídica e, em certo sentido, até uma antecipação da teoria dos aparelhos ideológicos de estado.[127]

---

126 Tradução feita pelo autor da obra em inglês. No original: "To work, the ruling ideology has to incorporate a series of features in which the exploited majority will be able to recognize its authentic longings. In other words, each hegemonic universality has to incorporate at least two particular contents, the authentic popular content as well as its distortion by the relations of domination and exploitation." (ZIZEK, Slavoj. *Multiculturalism, or, the Cultural Logic of Multinational Capitalism*. New Left Review I/225, set-out 1997, p. 29).
127 BATISTA, Flávio Roberto. *O Conceito de Ideologia Jurídica em Teoria Geral do Direito e Marxismo: Uma Crítica a Partir da Perspectiva da Materialidade das Ideologias*. Revista On-line Virinotio, n. 19, ano X, abr. 2015, p. 103-104.

Para Flores, o direito é uma técnica de domínio social particular que aborda os conflitos a partir da perspectiva da ordem dominante, ou seja, uma técnica especializada que determina quem é legítimo para produzir e quais os parâmetros de onde processá-lo:

> A lei não é apenas um reflexo das relações sociais e culturais dominantes, também pode atuar, ou melhor, pode ser usada, e tem sido, historicamente, ambas as tendências conservadoras como revolucionária para transformar tradições, costumes e inércia axiológicas. Não que estamos diante de um instrumento neutro: em primeiro lugar, o direito é uma técnica de domínio social particular que aborda os conflitos a partir da perspectiva da ordem dominante. E, em segundo lugar, é uma técnica especializada que determina a priori quem é legítimo para produzir e quais os parâmetros de onde processá-lo.[128]

Assim, quando o direito das sociedades capitalistas, por meio de normas, declara que todos são iguais perante a lei, na verdade está procedendo a uma dominação ao mesmo tempo técnica e ideológica. Técnica porque está excluindo o privilégio da nobreza, e ideológica porque deixa entender uma igualdade que é só formal, mas não concreta, assim, ao invés

---

128 Tradução feita pelo autor da obra em espanhol. No original: "El derecho no es únicamente un reflejo de las relaciones sociales y culturales dominantes; también puede actuar, o, mejor dicho, puede ser usado, y así ha sido históricamente tanto por tendencias conservadoras como revolucionarias, para transformar tradiciones, costumbres e inercias axiológicas. No es que estemos ante una herramienta neutral: en primer lugar, el derecho es una técnica de dominio social particular que aborda los conflictos neutralizándolos desde la perspectiva del orden dominante. Y, en segundo lugar, es una técnica especializada que determina a priori quién es el legitimado para producirla y cuáles son los parámetros desde donde enjuiciarla." (FLORES, Joaquín Herrera. Los Derechos Humanos en el Contexto de la Globalización: Tres Precisiones Conceptuales. In: RÚBIO, David Sanchez; FLORES, Joaquín Herrera; CARVALHO, Salo de. *Direitos Humanos e Globalização: Fundamentos e Possibilidade Desde a Teoria Crítica*. 2. ed. Porto Alegre: ediPUCRS, 2010, p. 88-89).

de demonstrar a desigualdade real entre as partes, o direito a esconde. A ideologia é e não é o direito.[129]

Deste modo, a ideologia esconde as relações sociais de dominação nas sociedades capitalistas e tanto o direito quanto o Estado são formas ideológicas, uma vez que quando o direito afirma que "todos são iguais perante a lei" encontramos aqui uma dominação técnica, com a exclusão dos privilégios da nobreza e, uma dominação ideológica, quando traz uma igualdade apenas formal e não concreta.

Por outro lado, a superestrutura jurídica compreende não apenas as normas jurídicas, mas também as relações sociais, as primeiras são consequências das relações sociais, mas quando estas relações passam a ter natureza coercitiva por parte do Estado denomina-se expressão jurídica. Para entendermos o direito ou outro elemento da superestrutura jurídica é necessário apreender as determinações da base econômica, pois as segundas emprestam sentido às primeiras.

Sem o Estado e o aparelho coercitivo o direito permanece uma ficção, uma vez que a superestrutura jurídica depende de uma organização estatal da classe dominante e a base da ordem jurídica é sempre a força física (polícia, Exército) pois só assim a classe dominante pode desfrutar do direito:

> A superestrutura jurídica depende em sua existência e em seu funcionamento da existência de uma organização estatal da classe dominante, cujo aparelho repressivo toma a forma da polícia, do Exército, e etc. Muito embora a classe dominante não precise usar a violência em todas as circunstâncias, a "base da ordem jurídica" é sempre a força física, da qual ela depende para poder desfrutar de seu direito.[130]

---

129 MASCARO, Alysson Leandro. A Crítica do Estado e do Direito: A Forma Política e a Forma Jurídica. In: NETTO, José Paulo (Org.). *Curso Livre Marx-Engels: A Criação Destruidora*. São Paulo: Boitempo; Carta Maior, 2015b, p. 28.
130 NAVES, Márcio Bilharinho. *Marxismo e Direito: Um Estudo Sobre Pachukanis*. São Paulo: Boitempo, 2008a, p. 131.

Por isso, é certo afirmar que a superestrutura jurídica depende da existência de uma organização estatal, com um Estado de classe dominante, que embora o Estado não precise utilizar da violência, a base da ordem jurídica é a forma física para que se possa desfrutar do direito.

Assim, as condições para o desenvolvimento de uma superestrutura jurídica (as leis, os tribunais, os processos, os advogados etc.) surgem a partir do momento em que as relações humanas são construídas como relações entre sujeitos. Daí a importância do estudo da superestrutura jurídica como fenômeno objetivo, o que não foi feito por Marx.[131]

Para Pachukanis a superestrutura jurídica é uma consequência da superestrutura política e decorre da organização política, da existência de uma autoridade que formule as normas, uma vez que as relações de propriedade constituem a camada mais profunda da estrutura jurídica, sendo as próprias relações de produção das quais são expressões jurídicas:

> Antes de analisarmos qualquer superestrutura jurídica, nós temos de pressupor a existência de uma autoridade que formule as normas, uma organização política, sendo a superestrutura jurídica uma consequência da superestrutura política. Marx afirma que as relações de propriedade, que constituem a camada fundamental e mais profunda da superestrutura jurídica, se encontram em contato tão estreito com as bases, que surgem como sendo as "próprias relações de produção" das quais são "expressões jurídicas". O Estado, ou seja, a organização do domínio político das classes, nasce no terreno de dadas relações de produção e de propriedade. As relações de produção e sua expressão jurídica chama-se de sociedade civil.[132]

---

131 ALAPANIAN, Silvia. *A Crítica Marxista do Direito: Um Olhar Sobre as Posições de Evgeni Pachukanis*. Semina: Ciências Sociais e Humanas, Londrina, v. 26, set. 2005, p. 15-26.
132 PACHUKANIS, Evgeny. *Teoria Geral do Direito e Marxismo*. Tradução de Silvio Donizete Chagas. São Paulo: Editora Acadêmica, 1988, p. 52.

Casalino adverte que, para Pachukanis, a relação de propriedade é o elemento mais fundamental da superestrutura jurídica e o direito é o elemento que integra a infraestrutura econômica, considerando o direito como expressão da infraestrutura econômica:

> Percebe-se que, para Pachukanis, a relação de propriedade, que constitui o elemento mais fundamental e profundo da *superestrutura jurídica*, está numa relação tão íntima, tão próxima da base econômica, *que não passa desta própria base*, isto é, de sua expressão jurídica. O direito, portanto, é elemento que integra a infraestrutura econômica; é uma expressão sua.[133]

Destarte, a superestrutura jurídica compreende as normas jurídicas e as relações sociais, mas quando as relações sociais passam a ter coerção, através da organização estatal, o direito deixa de ser ficção para poder ser exigido dos indivíduos. O elemento mais fundamental da estrutura jurídica é a relação de propriedade que tem base econômica.

O caminho que vai da relação de produção à relação jurídica, ou seja, relação de propriedade, é mais curto do que se imagina. O poder do Estado confere clareza e estabilidade à estrutura jurídica, mas não cria as premissas às quais se enraízam nas relações materiais, isto é, nas relações de produção. Está perfeitamente claro que a lógica dos conceitos jurídicos corresponde à lógica das relações sociais de uma sociedade de produção mercantil.[134]

Assim, percebe-se que a superestrutura jurídica (normas formuladas pelo Estado), decorre da superestrutura política e

---
[133] CASALINO, Vinícius. *Troca, Circulação e Produção em Teoria Geral do Direito e Marxismo: Sobre a Crítica "Circulacionista" à Teoria de Pachukanis*. Revista On-line Virinotio, n. 19, ano X, abr. 2015, p. 119, grifos do autor.
[134] PACHUKANIS, Evgeny. *Teoria Geral do Direito e Marxismo*. Tradução de Silvio Donizete Chagas. São Paulo: Editora Acadêmica, 1988, p. 53-56.

tem a propriedade como a sua camada mais profunda, surgindo do momento em que as relações humanas são constituídas como relações entre sujeitos (fenômeno objetivo). Ela compreende as normas (que depende de uma autoridade que as formule) e as relações sociais e, dependem, de uma organização estatal tendo como base a força física.

Pachukanis buscou a natureza íntima do direito no processo do valor de troca, captando sua especificidade burguesa. A ideia do direito nada mais é que a expressão unilateral e abstrata de uma das relações sociais burguesas, a relação entre proprietários independentes e iguais que são o pressuposto natural do ato de troca. É na forma que repousa o fenômeno mais íntimo do fenômeno jurídico, pois compreende o direito não apenas pelo seu conteúdo, mas antes pela sua forma, demonstrando a historicidade do direito como forma, vinculando a forma jurídica a uma forma social historicamente determinada.[135]

Já o direito subjetivo, que origina o direito privado, é a expressão do indivíduo egoísta (membro da sociedade burguesa), voltado para seus interesses e vontades privadas, isolado da comunidade. O direito objetivo, ou público, é a expressão do Estado burguês em sua totalidade, Estado que se revela como poder político.[136] No mesmo sentido, ensina Mascaro:

> Com o Estado de direito, as formas que se originam do direito privado – como a subjetividade jurídica – transbordam para o direito público, ao mesmo tempo que o direito público captura a construção imediata do direito privado – processo judicial e legislativo e competências, por exemplo.[137]

---
135 KASHIURA JUNIOR, Celso Naoto. *Pachukanis e a Teoria Geral do Direito e o Marxismo*. Revista Jurídica Direito e Realidade, v. 1, 2011, p. 2-7.
136 ALAPANIAN, Silvia. *A Crítica Marxista do Direito: Um Olhar Sobre as Posições de Evgeni Pachukanis*. Semina: Ciências Sociais e Humanas, Londrina, v. 26, p. 15-26, set. 2005, p. 24.
137 MASCARO, Alysson Leandro. *Estado e Forma Política*. São Paulo: Boitempo, 2013, p. 43.

E conclui Pachukanis que os conceitos de delito e de pena são determinações necessárias da forma jurídica, das quais não podemos nos libertar a não ser quando tiver início o aniquilamento da superestrutura jurídica geral.[138] Comentando essa conclusão, Pazello afirma que não podemos ultrapassar os vícios da forma jurídica com direitos humanos, declaração de direitos, constituições ou atos normativos conquistados pela classe popular, mas somente se acabarmos com a superestrutura jurídica:

> Ainda que nada impeça de pensar um novo desenvolvimento da forma jurídica se a superação do capitalismo se der, de forma diversa da do comunismo (e da necessária transição socialista), Pachukanis nos assegura que só se poderão ultrapassar os vícios da forma jurídica se, ao contrário de afirmarmos os supostos acertos dela – como os direitos humanos ou as declarações de direitos, a constituição ou os atos normativos conquistados pelas classes populares –, houver o "aniquilamento da superestrutura jurídica em geral", ou seja, quando nos depararmos com a "prova de que o horizonte limitado do direito burguês começou finalmente a se alargar".[139]

Pelo exposto, percebe-se que o conceito marxista de direito está ligado a um modo de organização da subjetividade humana que permite a circulação das mercadorias, ou seja, é uma forma social específica pois possui o elemento subjetividade autônoma na relação de equivalência, na qual os homens são reduzidos à mesma unidade comum em decorrência de sua subordinação ao capital. O direito é o da classe dominante, que através do Estado, apresentado como autoridade pública distante e acima

---

138 PACHUKANIS, Evgeny. *Teoria Geral do Direito e Marxismo*. Tradução de Silvio Donizete Chagas. São Paulo: Editora Acadêmica, 1988, p. 136.
139 PAZELLO, Ricardo Prestes. *Os Momentos da Forma Jurídica em Pachukanis: Uma Releitura de Teoria Geral do Direito e Marxismo*. Revista On-line Virinotio, n. 19, ano X, abr. 2015, p. 142.

das classes, representa a vontade geral e garante a ordem e o cumprimento das normas, mas que funciona com base na ideologia. Assim, o direito e a ideologia, utilizam-se do contrato e do sujeito de direito, através da ideia de igualdade e liberdade meramente formais, mas não concretas, para efetivar a exploração capitalista.

2
O DIREITO À CIDADE NAS OBRAS DE LEFEBVRE E HARVEY

2.1. O direito à cidade nas obras de Henri Lefebvre

2.1.1. A transformação campo, indústria e urbanização: o direito à cidade e a questão da moradia

Henri Lefebvre[1] (1901-1991) escreveu mais de 70 livros e apresenta, em geral, quatro momentos: o marxista, o da vida cotidiana, o da cidade e o do Estado. Neste livro, busca-se pesquisar e interpretar a cidade, pois nos anos 1960, Lefebvre, volta-se

---

1 "Henri Lefebvre nasceu em 1901, em Navarroux (Baixos Pirineus), no sudoeste da França. Estudou filosofia na Sorbonne e, ao tornar-se professor, passou a lecionar a disciplina em escolas secundárias. Em 1928 entrou para o Partido Comunista Francês (PCF) e nos anos 1930, com a descoberta de textos de Marx inéditos (Manuscritos de 1844, etc.), traduziu-os para o francês, bem como outros textos de Hegel sobre a dialética, a teoria das contradições, etc. Diria que, como 'tradutor' e publicista marxista, sua trajetória persistiu até o fim da vida. Nos anos trinta publica Le Marxisme Dialectique (1939), depois Le Marxisme (1948), Pour Connaître la Pensée de Karl Marx (1948), Pour Connaître la Pensée de Lenine (1957), Problèmes Actueles du Marxisme (1958), Marx – Coletânea (1964), Sociologie de Marx (1966); depois, nos anos oitenta, publicou Une Pénsee Devenue Monde (1980), dentre alguns dos títulos relacionados à temática do momento." (MACHADO, Carlos R. S. *Momentos da Obra de Henri Lefebvre: Uma Apresentação*. Revista Ambiente & Educação, vol. 13, 2008, p. 86).

à cidade e ao urbano, publicando sete livros em francês.² Desses, apenas um – *Du Rural à l'urbain* – não foi traduzido para o português, contudo, foi traduzido para o espanhol. Acrescento, ainda, outra obra que não se relacionada diretamente com a cidade, entretanto, trata da propriedade: *O Vale de Campan: Estudos de Sociologia Rural*,³ fruto de sua tese de doutorado e traduzida para o português.

Com exceção das obras relacionadas à cidade, uma pequena parte de sua obra foi traduzida para o português e muitos dos livros estão esgotados ou é difícil encontrá-los, além dos poucos artigos publicados em revistas no Brasil sobre Lefebvre. No Brasil temos alguns estudiosos de sua obra, podendo citar Anselmo Alfredo, Amália Damiani, Ana Fani Carlos, Carlos Machado, Cristian Schmid, Lívia Maschio Fioravanti, Shirley Carvalho Dantas, James Amorim Araújo, José de Souza Martins, William Hector Gomez Soto e Zilá Mesquita.

Uma das grandes dificuldades, senão a maior, foi reconhecer a grandiosidade do campo teórico das obras de Lefebvre sobre a cidade e o urbano, que extrapola o campo da geografia, uma vez que sua abordagem está entre a filosofia materialista e a sua prática social. Para isso, fez-se necessário aprender como Lefebvre constrói seu raciocínio, o movimento de suas ideias, ou seja, descobrir qual o seu método.

Para chegarmos a um nível de compreensão razoável sobre a cidade e o urbano nas obras de Lefebvre realizou-se um esforço

---

2 La Droit à La ville (1968), Du Rural à l'urbain (1970); La Révolution Urbaine (1970), La Pensée Marxiste et la Ville (1972), Espace et Politique (1973), e La Production de l'espace (1974).

3 "Apesar de lida, esta obra não foi citada no presente livro, uma vez que foge do tema central deste capítulo, qual seja, direito à cidade e moradia, mas segundo Martins: "O estudo sobre o Vale de Campan destaca uma história cronológica extensa, de mil anos, e ao mesmo tempo as persistências ao longo desse milênio, a questão das múltiplas temporalidades do presente e atual." (MARTINS, José de Souza. *Uma Sociologia da Vida Cotidiana: Ensaios na Perspectiva de Florestan Fernandes, de Wright Mills e Henri Lefebvre*. São Paulo: Contexto, 2014, p. 68).

enorme, pois além de compreender seu método, com suas ideias e conceitos, tentamos entender não só o que ele pensa, mas como ele pensa. Com a leitura de Lefebvre buscou-se superar os limites da nossa formação acadêmica, baseada na lógica formal, para pensarmos dialeticamente o mundo e suas contradições, ou seja, superando o preconceito que existe na academia contra a crítica como instrumento de conhecimento.

Incialmente, precisa-se conceituar o que é a terra? O suporte material das sociedades. A terra seria imutável? Não. Sua face muda da pura natureza original à natureza devastada. A terra é primeiramente o grande laboratório que fornece tanto o instrumento e a matéria do trabalho, como sua sede, o seu lugar. A terra não continua sendo o laboratório inicial. O que substitui? A cidade. A relação mutante (conflitual): cidade-campo é o suporte permanente das mudanças da sociedade.[4]

E o que é então a cidade? Como a terra na qual ela se apoia, a cidade é espaço,[5] um intermediário, uma mediação, um meio, o mais vasto dos meios, o mais importante. A transformação da natureza e da terra implica um outro lugar, um outro ambiente: a cidade. Assim, a cidade se torna, em lugar da terra, o grande laboratório das forças sociais.[6]

---

4   LEFEBVRE, Henri. *A Cidade do Capital*. Tradução de Maria Helena Rauta Ramos e Marilena Jamur. Rio de Janeiro: DP&A editora, 2001b, p. 85-86.
5   "Henri Lefebvre trouxe quatro teses ou hipóteses sobre o espaço: pela primeira o espaço é a forma pura, a transferência, a inteligibilidade, seu conceito exclui a ideologia, a interpretação, o não saber, nessa hipótese, a forma pura do espaço, desembaraçada de todo conteúdo, (sensível, material, prático, vivido) é uma essência, uma ideia absoluta análoga ao número platônico, a filosofia cartesiana e mesmo a Kantiana conservam essa noção. Já a segunda diz que o espaço social é produto da sociedade, constatável e dependente, antes de tudo, da constatação, portanto, da descrição empírica antes de qualquer teorização, em outras palavras o espaço resulta do trabalho e da divisão do trabalho. Já pela terceira, o espaço não seria nem um ponto de partida, nem um ponto de chegada, mas um intermediário em todos os sentidos desse termo, ou seja, um meio e um instrumento, um ambiente e uma mediação. Por fim, pela quarta hipótese, o espaço estaria essencialmente ligado à reprodução das relações sociais de produção." (LEFEBVRE, Henri. *Espaço e Política: O Direito à Cidade II*. Tradução de Margarida Maria de Andrade, Pedro Henrique Denski e Sérgio Martins. 2. ed. Belo Horizonte: Editora UFMG, 2016, p. 41-47).
6   LEFEBVRE, Henri. *Op. Cit.* p. 85-86.

Essa cidade vem da história porque a ela cabe o trabalho espiritual, intelectual (a filosofia e, mais tarde, as ciências) e de organização político-econômica, cultural e militar. A cidade é fruto da primeira cisão da totalidade – entre a *Physis* (natureza) e o *Logos* (razão), da primeira divisão social do trabalho – entre a cidade e campo.[7]

Deste modo, cidade é espaço, um meio que transforma a natureza e a terra; um laboratório de forças sociais; a ela cabe o trabalho espiritual, intelectual e de organização político-econômica, cultural e militar; é fruto da primeira cisão da totalidade, da divisão social do trabalho, entre cidade e campo.

A antiguidade partia da cidade, enquanto a Idade Média partia do campo. Na antiguidade, a cidade política organizada, dominava, protegia, administrava, explorava um território, com os camponeses, os habitantes dos vilarejos, os pastores, no seio do crescimento urbano não houve outro maior conflito que aquele entre os escravos e os cidadãos, sem outras relações de classe.[8]

Já na Idade Média, há uma inversão dessas relações, a estrutura hierárquica da sociedade medieval tem essa base: a soberania fundiária e militar sobre o solo ocupado por comunidades subjugadas. A cidade, na Idade Média, antes subordinada à estrutura feudal, conquista o domínio, simultaneamente, a cidade destrói a estrutura feudal e a incorpora, transformando-a. A propriedade feudal da terra (propriedade fundiária: comunidade camponesa dominada pela hierarquia dos senhores) correspondia, nas cidades, à propriedade corporativa. Nessa cidade medieval, a relação conflituosa cidade-campo engendra uma coisa nova, simultaneamente ou quase, o capitalismo e o mercado mundial, a nação e o Estado, a burguesia e o proletariado.[9]

---

[7] ARAÚJO, James Amorim. *Sobre a Cidade e o Urbano em Henri Lefebvre*. GEOUSP – Espaço e Tempo, São Paulo, n. 31, 2012, p. 134.
[8] LEFEBVRE, Henri. *A Cidade do Capital*. Tradução de Maria Helena Rauta Ramos e Marilena Jamur. Rio de Janeiro: DP&A editora, 2001b, p. 40.
[9] Ibid., p. 41-60.

A propriedade feudal comporta uma relação entre a terra e os seres humanos, o senhor usa o nome da terra e a terra, com ele, se personaliza; o servo e o herdeiro pertencem à terra; a situação política tem então um lado sentimental, a condição de nobre da propriedade fundiária dá ao senhor uma auréola romântica. Marx afirma que é necessário que acabe a relação pessoal do proprietário com sua propriedade, que a feudalidade desapareça.[10]

No Brasil, o desenvolvimento capitalista não seguiu esse modelo consagrado na literatura especializada, teve sua própria circunstância e nela percorreu o caminho possível. No nosso caso foi a transição de um modelo de sociedade fundada no trabalho escravo para um modelo de sociedade fundada no trabalho livre. Particularmente em São Paulo, a transição do escravismo para o trabalho assalariado se deu de modo planejado, controlado e relativamente lento, um processo de quase 40 anos, por iniciativa dos próprios fazendeiros de café.[11]

Para Lefebvre, a cotidianidade comportaria a cisão da vida real em setores definidos e separados em suas funções e organizadas como momentos referentes: aquele trabalho, o da vida privada e dos lazeres. A separação desses três domínios pode ser observada claramente no urbano pelo afastamento do cidadão do conjunto dos espaços-tempos da metrópole, como espaços-tempos fragmentados, autônomos e separados, em que o espaço partido e valorizado pela ação do poder público (e pelo mercado imobiliário) penetra na vida cotidiana desestabilizando-a, e redefine o papel do cidadão nos lugares da cidade ao limitar o uso do espaço e confinar a prática criativa e a instantaneidade da vida à dominação.[12]

---

10 Ibid., p. 32-33.
11 MARTINS, José de Souza. *O Cativeiro da Terra*. 9. ed. São Paulo: Contexto, 2015, p. 9-24.
12 CARLOS, Ana Fani Alessandri. A Privação do Urbano e o "Direito à Cidade" em Henri Lefebvre. In: CARLOS, Ana Fani Alessandri; ALVES, Glória; PADUA, Rafael Faleiros (Orgs.). *Justiça Espacial e o Direito à Cidade*. São Paulo: Contexto, 2017, p. 41.

Se para Lefebvre a cotidianidade na França se liga à modernidade, às classes médias e ao Estado, como pensar seu desenvolvimento na realidade brasileira, inserida na globalidade capitalista? Seria preciso considerar, ainda que não exaustivamente, alguns traços da história de nosso país, os quais apontariam certas particularidades de nossa sociedade em sua inserção na totalidade capitalista como um dos países mais desiguais do mundo, com uma péssima distribuição de renda.[13]

Com o café, o colono continuou a fazer exatamente o mesmo que o escravo fazia, mudando apenas a forma social da organização do trabalho, do trabalho coletivo para o trabalho familiar, o fazendeiro deixou de ser um amansador de gente para se tornar um administrador da riqueza pelo trabalho:[14]

> Na verdade, pouca diferença havia entre a situação de um negro cativo e a de um colono, a não ser a da probabilidade de que, dentro de certo tempo, o colono poderia readquirir a liberdade saldando seus débitos para com a fazenda.
> [...]
> O chamado regime de colonato combinava várias características: era um regime de trabalho familiar. Cada família tinha a seu cuidado uma parte do cafezal com um determinado número de cafeeiros, correspondente ao número de trabalhadores da casa, cabendo-lhe realizar as diversas carpas anuais, destinadas a manter o cafezal livre das ervas daninhas.[15]

---

13 VOLOCHKO, Danilo. A Reprodução do Espaço Urbano Como Momento da Acumulação Capitalista. In: CARLOS, Ana Fani Alessandri (Org.). *Crise Urbana*. São Paulo: Contexto, 2015a, p. 119.
14 MARTINS, José de Souza. *Op. Cit.* p. 9-12.
15 MARTINS, José de Souza. *O Cativeiro da Terra*. 9. ed. São Paulo: Contexto, 2015, p. 242 e 244.

Para Marx, a dissolução do modo de produção feudal[16] e a transição para o capitalismo se imputa e se vincula a um sujeito: a cidade. Superando-se, esta rompe o sistema medieval (feudal): passando às relações de produção capitalistas (sobre cuja emergência não há nenhuma dúvida), entrando, em consequência, num outro modo de produção, o capitalismo. Não há mesmo que escolher entre o sujeito e o sistema, pois que a cidade é um sujeito e uma força coerente, um sistema parcial que agride o sistema global que simultaneamente o revela e o destrói.[17]

Assim, na antiguidade a cidade era política, organizada e o conflito existente na época era entre escravos e cidadãos. Já na Idade Média, com o feudalismo, a dicotomia passa a ser entre senhores feudais e os seus servos (comunidade camponesa), pois o sistema feudalista assemelha-se a uma cooperativa e o senhor possuía uma relação pessoal com a propriedade.

Por outro lado, o direito à cidade não pode ser concebido como um simples direito de visita ou de retorno às cidades tradicionais. Só pode ser formulado como direito à vida urbana, transformada, renovada. O que pressupõe uma teoria integral da cidade e da sociedade urbana que utilize os recursos da ciência e da arte.[18]

Se é verdade que as palavras e conceitos cidade, urbano, espaço correspondem a uma realidade global e não designam um aspecto menor da realidade social, o direito à cidade se refere à globalidade assim visada:

---

16 "No antigo direito, as expressões: feudo plebeu hereditário, renda anual, enfiteuse perpétua, eram sinônimos. O legislador da época revolucionária considerou como signo distintivo de relações feudais a coexistência sobre o mesmo bem do domínio eminente ou direto do senhor e do domínio útil do rendeiro." (LEFEBVRE, Henri. *O Direito à Cidade*. Tradução de Rubens Eduardo Frias. São Paulo: Centauro, 2001a, p. 104).
17 LEFEBVRE, Henri. *A Cidade do Capital*. Tradução de Maria Helena Rauta Ramos e Marilena Jamur. Rio de Janeiro: DP&A editora, 2001b, p. 77.
18 Id. *O Direito à Cidade I*. Tradução de Rubens Eduardo Frias. São Paulo: Centauro, 2001a, p. 118-119.

> Não se trata de um direito natural, decerto, nem contratual. Em termos tão "positivos" quanto possível, o mesmo significa o direito dos cidadãos-citadinos e dos grupos que eles constituem (sobre a base das relações sociais) de figurar sobre todas as redes e circuitos de comunicação, de informação, de trocas. O que não depende nem de uma ideologia urbanística, nem de uma intervenção arquitetônica, mas de qualidade ou propriedade essencial do espaço urbano: a centralidade.[19]

Para Lefebvre, o direito à cidade, tomado em toda sua amplitude, aparece hoje como utopiano (utopista). E, entretanto, não se deve incluí-lo nos imperativos, como se diz, dos planos, projetos, programas? Os custos podem parecer exorbitantes, sobretudo se contabilizados nos marcos administrativos e burocráticos atuais, colocando-os, por exemplo, nas contas da comunidade local. É óbvio que só um grande crescimento da riqueza social, juntamente com profundas modificações nas próprias relações sociais (no modo de produção), pode permitir a entrada, na prática, do direito à cidade e de alguns outros direitos do cidadão e do homem.[20]

Não há reprodução de relações sociais, isto é, repetição,[21] permanência aparente, sem uma certa produção de relações, ou

---

19 Id. *Espaço e Política: O Direito* à *Cidade II*. Tradução de Margarida Maria de Andrade, Pedro Henrique Denski e Sérgio Martins. 2. ed. Belo Horizonte: Editora UFMG, 2016, p. 34.
20 Ibid., p. 36.
21 "É momento, portanto, do que Lefebvre chama de práxis repetitiva e não da práxis revolucionária. Quando muito, e tudo indica que assim tem sido especificamente na questão das identidades sociais, práxis mimética. É que, não raro, a luta pela afirmação de identidades tem se apropriado das categorias do pensamento marxista, nesse caso, categorias impróprias: caso do MST, que também busca uma identidade histórica para o trabalhador rural propondo-o como agente da revolução socialista. Quando o militante do MST, ao obter a terra, se transforma até num radical defensor da ordem e da propriedade (vários episódios o comprovam, até de morte nas disputas em acampamentos e assentamentos), ele proclama o limite da luta pela identidade, que se abre na contestação e negação do outro e aí se encerra." (MARTINS, José de Souza. *Uma Sociologia da Vida Cotidiana: Ensaios na Perspectiva de Florestan Fernandes, de Wright Mills e Henri Lefebvre*. São Paulo: Contexto, 2014, p. 176-177).

seja, sem criação histórica, transformação, inovação como observou Henri Lefebvre:

> A dialética pressupõe o desvendamento dos mecanismos sociais de negação do movimento, disfarce das mudanças como se mudança não houvesse. Nesse sentido, os momentos da práxis, na análise lefebvriana, se combinam, mudam sem mudar, disfarçam a mudança, criam formas sociais que escamoteiam a permanência do fingimento da imitação, da cópia dos grandes episódios da História.
> [...]
> Lefebvre, na perspectiva de seu método triádico, e não binário, que nega a concepção mecanicista da história como movimento pendular, distingue a práxis mimética e a práxis revolucionária. São momentos da práxis que é repetitiva e inovadora ao mesmo tempo e que cada vez mais se torna minimética: imita a transformação e a mudança sem de fato ir além do teatral da permanência.[22]

Em Henri Lefebvre, a ideia de direito à cidade se constitui num movimento triádico que envolve os planos do real-possível-impossível: a realidade como uma totalidade aberta e que se move em função das contradições do processo histórico vivido no urbano pela constituição de uma condição inumana: aquela que separa a civilização de sua obra, o indivíduo de sua criação. Nessa direção, a obra de Lefebvre permite atualizar a alienação no mundo moderno, ignorada pelas análises que pretendem construir o presente, pragmaticamente, um meio de ação para diminuir as desigualdades sociais.[23]

No horizonte aberto por Lefebvre, o direito à cidade é:

---

22 MARTINS, José de Souza. *Uma Sociologia da Vida Cotidiana: Ensaios na Perspectiva de Florestan Fernandes, de Wright Mills e Henri Lefebvre*. São Paulo: Contexto, 2014, p. 85.
23 CARLOS, Ana Fani Alessandri. A Privação do Urbano e o "Direito à Cidade" em Henri Lefebvre. In: CARLOS, Ana Fani Alessandri; ALVES, Glória; PADUA, Rafael Faleiros (Orgs.). *Justiça Espacial e o Direito à Cidade*. São Paulo: Contexto, 2017, p. 54.

A subversão do instituído pela produção de um outro espaço e a possibilidade de constituição de uma outra sociedade. Todavia, à busca de um direito à cidade, Lefebvre incorpora um outro direito importante. Se o mundo moderno, segundo ele, ilumina a vitória do valor de troca sobre o valor de uso, efetiva também outra contradição importante que se refere à luta entre as forças homogeneizantes – associadas ao processo de reprodução ampliada do capital – e as que diferem – e se contrapõem a esta lógica. A instituição do diferente contra o homogêneo aponta para o direito à diferença.

O projeto do impossível orienta a via. Portanto, sem ideia de uma revolução total – projeto possível/impossível – não há ideia de movimento. E só é revolução quando visa ao fim do Estado, dos aparelhos políticos e da política. Fora desse projeto, para Lefebvre, só há reforma.[24]

O direito à cidade se manifesta como forma superior dos direitos: direito à liberdade, à individualização na socialização, ao *habitat* e ao habitar. O direito à obra (à atividade participante) e o direito à apropriação (bem distinto do direito à propriedade) estão implicados no direito à cidade.[25] Elucidando a citação, explica Carlos:

> Para Lefebvre o direito à cidade manifesta-se como forma superior dos direitos, enquanto direito à liberdade, à individualização na socialização, ao habitar e à habitação. O direito à obra (atividade participante) e o direito à apropriação (bem distinto da propriedade) que se imbricam dentro do direito à cidade, revelando plenamente o uso.[26]

---

24 Ibid., p. 57.
25 LEFEBVRE, Henri. *O Direito à Cidade I*. Tradução de Rubens Eduardo Frias. São Paulo: Centauro, 2001a, p. 134.
26 CARLOS, Ana Fani Alessandri. *O Espaço Urbano: Novos Conceitos Sobre a Cidade*. São Paulo: Contexto, 2004, p. 149.

O debate sobre o direito à cidade proposto por Lefebvre tem a potência de revelar os fundamentos contraditórios da sociedade urbana em sua forma mundial. Mais do que efetivar a mudança, os conteúdos do conceito sinalizam o escondido sob a forma da segregação socioespacial e, com isso, nos permite dar um salto à frente na compreensão da crise urbana atual e também pensar na positividade dos movimentos sociais e das políticas públicas construídas que objetivam a diminuição das desigualdades. Seu pensamento também torna-se ideologia, momento em que o discurso transforma o conceito desenvolvido por Lefebvre no saber técnico que sustenta a política urbana e a ação programática do planejamento orientado pelo Estado.[27]

O direito à cidade implica e aplica um conhecimento que não se define como ciência do espaço (ecologia, geopolítica, equística, planejamento etc.), mas como conhecimento de uma produção, a do espaço.[28] Comentando o direito à cidade para Lefebvre, adverte Carlos:

> Nesse sentido, acabar-se-ia com a separação cotidianidade-lazer, vida cotidiana-festa em que a cidade se encontraria enquanto espaço do trabalho produtivo, da obra e do lazer. A cidade seria a obra perpétua dos seus habitantes, o que contraria a ideia de receptáculo passivo de produção e das políticas de planejamento.[29]

Harvey afirma que o direito à cidade de Lefebvre era ao mesmo tempo uma queixa (crise da vida cotidiana) e uma exigência (ordem para encarar a crise):

---

27 CARLOS, Ana Fani Alessandri. A Privação do Urbano e o "Direito à Cidade" em Henri Lefebvre. *Justiça Espacial e o Direito à Cidade*. São Paulo: Contexto, 2017, p. 58.
28 LEFEBVRE, Henri. *Espaço e Política: o Direito à Cidade II*. Tradução de Margarida Maria de Andrade, Pedro Henrique Denski e Sérgio Martins. 2. ed. Belo Horizonte: Editora UFMG, 2016, p. 35.
29 CARLOS, Ana Fani Alessandri. *A Cidade*. São Paulo: Contexto, 2015a, p. 33.

> A queixa era uma resposta à dor existencial de uma crise devastadora da vida cotidiana na cidade. A exigência era, na verdade, uma ordem para encarar a crise nos olhos e criar uma vida urbana alternativa que fosse menos alienada, mais significativa e divertida, porém, como sempre Lefebvre, conflitante e dialética, alerta ao futuro, aos embates (tanto temíveis como prazerosos), e à eterna busca de uma novidade incognoscível.[30]

Lefebvre encontra na vida cotidiana, não apenas o repetitivo, mas também a inovação e a reprodução de novas relações sociais, neste cotidiano ele descobre os resíduos e vê o possível. Ele nunca abandonou suas preocupações sobre a historicidade do cotidiano e o difícil tema da relação entre cotidiano e história:

> Creio que nessa perspectiva é que podemos encontrar um referencial apropriado para a questão das identidades sociais e dinâmicas, no confronto e não na complementariedade de desigualdade social e diferença social, a dimensão negativa da primeira e a dimensão afirmativa da segunda. [...]
> Lefebvre, empenhou-se na investigação das condições e circunstâncias da ruptura e da revolução no próprio bojo do processo de repetição, retração e reprodução das relações sociais. Boa parte de sua investigação sociológica sobre o repetitivo foi também pesquisa sobre o possível, o historicamente possível, na própria vida cotidiana.[31]

O cotidiano, como lembra Lefebvre, é igualmente o campo da espontaneidade, daquilo que escapa e se contrapõe a este mundo de mercadorias e imagens, através de seus resíduos, o cotidiano é o lugar onde está posta a superação das alienações que o envolvem; portanto, as manifestações eclodem na vida

---

30 HARVEY, David. *Cidades Rebeldes: Do Direito à Cidade à Revolução Urbana*. Tradução de Jeferson Camargo. São Paulo: Martins Fontes, 2014a, p. 11.
31 MARTINS, José de Souza. *Uma Sociologia da Vida Cotidiana: Ensaios na Perspectiva de Florestan Fernandes, de Wright Mills e Henri Lefebvre*. São Paulo: Contexto, 2014, p. 174.

cotidiana, apontando para a existência dos resíduos existentes de forma latente nesta sociedade; o mundo da mercadoria deixa entrever suas brechas.[32]

A cidade para Lefebvre é uma transição entre a ordem próxima e a ordem distante, ou seja, entre o campo que a circunda e a sociedade em seu conjunto, logo, se a catástrofe se implanta na cidade, significa que ela também se manifesta no campo e na sociedade como um todo, mas em intensidades e ritmos diferentes. Por quê? Porque o processo social inicia uma inflexão da prática social – os senhores de terra são, progressivamente, suplantados por monarquias nacionais (condição *sine qua non* para a estabilização do comércio), na outra ponta, os camponeses passam a produzir para a cidade.[33]

Percebe-se que o direito à cidade é o direito à vida urbana, transformada, renovada, refere-se à globalidade, direito de figurar sobre todas as redes e circuitos de comunicação, de informação e de trocas; manifesta-se no direito à liberdade, à individualização, na socialização, ao *habitat* e ao habitar; aplica-se um conhecimento de uma produção, a do espaço; e seu sentido é aquele conferido pelo uso, os modos de apropriação do ser humano para a produção de sua vida.

É, para Lefebvre, na vida cotidiana que ganha sentido, forma e se constitui o conjunto de relações que faz do humano e de cada humano, um todo. Nessa direção o sentido de cidade é aquele conferido pelo uso, isto é, os modos de apropriação do ser humano para a produção da sua vida. É um lugar que se reproduz enquanto referência e, nesse sentido, lugar de constituição da identidade e da memória, nessa dimensão

---

32 CARLOS, Ana Fani Alessandri. A Privação do Urbano e o "Direito à Cidade" em Henri Lefebvre. In: CARLOS, Ana Fani Alessandri; ALVES, Glória; PADUA, Rafael Faleiros (Orgs.). *Justiça Espacial e o Direito à Cidade*. São Paulo: Contexto, 2017, p. 43.
33 ARAÚJO, James Amorim. *Sobre a Cidade e o Urbano em Henri Lefebvre*. GEOUSP – Espaço e Tempo, São Paulo, n. 31, 2012, p. 135.

revelaria a condição do homem e da cidade, enquanto construção e obra.[34]

Henri Lefebvre de forma consciente defende, portanto, a tese de que mais do que em qualquer outra forma de sociabilidade pré-moderna, na modernidade, o espaço passa a se constituir numa categoria fundamental para a compreensão e análises de fenômenos e processos a ela inerentes. Trata-se, enfim, de compreender não exclusivamente o papel do espaço nesta reprodução, o que nos remeteria a uma leitura funcionalista do mesmo, mas as determinações espaciais na constituição, produção e reprodução do mundo moderno.[35]

Já o espaço instrumental é produzido e manipulado como tal pelos tecnocratas no âmbito global, do Estado, das estratégias. Ele tem o nome burocrático de ordenamento do território, o que é apenas uma abstração, de um lado, ele remete ao histórico, e se estabelece sobre as ruínas desse, assim como remete ao antropológico, e mesmo à pré-história. Mas de outra parte, somente os interesses ditos "privados", os dos promotores imobiliários e bancos, lhe conferem uma existência prática: apropriem-se dele; eles, tão somente eles, servem-se do instrumento que o Estado lhes fornece; eles dispõem dos meios, senhores do terreno.[36]

Lefebvre percebeu que a relação entre o urbano e o rural – ou, como preferem os ingleses, entre campo e cidade – vinha passando por transformações radicais, que o campesinato tradicional estava desaparecendo e que o meio rural estava sendo urbanizado, ainda que esse processo gerasse uma nova abordagem consumista na relação com a natureza, e uma abordagem

---
34 CARLOS, Ana Fani Alessandri. *O Espaço Urbano: Novos Conceitos Sobre a Cidade*. São Paulo: Contexto, 2004, p. 22.
35 ALFREDO, Anselmo. *O Mundo Moderno e o Espaço: Apreciações Sobre a Contribuição de Henri Lefebvre*. GEOUSP – Espaço e Tempo, São Paulo, n. 19, 2006, p. 63.
36 LEFEBVRE, Henri. *Espaço e Política: o Direito* à *Cidade II*. Tradução de Margarida Maria de Andrade, Pedro Henrique Denski e Sérgio Martins. 2. ed. Belo Horizonte: Editora UFMG, 2016, p. 108.

capitalista, produtivista, do suprimento de mercadorias agrícolas aos mercados urbanos, ao contrário do que ocorria com a agricultura camponesa autossustentável.[37]

Os urbanos transportam o urbano consigo, ainda que não carreguem a urbanidade. Por eles colonizado, o campo perde as qualidades, propriedades e encantos da vida camponesa. O urbano assola o campo; este campo urbanizado se opõe a uma ruralidade sem posses, caso extremo da grande miséria do habitante, do *habitat*, do habitar.[38]

Pode dizer que a sociedade industrial acarreta a urbanização. Essa constatação e essa fórmula tornaram-se banalidades. Todavia, é menos banal perguntar se as consequências do processo – ou seja, a urbanização – não se tornam rapidamente mais importantes que a sua causa inicial: a industrialização. A tese aqui levantada é a de que a problemática urbana desloca e modifica profundamente a problemática originada do processo de industrialização.[39]

Quando a industrialização vai começar, com a preeminência da burguesia específica (os empresários), a riqueza já deixou de ser principalmente imobiliária, a produção agrícola não é mais predominante, nem a propriedade da terra, as terras escapam aos feudais e passam às mãos dos capitalistas urbanos enriquecidos pelo comércio, pelo banco, pela usura. Segue-se que a sociedade no seu conjunto, compreendendo a cidade, o campo e as instituições que regulamentam suas relações, tende a se constituir em rede de cidades, com uma divisão de trabalho feita entre essas cidades ligadas por estradas, por vias fluviais e marítimas, por relações comerciais e bancárias.[40]

---

37 HARVEY, David. *Cidades Rebeldes: Do Direito à Cidade à Revolução Urbana*. Tradução de Jeferson Camargo. São Paulo: Martins Fontes, 2014a, p. 19.
38 LEFEBVRE, Henri. *O Direito à Cidade I*. Tradução de Rubens Eduardo Frias. São Paulo: Centauro, 2001a, p. 177.
39 Id. *Espaço e Política: o Direito* à *Cidade II*. Tradução de Margarida Maria de Andrade, Pedro Henrique Denski e Sérgio Martins. 2. ed. Belo Horizonte: Editora UFMG, 2016, p. 76.
40 Id. *O Direito à Cidade I*. Tradução de Rubens Eduardo Frias. São Paulo: Centauro, 2001a, p. 13.

No Brasil, a indústria[41] teve grande importância na história do imigrante, e particularmente do imigrante italiano, porque foi praticamente o único espaço econômico relativamente aberto que encontrou pela frente, durante certo tempo:

> A indústria foi um setor que praticamente nasceu e cresceu com o imigrante, apesar da atividade industrial inicial já instalada. Ao contrário do que preconizavam os velhos fazendeiros, que haviam promovido a substituição do escravo pelo imigrante, este teve muita dificuldade para tornar-se proprietário da terra.
> [...]
> As atividades empresariais urbanas, ainda não ocupadas pelos investidores tradicionais e que começam a nascer juntamente com o fim da escravidão e o incremento da imigração italiana, eram a indústria, o comércio na capital e nas cidades do interior e as atividades bancárias vinculadas à nova realidade econômica baseada no trabalho livre.[42]

Os subúrbios, sem dúvida, foram criados sob a pressão das circunstâncias a fim de responder ao impulso cego, ainda motivado e orientado da industrialização, responder à chegada maciça dos camponeses levados para os centros urbanos pelo êxodo rural. Com a suburbanização, principia um processo que descentraliza a cidade, afastado da cidade, o proletariado acabará de perder o sentido da obra, afastado dos locais de produção, disponível para empresas esparsas em sua

---

41 "Pode-se dizer que a década de 1890 é a década da primeira grande expansão industrial em São Paulo. Indústrias já haviam começado a se estabelecer na região a partir de 1870. Um relatório de 1886 mencionava 12 "manufaturas de algodão" na província, que contavam 1.200 teares e empregavam cerca de 1.600 operários, fabricando 12 milhões de metros de panos. Eram ainda mencionados fábricas de móveis, de produtos alimentícios, de fósforo, de chapéus, de papel e outras de menor importância. Havia ainda, no interior, quatro grandes engenhos centrais de açúcar." (MARTINS, José de Souza. *O Cativeiro da Terra*. 9. ed. São Paulo: Contexto, 2015, p. 250).

42 MARTINS, José de Souza. *Uma Sociologia da Vida Cotidiana: Ensaios na Perspectiva de Florestan Fernandes, de Wright Mills e Henri Lefebvre*. São Paulo: Contexto, 2014, p. 250.

consciência a capacidade criadora, a consciência urbana vai se dissipar.⁴³

A passagem do capitalismo comercial e bancário e da produção artesanal para a produção industrial e para o capitalismo concorrencial faz-se acompanhar por uma crise gigantesca, bem estudada pelos historiadores, salvo talvez no que diz respeito à cidade a ao sistema urbano.⁴⁴

A indústria nascente tende a se implantar fora das cidades, não sendo satisfatória para os empresários a implantação fora das cidades, desde que possível a indústria se aproxima dos centros urbanos. A cidade, portanto, desempenhou um papel importante do *take of* (Rostow), isto é, na arranca da indústria, nas concentrações de capitais no sentido de Marx.⁴⁵

No Brasil, embora o limitado consumo dos trabalhadores do café tenha, sem dúvidas, criado o mercado interno de que a indústria necessitava para se desenvolver, a pequena e média indústria foi durante décadas o abrigo da classe operária que nascia fora dos marcos da grande indústria e, desse modo, parte ponderável desse mercado. A própria indústria criou parcela não pequena de seu mercado, o que se acentuou com a urbanização e a proliferação e crescimento de cidades, sem dúvida fundadas na prosperidade do café.⁴⁶

Assim, temos à nossa frente um duplo processo, ou um processo com dois aspectos: industrialização e urbanização, crescimento e desenvolvimento, produção econômica e vida social, os dois aspectos desse processo, inseparáveis, têm uma unidade. No entanto, o processo é conflitante e existe, historicamente, um choque violento entre a realidade urbana e a

---

43 LEFEBVRE, Henri. *O Direito à Cidade I*. Tradução de Rubens Eduardo Frias. São Paulo: Centauro, 2001a, p. 25.
44 Ibid., p. 15.
45 Id., Ibid.
46 MARTINS, José de Souza. *Uma Sociologia da Vida Cotidiana: Ensaios na Perspectiva de Florestan Fernandes, de Wright Mills e Henri Lefebvre*. São Paulo: Contexto, 2014, p. 18.

realidade industrial; quanto à complexidade do processo, ela se releva cada vez mais difícil de ser apreendida, tanto mais que a industrialização não produz apenas empresas (operários e chefes de empresas), mas sim estabelecimentos diversos, centros bancários e financeiros, técnicos e políticos. Esse processo dialético, longe de ser elucidado, está também longe de ter terminado.[47]

Ainda sobre a industrialização no Brasil,[48] é absolutamente claro que os negócios de importação não foram o único e provavelmente nem o mais importante ponto de partida para a industrialização brasileira:

> Quanto ao envolvimento do Estado na industrialização, é o de que desde 1900 o Estado brasileiro implantara o imposto de consumo. Com isso, o governo reconheceu que as taxas de importação não cobriam a totalidade do consumo da sociedade brasileira e que o Tesouro Federal estava, em consequência, perdendo dinheiro. Desde então, os rendimentos públicos passaram a depender progressivamente desse imposto e, portanto, da industrialização. O setor industrial passou, pois, a ter uma importância vital para a manutenção do Estado.[49]

Aqui no Brasil, a partir dos anos 1940-1950 a lógica da industrialização que prevalece: o termo industrialização não pode ser tomado, aqui, em seu sentido estrito, isto é, como criação de atividades industriais nos lugares, mas em sua mais ampla

---

47 LEFEBVRE, Henri. *O Direito à Cidade I*. Tradução de Rubens Eduardo Frias. São Paulo: Centauro, 2001a, p. 16.
48 "Uma função importante da industrialização brasileira no século XIX foi justamente a de substituir a produção artesanal e doméstica interna em vários setores da produção. Ainda em 1901, o autor do primeiro relatório importante sobre a indústria em São Paulo destacava as várias modalidades de concorrência entre essa pequena produção e a grande indústria recém-surgida. A entrada do imigrante estrangeiro, principalmente o imigrante italiano, nos grandes negócios se deu principalmente nos anos 1890, crescendo nos anos seguintes. Ou seja, as grandes empresas de imigrantes italianos surgiram ao mesmo tempo que se deu a entrada mais numerosa desses imigrantes no país, que foi nessa mesma época." (MARTINS, José de Souza. *O Cativeiro da Terra*. 9. ed. São Paulo: Contexto, 2015, p. 252).
49 MARTINS, José de Souza. *O Cativeiro da Terra*. 9. ed. São Paulo: Contexto, 2015, p. 233.

significação, como processo social complexo, que tanto inclui a formação de um mercado nacional, quanto os esforços de equipamentos de território para torná-lo integrado, como a expansão do consumo em formas diversas, o que impulsiona a vida de relações (leia-se terceirização) e ativa o próprio processo de urbanização.[50]

Assim, a industrialização brasileira encontrou no mito do burguês enriquecido pelo trabalho e pela vida penosa um ingrediente vital, ao contrário da burguesia agrária, que tivera que enfrentar o problema da produção e elaboração da ideologia de transição do trabalho escravo para o trabalho livre, a burguesia industrial já encontrou prontas a justificativa e a legitimação da exploração do trabalhador, ainda que com base numa concepção pré-capitalista de trabalho independente. Foi a partir daí que a dominação[51] burguesa se apresentou como legítima para o operário.[52]

Pensada pela lógica formal, a urbanização é apenas um produto da industrialização; dialeticamente, aquela supera esta porque também é um fenômeno indutor de transformações qualitativas na sociedade, ela é o sentido da industrialização. O pensamento formal presente, sobretudo, no planejamento de cidades, nega a crise e tenta minimizá-la a uma condição marginal. A cidade industrial, fruto da potência da industrialização, vive sua crise como um sintoma que anuncia transformações.[53]

---

50 SANTOS, Milton. *A Urbanização Brasileira*. 5. ed. São Paulo: Editora da Universidade de São Paulo, 2013, p. 30.
51 "O enriquecimento burguês foi entendido como resultado do seu próprio trabalho, das suas privações e sofrimento, e não como o produto da exploração do trabalhador. A dominação e exploração do capital passaram a ser concebidas como legítimas porque a riqueza não seria fruto do trabalho proletário, mas sim do trabalho do empresário. Enfim, o trabalho que cria o capital não seria o trabalho expropriado, e sim o trabalho próprio. Em consequência, o emprego oferecido ao patrão passou a ser visto como dádiva do capitalista, a oportunidade do trabalho, isto é, o acesso ao trabalho redentor – o trabalho que, ao enriquecer, liberta." (MARTINS, José de Souza. *O Cativeiro da Terra*. 9. ed. São Paulo: Contexto, 2015, p. 281).
52 MARTINS, José de Souza. *O Cativeiro da Terra*. 9. ed. São Paulo: Contexto, 2015, p. 281.
53 ARAÚJO, James Amorim. *Sobre a Cidade e o Urbano em Henri Lefebvre*. GEOUSP – Espaço e Tempo, São Paulo, n. 31, 2012, p. 136.

Assim, para Lefebvre a sociedade industrial acarreta urbanização, criando os subúrbios para responder a chegada maciça dos camponeses, levados para os centros urbanos pelo êxodo rural, ou seja, a urbanização é um produto da industrialização. A extensão do processo de industrialização coloca para Lefebvre uma hipótese mais abrangente, a da urbanização total da sociedade:

> O que significa dizer que se a industrialização está posta no horizonte ou nos estudos urbanos como um elemento para o debate; a problemática urbana avança e transcende a problemática posta pela industrialização, pois se a industrialização permitiu a generalização da mercadoria, a extensão ampliada da base do capital; o processo de reprodução da sociedade, hoje, se realiza num outro patamar; aquele da esfera da vida cotidiana e da cidade e não só da produção de mercadorias e fábricas – esta é uma consequência do desenvolvimento da noção de produção.[54]

E é na interpretação do urbanismo contemporâneo que Lefebvre busca descobrir novo caminho:

> Ele nota que o objeto da investigação de Marx era a sociedade industrial, seu modo de organização e as relações sociais que expressava. Marx interpretou a história em termos das relações passadas que foram fundamentais para a emergência do capitalismo industrial. O urbanismo, como foco de interesse diminui de importância na medida em que Marx se aproxima cada vez mais de seu objeto de investigação e, onde o urbanismo é considerado, é tratado à luz de sua contribuição para preparar o caminho para o capitalismo industrial.[55]

---

54 CARLOS, Ana Fani Alessandri. *O Espaço Urbano: Novos Conceitos Sobre a Cidade*. São Paulo: Contexto, 2004, p. 28.
55 HARVEY, David. *A Justiça Social e a Cidade*. Tradução de Armando Corrêa da Silva. São Paulo: Editora Hucitec, 1980, p. 264.

Lefebvre desenvolve, então, sua tese principal, a sociedade industrial é vista não como um fim em si mesma, mas como preparatório para o urbanismo. A industrialização, pode somente encontrar seu objeto na urbanização; e a urbanização está agora chegando a dominar a organização e produção industrial. A industrialização, anteriormente produtora do urbanismo, está agora sendo produzida por ele. Lefebvre argumenta que assim que o mundo inteiro se torna urbanizado ocorre um contramovimento interior ao processo de urbanização que conduz a uma maior diferenciação interna através da criação de *habitats* locais específicos.[56]

Lefebvre afirma que surgiu uma ideologia não atacada pelos marxistas, segundo a qual, a produção industrial:

> Trazendo em si o essencial da vida social e política, coloca apenas problemas administrativos; se há um erro ele depende da gestão capitalista da indústria e de uma planificação racional das forças produtivas, com isso tenta-se restituir a coerência do processo de crescimento simplificando o real, porque reduzem a realidade urbana e espacial, assuntos de renda e terra, especulação imobiliária, ao papel dos promotores e dos bancos; o que não é falso, mas é restrito.[57]

Assim, com a industrialização, a história entrou em uma fase de mundialização na qual sua principal característica é disseminação das relações de produção e da lógica produtivista capitalista (crescimento econômico); destroem-se as particularidades locais em favor de uma homogeneização que viabiliza a constituição de um mercado em nível global.[58]

---

56 Ibid., p. 264.
57 CARLOS, Ana Fani Alessandri. *O Espaço Urbano: Novos Conceitos Sobre a Cidade*. São Paulo: Contexto, 2004, p. 28.
58 ARAÚJO, James Amorim. *Sobre a Cidade e o Urbano em Henri Lefebvre*. GEOUSP – Espaço e Tempo, São Paulo, n. 31, 2012, p. 136.

Por isso, a industrialização acarreta a urbanização total da sociedade, com ela inicia-se uma fase de mundialização, destruindo as particularidades locais em favor do mercado global, assim, a tese de Lefebvre é que a sociedade industrial não é um fim em si mesma, mas preparatória para o urbanismo.

Pelo exposto, as fases críticas atravessadas pelo urbano através do tempo histórico podem ser assim definidas: a primeira fase é o agrário (produção agrícola, vida rural, sociedade camponesa) por muito tempo dominante torna-se subordinado a uma realidade urbana inicialmente impulsionada e logo devastada pelo comércio e pela indústria. Na segunda fase, a indústria dominante torna-se subordinada à realidade urbana; mas, no interior desta, ocorre uma subversão: o nível considerado menor desde as origens, a saber, o habitar, torna-se o essencial.[59]

A cidade historicamente formada não vive mais, não é mais apreendida praticamente. Não é mais do que um objeto de consumo cultural para os turistas e para o estetismo, ávidos de espetáculos e do pitoresco. Mesmo para aqueles que procuram compreendê-las calorosamente, a cidade está morta. No entanto, o urbano persiste no estado da atualidade dispersa e alienada, de embrião, de virtualidade.[60]

O urbano[61] aparece na obra de Lefebvre enquanto realidade real e concreta e, enquanto virtualidade, onde a crítica confronta o real e o possível; assim, esta indissociavelmente ligada à vida do homem:

---

59 LEFEBVRE, Henri. *A Revolução Urbana*. Tradução de Sérgio Martins. Belo Horizonte: Editora UFMG, 2002, p. 87.
60 Id. *O Direito à Cidade I*. Tradução de Rubens Eduardo Frias. São Paulo: Centauro, 2001a, p. 106.
61 "O urbano é um fenômeno que se impõe em escala mundial a partir do duplo processo de implosão-explosão da cidade atual. Ele é um conceito, uma temática e, por necessidade de articulação teoria e prática, uma problemática." (ARAÚJO, James Amorim. *Sobre a Cidade e o Urbano em Henri Lefebvre*. GEOUSP – Espaço e Tempo, São Paulo, n. 31, 2012, p. 134).

Com a ideia do autor, ele nos coloca diante de um novo humanismo baseado num projeto que rompe com o racionalismo (que toma a forma de dominação) e projeta a realização da filosofia na prática. É assim que para formular seu projeto poiético de mudar a vida de todo seu aspecto irrealista, Lefebvre introduz a noção de cotidianidade, transformando os termos do problema na medida em que traz uma nova ideia da pobreza e da riqueza das relações sociais, o que permite que se formulem exigências práticas.[62]

E o que transformou e transforma a cidade e o urbano? Decerto não é a técnica autonomizada por certas leituras empreendidas pelas ciências parcelares. A cidade se tornou um dos lócus da reprodução social, na realidade, o principal; o urbano anuncia sua mundialidade em um período trans-histórico.[63]

Esse processo de urbanização é o motor das transformações na sociedade. A sociedade urbana[64] é a realidade que nasce a nossa volta. Houve uma cidade oriental (ligada ao modo de produção asiático), a cidade arcaica (grega e romana ligada à posse de escravos), depois a cidade medieval (inseridas em relações feudais, mas em lutas contra a feudalidade da terra). Quando a industrialização começa, quando nasce o capitalismo concorrencial com a burguesia especificamente industrial, a cidade tem uma poderosa realidade.[65]

O urbano se distingue da cidade precisamente porque ele aparece e se manifesta no curso da explosão da cidade, mas ele permite reconsiderar e mesmo compreender certos

---

62 CARLOS, Ana Fani Alessandri. *O Espaço Urbano: Novos Conceitos Sobre a Cidade*. São Paulo: Contexto, 2004, p. 29.
63 ARAÚJO, James Amorim. *Op, cit.*, 2012.
64 Segundo Lefebvre, em sua obra "A revolução urbana", a sociedade urbana é a sociedade que resulta da urbanização completa, hoje virtual, amanhã real. Na obra, reservou o termo à sociedade que nasce da industrialização. (LEFEBVRE, Henri. *Op. Cit.* p. 15).
65 LEFEBVRE, Henri. *O Direito à Cidade I*. Tradução de Rubens Eduardo Frias. São Paulo: Centauro, 2001a, p. 11-12.

aspectos dela que passaram despercebidos durante muito tempo: a centralidade, o espaço como lugar de encontro, a monumentalidade:

> O urbano, isto é, a sociedade urbana, ainda não existe e, contudo, existe virtualmente; através das contradições entre o hábitat, as segregações e a centralidade urbana que é essencial à prática social, manifesta-se uma contradição plena de sentido.[66]

Assim, o urbano, como afirma Lefebvre, não designa mais a cidade nem a vida na cidade, mas:

> Passa a designar a sociedade que constitui uma realidade que engloba e transcende a cidade e o lugar, na medida em que tudo que existe entra em contato com o mundo todo, ligando pontos isolados do planeta em rede, com isso a vida está cada vez mais ligada a fatos que ocorrem nos lugares mais remotos do planeta.[67]

Assim, o urbano se impõe em escala mundial do duplo processo de implosão-explosão da cidade; aparece enquanto realidade real e concreta, ligada à vida do homem; aparece e se manifesta no curso da explosão da cidade; passa a designar a sociedade que constitui uma realidade que engloba e transcende a cidade e o lugar.

Por volta do século XVI, na Europa ocidental, a cidade se estende desmensuradamente, a forma (morfologia prático-sensível ou material, forma de vida urbana) da cidade tradicional explode em pedaços. O processo duplo (industrialização-urbanização) produz o duplo movimento: explosão-implosão, condensação-dispersão (estouro). É, portanto, ao redor desse ponto

---

66 Id. *Espaço e Política: O Direito* à *Cidade II*. Tradução de Margarida Maria de Andrade, Pedro Henrique Denski e Sérgio Martins. 2. ed. Belo Horizonte: Editora UFMG, 2016, p. 80.
67 CARLOS, Ana Fani Alessandri. *O Espaço Urbano: Novos Conceitos Sobre a Cidade*. São Paulo: Contexto, 2004, p. 49.

crítico que se situa a problemática atual da cidade e da realidade urbana (do urbano).[68]

A indústria, de início, prescindiu da cidade porque seu foco estava nas fontes de energia e/ou de matérias-primas localizadas, geralmente, fora da cidade. Progressivamente, a indústria se aproximou das cidades por conta da abundância de mão de obra, capitais e do próprio mercado. Este simples movimento da indústria em direção à cidade produziu profundas transformações em sua morfologia. Primeiramente, a industrialização negou a centralidade na cidade, fenômeno que Lefebvre identifica como "implosão", pois, o conteúdo político e comercial perde sua potência social. Depois, ocorre a "explosão" da cidade ou projeção de fragmentos da malha urbana disjuntos por uma vasta região (as periferias). Deste duplo processo (implosão-explosão) uma anticidade foi produzida, negando com extrema potência a cidade política-comercial.[69]

Atualmente, portanto, aprofunda-se um processo induzido que se pode chamar de a "implosão-explosão" da cidade, o fenômeno urbano se estende sobre uma grande parte do território, nos grandes países industriais, atravessa alegremente as fronteiras nacionais, este território está encerrado num tecido urbano cada vez mais cerrado, não sem diferenciações locais e sem ampliação da divisão (técnica e social) do trabalho; concomitantemente nesse tecido as concentrações urbanas tornam-se gigantescas, as populações se amontoam atingindo densidade inquietantes, ao mesmo tempo núcleos antigos se deterioram ou explodem, as pessoas se deslocam para as periferias distantes, residenciais e produtivas.[70]

---

68 LEFEBVRE, Henri. *Op. Cit.* p. 77-78.
69 ARAÚJO, James Amorim. *Sobre a Cidade e o Urbano em Henri Lefebvre*. GEOUSP – Espaço e Tempo, São Paulo, n. 31, 2012, p. 135.
70 LEFEBVRE, Henri. *O Direito à Cidade I*. Tradução de Rubens Eduardo Frias. São Paulo: Centauro, 2001a, p. 18.

Enquanto momento histórico, o urbano engloba, mas antes transcende, a cidade. É assim que para Lefebvre o conceito de urbano permite analisar um duplo processo de implosão-explosão:

> A cidade de origem não desaparece com a modernidade ao mesmo tempo em que se dispersam em torno dela a aglomeração. O termo designaria um processo mais amplo "onde se desenvolve a modernidade e a cotidianidade no mundo moderno"; o modo de produção existente ampliou o domínio da mercadoria estendendo seu poder para todo o território, inundando e redefinindo relações sociais.[71]

Assim, o processo duplo de industrialização x urbanização produziu a explosão x implosão que é a problemática atual da cidade. A implosão ocorre quando a industrialização nega a centralidade na cidade e a explosão ocorre na projeção de fragmentos urbanos da malha urbana pelas periferias da cidade.

Para Lefebvre, o significado dos termos "urbano" e "urbanização" ia além dos limites das cidades. Em seu entender, a urbanização seria uma condensação dos processos sociais e espaciais que haviam permitido ao capitalismo se manter e reproduzir suas relações essenciais de produção e a própria sobrevivência do capitalismo estaria baseada na criação de um espaço social crescentemente abrangente, instrumental e mistificado.[72]

Segundo Harvey, Lefebvre previu não apenas a urbanização como central para a sobrevivência do capitalismo e, portanto, destinada a tornar-se o foco decisivo das lutas políticas de classes, mas isto está obscurecendo pouco a pouco as distinções

---

71 CARLOS, Ana Fani Alessandri. *O Espaço Urbano: Novos Conceitos Sobre a Cidade*. São Paulo: Contexto, 2004, p. 30.
72 LIMONAD, Ester. *Reflexões Sobre o Espaço, o Urbano e a Urbanização*. Revista GEOgraphia, n. 1, ano 1, 1999, p. 72.

entre o urbano e o país através da produção de espaços integrados por todo o território nacional, se não além.[73]

Sobre o desaparecimento da era urbana em virtude dos conflitos da era industrial, explica Lefebvre:

> A era urbana não vai desaparecer por encantamento ou desencatamento das contradições e os conflitos da época industrial. Esta última não vai abolir conflitos também falha e as contradições da época anterior. Os problemas ou se resolvem, ou destruem o contexto em que ocorrem. Os problemas que a agricultura e os agricultores representem no mundo, serão resultados, ou este mundo vai rachar. E o mesmo acontece com a era do domínio industrial, seus conflitos, suas contradições.[74]

Por isso, a urbanização é uma condensação dos processos sociais e espaciais; a cidade está morta, mas o urbano persiste no estado da atualidade dispersa e alienada; é o motor das transformações da sociedade; a sociedade urbana é a realidade que nasce em nossa volta; assim a urbanização é central para a sobrevivência do capitalismo, acabando com a distinção entre o urbano e o país através de produção de espaços integrados.

Tal como é, isto é, funcional (de maneira inconfessada e talvez inconfessável) nos quadros existentes, o urbanismo não consegue, entretanto, sair de uma crise permanente já descrita e estigmatizada; ele não chega a encontrar um estatuto, nem o urbanista chega a definir o seu papel. O urbanismo se vê atenazado entre os interesses particulares e os interesses políticos, entre os que decidem em nome do privado e os que decidem em nome das instâncias superiores dos poderes.[75]

---

73 HARVEY, David. *O Direito à Cidade*. Traduzido do original em inglês "The right to the city" por Jair Pinheiro. Revista Lutas Sociais, São Paulo, n. 29, jul./dez. 2012, p. 78.
74 Tradução feita pelo autor da obra em espanhol. LEVEBVRE, Henri. *De lo Rural a lo Urbano*. Tradução de Javier González Pueyo. Barcelona: Península, 1978, p. 12.
75 LEFEBVRE, Henri. *A Revolução Urbana*. Tradução de Sérgio Martins. Belo Horizonte: Editora UFMG, 2002, p. 145.

O urbanismo implica um duplo fetichismo, em primeiro lugar, o fetichismo da satisfação, é preciso satisfazê-los, portanto conhecer as suas necessidades e responder a elas, tais como são, para cada necessidade, fornecer-se-á um objeto; em segundo lugar, o fetichismo do espaço, o espaço de criação, quem cria espaço cria o que preenche, o lugar suscita a coisa e o lugar certo para a coisa certa.[76]

Sobre o novo urbanismo e seu caráter simbólico e estético explica Lefebvre:

> O novo urbanismo deve reconstituir a rua na integralidade de suas funções, e também na sua natureza multifuncional, ou seja, estética (exposição de diferentes objetos, usual ou não) e simbólico. O que alguns sociólogos denominam de campo semântico, composta de ambos os símbolos diversos e sinais, por isso deve recriar consciente, melhor do que espontaneidade. Com efeito, em novos bairros e conjuntos urbanos, o campo semântico é considerado como um conjunto de significados se reduzido para sinais que disparam condicionantes e comportamentos. Incluso nos edifícios têm adotado sinal de porte e som, por assim dizer, somas de sinais.[77]

Segundo o autor, o novo urbanismo deve reconstruir a rua na sua natureza multifuncional, estética e simbólica, denominado de campo semântico, composto de símbolos e sinais, pois esse campo é considerado um conjunto de significados.

---

76 Ibid., p. 146.
77 Tradução feita pelo autor da obra em espanhol. No original: "El urbanismo nuevo debe reconstruir la calle en la integralidad de sus funciones, y también en su carácter transfuncional, es decir, estético (exposición de objetos muy diversos, usuales o no) y *simbólico*. Lo que algunos sociólogos denominan *campo semántico*, compuesto tanto por símbolos como por signos diversos y señales, debe recrearse de forma consciente, mejor que la espontaneidad. En efecto, en los nuevos barrios y conjuntos urbanos, el campo semántico considerado como conjunto de significaciones se reduce a señales que disparan condicionamientos y comportamientos. Incluso las construcciones han adoptado porte de señal y son, por así decir, sumas de señales." (LEFEBVRE, Henri. *De lo Rural a lo Urbano*. Tradução de Javier González Pueyo, Barcelona: Península, 1978, p. 18).

Para Harvey, o novo urbanismo oferece algo tanto positivo como nostálgico, ele combate de fato os saberes convencionais aquartelados numa variedade de instituições (empresários do desenvolvimento, banqueiros, governos, interesses do setor de transporte etc.). O novo urbanismo deseja pensar as regiões como um todo e buscar a realização de um ideal bem mais holístico e orgânico com respeito ao caráter que podem ter cidades e regiões. Também enseja novos modos de pensar a relação entre o trabalho e o viver, facilitando uma dimensão ecológica dos projetos urbanos que ultrapassa a qualidade ambiental superior como bem de consumo.[78]

A ação na escala definida pelo novo urbanismo é eficaz e suficiente para resolver problemas existentes em todas as outras escalas, volta a aflorar a inclinação nostálgica e espacialmente limitada do sonho utópico. Tudo isso porque o novo urbanismo tem de enquadrar seus projetos, caso pretenda tomar forma concreta, num conjunto restritivo de processos sociais.[79]

É essencial não mais considerar separadamente a industrialização e a urbanização, mais sim perceber na urbanização o sentido, o objetivo, a finalidade da industrialização. Por outras palavras, é essencial não visar ao crescimento econômico pelo crescimento, ideologia economista que acoberta intenções estratégicas: o superlucro e a superexploração capitalista, o domínio do econômico (aliás fracassado, só por este fato) em proveito do Estado.[80]

A industrialização e urbanização globais são aspectos essenciais da socialização da sociedade. Uma tradição marxista de inflexão reformista as utiliza para designar a complexificação, a multiplicidade crescente das conexões, das comunicações, das

---

78 HARVEY, David. *Espaços de Esperança*. Tradução de Adail Ubirajara e Maria Stela Gonçalves. São Paulo: Edições Loyola, 2015, p. 224-225.
79 Ibid., p. 224-225.
80 LEFEBVRE, Henri. *O Direito à Cidade I*. Tradução de Rubens Eduardo Frias. São Paulo: Centauro, 2001a, p. 124.

informações, para designar o fato de que a divisão técnica e social do trabalho, que se acentua, implica uma unidade mais forte dos ramos da indústria, das funções do mercado e da própria produção.[81]

Assim, o urbanismo é funcional e não consegue sair de uma crise permanente e se vê entre o interesse privado e o público; implica um duplo fetichismo, o da satisfação ao fornecer um objeto e, o do espaço, pois quem cria o espaço cria o que preenche; assim, na urbanização está o sentido, o objetivo e a finalidade da industrialização.

Por outro lado, podemos mostrar a complexificação da sociedade quando ela passa do rural ao industrial e do industrial ao urbano; complexificação múltipla que ao mesmo tempo atinge o espaço e o tempo, pois a complexificação do espaço e dos objetos que o ocupam não ocorre sem uma complexificação do tempo e das atividades que nele se desenvolvem.[82]

Como na maioria das teorias contemporâneas sobre o espaço, Lefebvre avança a partir de um conceito relacional de espaço e tempo. O espaço representa simultaneidade, a ordem sincrônica da realidade social. Tempo, por outro lado, denota a ordem diacrônica e, assim, o processo histórico da produção social. Sociedade aqui não significa nem uma totalidade espaço-temporal de corpos ou matéria nem uma soma total de ações e práticas. São centrais para a teoria materialista de Lefebvre, os seres humanos em sua corporeidade e sensualidade, sua sensibilidade e imaginação, seus pensamentos e suas ideologias; seres humanos que entram em relações entre si por meio de suas atividades e práticas.[83]

O direito à cidade tal qual desenvolvido por Lefebvre se situa no momento da história em que a cidade se revela como o

---

81 Ibid., p. 78.
82 Id. *Op. Cit.* Tradução de Sérgio Martins. Belo Horizonte: Editora UFMG, 2002, p. 153.
83 SCHMID, Christian. *A Teoria da Produção do Espaço de Henri Lefebvre: Em Direção a Uma Dialética Tridimensional.* Tradução de Marta Inez Medeiros Marques e Marcelo Barreto. GEOUSP – Espaço e Tempo, São Paulo, n. 32, 2012, p. 2.

negativo da vida urbana imersa na prática alienada; é portanto, um movimento do pensamento que, ao analisar a realidade como totalidade social aberta e contraditória, real e virtual, se depara com a exigência de superação dessa realidade impeditiva da realização do humano. Portanto, em sua submissão à lógica do capital, a sociedade traz em si a resistência aos poderes e lógicas hegemônicas abrindo caminho para pensar e sonhar com a utopia que, como sabemos, não localiza na teoria do direito, nem se constrói nos termos jurídicos dos direitos do homem ou da sociedade.[84]

O modo de produção do espaço-tempo tem vínculos inextricáveis com a produção do corpo:

> Com o advento da lógica cartesiana queixa-se Lefebvre 'o espaço penetrou no domínio do absoluto... o espaço veio a dominar, por meio de sua contenção, todos os sentidos e todos os corpos'. Lefebvre e Foucault fazem aqui causa comum: a libertação dos sentidos e do corpo humano do absolutismo do mundo produzido do espaço e do tempo cartesianos/newtonianos se torna central às suas estratégias de emancipação.[85]

Segundo Lefebvre, espaço e tempo aparecem como abstrações concretas que entram na prática social como modo de existência real:

> O uso se torna mistificador e o cidadão se transforma num simples usuário que se resume a reivindicar o bom funcionamento dos serviços. Nessa perspectiva, o cidadão não percebe que assim "reduzindo-se afogou-se todo no supérfluo e não vive de outra forma".[86]

---

84 CARLOS, Ana Fani Alessandri. A Privação do Urbano e o "Direito à Cidade" em Henri Lefebvre. In: CARLOS, Ana Fani Alessandri; ALVES, Glória; PADUA, Rafael Faleiros (Orgs.). *Justiça Espacial e o Direito à Cidade*. São Paulo: Contexto, 2017, p. 52.
85 HARVEY, David. *Espaços de Esperança*. Tradução de Adail Ubirajara e Maria Stela Gonçalves. São Paulo: Edições Loyola, 2015, p. 139.
86 CARLOS, Ana Fani Alessandri. *O Espaço Urbano: Novos Conceitos Sobre a Cidade*. São Paulo: Contexto, 2004, p. 64.

Henri Lefebvre destaca a potência das mediações porque se constituem como elementos fundamentais da reprodução social moderna. Em sua análise sobre as abstrações concretas observa que as mediações se destacam também pela capacidade que adquirem em embaralhar o fim e o meio, o original e o terminal. Nesse sentido, ganham relevância primacial na reprodução e posição da modernidade.[87]

Lefebvre refere-se com essa ideia ao desdobramento decorrente do desenvolvimento do processo de reprodução social que se realizaria, naquele momento, num outro patamar: ao sair do processo estrito da produção industrial clássica, o capital se reproduziria através da produção do espaço. Sinteticamente, o que Henri Lefebvre descobre em suas análises é que a produção do espaço ganha centralidade no processo de reprodução da sociedade a partir desse momento da história da reprodução da sociedade. Portanto, se a produção do espaço urbano aparece com momento necessário ao desenvolvimento do ciclo da acumulação do capital nos seus primórdios, hoje a sua reprodução ultrapassa os limites da indústria e não se restringe mais à produção de mercadorias clássicas.[88]

Em seu processo de produção/reprodução do espaço, o espaço torna-se um meio e um poder nas mãos de uma classe dominante que, usando como meio as políticas públicas, centraliza, valoriza e desvaloriza os lugares da vida, aprofundando as desigualdades como decorrência das necessidades da acumulação ampliada:

> Assim, se a reprodução do espaço repõe constantemente a questão da propriedade privada da riqueza (sob a forma da

---

87 ALFREDO, Anselmo. *O Mundo Moderno e o Espaço: Apreciações Sobre a Contribuição de Henri Lefebvre*. GEOUSP – Espaço e Tempo, São Paulo, n. 19, 2006, p. 56.
88 CARLOS, Ana Fani Alessandri. A Privação do Urbano e o "Direito à Cidade" em Henri Lefebvre. In: CARLOS, Ana Fani Alessandri; ALVES, Glória; PADUA, Rafael Faleiros (Orgs.). *Justiça Espacial e o Direito à Cidade*. São Paulo: Contexto, 2017, p. 36-37.

terra ou do solo urbano, e de sua realização como contradição valor uso/valor troca), e o momento da globalização econômica como a concentração sem limites da riqueza como privatização privada da riqueza gerada na sociedade (informação, intercâmbio, decisão, investimento, coerção e etc.), ela também aponta para a persistência dos resíduos neste processo.[89]

Por conseguinte, espaço e tempo não existem de forma universal. Como eles são produzidos socialmente, só podem ser compreendidos no contexto de uma sociedade específica. Dessa forma, espaço e tempo não são apenas relacionais, mas fundamentalmente históricos. Isso demanda uma análise capaz de considerar as constelações sociais, relações de poder e conflitos relevantes em cada situação.[90]

Do caos implantado sobre a cidade industrial, o urbano poderá restituir, como possibilidade, a reapropriação da unidade tempo e espaço. Para tanto, o urbano precisará superar dialeticamente a prática atual de compra e venda do tempo e espaço. Tal possibilidade, se realizada, será a riqueza suprema dos seres humanos. Por outro lado, isto não significa que o urbano superaria todas as contradições anteriores. Na realidade, ele as absorveria e as transformaria de maneira diferente em cada lugar.[91]

Com a transformação do rural em industrial e deste em urbano fez surgir uma complexificação múltipla que atinge o espaço e o tempo; o espaço representa a ordem sincrônica da realidade e o tempo denota a ordem diacrônica, processo histórico da produção social; o tempo e o espaço só podem ser compreendidos em um contexto de uma sociedade, pois

---

89 Ibid., p. 42.
90 SCHMID, Christian. *A Teoria da Produção do Espaço de Henri Lefebvre: Em Direção a Uma Dialética Tridimensional*. Tradução de Marta Inez Medeiros Marques e Marcelo Barreto. GEOUSP – Espaço e Tempo, São Paulo, n. 32, 2012, p. 2.
91 ARAÚJO, James Amorim. *Sobre a Cidade e o Urbano em Henri Lefebvre*. GEOUSP – Espaço e Tempo, São Paulo, n. 31, 2012, p. 140.

são fundamentos históricos; assim, o espaço e o tempo aparecem como abstrações concretas que entram na prática social como modo de existência real, nessas abstrações, observa-se que as mediações se destacam pela capacidade de embaralhar o meio e o fim.

Assim, a explosão das cidades históricas é acompanhada, de fato, da urbanização generalizada, que representa tão somente a degradação da cidade histórica e que se pode denominar de sua ruralização:

> A urbanização generalizada não apenas generalizou a especulação dita imobiliária, ela não apenas acompanhou a comercialização do espaço: ao invés da superação da relação cidade-campo, ela acarretou um magma, um caos nos quais a cidade e o campo se misturam confusamente.[92]

Já o tecido urbano[93] é mais do que um tecido jogado sobre o território, essas palavras designam uma espécie de proliferação biológica e uma espécie de rede de malhas desiguais, que deixam escapar setores mais ou menos amplos, lugarejos ou aldeais, regiões inteiras. O tecido urbano pode ser descrito utilizando o conceito de ecossistema, unidade coerente constituída ao redor de uma ou de várias cidades, antigas ou recentes.[94]

Para Harvey, o pós-modernismo cultiva um conceito de tecido urbano como algo necessariamente fragmentado, um "palimpsesto":

> De formas passadas superpostas umas às outras e uma "colagem" de usos correntes, muitos dos quais podem ser

---

92 LEFEBVRE, Henri. *Espaço e Política: O Direito à Cidade II*. Tradução de Margarida Maria de Andrade, Pedro Henrique Denski e Sérgio Martins. 2. ed. Belo Horizonte: Editora UFMG, 2016, p. 143.
93 Segundo Lefebvre em sua obra "A revolução urbana", o tecido urbano não designa, de maneira restrita, o domínio edificado nas cidades, mas o conjunto das manifestações do predomínio da cidade sobre o campo. (LEFEBVRE, Henri. *A Revolução Urbana*. Tradução de Sérgio Martins. Belo Horizonte: Editora UFMG, 2002, p. 17).
94 LEFEBVRE, Henri. *O Direito à Cidade I*. Tradução de Rubens Eduardo Frias. São Paulo: Centauro, 2001a, p. 18-19.

efêmeros. Como é impossível comandar a metrópole exceto aos pedaços, o projeto urbano (e observem que os pós-modernistas antes profetam do que planejam) deseja somente ser sensível às tradições vernáculas, às histórias locais, aos desejos, necessidades e fantasias particulares, gerando formas arquitetônicas especializadas, e até altamente sob medida, que podem variar dos espaços íntimos e personalizados ao esplendor do espetáculo, passando pela monumentalidade tradicional.[95]

De mais a mais, o núcleo urbano (parte essencial da imagem e do conceito de cidade) torna-se, assim, produto de consumo de uma alta qualidade para estrangeiros, turistas, pessoas oriundas da periferia, suburbanos, sobrevive graças a este duplo papel: lugar de consumo e consumo do lugar. Assim, os antigos centros entram de modo mais completo na troca e no valor de troca, não sem continuar a ser valor de uso em razão dos espaços oferecidos para as atividades específicas.[96]

Existe o urbanismo[97] dos homens de boa vontade (arquitetos, escritores) e suas reflexões e seus projetos implicam uma certa filosofia; o urbanismo dos administradores ligados ao setor público estatal que pretende ser científico; e o urbanismo dos promotores de vendas, que concebem e realizam, sem nada ocultar, para o mercado, visando o lucro, eles não vendem uma moradia ou um imóvel mas sim urbanismo,

---

95 DAVID. Harvey. *Condição Pós-Moderna: Uma Pesquisa Sobre as Origens da Mudança Cultural*. Tradução de Adail Ubirajara e Maria Stela Gonçalves. São Paulo: Edições Loyola, 2014b, p. 70.
96 LEFEBVRE, Henri. *O Direito à Cidade I*. Tradução de Rubens Eduardo Frias. São Paulo: Centauro, 2001a, p. 20.
97 Segundo Lefebvre em sua obra "A revolução urbana", o urbanismo define-se como sendo a atividade que traça a ordenação dos estabelecimentos humanos no território com traços de pedra, de cimento ou de metal. Uma estrutura da sociedade neocapitalista, noutras palavras, do capitalismo de organização, o que significa capitalismo organizado, noutros termos, da sociedade burocrática de consumo dirigido, organiza o espaço habitado, ele dirige o consumo do espaço e do *habitat*. (LEFEBVRE, Henri. *A Revolução Urbana*. Tradução de Sérgio Martins. Belo Horizonte: Editora UFMG, 2002, p. 139-150).

com ou sem ideologia, o urbanismo torna-se valor de troca, o projeto dos promotores de venda se apresenta como lugar de felicidade.[98]

Mas o problema do novo urbanismo Lefebvre entende que consiste em criar intencionalmente e racionalmente (superando determinadas formas limitadas da razão) uma vida social igual ou maior do que a vida que nasce da história:

> O problema do novo urbanismo, plantado filosoficamente, consiste em criar intencional e racional (superando determinadas formas limitadas da razão) uma vida social igual ou maior do que a vida que nasce da história. Pode-se supor que o problema será resolvido apenas por aproximações sucessivas, tentativa e erro, erros corrigidos, o que não exclui saltos devido às grandes iniciativas: invenções ou descobertas. O Domeño da vida deve, aqui como em outros lugares, traduzir pela invenção da vida.[99]

Lefebvre ao configurar uma crítica à economia política do espaço, amplia a noção marxista de composição orgânica do capital, agora se referindo às regiões, países e não somente às empresas:

> Desse ponto de vista, a produção do espaço, especialmente nas grandes cidades e nas metrópoles, significou um aumento da composição orgânica média do capital, dado as técnicas e o montante de investimentos incorporados a esses espaços, o que passou a redefinir todos os espaços. Assim, as periferias urbanas retratam uma composição orgânica do capital bastante inferior à média estabelecida.

---

98 Id. *Op. Cit.* p. 32.
99 Tradução feita pelo autor da obra em espanhol. No original: "El problema del nuevo urbanismo, planteado filosóficamente, consiste en crear intencional y racionalmente (superando determinadas formas limitadas de la razón) una vida social igualo superior a la vida nacida de la historia. Puede suponerse que el problema se resolverá sólo por aproximaciones sucesivas, tanteos, errores corregidos, lo que no excluye saltos debidos a iniciativas geniales: invenciones o descubrimientos. El domeño de la vida debe, aquí como en otras partes, traducirse por invención de la vida." (LEVEBVRE, Henri. *De lo Rural a lo Urbano*. Tradução de Javier González Pueyo, Barcelona: Península, 1978, p. 174).

As relações sociais desiguais se concretizam também enquanto relações espaciais.[100]

Assim, espaço social é um produto social. Para entender esta tese fundamental, é necessário, antes de tudo, romper com a concepção generalizada de espaço, imaginado como uma realidade material independente, que existe em si mesma. Contra tal visão, Lefebvre, utilizando-se do conceito de produção do espaço, propõe uma teoria que entende o espaço como fundamentalmente atado à realidade social – do que se conclui que o espaço em si mesmo jamais pode servir como um ponto de partida epistemológico. O espaço não existe em si mesmo, ele é produzido.[101]

A partir de Lefebvre é possível dimensionar a importância da produção do espaço, que se converte em um setor econômico de suma importância à reprodução capitalista, como amortecedor da crise de acumulação e, ao mesmo tempo, como produtor de um novo urbano:

> Cujo sentido hegemônico é o da viabilização da reprodução do valor e/ou simplesmente da renda – se levarmos em consideração a relação intrínseca entre a produção do espaço e a financeirização – destituído, cada vez mais, as cidades de seu conteúdo histórico, suas referências e espaços públicos de sociabilidade para elevar ao sentido mais profundo o próprio espaço como mercadoria.[102]

Assim, a produção do espaço implica um aumento da composição orgânica média do capital e é um setor importante

---

100 DAMIANI, Amélia Luisa. A Geografia e a Produção do Espaço da Metrópole: Entre o Público e o Privado. In: CARLOS, Ana Fani Alessandri; CARRERAS, Carles (Orgs.). *Urbanização e Mundialização: Estudos Sobre a Metrópole*. São Paulo: Contexto, 2012, p. 44.
101 SCHMID, Christian. *A Teoria da Produção do Espaço de Henri Lefebvre: Em Direção a Uma Dialética Tridimensional*. Tradução de Marta Inez Medeiros Marques e Marcelo Barreto. GEOUSP – Espaço e Tempo, São Paulo, n. 32, 2012, p. 2.
102 ALVAREZ, Isabel Pinto. A Produção e Reprodução da Cidade Como Negócio e Segregação. In: Ana Fani Alessandri Carlos, Danilo Volochko e Isabel Pinto Alvarez (Orgs.). *A Cidade Como Negócio*. São Paulo: Contexto, 2015, p. 70-71.

na reprodução capitalista, ou seja, amortece a crise de acumulação e produz um novo urbano. Sobre espaço, Lefebvre entende que o espaço social é produto social, assim, o espaço está atrelado à realidade social, pois não existe o espaço em si mesmo, ele é produzido.

Esse pensamento reflexivo ora confunde, ora separa os níveis que a prática social discerne, colocando assim a questão de suas relações, o habitar, a habitação, o *habitat*, como se diz, concernem a arquitetura; a cidade, o espaço urbano, dependem de uma especialidade: o urbanismo. Quanto aos espaços mais amplos, o território, é da alçada dos economistas.[103]

Para Lefebvre, o ato de habitar é uma condição revolucionária porque é capaz de se opor dialeticamente ao movimento de homogeneização do capital, mas habitar não se resume apenas a ter uma moradia, afinal, trata-se do direito à cidade no sentido político mais profundo possível. Sobre esse direito, sabemos e realizamos muito pouco. Nossas lutas pontuais na cidade por transporte, creche, água e moradia, só para ficarmos nesses casos mais frequentes, não significam necessariamente o direito à cidade.[104]

Já o direito à moradia aflora na consciência social, ele se faz reconhecer de fato na indignação provocada pelos casos dramáticos, no descontentamento engendrado pela crise, entretanto, não é reconhecido formal e praticamente, a não ser como apêndice dos direitos do homem. A construção a cargo do Estado não transforma as orientações e concepções adotadas pela economia de mercado.[105]

---

103 LEFEBVRE, Henri. *Espaço e Política: O Direito* à *Cidade II*. Tradução de Margarida Maria de Andrade, Pedro Henrique Denski e Sérgio Martins. 2. ed. Belo Horizonte: Editora UFMG, 2016, p. 31.
104 ARAÚJO, James Amorim. *Sobre a Cidade e o Urbano em Henri Lefebvre*. GEOUSP – Espaço e Tempo, São Paulo, n. 31, 2012, p. 136.
105 LEFEBVRE, Henri. *O Direito à Cidade I*. Tradução de Rubens Eduardo Frias. São Paulo: Centauro, 2001a, p. 26.

Segundo Lefebvre, para Engels,[106] a questão da habitação, é somente um aspecto subordinado de um problema central, o das relações entre cidade e campo, ou melhor, da superação de sua oposição. Numa tal sociedade, a crise de habitação não é um acaso, mas uma instituição. Na questão da habitação, ele já previa a abolição do modo de produção capitalista, estando suposta uma distribuição tão igual quanto possível da população em todo país. A solução dos problemas urbanos exclui a manutenção das grandes cidades modernas.[107]

Engels revelou o nexo legal entre a escassez de moradias e as relações de produção capitalistas:

> Demonstrou que a escassez de moradias, assim como todas as mazelas sociais do capitalismo, só desaparecerá com a eliminação do modo de produção capitalista e suas consequências e, com base nas legalidades do desenvolvimento do capitalismo, explicitou o declínio definitivo da ordem social capitalista.[108]

Lefebvre afirma que como Engels previra, a questão da moradia, ainda que agravada politicamente, desempenha apenas um papel menor, os grupos e partidos de esquerda contentam-se com reclamar mais casas, por outro lado, não é um pensamento urbanístico que dirige as iniciativas dos organismos públicos e semipúblicos, é simplesmente o projeto de fornecer moradias o mais rápido possível pelo menor custo possível, os novos conjuntos serão marcados por uma característica funcional

---

106 "Lefebvre refere-se ao pensamento de Friedrich Engels na obra "Sobre a questão da moradia" que é composto dos três artigos que surgiram nesse processo de discussão com as teorias pequeno-burguesas e burguesas e, em 1872-1873, foram publicados no jornal Der Volksstaat (O Estado Popular) primeiro como uma série de artigos e em seguida como separata." (ENGELS, Friedrich. *Sobre a Questão da Moradia*. Tradução de Nélio Schneider. São Paulo: Boitempo, 2015).
107 LEFEBVRE, Henri. *A Cidade do Capital*. Tradução de Maria Helena Rauta Ramos e Marilena Jamur. Rio de Janeiro: DP&A editora, 2001b, p. 117-124.
108 ENGELS, Friedrich. *Sobre a Questão da Moradia*. Tradução de Nélio Schneider. São Paulo: Boitempo, 2015, p. 13.

e abstrata: o conceito de *habitat* levado à sua forma pura pela burocracia estatal.[109]

A questão da moradia, sua urgência nas condições do crescimento industrial, inicialmente, ocultaram e ocultam ainda os problemas da cidade. Os táticos políticos, atentos sobretudo ao imediato, só viram e só veem essa questão. Quando emergiram os problemas de conjunto, sob o nome de urbanismo, foram eles subordinados à organização geral da indústria.[110]

Já o mercado de habitação se generaliza nos grandes países capitalistas, isso quer dizer que o espaço é tratado de maneira a torná-lo homogêneo. Para quem? Pelos construtores, pelos arquitetos, pelos promotores imobiliários, as parcelas do espaço tornam-se cambiáveis. Ao mesmo tempo, o espaço edificável, antigamente abundante, torna-se raro nos arredores dos centros:

> O espaço integra as novas raridades. Essa raridade, mantida e utilizada em torno dos centros, permite uma especulação furiosa.
> [...]
> O espaço deixou, há muito tempo, de ser meio geográfico passivo ou meio geométrico vazio. Ele tornou-se instrumental.[111]

Lefebvre afirma que Engels mostra, portanto, por um lado, que há e sempre houve crise de habitação para os oprimidos e explorados; e, por outro, que essa questão da habitação não poderia ser resolvida pela burguesia; não é menos inadmissível considerá-la como essencial. Sem dúvida, Engels prevê, a partir das condições existentes, a forma da superação, a grande cidade

---

109 LEFEBVRE, Henri. *O Direito à Cidade I*. Tradução de Rubens Eduardo Frias. São Paulo: Centauro, 2001a, p. 26.
110 Ibid., p. 81.
111 LEFEBVRE, Henri. *Espaço e Política: O Direito à Cidade II*. Tradução de Margarida Maria de Andrade, Pedro Henrique Denski e Sérgio Martins. 2. ed. Belo Horizonte: Editora UFMG, 2016, p. 138-139.

desaparecerá, ela deve desaparecer, Engels teve essa ideia desde a sua juventude e jamais abandonou:

> Na questão da habitação, ele já previa, *a abolição do modo de produção capitalista sendo suposta*, uma repartição tão igual quanto possível da população por todo país. A solução dos problemas urbanos exclui a permanência das grandes cidades modernas.[112]

Para Lefebvre, no tempo de Marx, o único problema[113] que se apresentou foi o da moradia, estudado por Engels, mas o problema da cidade ultrapassa enormemente o da moradia. O sentido implícito da industrialização foi, portanto, mal explicitado. Esse processo, na meditação teórica, não recebeu seu devido sentido. Mais ainda: esse sentido foi procurado noutra parte, ou então o que aconteceu foi que se abandonou o sentido e a procura do sentido.[114]

Assim, a questão da habitação, tratada por Engels há mais de um século, está um pouco modificada; ela tornou-se uma parte da questão urbana, que por sua vez, tornou-se uma parte da questão do espaço. Essas questões só podem ser resolvidas por uma gestão e por uma apropriação coletiva do espaço. O que se vincula, de um lado, à propriedade do solo e, por outro, é preciso reconhecer, à grande estratégia planetária.[115]

Segundo Lefebvre, o habitar concerne à arquitetura e é uma condição revolucionária porque se opõe à homogeneização do capital; habitar não se resume ao termo moradia, mas trata-se

---

112   Ibid., p. 85-92, grifo do autor.
113   No livro "O Capital", cap. 12, quando Marx trata da divisão social do trabalho, ele deixa bem clara a relação entre a cidade e o campo e, mais ainda, a forma como são fundamentais para a consolidação da divisão social do trabalho. Consequentemente, como a questão da cidade, que ultrapassa a moradia, está relacionada à própria reprodução das relações sociais.
114   LEFEBVRE, Henri. *O Direito à Cidade I*. Tradução de Rubens Eduardo Frias. São Paulo: Centauro, 2001a, p. 86.
115   Id. *Op. Cit.* p. 145.

do direito à cidade no sentido político mais profundo. Já o direito à moradia não é reconhecido formalmente e na prática não é um pensamento urbanístico que dirige as iniciativas do governo no que se refere à moradia, mas um projeto com intuito de oferecer moradias mais rápidas pelo menor preço.

De mais a mais, países em vias de desenvolvimento, desigualmente atrasados – países capitalistas altamente industrializados –, países socialistas desigualmente desenvolvidos, por toda a parte, a cidade, morfologicamente, explode. A forma tradicional da sociedade agrária se transforma, mas de modo diferente. Numa série de países mal desenvolvidos, a favela é um fenômeno característico, enquanto nos países altamente industrializados essa característica é a proliferação da cidade em tecidos urbanos, em subúrbios, em setores residenciais cuja relação com a vida urbana constitui um problema.[116]

Para Lefebvre, na América do Sul, a guerrilha urbana desencadeia-se nas favelas, exutórios dos campos, intermediários entre os camponeses despossuídos e o trabalho industrial. Na América do Sul, os campos esvaziam-se; os melhores, entre os camponeses, emigram em massa para os arredores das cidades já colossais.[117]

A questão da moradia oculta os problemas da cidade, é somente um aspecto subordinado de um problema central: o das relações entre cidade e campo, da superação e de sua oposição; o mercado de habitação se generaliza, tornando o espaço homogêneo. Por isso, a questão da moradia só pode ser resolvida por uma gestão e por uma apropriação coletiva do espaço.

Por tudo isso, detecta-se que Lefebvre definiu o direito à cidade como um direito de não exclusão da sociedade urbana,

---

116 LEFEBVRE, Henri. *O Direito à Cidade I*. Tradução de Rubens Eduardo Frias. São Paulo: Centauro, 2001a, p. 80.
117 Id. *A Revolução Urbana*. Tradução de Sérgio Martins. Belo Horizonte: Editora UFMG, 2002, p. 134.

pois defendeu que todos têm direito à qualidade e aos benefícios da cidade. O autor mostrou que em virtude do processo de urbanização pessoas foram obrigadas a morar em guetos, longe dos centros da cidade e defende que essas pessoas devem ocupar o espaço urbano.

2.1.2. A forma urbana: lugar de reunião e simultaneidade

Apenas hoje é que começamos a apreender a especificidade da cidade (dos fenômenos urbanos). A cidade sempre teve relações com a sociedade no seu conjunto, com sua composição e seu funcionamento, com seus elementos constituintes (campo e agricultura, poder ofensivo e defensivo, poderes políticos, Estados) e com sua história.[118]

Há ligação entre o desenvolvimento da divisão do trabalho, as diferenças entre os trabalhos e as trocas, as diferentes formas da propriedade: a) primeiro a propriedade comunitária (tribal) com predominância progressiva da família e divisão do trabalho quase natural (biológica) na família; b) em seguida a propriedade comunal que provém da reunião de várias tribos numa cidade, por contrato ou conquista; c) ao lado dessa propriedade comunal, a propriedade privada se constitui e se desenvolve, mas primeiro como uma forma anormal da propriedade comunal e sobretudo como propriedade de escravos, aqui se descobre a oposição entre o comércio e a indústria no interior da cidade.[119]

No Brasil, o processo de substituição do trabalho escravo pelo trabalho livre está intimamente ligado à absorção dos imigrantes estrangeiros,[120] pois não foram poucos os imigrantes italianos que

---

118 LEFEBVRE, Henri. *O Direito à Cidade I*. Tradução de Rubens Eduardo Frias. São Paulo: Centauro, 2001a, p. 51.
119 Id. *A Cidade do Capital*. Tradução de Maria Helena Rauta Ramos e Marilena Jamur. Rio de Janeiro: DP&A editora, 2001b, p. 40.
120 "A imigração subvencionada ou subsidiada teve um papel essencial na transformação da sociedade brasileira e na transição para o trabalho livre. Por isso, pode-se dizer que, na crise do trabalho escravo, a imigração espontânea para o Brasil foi caudatária da imigração subvencionada, esta última produziu transformações sociais que deram sentido àquela ou-

chegaram a trabalhar nas fazendas de café ao lado de trabalhadores negros escravizados, em condições praticamente servis:

> A grande massa dos imigrantes que vieram para este país destinou-se ao trabalho, mas não àquilo que se poderia chamar corretamente de trabalho assalariado, como mostrei em capítulos anteriores. Do mesmo modo, os imigrantes, italianos em particular, que se tornaram aqui grandes empresários têm origem muito distinta daqueles que foram destinados ao duro trabalho nos cafezais.[121]

Essa divisão do trabalho, em ligação com as formas da propriedade, não cria somente a unidade social, mas, nessa sociedade, rivalidades e conflitos. A divisão do trabalho não se estabelecia entre operários isoladamente, uma corporação nada tem de uma oficina; a divisão técnica do trabalho só aparecerá verdadeiramente na manufatura; no interior das corporações, cada trabalhador devia estar apto a executar todo o ciclo de trabalhos e tudo o que se pudesse fazer com o instrumental disponível.[122]

Por outro lado, no Brasil, o regime de colonato nas fazendas de café se constituiu num regime de relações não capitalistas de produção engendradas e reproduzidas como momento do próprio processo do capital:

> Portanto, a questão metodológica da mediação das formas sociais na determinação histórica dessa relação de produção se propõe mais densamente na sua maior e mais problemática visibilidade, a que não há nas relações mais

---

tra. É a partir de 1887 que os imigrantes, na imensa maioria italianos, são encaminhados maciçamente às fazendas de café, trazidos ao Brasil através do regime de imigração subvencionada pelo governo. Quando se dá a abolição da escravatura, em 1888, o número de imigrantes entrados em São Paulo já correspondia às necessidades de mão de obra que surgiram com o término do trabalho escravo." (MARTINS, José de Souza. *O Cativeiro da Terra*. 9. ed. São Paulo: Contexto, 2015, p. 239-243).
121 MARTINS, José de Souza. *O Cativeiro da Terra*. 9. ed. São Paulo: Contexto, 2015, p. 145.
122 LEFEBVRE, Henri. *A Cidade do Capital*. Tradução de Maria Helena Rauta Ramos e Marilena Jamur. Rio de Janeiro: DP&A editora, 2001b, p. 53-56.

definidas e mais simples, como a da indústria com o operário. É preciso ter em conta que o desenvolvimento das relações capitalistas num ramo ou num setor da produção já cria as condições para que a reprodução capitalista aí ocorra, realizando como excedentes gerados em relações não capitalistas.[123]

A propriedade não atinge sua essência abstrata (isto é, privada), inseparável do trabalho abstrato (isto é, social), a não ser corroendo a propriedade imediata, primitiva, a propriedade da terra, até que ela desapareça. A riqueza mobiliária (em dinheiro, em capital) suplanta assim a riqueza natural em terra, em produtos.[124]

A burguesia conseguiu estabelecer um capitalismo de organizações que, em ampla medida, consegue dominar e manter o mercado mundial, frágil, ameaçado no plano monetário, mas sempre presente e mesmo pregnante. Com base nessa ação, a burguesia e o capitalismo têm uma forma de propriedade inerente às relações de produção: a propriedade do solo. Longe de constituir um obstáculo ao crescimento no quadro do capitalismo, ela foi o seu ponto de apoio e, entretanto, ela destina esta sociedade a um caos espacial.[125]

Essa burguesia, classe dominante, dispõe de um duplo poder sobre o espaço. Primeiro, pela propriedade privada do solo, que se generaliza por todo o espaço, com exceção dos direitos da coletividade e do Estado. Em segundo lugar, pela globalidade, o saber, o conhecimento, a estratégia, a ação do próprio Estado. No plano institucional, essas contradições aparecem entre os planos gerais de ordenamento e os projetos parciais dos mercadores de espaço.[126]

---

123 MARTINS, José de Souza. *O Cativeiro da Terra*. 9. ed. São Paulo: Contexto, 2015, p. 245.
124 LEFEBVRE, Henri. *Op. Cit.* p. 36.
125 Id. *Espaço e Política: O Direito à Cidade II*. Tradução de Margarida Maria de Andrade, Pedro Henrique Denski e Sérgio Martins. 2. ed. Belo Horizonte: Editora UFMG, 2016, p. 144-145.
126 Ibid., p. 55.

Com a generalização da troca, o solo tornou-se mercadoria; o espaço, indispensável para a vida cotidiana, se vende e se compra. Tudo o que constituiu a vitalidade da cidade como obra desapareceu frente à generalização do produto. A sociedade inteira torna-se urbana, o processo dialético é o seguinte: a cidade – sua negação pela industrialização – sua restituição a uma escala muito mais ampla que outrora, a da sociedade inteira.[127]

A cidade e a realidade urbana dependem do valor uso, o valor troca e a generalização da mercadoria pela industrialização tendem a destruir, ao subordiná-las a si, a cidade e a realidade urbana, refúgios do valor de uso, embriões de uma virtual predominância e de uma revalorização do uso.[128]

Para Lefebvre, tivemos diferentes formas de propriedade: a comunitária (tribal), com a divisão do trabalho quase natural na família; a comunal, com várias tribos em uma mesma cidade; e a privada, com a oposição entre o comércio e a indústria no interior da cidade. A divisão de trabalho tem ligação com as formas de propriedade e cria a unidade social e a sociedade, mas a divisão técnica do trabalho só aparece com a manufatura.

Assim, o solo mercadoria surgiu da generalização da troca; a sociedade inteira tornou-se urbana e a cidade e a realidade urbana dependem do valor de uso, do valor de troca e da mercadoria. A burguesia consegue manter e dominar o mercado mundial pois ela tem uma forma de propriedade inerente às relações de produção, à propriedade do solo; assim, a burguesia, dispõe de um duplo poder sobre o espaço: o primeiro é a própria propriedade privada do solo e, o segundo é o conhecimento, a ação do próprio Estado.

A cidade atrai para si tudo o que nasce, da natureza e do trabalho, noutros lugares: frutos e objetos, produtos e produtores,

---

[127] LEFEBVRE, Henri. *Espaço e Política: O Direito* à *Cidade II*. Tradução de Margarida Maria de Andrade, Pedro Henrique Denski e Sérgio Martins. 2. ed. Belo Horizonte: Editora UFMG, 2016, p. 79.
[128] Id. *O Direito à Cidade I*. Tradução de Rubens Eduardo Frias. São Paulo: Centauro, 2001a, p. 14.

obras e criações, atividades e situações. O que ela cria? Nada, ela centraliza as criações e, no entanto, ela cria tudo, nada existe sem troca, sem aproximação, sem proximidade, isto é, sem relações, ela cria uma situação, a situação urbana.[129]

O teórico da cidade e do urbano dirá que esses termos se definem como forma da simultaneidade, campo de encontros e de trocas. Aqui encontram-se três termos, cujas relações conflitantes (dialéticas) se dissimulam sob a oposição termo a termo: existe o campo, a cidade e a sociedade com o Estado que a gere e a domina.[130]

Henri Lefebvre propõe um retorno a Marx, isto é, um retorno à dialética:

> Esse retorno passa pela retomada da distinção entre métodos lógicos e métodos técnicos, entre o método de explicação e o método de investigação (uma distinção de Marx). Ao contrário do que se diz e do que em geral se pensa, é nessa distinção que repousa a complexidade do método dialético na obra de Marx. Sua obra é toda marcada por um grande conjunto de estudos precedentes da obra principal, que são, na verdade, os relatórios de suas pesquisas e os documentos de seus métodos de pesquisa.[131]

A cidade e o urbano[132] não podem ser compreendias sem as instituições oriundas das relações de classe e da propriedade. Propõe uma primeira definição de cidade como sendo projeção da

---

129 Id. *A Revolução Urbana*. Tradução de Sérgio Martins. Belo Horizonte: Editora UFMG, 2002, p. 111.
130 Id. *O Direito à Cidade I*. Tradução de Rubens Eduardo Frias. São Paulo: Centauro, 2001a, p. 65.
131 MARTINS, José de Souza. *Uma Sociologia da Vida Cotidiana: Ensaios na Perspectiva de Florestan Fernandes, de Wright Mills e Henri Lefebvre*. São Paulo: Contexto, 2014, p. 67.
132 Segundo Lefebvre em sua obra "A revolução urbana", o urbano (abreviação de sociedade urbana) define-se, portanto, não como realidade acabada, situada, em relação à realidade atual, de maneira recuada no tempo, mas ao contrário, como horizonte, como virtualidade iluminadora, O urbano é possível, definido por uma direção, no fim do percurso que vai em direção a ele. (LEFEBVRE, Henri. *Op. Cit.* p. 28).

sociedade sobre um local, isto é, não apenas sobre o lugar sensível como também sobre o plano específico, percebido e concebido pelo pensamento, que determina a cidade e o urbano, a cidade como sendo conjunto das diferenças entre as cidades.[133]

Assim, entende Lefebvre que a cidade não é nova, já o urbano só surge depois da industrialização, a primeira é realidade, imediata, prática, sensível e arquitetônica, por outro lado, o urbano nada mais é que a realidade social decorrente de relações derivadas do pensamento. A cidade, por um lado, não cria nada, uma vez que centraliza as criações e, por outro lado, cria tudo, uma vez que nada existe sem a troca; a cidade se define como forma da simultaneidade, campo de trocas, é projeção da sociedade sobre um local, ou seja, sobre o lugar sensível e sobre o plano específico.

Por outro lado, o que Lefebvre detectou com a influência do sistema capitalista no espaço urbano foi a necessidade da industrialização modelar a cidade de acordo com seus interesses próprios, além de analisar as influências dos outros agentes sociais, ele considera esse espaço urbano contraditório uma vez que é produto social, tornando-se mercadoria.

O espaço urbano representa, antes de mais nada, um uso, quer dizer um valor de uso, o que desmitifica o discurso, tão evidente hoje, que reduz o cidadão à condição de usuário do serviço, num espaço geométrico e visual onde a vida cotidiana é programada pelo consumo manipulado:

> Aqui o direito à cidade, que se refere às possibilidades plenas de apropriação dos espaços para a vida em todas as suas dimensões, esvazia-se, pois o "usuário" é reduzido à passividade e ao silêncio a não ser quando se revolta.
> [...]
> O direito à cidade se realiza nas possibilidades reais de apropriação, pela subordinação do valor de troca ao uso (e

---

133 LEFEBVRE, Henri. *O Direito à Cidade I*. Tradução de Rubens Eduardo Frias. São Paulo: Centauro, 2001a, p. 59-62.

não o contrário), da constituição da cidade enquanto espaço de criação superando a contradição usuário-usador.[134]

Para Lefebvre, a reprodução ampliada e as novas condições materiais do capitalismo estariam intimamente relacionadas aos processos pelos quais o sistema capitalista como um todo consegue ampliar sua existência através da manutenção e disseminação socioespacial de suas estruturas. Tanto em termos da reprodução do cotidiano, da reprodução da força de trabalho e dos meios de produção quanto da reprodução das condições gerais e das relações gerais sociais de produção, onde a organização do espaço passa a desempenhar um papel fundamental. Seria no espaço socialmente produzido, o espaço urbano do capitalismo mesmo no campo, onde se reproduziriam as relações dominantes de produção através de um espaço social concretizado, criado, ocupado e fragmentado conforme as necessidades da produção e do capitalismo.[135]

Esse espaço urbano torna-se o lugar do encontro das coisas e das pessoas, da troca. Ele se ornamenta dos signos dessa liberdade conquistada, que parece a liberdade.[136]

Para Lefebvre não existe espaço urbano sem símbolos utópicos, sem a utilização da altura ou da profundidade segundo as leis que não são as do empirismo utilitário, nem as de uma estética qualquer emprestada da pintura, da escultura, ou de qualquer outra arte particular, porque se trata das leis da forma urbana.[137]

Quando Henri Lefebvre acentua a necessidade de se compreender a modernidade a partir da produção do espaço, levanta não só o problema relativo ao fato de que o espaço deve

---

134 CARLOS, Ana Fani Alessandri. *O Espaço Urbano: Novos Conceitos Sobre a Cidade*. São Paulo: Contexto, 2004, p. 31-32.
135 LIMONAD, Ester. *Reflexões Sobre o Espaço, o Urbano e a Urbanização*. Revista GEOgraphia, n. 1, ano 1, 1999, p. 73.
136 LEFEBVRE, Henri. *A Revolução Urbana*. Tradução de Sérgio Martins. Belo Horizonte: Editora UFMG, 2002, p. 22.
137 Ibid., p. 123.

ser compreendido como um produto social, no qual se pode desvendar, por exemplo, a agregação de valor-trabalho, mas que se refere a uma forma social específica, a partir do qual a reprodução está posta como possibilidade crítica. Trata-se aí de uma compreensão de que a relação espaço-temporal passa a se estabelecer a partir de relações onde o antes e o depois perdem a potência de determinação.[138]

Segundo Lefebvre, houve a necessidade da industrialização modelar a cidade, tornando o espaço urbano contraditório uma vez que é produto social, mercadoria; o espaço deve ser compreendido como um produto social que se refere a uma forma social específica; o espaço urbano representa um valor de uso, reduz o cidadão à condição de usuário do serviço e é no espaço socialmente produzido (espaço urbano) onde de reproduzem as relações dominantes de produção.

Lefebvre pensa a realidade em suas contradições e conflitos pela lógica dialética e expõe seu pensamento através da forma trinitária:

> Tal forma pressupõe três elementos em interação e negação, por exemplo, forma, função e estrutura; vivido, concebido e percebido; agrário, industrial e urbano etc. A própria problemática que estamos tratando aqui é, na realidade, uma discussão também trinitária, porque a cidade, já dito anteriormente, é uma mediação espaço-tempo entre um nível superior e outro inferior.[139]

A chave para a teoria de Lefebvre é a compreensão de que a produção do espaço pode ser dividida em três dimensões ou processos dialeticamente interconectados. Lefebvre também os chama de momentos da produção do espaço. Eles são duplamente determinados e, da mesma forma, são duplamente designados. Por um lado, eles se referem à tríade da "prática

---

138 ALFREDO, Anselmo. *O Mundo Moderno e o Espaço: Apreciações Sobre a Contribuição de Henri Lefebvre*. GEOUSP – Espaço e Tempo, São Paulo, n. 19, 2006, p. 53-79.
139 ARAÚJO, James Amorim. *Sobre a Cidade e o Urbano em Henri Lefebvre*. GEOUSP – Espaço e Tempo, São Paulo, n. 31, 2012, p. 137.

espacial", "representações do espaço" e "espaços de representação". Por outro lado, eles se referem ao espaço "percebido", "concebido" e "vivido". Esta série paralela aponta para uma abordagem dupla do espaço: uma fenomenológica e outra linguística ou semiótica.[140]

A perspectiva teórica aberta por Lefebvre implica um modo de pensar e compreender o mundo contemporâneo visando à transformação profunda da sociedade e exigindo a crítica radical que rompe com a tradição cartesiana que reduz o vivido ao pensamento e sua depreciação em relação ao concebido; ou a prisão ao mundo da prática sem teoria – no qual os movimentos sociais teriam a última palavra – e a teoria sem prática presa ao universo político/programático.[141]

Mas, na obra de Lefebvre, a questão do vivido, ainda que historicamente dimensionado, é o do vivido interpretado, num certo nível de interpretação senso comum, em que o conhecimento cotidiano não é meramente cultural nem irremediavelmente comprometido com a reiteração das relações existentes:

> O homem comum e cotidiano não se move num espaço linear, como suposto na Sociologia fenomenológica. Ele se move num espaço tridimensional: de percebido, do concebido e do vivido. Portanto, uma vivência determinada por diferentes e simultâneos níveis de consciência, reciprocamente referidos, desafios cotidianos à reformulação permanente do senso comum.
> [...]
> A tridimensionalidade do tempo e espaço, em Lefebvre, propõe a totalidade aberta, e não a totalidade fechada,

---

140 SCHMID, Christian. *A Teoria da Produção do Espaço de Henri Lefebvre: Em Direção a Uma Dialética Tridimensional*. Tradução de Marta Inez Medeiros Marques e Marcelo Barreto. GEOUSP – Espaço e Tempo, São Paulo, n. 32, 2012, p. 3 e p. 89-109.
141 CARLOS, Ana Fani Alessandri. A Privação do Urbano e o "Direito à Cidade" em Henri Lefebvre. In: CARLOS, Ana Fani Alessandri; ALVES, Glória; PADUA, Rafael Faleiros (Orgs.). *Justiça Espacial e o Direito à Cidade*. São Paulo: Contexto, 2017, p. 54.

como referência interpretativa não só de pesquisador, mas também de homem cotidiano.[142]

Até mesmo David Harvey, que se apropriou criativamente de muitos conceitos de Lefebvre, teve dificuldades com a tridimensionalidade de sua teoria. Ele conclui sua única e pequena digressão sobre esta questão com o seguinte argumento: "Mas afirmar que as relações entre o experimentado, o percebido e o imaginado são determinados dialeticamente mais do que casualmente, deixa as coisas demasiado vagas".[143]

Assim, a forma trinitária de Lefebvre trouxe três elementos em interação e negação, quais sejam: vivido, concebido e percebido, e a relação entre os três é determinada dialeticamente, por isso, a produção do espaço pode ser dividida essas três dimensões, ou melhor, momentos de produção do espaço.

Já o espaço social implica a reunião atual ou possível em um ponto, em torno desse ponto, esta afirmação se verifica no espaço da aldeia, da morada; ela se confirma no espaço urbano, que revela os segredos no espaço social ainda incertos na aldeia. O espaço urbano reúne as multidões, os produtos nos mercados, os atos e os símbolos, ele os concentra, os acumula.[144]

Deste ponto de vista, a abstração espacial posta como necessidade lógica da reprodução do moderno, simultaneidade fundamentada pelo valor-trabalho, concretizasse na medida em que se põe como forma de sociabilidade reprodutora da forma valor. Daí a tese de que o espaço social é, ao mesmo tempo, abstrato e concreto, redução do tempo ao espaço.[145]

---

142 MARTINS, José de Souza. *Uma Sociologia da Vida Cotidiana: Ensaios na Perspectiva de Florestan Fernandes, de Wright Mills e Henri Lefebvre*. São Paulo: Contexto, 2014, p. 175.
143 SCHMID, Christian. *Op. Cit.* p. 16.
144 LEFEBVRE, Henri. *A Revolução Urbana*. Tradução de Sérgio Martins. Belo Horizonte: Editora UFMG, 2002, p. 149.
145 ALFREDO, Anselmo. *O Mundo Moderno e o Espaço: Apreciações Sobre a Contribuição de Henri Lefebvre*. GEOUSP – Espaço e Tempo, São Paulo, n. 19, 2006, p. 58.

A problemática urbana é mundial, mas a maneira de abordá-la depende da estrutura econômica, social e política dos países, assim como das superestruturas ideológicas. Utilizando-se a terminologia marxista, considera-se o urbano e o processo de urbanização como simples superestrutura do modo de produção (capitalista ou socialista).[146]

Segundo Lefebvre, a segunda metade do século XX, particularmente os anos 1970, aponta uma mudança no sentido da história onde não se reconhece mais, os traços da historicidade, pois as histórias particulares realizam-se agora no seio do mundial que se anuncia. O mundial passa a ser o ponto de partida e de chegada da análise, colocando acento sobre o possível e não sobre o real. Nesse sentido o mundo se faz mundo, tornando-se o que era virtualmente.[147]

Na ideologia do consumo e no consumo real, o consumo de signos desempenha um papel cada vez maior. Torna-se, assim, a própria ideologia desta sociedade, cada objeto, cada bem se desdobra numa realidade e numa imagem, fazendo esta parte essencial do consumo, consome-se tantos signos quanto objetos: signos da felicidade, da satisfação, do poder, da riqueza, da ciência, da técnica, o signo é comprado e vendido, a linguagem torna-se valor de troca.[148]

A socialização da sociedade, mal compreendida pelos reformistas, barrou o caminho para a transformação urbana (na, pela, para a cidade). Não se compreendeu que essa socialização contém por essência a urbanização. O que foi socializado? Os signos, ao entregá-los ao consumo: os signos da cidade, do urbano, da vida urbana, bem como os signos da natureza e do urbano, os da alegria e da felicidade, sem

---
146 LEFEBVRE, Henri. *Op. Cit.* p. 127-128.
147 CARLOS, Ana Fani Alessandri. *O Espaço Urbano: Novos Conceitos Sobre a Cidade.* São Paulo: Contexto, 2004, p. 89.
148 LEFEBVRE, Henri. *O Direito à Cidade I.* Tradução de Rubens Eduardo Frias. São Paulo: Centauro, 2001a, p. 36.

que uma prática social efetiva faça com que o urbano entre para o cotidiano.[149]

Assim, para Lefebvre considera-se o urbano como simples superestrutura do modo de produção e sua problemática é mundial, pois hoje as histórias particulares realizam-se no seio mundial. Já o consumo dos signos é a ideologia da sociedade, cada bem se desdobra numa realidade e numa imagem, fazendo parte essencial do consumo; assim, os signos foram socializados ao entregá-los ao consumo, como por exemplo os signos da cidade e do urbano.

A questão aonde se formula os problemas da existência humana; isto é, a existência social dos seres humanos, Lefebvre responde: no cotidiano, mas é no urbano que o cotidiano se instala; completa:

> Para Lefebvre o desafio a compreensão da época é, exatamente, a coabitação de novas relações com a permanência de antigas; a sociedade se moderniza e se unifica, ao mesmo tempo que se diferencia; é o fim de uma certa história e início de uma historicidade consciente e dirigida.[150]

No pensamento de Henri Lefebvre, a forma da mercadoria, tal como cotidiano, estende-se como domínio por todas as dimensões da sociabilidade fundada no mundo da troca e do valor. Daí a tese fundamental de Lefebvre relativa à presença-ausência. Há que se representar o ausente, efetivando-o como representação, para reproduzir o que está presente, tomando este tanto o sentido temporal como o sentido daquilo que está posto. Uma vez mais, mediação que embaralha a sequência do tempo, realizando a efetividade do espaço como elemento determinante da modernidade.[151]

---

149 Ibid., p. 86.
150 CARLOS, Ana Fani Alessandri. *O Espaço Urbano: Novos Conceitos Sobre a Cidade*. São Paulo: Contexto, 2004, p. 29.
151 ALFREDO, Anselmo. *O Mundo Moderno e o Espaço: Apreciações Sobre a Contribuição de Henri Lefebvre*. GEOUSP – Espaço e Tempo, São Paulo, n. 19, 2006, p. 71.

Ainda sobre o cotidiano, Lefebvre afirma que é ambiguidade por excelência, satisfação e desconforto; trivialidade e tédio sob a armadura brilhante modernidade:

> Estamos, portanto, confrontados com uma nova situação a elucidar se quisermos entender o que aconteceu no século XX, o que resta do pensamento marxista. Como explicar? Estudar vida cotidiana, lugar de troca: necessidades programadas, prática modelada por manipulações, mas também matéria e os produtos que estão além dos poderes e as formas de impor seus modelos. O cotidiano é ambiguidade por excelência, satisfação e desconforto; trivialidade e tédio sob a armadura brilhante da modernidade.[152]

Para Lefebvre o cotidiano é onde se formulam os problemas da existência humana, e é no urbano que o cotidiano se instala, assim, o cotidiano estende-se por todas as dimensões da sociabilidade fundada no mundo da troca e do valor; é ambiguidade pois é, ao mesmo tempo, satisfação e desconforto, trivialidade e tédio.

Por outro lado, o fenômeno urbano depende de noções metodologicamente conhecidas: dimensões, níveis. O urbano possui um quadro sincrônico e neste um nível global (G), um nível misto (M) e um nível privado (P), o do habitar (H). No primeiro nível, se exerce o poder, o Estado, como vontade e representação. O segundo é o das relações as mais gerais, portanto, as mais abstratas e, no entanto, essenciais: mercado de capitais, política do espaço. O terceiro é o nível especificamente

---

152 Tradução feita pelo autor da obra em espanhol. No original: "Nos encontramos, pues, ante una nueva situación a elucidar, si queremos comprender qué ha pasado en el siglo XX, qué resta del pensamiento marxista. ¿Cómo elucidarla? Estudiando la vida cotidiana, lugar de este cambio: necesidades programadas, práctica modelada por manipulaciones, pero también, materia, y subproductos que escapan a los poderes y formas que imponen sus modelos. Lo cotidiano es ambigüedad por excelencia: satisficción y malestar; trivialidad y aburrimiento bajo la resplandeciente armadura de la modernidad." (LEFEBVRE, Henri. *De lo Rural a lo Urbano*. Tradução de Javier González Pueyo, Barcelona: Península, 1978, p. 9).

urbano, é o nível da cidade, na acepção corrente do termo. Por fim, no quarto nível só o domínio edificado por ser considerado: os imóveis (habitações: grandes prédios de apartamentos, casas, acampamentos e favelas).[153]

Ainda sobre o fenômeno urbano Lefebvre, em outra obra, assim discorre:

> Atualmente o fenômeno urbano surpreende por sua enormidade; sua complexidade ultrapassa os meios do conhecimento e os instrumentos da ação prática. Ele torna quase evidente a teoria da complexificação, segundo o qual os fenômenos sociais vão de uma certa complexidade (relativa) a uma complexidade maior.
> [...]
> O fenômeno urbano depende primeiro dos métodos descritivos, eles próprios variados, as unidades de vizinhança, as formas de relações (primárias, na vizinhança; secundárias ou derivadas, num espaço ampliado).
> [...]
> O fenômeno urbano se apresenta, desse modo, como realidade global (ou, se se quer assim falar: total) implicando o conjunto da prática social.
> [...]
> O fenômeno urbano, tomado em sua amplitude, não pertence a nenhuma ciência especializada.[154]

O fenômeno urbano situa-se no encontro duplo de funções (na articulação): de um lado, em relação ao território administrado, dominado, coberto de redes pelos centros urbanos, e de outro, em relação à própria cidade, administrada, dominada (tanto quanto e por ser dominadora), ela também inserida nas redes de produção e distribuição. As estruturas são igualmente duplas: morfológicas (sítios e situações, imóveis, ruas e praças,

---
153 LEFEBVRE, Henri. *A Revolução Urbana*. Tradução de Sérgio Martins. Belo Horizonte: Editora UFMG, 2002, p. 77-80.
154 Ibid., p. 51-57.

monumentos, vizinhança e bairro) e sociológicas (distribuição da população, idades e sexos, famílias, população ativa ou passiva, categorias ditas socioprofissionais, dirigentes e dirigidos). Por fim, quanto à forma, no sentido habitual do termo, isto é, geométrico ou plástico, trata-se de uma disposição espacial: quadriculada ou radiocêntrica).[155]

Já o fenômeno urbano, enquanto outra relação espaço-tempo, diferente da agrária ou da industrial, requer que estabeleçamos suas dimensões, as quais revelam as propriedades ou qualidades topológicas. Lefebvre compreende que o urbano é uma mensagem a ser decodificada, para tanto, ele propõe um procedimento metodológico composto de três dimensões: a simbólica, a paradigmática e a sintagmática.[156]

No fenômeno urbano existe a teoria da complexificação, segundo o qual os fenômenos sociais vão de uma certa complexidade para uma maior; esse fenômeno depende de métodos descritivos que são as unidades de vizinhança e as formas de relações; se apresenta como realidade global e não pertence a uma ciência especializada; por fim, o fenômeno urbano depende de dimensões ou níveis: o global onde se exerce o poder do Estado, o misto, com o mercado de capitais e a política do espaço, o privado, que é especificamente o urbano (cidade) e, o habitar, que são os imóveis.

---

155   Ibid., p. 109.
156   "A dimensão simbólica se refere às ideologias (aos desejos) e às representações presentes no urbano, pois, enquanto dimensão da linguagem, ela revela o sentido (e contrassentidos) da estrutura social, muito embora o conteúdo permaneça oculto. A dimensão paradigmática diz respeito à projeção das relações sociais no espaço, por isso, as propriedades topológicas são pensadas a partir de uma rede de oposições espaciais pautadas nas relações de isotopia (o meu, o nosso lugar), de heterotopia (o do outro) e de utopia (lugar neutro). Enquanto propriedade, esta dimensão serve para indicar o sentido da produção e apropriação do espaço. Por fim, a dimensão sintagmática ligada aos sistemas e, propriamente, à sistematização da prática urbana que regula percursos, ações entre os espaços topológicos. Esta dimensão, segundo Lefebvre, é hoje a mais predominante das três, pelo simples fato de que vivemos em uma sociedade que se pretende um sistema." (ARAÚJO, James Amorim. *Sobre a Cidade e o Urbano em Henri Lefebvre*. GEOUSP – Espaço e Tempo, São Paulo, n. 31, 2012, p. 138).

Enquanto forma, o urbano tem um nome: é a simultaneidade, essa forma coloca-se entre as formas que se pode estudar discernindo-as de seu conteúdo. Pode ser muito diverso o que a forma urbana reúne e torne simultâneo. Tanto são coisas quanto pessoas, quanto signos; o essencial é a reunião e a simultaneidade. Nesse sentido, pode-se dizer que o vetor nulo é essencial à definição do urbano.[157] Ainda sobre simultaneidade:

> Eles têm um centro teórico: a relação campo-cidade, relação dialética, oposição conflitual que tende a transcender quando o tecido urbano realizado é reabsorvido simultaneamente no antigo campo e na cidade velha. O que Eu defino "sociedade urbana" é acompanhado por um lenta degradação e desaparecimento do campo, dos camponeses, das pessoas, bem como uma explosão, uma dispersão, uma proliferação inconcebível que uma vez foi a cidade.[158]

Em Henri Lefebvre, dado que a simultaneidade, efetividade enquanto espaço, adquire contornos no interior da teoria das formas e passa a ser um elemento componente e necessário da reprodução social capitalista, enquanto forma, estabelece-se como elemento lógico que reduz as dimensões do possível na unidade contraditória do mundo da mercadoria. Simultaneidade, enquanto espaço, é redução da sucessão, efetividade do tempo.[159]

---

157 LEFEBVRE, Henri. *Espaço e Política: O Direito* à *Cidade II*. Tradução de Margarida Maria de Andrade, Pedro Henrique Denski e Sérgio Martins. 2. ed. Belo Horizonte: Editora UFMG, 2016, p. 80.
158 Tradução feita pelo autor da obra em espanhol. No original: "Tienen un centro teórico: la relación campo-ciudad, relación dialéctica, oposición conflictual que tiende a trascenderse cuando en el tejido urbano realizado se reabsorben simultáneamente el antiguo campo y la antigua ciudad. Lo que define la "sociedad urbana" va acompañado de una lenta degradación y desaparición del campo, de los campesinos, del pueblo, así como de un estallido, una dispersión, una proliferación desmesurada de lo que antaño fue la ciudad." (LEFEBVRE, Henri. *De lo Rural a lo Urbano*. Tradução de Javier González Pueyo. Barcelona: Península, 1978, p. 15).
159 ALFREDO, Anselmo. *O Mundo Moderno e o Espaço: Apreciações Sobre a Contribuição de Henri Lefebvre*. GEOUSP – Espaço e Tempo, São Paulo, n. 19, 2006, p. 53-79.

O que é instigante é pensar a cidade e o urbano como formas em interação dialética:

> Tal interação decorre do fato de que o urbano é a forma da simultaneidade, da reunião, da convergência, enquanto que a cidade é a forma material (prático-sensível) que viabiliza ou não o urbano. Se este existe desde a primeira cidade (a pólis), mesmo que potencialmente, é correto dizer que outros conteúdos sociais, e suas respectivas formas, agiram e agem sobre a cidade com tanta força quanto o urbano. Por exemplo, na cidade industrial a forma mercadoria e seu conteúdo, o valor de troca, conduziram-na a uma condição de equivalência intercambiável – desde os lotes de terra perpassando pelos encontros, reuniões, trocas etc., o que vigora é contrato de compra e venda. Por conseguinte, o que impera na cidade industrial é a segregação socioespacial que nega tanto a cidade, porque lhe torna produto ao invés de obra, quanto o urbano, cujo conteúdo reside no valor de uso e na apropriação de tempo e espaço.[160]

O urbano é uma forma pura, o ponto de encontro, o lugar de uma reunião, a simultaneidade. O urbano é cumulativo, é forma e receptáculo, vazio e plenitude, superobjeto e não objeto, supraconsciência e totalidade das consciências. E ele se liga, de um lado, à lógica da forma, e, de outro, à dialética dos conteúdos (as diferenças e contradições do conteúdo).[161]

Pragmaticamente, na geografia, tem-se pensado as formas apenas como materialidade, isto é, formas-objeto ou formas-conteúdo, no entanto, em Lefebvre, as formas são expressões das estruturas, logo, há formas materiais (prático-sensíveis) como a cidade, mas também formas não materiais, porém

---

160 ARAÚJO, James Amorim. *Sobre a Cidade e o Urbano em Henri Lefebvre*. GEOUSP – Espaço e Tempo, São Paulo, n. 31, 2012, p. 138.
161 LEFEBVRE, Henri. *A Revolução Urbana*. Tradução de Sérgio Martins. Belo Horizonte: Editora UFMG, 2002, p. 112.

concretas, como as formas lógicas presentes nas relações contratuais. Infelizmente, a elaboração de uma teoria das formas em Lefebvre ficou inacabada, mas suas indicações são preciosas e merecem ser desenvolvidas.[162]

Henri Lefebvre distingue a cidade do urbano justamente porque considera que a forma urbana, enquanto simultaneidade, não mais pode limitar-se ao espaço da cidade. Assim, o urbano passa a integrar o cotidiano enquanto categoria social que explicita, de forma mais acabada, o sentido da reprodução das relações sociais de produção, como já nos referimos anteriormente. Pode-se dizer que se trata não da produção material, mas de uma produção específica.[163]

Deste modo, para Lefebvre, a forma urbana tem como nome a simultaneidade, que reúne e torna simultâneo as coisas, pessoas e signos, é forma pura, cumulativa, é expressão das estruturas, forma não material, mas concreta, se liga à lógica das formas e à dialética dos conteúdos; já a cidade, é forma material (prático-sensível) que viabiliza ou não o urbano; assim, o urbano passa a integrar o cotidiano enquanto categoria social, ou seja, uma produção específica.

Isso impede de definir o urbano por um sistema ou como um sistema, trata-se de uma forma, daí a tendência:

    a. à centralidade, através dos distintos modos de produção, das diferentes relações de produção, tendência que vai, atualmente, até o "centro decisional", encarnação do Estado, com todos os seus perigos;

    b. à policentralidade, à oniscentralidade, à ruptura do centro, à disseminação, tendência que se orienta seja para a constituição de centros diferentes (ainda

---

162 ARAÚJO, James Amorim. *Sobre a Cidade e o Urbano em Henri Lefebvre.* GEOUSP – Espaço e Tempo, São Paulo, n. 31, 2012, p. 141.
163 ALFREDO, Anselmo. *O Mundo Moderno e o Espaço: Apreciações Sobre a Contribuição de Henri Lefebvre.* GEOUSP – Espaço e Tempo, São Paulo, n. 19, 2006, p. 53-79.

que análogos, eventualmente complementares), seja para a dispersão e para a segregação.[164]

A forma se separa do conteúdo, ou antes dos conteúdos, não há forma sem conteúdo, não há conteúdo sem forma. Através da razão dialética, os conteúdos superam a forma e a forma dá acesso aos conteúdos. A forma leva, assim, uma dupla "existência", ela é e não é. Só tem realidade nos conteúdos e no entanto separa-se deles, tem existência mental e uma existência social.[165]

A forma urbana assim revelada é uma abstração, porém concreta. Assim, como a forma troca, tal como demonstrada por Marx no início de *O Capital*. Essa forma e sua teoria são extremamente abstratas, por isso sua análise foi pouco compreendida durante séculos. E, não obstante, essa forma abstrata é a chave do concreto, da prática, é o ponto de partida para apreensão do conteúdo.[166]

O urbano define-se também como justaposição e superposições de redes, acúmulo e reunião dessas redes, constituídas umas em função do território, outras em função da indústria, outras ainda em função de outros centros no tecido urbano. É a própria forma, enquanto geradora de um objeto virtual, o urbano, encontro e reunião de todos os objetos e sujeitos existentes e possíveis, que é preciso explorar.[167]

A cidade e o urbano, em nosso horizonte, se perfilam como objetos virtuais, como projetos de uma reconstituição sintética. Quando falamos em análise espectral desejamos que essas palavras sejam tomadas numa acepção quase literal, e não como uma metáfora. Diante dos olhos, sob nossos olhares, temos o

---

164 LEFEBVRE, Henri. *Op. Cit.* p. 112-113.
165 LEFEBVRE, Henri. *O Direito à Cidade I*. Tradução de Rubens Eduardo Frias. São Paulo: Centauro, 2001a, p. 90-91.
166 Id. *Espaço e Política: O Direito à Cidade II*. Tradução de Margarida Maria de Andrade, Pedro Henrique Denski e Sérgio Martins. 2. ed. Belo Horizonte: Editora UFMG, 2016, p. 81.
167 LEFEBVRE, Henri. *Op. Cit.* p. 114-115.

espectro da cidade, o espectro da sociedade urbana e talvez da sociedade, simplesmente.[168]

A teoria que se poderia chamar de urbanismo que se reuniria às significações da velha prática chamada habitar (isto é humano), que acrescentaria a esses fatos parciais uma teoria geral dos tempos-espaços urbanos, que indicaria uma nova prática decorrente dessa elaboração, este urbanismo existe virtualmente.[169]

Para Lefebvre, a forma urbana tem uma tendência à centralidade (centro decisional do Estado) e à policentralidade (centros para a dispersão e para a segregação); revela-se uma abstração e, sendo abstrata, sua análise foi pouco compreendida, mas é a chave do concreto, da prática, é o ponto de partida para entender o conteúdo; é encontro e reunião de todos os objetos e sujeitos a serem explorados. Por fim, a forma gera um objeto virtual, o urbano, assim, como objetos virtuais, temos o espectro da cidade e da sociedade urbana.

Assim, esta sociedade pratica a segregação. A mesma racionalidade que pretende ser global (organizadora, planificadora, unitária e uniforme) se concretiza ao nível analítico. Ela projeta a separação para a prática. Tende (como nos Estados Unidos) a se compor de guetos ou *parkings*, como o dos operários, o dos intelectuais, o dos estudantes (o campus), ou o dos estrangeiros, e assim por diante, sem esquecer o gueto dos lazeres ou da criatividade reduzido à miniaturização e aos trabalhos manuais.[170]

Excluir do urbano grupo, classes, indivíduos, implica também excluí-los da civilização, até mesmo da sociedade. O direito à cidade legitima a recusa de se deixar afastar da realidade urbana por uma organização discriminatória, segregadora:

---

168 LEFEBVRE, Henri. *Op. Cit.* p. 100.
169 LEFEBVRE, Henri. *O Direito à Cidade I*. Tradução de Rubens Eduardo Frias. São Paulo: Centauro, 2001a, p. 101.
170 Ibid., p. 103.

> Esse direito do cidadão (se se quiser assim: do "homem") anuncia a inevitável crise dos centros estabelecidos sobre a segregação e que a estabelecem: centros de decisão, de riqueza, de poder, de informação, de conhecimento, que lançam para os espaços periféricos todos os que não participam dos privilégios políticos.[171]

Não é demais mencionar a confusão entre diferenças, distinção, separação e segregação. A diferença é incompatível com a segregação, que a caricatura, quem diz a diferença diz relações, portanto, proximidade-relações percebidas e concebidas, portanto, inserção numa ordem espaço-temporal dupla: próxima e distante. A separação e a segregação rompem a relação, constituem, por si sós, uma ordem totalitária, que tem por objetivo estratégico quebrar a totalidade concreta, espedaçar o urbano, a segregação complica e destrói a complexidade.[172]

Para Lefebvre a cidade cria a segregação, decorrente da valorização fundada na apropriação de forma desigual, fazendo com a população pobre fique sem moradia (habitação para morar) com o mínimo de dignidade e acabam segregando para a periferia das cidades; a segregação projeta a separação para a prática, pois excluir do urbano significa excluir da civilização, da sociedade.

Lefebvre faz uso do método tradicional marxista de construção por negação e inversão, ele busca interpretar a sociedade industrial como precursora do que chama a revolução urbana:

> Quando usamos a expressão 'revolução urbana' designamos o conjunto total de transformações que ocorreram em toda a sociedade contemporânea, e que serve para

---

171 LEFEBVRE, Henri. *Espaço e Política: O Direito* à *Cidade II*. Tradução de Margarida Maria de Andrade, Pedro Henrique Denski e Sérgio Martins. 2. ed. Belo Horizonte: Editora UFMG, 2016, p. 34.
172 Id. *A Revolução Urbana*. Tradução de Sérgio Martins. Belo Horizonte: Editora UFMG, 2002, p. 123-124.

caracterizar a mudança de um período em que as questões de crescimento econômico e industrialização predominam, para o período em que a problemática urbana se torna decisiva, quando a pesquisa de soluções e formas apropriadas à sociedade urbana toma a dianteira... A problemática urbana impôs-se em ampla escala mundial.[173]

Poderíamos afirmar, prematuramente, que Lefebvre entende a revolução a partir de uma leitura clássica marxista, na qual a classe proletária ocupa um papel central. Ledo engano! A revolução entendida pelo filósofo se faz em outros termos, menos restritivos do que aqueles imputados à classe operária e sua "missão histórica". Ou seja, Lefebvre buscou demonstrar que a revolução não está apenas nas mãos da classe operária, mas – e principalmente – nas mãos do movimento popular. Portanto, sua compreensão sobre a classe operária possui um senso muito mais amplo do que aquele cunhado por Marx e Engels, pois, se aos periféricos a condição de exploração é inquestionável, então estes seriam, na sua interpretação, a "classe" que fomenta a revolução.[174]

O urbano de induzido (pela industrialização) torna-se indutor, mas não de quantidades e sim de qualidades. Essas qualidades (seu conteúdo) estão relacionadas com aquilo que Marx e Lênin já discerniam como desenvolvimento e Lefebvre, depois, como diferença. Na realidade, o cerne está na tese de que o urbano restituirá o desejo como contraponto das necessidades mediadas pelo código contratual de compra e venda. Isso é o negativo. Diante disso, não podemos esperar ou conceber que esta fase crítica não vá intensificar os conflitos, pelo contrário, tudo na cidade aponta para caos. Talvez fosse o momento de

---

173 HARVEY, David. *A Justiça Social e a Cidade*. Tradução de Armando Corrêa da Silva. São Paulo: Editora Hucitec, 1980, p. 264.
174 ARAÚJO, James Amorim. *Sobre a Cidade e o Urbano em Henri Lefebvre*. GEOUSP – Espaço e Tempo, São Paulo, n. 31, 2012, p. 139-140.

recuperarmos alguns ensinamentos contidos nas tragédias gregas que tratam da catástrofe da cidade política.[175]

Assim, pode-se perceber que a sociedade e a cidade praticam a segregação, ela projeta a separação para a prática, excluir do urbano os indivíduos é excluí-los da civilização, da sociedade. É o Estado que reproduz essa segregação, por meio do meio desse sistema, tornando o tecido urbano um lugar com diferentes classes, com pessoas sem moradia, morando em guetos e em favelas.

2.2. O direito à cidade nas obras de David Harvey
2.2.1. Direito à cidade como um direito coletivo concentrado e o mercado de moradias

David Harvey, nascido em 1935, foi um geógrafo britânico marxista, formado pela Universidade de Cambridge, professor da City University of New York, trabalhou com a geografia urbana e preocupou-se com a justiça social, sobretudo, no contexto urbano. Escreveu mais de 20 obras[176] em inglês e algumas foram traduzidas para o português. Dentre os livros que trata da cidade e que foram traduzidos para o português, destaco: *A Justiça Social e a Cidade*, *Cidades Rebeldes: Do Direito* à *Cidade à Revolução*

---

175 Ibid., p. 140.
176 Explanation in Geography (1969), Social Justice and the City (1973), The Limits to Capital (1982), The Urbanization of Capital (1985), Consciousness and the Urban Experience (1985), The Condition of Postmodernity: An Enquiry into the Origins of Cultural Change (1989), The Urban Experience (1989), Teresa Hayter, David Harvey (eds.) (1994), The Factory and the City: The Story of the Cowley Automobile Workers in Oxford. Thomson Learning, Justice, Nature and the Geography of Difference (1996), Megacities Lecture 4: Possible Urban Worlds, Twynstra Gudde Management Consultants, Amersfoort, The Netherlands (2000), Spaces of Hope (2000), Spaces of Capital: Towards a Critical Geography (2001), The New Imperialism (2003), Paris, Capital of Modernity (2003), A Brief History of Neoliberalism (2005), Spaces of Global Capitalism: Towards a Theory of Uneven Geographical Development (2006), The Limits to Capital New Edition (2006), The Communist Manifesto - New Introduction Pluto Press (2008), Cosmopolitanism and the Geographies of Freedom (2009), Social Justice and the City: Revised Edition (2009), A Companion to Marx's Capital (2010), The Enigma of Capital and the Crises of Capitalism (2010 Profile Books), Rebel Cities: From the Right to the City to the Urban Revolution (2012), A Companion to Marx's Capital, Volume 2 (2013), Seventeen Contradictions and the End of Capitalism (2014), The Ways of the World (2016).

Urbana, O Direito à *Cidade, A Produção Capitalista do Espaço* e *Espaços de Esperança*. Nessas obras Harvey busca construir uma teoria da relação sociedade-espaço, com base na teoria social de Marx, refletindo sobre a vida urbana atual, analisando o capital fixo e a acumulação de valor na economia globalizada.

Acompanhando Marx, o único caminho válido para abordar a questão das origens urbanas é descobrir as contradições internas e externas presentes na sociedade pré-urbana e mostrar como essas contradições foram resolvidas através da transformação em formas urbanas de organização social.[177]

Harvey afirma que se entrelaçam perfeitamente cidade e cidadão, mas a cidade é também lugar de ansiedade e de anomia, é lugar do estranho anônimo, da subclasse (ou, como prefeririam nossos predecessores, das classes perigosas), espaço de uma incompreensível alteridade (imigrantes, gays, pessoas mentalmente perturbadas, pessoas diferentes em termos culturais, os que trazem uma dada marca racial), o terreno da poluição (tanto física quanto moral) e de terríveis corrupções, o lugar dos condenados que precisam ser encerrados e controlados, o que torna cidade e cidadão politicamente opostos na imaginação pública na medida mesma de sua ligação etimológica.[178]

Já o direito à cidade[179] não pode ser concebido simplesmente como um direito individual, ele demanda um esforço coletivo e a formação de direitos políticos coletivos ao

---

[177] HARVEY, David. *A Justiça Social e a Cidade*. Tradução: Armando Corrêa da Silva. São Paulo: Editora Hucitec, 1980, p. 253.

[178] Id. *Espaços de Esperança*. Tradução de Adail Ubirajara e Maria Stela Gonçalves. São Paulo: Edições Loyola, 2015, p. 209.

[179] "O direito à cidade não é um direito individual exclusivo, mas um direito coletivo concentrado. Inclui não apenas os trabalhadores da construção, mas também todos aqueles que facilitam a reprodução da vida cotidiana: cuidadores e professores, os responsáveis pelo sistema de esgoto e pelo metrô, os encanadores e eletricistas, montadores de andaimes e operadores de guindastes, trabalhadores de hospitais e os motoristas de caminhões, ônibus e táxi, os trabalhadores de restaurantes e os artistas, os caixas de banco e os administradores da cidade." (HARVEY, David. *Cidades Rebeldes: Do Direito à Cidade à Revolução Urbana*. Tradução de Jeferson Camargo, São Paulo: Martins Fontes, 2014, p. 246).

redor de solidariedades sociais. No entanto, o neoliberalismo transformou as regras do jogo político. A governança substitui o governo; os direitos e as liberdades têm prioridade sobre a democracia; a lei e as parcerias público-privadas, feitas sem transparência, substituíram as instituições democráticas; a anarquia do mercado e do empreendedorismo competitivo substituíram as capacidades deliberativas baseadas em solidariedade social.[180]

Um passo na direção de unificar as lutas de classes é adotar o direito à cidade tanto como lema operacional quanto ideal político, justamente porque ele enfoca a questão de quem comanda a conexão necessária entre a urbanização e a utilização do produto excedente. A democratização deste direito e a construção de um amplo movimento social para fortalecer seu desígnio é imperativo, se os despossuídos pretendem tomar para si o controle que, há muito, lhes tem sido negado, assim como se pretendem instituir novos modos de urbanização.[181]

Assim, o direito à cidade está muito longe da liberdade individual de acesso a recursos urbanos: é o direito de mudar a nós mesmos pela mudança da cidade. Além disso, é um direito comum antes de individual já que esta transformação depende inevitavelmente do exercício de um poder coletivo de moldar o processo de urbanização. A liberdade de construir e reconstruir a cidade e a nós mesmos é um dos mais preciosos e negligenciados direitos humanos.[182]

Harvey afirma que o direito à cidade não é apenas um direito condicional de acesso àquilo que já existe, mas:

> sim um direito ativo de fazer a cidade diferente, de formá-la mais de acordo com nossas necessidades coletivas (por

---

180 HARVEY, David. *Para Entender O Capital*. Tradução de Rubens Enderle. São Paulo: Boitempo, 2013a, p. 32.
181 Id. *O Direito à Cidade*. Traduzido do original em inglês "The right to the city" por Jair Pinheiro. Revista Lutas Sociais, São Paulo, n. 29, jul./dez. 2012, p. 73-89.
182 Ibid., p. 74.

assim dizer), definir uma maneira alternativa de simplesmente ser humano. Se nosso mundo urbano foi imaginado e feito, então ele pode ser reimaginado e refeito.[183]

Portanto, convenhamos: a ideia do direito à cidade não surge fundamentalmente de diferentes caprichos e modismo intelectuais, surge basicamente das ruas, dos bairros, como um grito de socorro e amparo de pessoas oprimidas em tempos de desespero.[184]

Por outro lado, reivindicar o direito à cidade equivale, de fato, a reivindicar um direito a algo que não mais existe (se é que, de fato, alguma vez existiu), além do mais, o direito à cidade é um significado vazio, tudo depende de quem lhe vai conferir significado, os financistas e empreiteiros podem reivindicá-lo, e têm todo o direito de fazê-lo, mas os sem-teto também podem.[185]

O direito à cidade está, por isso, além de um direito ao acesso àquilo que já existe: é um direito de mudar a cidade mais de acordo com o nosso desejo íntimo. A liberdade para nós fazermos e nos refazermos, assim como nossas cidades, é um dos mais preciosos, ainda que dos mais negligenciados, dos nossos direitos humanos.[186]

Para Harvey o direito à cidade demanda um esforço coletivo e a formação de direitos políticos coletivos ao seu redor; é um direito coletivo concentrado, pois incluem todos aqueles que facilitam a reprodução da vida cotidiana; é um direito comum uma vez que a transformação depende de um poder coletivo de moldar o processo de urbanização; é o direito de mudar a nós mesmos pela mudança da cidade; é um direito ativo de fazer a cidade diferente e de acordo com a coletividade

---
183 HARVEY, David. *Para Entender O Capital*. Tradução de Rubens Enderle. São Paulo: Boitempo, 2013a, p. 33.
184 Id. *Cidades Rebeldes: Do Direito à Cidade à Revolução Urbana*. Tradução de Jeferson Camargo, São Paulo: Martins Fontes, 2014a, p. 15.
185 Ibid., p. 20-21.
186 Id. *A Liberdade da Cidade*. Tradução de Anselmo Alfredo, Tatiana Schor e Cássio Arruda Boechat. GEOUSP – Espaço e Tempo, São Paulo, n. 26, 2009, p. 9-17.

e, a ideia do direito à cidade surge das ruas e bairros, podendo ser reivindicado por todos.

Por outro lado, uma teoria geral do urbanismo é provavelmente impossível de ser construída, o urbanismo pode ser encarado como uma forma particular ou padronizada do processo social. O urbanismo é uma forma social, de modo de vida, ligado, entre outras coisas, a uma certa divisão do trabalho e uma certa ordem hierárquica de atividade, que é amplamente consistente com o modo de produção dominante.[187] Assim, a respeito do urbanismo Harvey faz a seguinte proposição:

> O urbanismo é um produto de atividade individual que, quando agregado, forma um modo de integração social e econômica capaz de mobilizar, extrair e concentrar quantidades significativas de produto excedente socialmente definido.[188]

A cidade e o urbanismo podem, por isso, funcionar para estabilizar um modo de produção particular, mas a cidade pode também ser o lugar das contradições acumuladas e ser, por isso, o berço provável do novo modo de produção. O estudo do urbanismo pode, por isso, contribuir significadamente para nossa compreensão das relações sociais na base econômica da sociedade, assim como para nossa compreensão dos outros elementos políticos e ideológicos na superestrutura.[189]

Assim, o urbanismo deve ser considerado como uma série de relações sociais que refletem as relações estabelecidas por toda a sociedade como um todo:

> Posteriormente, essas relações devem expressar as leis pelas quais o fenômeno urbano é estruturado, regulado e construído.

---

187 HARVEY, David. *A Justiça Social e a Cidade*. Tradução de Armando Corrêa da Silva. São Paulo: Editora Hucitec, 1980, p. 167-174.
188 Ibid., p. 204.
189 Ibid., p. 174-175.

Temos, então, que considerar se o urbanismo é (1) uma estrutura separada com suas próprias leis de transformação e construção interna ou (2) a expressão de uma série de relações imersas em alguma estrutura mais ampla.[190]

Por isso, segundo Harvey, o urbanismo é uma forma particular ou padronizada de processo social; é uma forma social ligada à divisão do trabalho; é um produto de atividade econômica individual que forma um modo de interação social e econômico; assim, o estudo do urbanismo contribui para a compreensão das relações sociais na base econômica da sociedade.

Para Harvey a cidade e o urbanismo funcionam para estabilizar o modo de produção, esse modo contribui para a compreensão das relações sociais, além de facilitar o entendimento dos elementos políticos e ideológicos e, posteriormente, essas relações devem expressar as leis pelas quais o fenômeno urbano é construído.

Harvey defende que o processo de urbanização desempenhou a função de resolver o problema das crises de excesso de acumulação no capitalismo e, para isso, existe uma convergência entre instituições e o Estado em um polo e o sistema de crédito em outro polo, para o financiamento no ambiente urbano.

A urbanização é um processo social espacialmente fundamentado, no qual um amplo leque de atores, com objetivos e compromissos diversos, interagem por meio de uma configuração específica de práticas sociais entrelaçadas. Em uma sociedade vinculada por classes, como a sociedade capitalista, essas práticas sociais adquirem um conteúdo de classe definido. Mas o amplo leque das práticas de classe, em associação com a circulação do capital, a reprodução da força de trabalho e das relações de classe, e a necessidade de controlar a força de trabalho permanecem homogêneos.[191]

---
190 Ibid., p. 262.
191 HARVEY, David. *A Produção Capitalista do Espaço*. Tradução de Carlos Szlak. São Paulo: Annablume, 2005, p. 170.

Propriedade Privada e direito à moradia: uma crítica | 173

Esse conjunto espacialmente estabelecido dos processos sociais, denominado urbanização, produz diversos artefatos:

> Formas construídas, espaços produzidos e sistemas de recursos de qualidades específicas, todos organizados numa configuração espacial distinta... A urbanização também estabelece determinados arranjos institucionais, formas legais, sistemas políticos e administrativos, hierarquia de poder e etc.[192]

O efeito líquido é dizer que diferentes processos físicos e sociais produzem tipos radicalmente distintos de corpos, distinção de classes, raça, de gênero e de uma multiplicidade de outros aspectos se acham inscritas no corpo humano em virtude dos diferentes processos socioecológicos que exercem sua ação sobre esse corpo:[193]

> E, embora a teorização de Marx em "O capital" seja lida com frequência (incorretamente, como esmero demonstrar) como um relato pessimista do modo como os corpos, entendidos como entidades passivas que representam papéis econômicos performativos particulares, são moldados pelas forças externas da acumulação e da circulação do capital, é precisamente essa análise que informa seus outros relatos de como podem ocorrer e de fato ocorrem transformadores advindos da resistência, do desejo de reforma, da rebelião e da revolução humanas.[194]

O capital se empenha continuamente em moldar os corpos de acordo com seus próprios requisitos, ao mesmo tempo que

---

192 Ibid., p. 170.
193 "Marx tem plena consciência de que os corpos são diferenciados e marcados por diferentes capacidades e qualidades produtivas de cunho físico, a depender da história, da geográfica, da cultura e da tradição. Ele também tem consciência de que características de raça, de etnia, de idade e de gênero são usadas como medidas externas daquilo de que um dado trabalho é capaz ou daquilo que lhe é permitido." (HARVEY, David. *Espaços de Esperança*. Tradução de Adail Ubirajara e Maria Stela Gonçalves. São Paulo: Edições Loyola, 2015, p. 145).
194 HARVEY, David. *Espaços de Esperança*. Tradução de Adail Ubirajara e Maria Stela Gonçalves. São Paulo: Edições Loyola, 2015, p. 137-141.

internaliza em seu *modus operandi* efeitos de desejos corporais, vontades, necessidades e relações sociais em mudança e interminavelmente inacabados (por vezes expressos abertamente como lutas coletivas fundadas na classe, na comunidade ou na identidade) da parte do trabalhador.[195]

Harvey chama atenção para o fato de que a urbanização passa a ser um processo que ocorre em escala global, sendo assim necessário não centrar-se exclusivamente na análise do caso americano. Nesse sentido, a análise do processo de urbanização em escala global significa, de acordo com Harvey, uma assombrosa integração dos mercados financeiros, que usam sua flexibilidade para financiar projetos em diversas partes do mundo. A urbanização como algo resultante da produção de excedentes transformou também a qualidade de vida em uma mercadoria.[196]

A urbanização sempre foi um fenômeno de classe, já que o excedente é extraído de algum lugar e de alguém, enquanto o controle sobre sua distribuição repousa em umas poucas mãos:

> Esta situação geral persiste sob o capitalismo, claro, mas como a urbanização depende da mobilização de excedente, emerge uma conexão estreita entre o desenvolvimento do capitalismo e a urbanização. Os capitalistas têm de produzir excedente para obter mais-valia; esta, por sua vez, deve ser reinvestida a fim de ampliar a mais-valia. O resultado do reinvestimento contínuo é a expansão da produção de excedente a uma taxa composta – daí a curva lógica (dinheiro, produto e população) ligada à história da acumulação de capital, paralela à do crescimento da urbanização sob o capitalismo.[197]

---

195 Ibid., p. 157.
196 OLIVEIRA, Maysa Mayara Costa de; QUEIROZ, José Benevides. *A Rebeldia das Cidades como Gênese da Constituição do Espaço Urbano Contemporâneo*. Revista Repocs, v. 13, n. 25, jan./jun. 2016, p. 307.
197 HARVEY, David. *O Direito à Cidade*. Traduzido do original em inglês "The right to the city" por Jair Pinheiro. Revista Lutas Sociais, São Paulo, n. 29, jul./dez. 2012, p. 73-89.

Para Harvey, a urbanização é um processo social espacialmente fundamentado; é um conjunto espacialmente estabelecido dos processos sociais; é um fenômeno de classe, já que o excedente é extraído de algum lugar e de alguém; assim, como a urbanização depende do excedente existe uma conexão entre o desenvolvimento do capitalismo e a urbanização.

De mais a mais, as cidades[198] formam-se através de concentração geográfica de um produto social excedente,[199] que o modo de integração econômica deve, por isso, ser capaz de produzir e concentrar, nisso reside a relação crucial entre o urbanismo e o modo de integração econômica. A definição do que é excedente é, por isso, contingente às condições sociais de produção na sociedade.[200]

Defende Harvey que desde que a sociedade, invariavelmente, contém diferentes modos de produção em conflito entre si, ocorre também um conflito correspondente quanto à definição de excedente. Por essa razão, o conceito de excedente tem conteúdo ideológico e significado político, aqueles que apropriam produtos excedentes para benefício próprio irão elaborar meios de persuadir os que contribuem para as atividades e funções dos apropriadores sejam inestimáveis, necessárias e benéficas à sobrevivência da sociedade.[201]

Por isso, o problema do capital excedente[202] atua da seguinte maneira: os capitalistas começam o dia com um

---

198 "As cidades são formas criadas e produzidas para mobilização, extração e concentração geográfica de quantidades significativas do produto excedente socialmente definido." (HARVEY, David. *A Justiça Social e a Cidade*. Tradução de Armando Corrêa da Silva. São Paulo: Editora Hucitec, 1980, p. 204).
199 "Um excedente social é usualmente tomado para representar aquelas quantidades de recursos materiais existentes acima dos requisitos de subsistência da sociedade em questão." (POLANYI et al., 1957, p. 321, apud HARVEY, David. *A Justiça Social e a Cidade*. Tradução de Armando Corrêa da Silva. São Paulo: Editora Hucitec, 1980, p. 185).
200 Ibid., p. 185-187.
201 Ibid., p. 187.
202 "O excedente, assim definido, perde seu caráter de classe: todos os membros da sociedade estão em condições de fornecer certa quantidade de trabalho excedente para objetivos socialmente definidos, é dessa perspectiva teórica que temos que medir a emergência de novas formas urbanas." (Ibid., p. 201).

certo montante de dinheiro e terminam o dia com um montante maior:

> No dia seguinte eles levantam e têm de decidir o que fazer com o dinheiro extra que eles ganharam no dia anterior. Eles encaram um dilema faustiano: reinvestir para ter ainda mais dinheiro ou consumir o excedente. As leis coercitivas da competição os forçam a reinvestir porque, se alguém não reinveste, então, outro seguramente o fará. Para permanecer um capitalista, algum excedente deve ser reinvestido para fazer ainda mais excedente.[203]

Nossa superestrutura legal insiste em preservar os direitos originais de propriedade, assim como o direito de usar esses direitos para ter lucro, mas os direitos de propriedade resultam do poder de classe do capital de extrair e manter o controle dos excedentes:

> Porque a força de trabalho se tornou, por processos históricos específicos, uma mercadoria comprada e vendida no mercado de trabalho. O que Marx diz aqui implica que, para desafiar o capitalismo, é necessário desafiar não apenas a noção de direitos, o modo de como as pessoas pensam sobre os direitos de propriedade, mas também os processos materiais por meio do quais os excedentes são criados e apropriados pelo capital.[204]

Isso implica em que o excedente deveria ser definido como aquela quantidade de produto além e acima do que é necessário para garantir a sobrevivência da sociedade, tal como os indivíduos a conhecem. O excedente tem que ser definido de um modo que seja intrínseco aos trabalhadores de um modo de produção particular, na sociedade em geral o que é definido

---

203 Id. *A Liberdade da Cidade*. Tradução de Anselmo Alfredo, Tatiana Schor e Cássio Arruda Boechat. GEOUSP – Espaço e Tempo, São Paulo, n. 26, 2009, p. 9-17.
204 HARVEY, David. *Para Entender O Capital*. Tradução de Rubens Enderle. São Paulo: Boitempo, 2013a, p. 240.

como excedente para alguns será interpretado como essencial por outros.[205]

Daí, podemos definir que o excedente tem duas formas: a) pode ser primeiramente uma soma de produto material (além e acima do que é necessário para reproduzir a sociedade em seu estado existente) que é colocada de lado para promover melhoramentos ao bem-estar humano e b) em segundo lugar, o excedente pode ser olhado como uma versão estranha e alienada da primeira, ela aparece como uma quantidade de recursos materiais que é apropriada em benefício de um segmento da sociedade às expensas de outro.[206]

Assim, segundo as ideias expostas, pode-se dizer que para Harvey o excedente é aquela quantidade de produto além e acima do que é necessário para garantir a sobrevivência da sociedade; possui um conteúdo ideológico e um significado político; e o problema do excedente surge quando os capitalistas começam o dia com um certo montante de dinheiro e terminam o dia com um montante ainda maior, assim, esse dinheiro extra, é reinvestido para fazer gerar ainda mais excedente.

Harvey adverte que os direitos de propriedade resultam do poder de classe do capital de extrair e manter o controle dos excedentes; por isso, para desafiar o capitalismo é necessário combater os processos materiais por meio dos quais os excedentes são criados e apropriados pelo capital.

Sabe-se que o urbanismo implica na concentração de excedente em algum tipo de cidade, assim, o urbanismo requer a articulação de um espaço econômico suficientemente extenso para facilitar a concentração geográfica do excedente social que significa:

---

205 Id. *A Justiça Social e a Cidade*. Tradução de Armando Corrêa da Silva. São Paulo: Editora Hucitec, 1980, p. 188.
206 Ibid., p. 188.

> a quantidade de força de trabalho usada na criação do produto para certos propósitos sociais específicos, além e acima do que é biológico, social e culturalmente necessário para garantir a manutenção e a reprodução da força de trabalho no contexto de um dado modo de produção.[207]

Com o advento do trabalho livre, separou a pessoa do trabalhador da sua capacidade de trabalho, de sua força de trabalho, os mecanismos ideológicos que legitimavam a sujeição da pessoa e a desigualdade de que ela provinha perderam sua eficácia:

> A sujeição da pessoa foi substituída pela sujeição do trabalho ao capital. Logo, o mito anterior da desigualdade de origem entre as pessoas já não servia para justificar e legitimar as novas relações, baseadas na compra e venda da força de trabalho. Através destas últimas instituía-se a igualdade formal entre patrão e operário.[208]

Marx, contudo, tem um ponto de vista melhor, a partir do qual mostra como o excedente foi criado e instituído; um ponto de vista usualmente eludido e merecedor de explicação. O conceito marxista de excedente surge da análise de Marx da forma alienada de mais-valia[209] tal como vem a existência na sociedade capitalista. Numa economia capitalista, a mais-valia é uma quantidade medida em termos de valor de troca ou dinheiro.[210]

Como demonstrou Marx, na sua discussão sobre o processo de valorização do capital, o importante não é apenas a extração

---

207 Ibid., p. 203 e 204.
208 MARTINS, José de Souza. *O Cativeiro da Terra*. 9. ed. São Paulo: Contexto, 2015, p. 278.
209 "A mais-valia é aquela parte do valor total da produção que é a parte que é posta de lado depois que o capital constante (que inclui os meios de produção, matérias-primas e instrumentos de trabalho) e o capital variável (força de trabalho) foram computados. Sob condições capitalistas, a mais-valia é em parte realizada nas três formas, renda, juros e lucro." (HARVEY, David. *Op. Cit.* p. 192).
210 Ibid., p. 191-192.

da mais-valia, mas, também, o mecanismo ideológico que faz com que o crescimento da riqueza seja concebido por empresários e trabalhadores como produto da própria riqueza:

> No regime do trabalho escravo, o trabalhador não precisava de outra justificativa para trabalhar além do cativeiro. A sujeição do cativo ao capital era principalmente física, através de instrumentos e procedimentos de violência física. A sujeição do trabalhador livre, ao contrário, é principalmente ideológica. No regime escravista, o problema de justificar ideologicamente a coerção física e a exploração que, por meio dela, se fazia, era rebatido para a desigualdade de origem de brancos e negros.[211]

Para produzir essa mais-valia, os capitalistas têm de produzir excedentes de produção, isso significa que o capitalismo está eternamente produzindo os excedentes de produção exigidos pela urbanização:

> A relação inversa também se aplica. O capitalismo precisa da urbanização para absorver o excedente de produção que nunca deixa de produzir. Dessa maneira, surge uma ligação íntima entre o desenvolvimento do capitalismo e a urbanização. Não surpreende, portanto, que as curvas logísticas do aumento da produção capitalista sejam, com o tempo, muito semelhantes às curvas logísticas da urbanização da população mundial.[212]

A metrópole produzida como fonte de produção de mais-valia verticaliza a contradição valor de uso – valor de troca do espaço, aprofundando a desigualdade socioespacial pela transformação do espaço como condição de extensão do mundo da mercadoria, dessa maneira, observa-se o processo que Lefebvre

---

211 MARTINS, José de Souza. *O Cativeiro da Terra*. 9. ed. São Paulo: Contexto, 2015, p. 277-278.
212 HARVEY, David. *Cidades Rebeldes: Do Direito à Cidade à Revolução Urbana*. Tradução de Jeferson Camargo. São Paulo: Martins Fontes, 2014a, p. 30.

chamou de vitória do valor de troca sobre o valor de uso como sentido e orientação do processo de produção do espaço pelo capitalismo.[213]

De mais a mais, uma cidade geradora contribui para o crescimento econômico da região na qual está situada, enquanto uma cidade parasitária não. Uma cidade geradora alocará uma soma considerável de mais-valia acumulada dentro de si em formas de investimento que ampliem a produção. Os investimentos podem ocorrer na cidade ou na área rural ao redor. Há, por isso, uma conexão necessária, mas não suficiente, entre urbanismo e crescimento econômico.[214]

Defende Harvey que mais-valia é aquela parte de valor total da produção que é a parte que é posta de lado depois que o capital constante e o variável foram computados; é uma quantidade medida em termos de valor de troca; o conceito de Marx de excedente surge da análise da forma alienada de mais-valia e, para produzi-la, tem de produzir excedentes de produção, assim, existe uma conexão entre capitalismo e urbanismo, uma vez que o capitalismo produz excedentes exigidos pela urbanização e o capitalismo precisa da urbanização para absorver o excedente.

Afirma Harvey que os capitalistas[215] têm de produzir excedente para obter mais-valia; esta, por sua vez, deve ser reinvestida a fim de ampliar a mais-valia. O resultado do reinvestimento contínuo é a expansão da produção de excedente a uma taxa

---

213 CARLOS, Ana Fani Alessandri. A Tragédia Urbana. In: Ana Fani Alessandri Carlos, Danilo Volochko e Isabel Pinto Alvarez (Orgs.). *A Cidade Como Negócio*. São Paulo: Contexto, 2015d, p. 60.
214 HARVEY, David. *A Justiça Social e a Cidade*. Tradução de Armando Corrêa da Silva. São Paulo: Editora Hucitec, 1980, p. 188-199.
215 O entendimento mais adequado defende que quem produz o excedente é o trabalhador. O que o capitalista faz é se apropriar do mais valor produzido e transferido por meio da vinculação jurídica de um contrato. A produção de valor, inerente à força de trabalho, é seu valor útil que é expropriado para o capital. Sem o trabalhador, o capitalista nunca teria o mais valor para permitir a reprodução ou autorreprodução do capital.

composta – daí a curva lógica (dinheiro, produto e população) ligada à história da acumulação de capital, paralela à do crescimento da urbanização sob o capitalismo.[216]

Desde aproximadamente 1971 que Harvey tem andado a tentar mostrar duas coisas essenciais: a primeira é que o processo de acumulação de capital, com tudo aquilo que implica em termos culturais, sociais e econômicos, é uma questão profundamente geográfica:

> A segunda é que Marx continua a oferecer a melhor análise e crítica para compreender o modo de funcionamento capitalista, e por isso tem tentado torná-lo mais compreensível. A sua resiliência, isto é, a capacidade de retornar ao equilíbrio após stress e pressão, reside no facto de Harvey ter continuado a acreditar em Marx durante o final dos anos 70, durante os anos 80 e 90, alturas em que o colapso da União Soviética, o aparente sucesso das economias neoliberais, e a ascensão dos 'pós' na academia, provocaram um forte ataque ao marxismo.[217]

Assim, o urbanismo tem sido um meio fundamental para a absorção dos excedentes de capital e trabalho ao longo de toda a história do capitalismo, tendo uma função muito particular na dinâmica da acumulação do capital devido:

> aos longos períodos de trabalho e rotatividade e a longevidade da maior parte dos investimentos no ambiente construído. Também tem uma especificidade geográfica tal que a produção de espaço e dos monopólios espaciais tornam-se partes integrantes da dinâmica da acumulação, não apenas em virtude da natureza dos padrões mutáveis do fluxo de mercadorias no espaço, mas em virtude da

---

216 HARVEY, David. *O Direito à Cidade*. Traduzido do original em inglês "The right to the city" por Jair Pinheiro. Revista Lutas Sociais, São Paulo, n. 29, jul./dez. 2012, p. 73-89.
217 SARMENTO, João. *David Harvey: Lugares e Encontros*. Finisterra, LI, 101, 2016, p. 87.

natureza mesma dos espaços e lugares criados e produzidos em que esses movimentos ocorrem.[218]

Para Harvey, o que é definido na sociedade como excedente para alguns, será interpretado como essencial por outros, esse excedente aparece como uma quantidade de recursos materiais que é apropriado em benefício de um às expensas do outro e, o urbanismo, é um meio fundamental para isso, assim, o urbanismo implica na concentração de excedente na cidade.

Harvey lembra que o movimento de destruição e reconstrução de ambientes construídos como parte do processo de acumulação de capital. A extensão da ocupação do solo urbano por novos condomínios e *shopping centers* e a expansão por recuperação de áreas degradadas (como a conhecida gentrificação) é uma determinação ilimitada do mercado imobiliário.[219]

Esses projetos urbanísticos que prometem um estilo de vida voltado para o consumo, em que locais como *shopping centers*, restaurantes, bares, cafés, centros comerciais, condomínios fechados etc. significam cada vez mais a divisão da cidade em partes distintas: a dos que podem pagar e ter acesso a todos os tipos de serviços e a dos que são cada vez mais subjugados a esse tipo de urbanização, sem direito aos serviços de saneamento e passíveis de casos de desapropriação, o que é destacado e definido por Harvey como "destruição criativa".[220]

Esta é uma das contradições do capitalismo: o fato de que ele necessita do espaço físico para funcionar, em certos momentos

---

218 HARVEY, DAVID. *Cidades Rebeldes: Do Direito à Cidade à Revolução Urbana*. Tradução de Jeferson Camargo. São Paulo: Martins Fontes, 2014a, p. 92.
219 MARICATO, Ermínia. *O Impasse da Política Urbana no Brasil*. 3. ed. Petrópolis/RJ: Vozes, 2014, p. 174.
220 OLIVEIRA, Maysa Mayara Costa de; QUEIROZ, José Benevides. *A Rebeldia das Cidades como Gênese da Constituição do Espaço Urbano Contemporâneo*. Revista Repocs, v. 13, n. 25, jan./jun. 2016, p. 307.

da história, o capitalismo destrói o espaço e desvaloriza a maior parte do capital ali investido, em um momento posterior, abre caminho para um novo ajuste espacial, através da abertura de novos territórios para um novo ciclo de acumulação.[221]

A ideia de Harvey de que o capital necessita de territórios que permaneçam obrigatoriamente em situação não capitalista[222] para superar suas próprias crises de superacumulação, válida para o exame geral do capitalismo global, pode ser válida também para explicar os processos espaciais que sustentam os espaços centrais dos territórios metropolitanos, sobretudo se se considera que, apesar dos discursos e desejos de equilíbrio territorial, o processo de acumulação capitalista se produz, não só com base nas diferenças sociais e econômicas, mas por meio das diferenças territoriais.[223]

Assim, para Harvey o processo de acumulação de capital é uma questão geográfica e o urbanismo tem uma função particular na dinâmica dessa acumulação, para isso, utiliza-se do processo de destruição criativa de ambientes construídos, uma vez que para o ciclo da acumulação o capitalismo destrói o espaço e desvaloriza o capital investido ali e, depois, abre caminho para ajuste espacial com a abertura de novos territórios.

Por outro lado, na cidade antiga, a organização do espaço foi recriação simbólica de uma suposta ordem cósmica, ela teve

---

221 ROLNIK, Raquel. *Guerra dos Lugares: A Colonização da Terra e da Moradia na Era das Finanças*. 1. ed. São Paulo: Boitempo, 2015, p. 110.
222 "Esses territórios "não capitalistas" poderiam ser denominados mais propriamente como "territórios não metropolitanos" ou "territórios adormecidos", porque as suas particulares estruturas urbanas, sociais e econômicas, subprodutos do processo de acumulação territorial, invalida-os temporalmente para a própria acumulação e, não obstante, serão espaços a transformar nas sucessivas operações urbanísticas de ajuste do espaço urbano às necessidades do capital." (ROBIRA, Rosa Tello. Áreas Metropolitanas, Espaços Colonizados. In: CARLOS, Ana Fani Alessandri; CARRERAS, Carles (Orgs.). *Urbanização e Mundialização: Estudos Sobre a Metrópole*. São Paulo: Contexto, 2012, p. 10).
223 ROBIRA, Rosa Tello. Áreas Metropolitanas, Espaços Colonizados. In: CARLOS, Ana Fani Alessandri; CARRERAS, Carles (Orgs.). *Urbanização e Mundialização: Estudos Sobre a Metrópole*. São Paulo: Contexto, 2012, p. 9.

um propósito ideológico; já o espaço criado na cidade moderna tem um propósito ideológico equivalente, em parte, ele reflete a ideologia prevalente dos grupos e instituições dominantes na sociedade, em parte, ele é moldado pela dinâmica das forças de mercado que podem, facilmente, produzir resultados que ninguém, em particular, deseja, o espaço criado é domínio étnico apenas num sentido bastante limitado.[224]

Se desejarmos entender o espaço, precisamos considerar seu significado simbólico e a complexidade de seu impacto sobre o comportamento, já que está intimamente ligado ao processo cognitivo. Se desejarmos entender a trajetória do sistema urbano, devemos entender os relacionamentos funcionais que existem dentro dele, e as feições independentes no processo social e na forma espacial que podem mudar a linha daquela trajetória.[225]

O ponto central deveria estar claro: a única estrutura conceitual adequada para entender a cidade é a que inclui e se edifica ao mesmo tempo sobre as imaginações sociológicas e geográficas; devemos relacionar o comportamento social, de acordo com a geografia e a forma espacial[226] que a cidade assume; devemos reconhecer que uma vez criada uma forma espacial particular, ela tende a institucionalizar-se e, em alguns aspectos, a determinar o futuro desenvolvimento do processo social.[227]

Em outras palavras, a configuração do espaço que se desenvolve na arquitetura e, portanto, na cidade, é simbólica de nossa cultura, da ordem social existente, de nossas aspirações, necessidades e temores. Se, entretanto, desejamos avaliar a forma espacial da

---

224 HARVEY, David. *A Justiça Social e a Cidade*. Tradução de Armando Corrêa da Silva. São Paulo: Editora Hucitec, 1980, p. 188 e 267.
225 Ibid., p. 26-34.
226 Forma espacial da cidade o que significa a localização de objetos, tais como casas, utensílios, rede de transporte e etc. (Ibid., p. 39).
227 HARVEY, David. *A Justiça Social e a Cidade*. Tradução de Armando Corrêa da Silva. São Paulo: Editora Hucitec, 1980, p. 17.

cidade devemos de algum modo entender seu significado criativo, assim como suas dimensões meramente físicas.[228]

Para Harvey, a organização do espaço desde a cidade antiga até a moderna reflete a ideologia prevalente dos grupos e instituições dominantes na sociedade e é moldado pelas forças de mercado; seu significado é simbólico e impacta sobre o comportamento; sua configuração se desenvolve na arquitetura, assim, para entendermos o espaço devemos relacionar o comportamento social com a forma espacial que a cidade assume, uma vez criada a forma espacial ela determina o futuro desenvolvimento do processo social e essa forma, para ser avaliada, deve-se entender seu significado criativo e sua dimensão física.

Já o espaço social é tomado com um complexo de sentimentos e imagens[229] individuais sobre ele e de reações dirigidas ao simbolismo espacial que cerca esses indivíduos. Em geral, temos que concluir que o espaço social é complexo, não homogêneo, talvez descontínuo, e quase certamente diferente do espaço físico no qual o engenheiro e o planejador atuam tipicamente. O espaço social não é somente uma variável de indivíduo para indivíduo e de grupo para grupo; ela é, também, variável no tempo.[230]

Já a criação de novos espaços urbanos comuns, de uma esfera pública de participação democrática, exige desfazer a enorme onda privatizante que tem servido de mantra ao neoliberalismo destrutivo dos últimos anos. Temos de imaginar uma cidade mais inclusiva, mesmo se continuamente fracionada, baseada

---

228 Ibid., p. 21.
229 "Acresce que as imagens se tornaram, em certo sentido, mercadorias. Esse fenômeno levou Baudrillard a alegar que a análise marxiana da produção de mercadorias está ultrapassada, porque o capitalismo agora tem preocupação predominante com a produção de signos, imagens e sistemas de signos, e não com as próprias mercadorias." (Id. *Condição Pós-Moderna: Uma Pesquisa Sobre as Origens da Mudança Cultural*. Tradução de Adail Ubirajara e Maria Stela Gonçalves. São Paulo: Edições Loyola, 2014b, p. 260).
230 Id. *Op. Cit.* p. 23-25.

não apenas em uma ordenação diferente de direitos, mas em práticas político-econômicas.[231]

Segundo Harvey, os pós-modernistas se afastam de modo radical das concepções modernistas sobre como considerar o espaço:

> Enquanto os modernistas veem o espaço como algo a ser modelado para propósitos sociais e, portanto, sempre subserviente à construção de um projeto social, os pós-modernistas o veem como coisa independente e autônoma a ser moldada segundo objetivos e princípios estéticos que não têm necessariamente nenhuma relação com algum objetivo social abrangente, salvo, talvez, a consecução da intemporalidade e da beleza "desinteressada" como fins em si mesmas.[232]

Por outro lado, analisando o mercado de moradias mostra é que um mercado livre não dá origem a preços que conduzam a um preço ótimo, e que o mercado de moradias, em razão de sua própria lógica espacial interna, deve conter a ação coletiva se quiser funcionar coerentemente, isto explica, em contrapartida, por que o mercado de moradias é tão peculiarmente sensível a pressões econômicas e políticas, uma vez que é somente organizado e fazendo essas pressões que os indivíduos podem defender ou elevar o valor de seus direitos de propriedade,[233] em relação aos dos outros indivíduos.

---
231 HARVEY, David. *Para Entender O Capital*. Tradução de Rubens Enderle. São Paulo: Boitempo, 2013a, p. 33.
232 Id. *Condição Pós-Moderna: Uma Pesquisa Sobre as Origens da Mudança Cultural*. Tradução de Adail Ubirajara e Maria Stela Gonçalves. São Paulo: Edições Loyola, 2014b, p. 69.
233 "O valor desses direitos de propriedade pode modificar-se em uma cidade, de modo acentuado, em períodos bastante curtos. Essas mudanças são muitas vezes pensadas como sendo resultantes de movimentos demográficos, de mudanças em facilidades locais de alteração da forma, de políticas de investimento em mudanças e etc. É também evidente que o valor de qualquer propriedade é bastante afetado pelos valores dos direitos de propriedade vizinhos. As ações de indivíduos e organizações, mais do que a do possuidor, podem, por isso, afetar os valores de propriedade." (Id. *A Justiça Social e a Cidade*. Tradução de Armando Corrêa da Silva. São Paulo: Editora Hucitec, 1980, p. 51-52).

Assim, se observarmos o modo pelo qual a localização de empregos (por categoria) e moradia (por tipo) mudou, junto com os ajustamentos típicos em facilidades de transportes, ficará evidente que a redistribuição de riqueza ocorreu. É claro que a oferta de moradias de renda baixa não é elástica, e que isso é locacional e parcialmente fixado pelo padrão característico do estoque disponível de moradias em qualquer cidade e, parcialmente, pela existência de uma forte restrição à contiguidade social, por essas razões, podemos esperar que a fonte principal de oferta de moradias de baixa rentabilidade concentrar-se-á nas áreas centrais da cidade.[234]

De mais a mais, no processo social de determinação do salário é parcialmente modificado pelas trocas na localização das oportunidades de emprego (por categorias), comparadas com trocas nas oportunidades de moradia (por tipo). A maioria das análises do mercado urbano de moradia, indica a estrutura e a forma de equilíbrio que assume uma dada distribuição de renda. Uma moradia pode assim achar-se próxima de uma fonte de poluição, de uma fonte de barulho, ou de um ambiente decadente, esta aproximação tende a impor certos custos sobre a moradia (por exemplo, limpeza e lavagem de fachadas, protetores contra ruídos etc.).[235]

Quanto às favelas, percebe-se que a proposta aparentemente progressista de conceder direitos de propriedade privada aos ocupantes, oferecendo-lhes os bens necessários para sair da pobreza, é o tipo de proposta atualmente debatida para as favelas do Rio de Janeiro, mas o problema é que os pobres, atormentados pela escassez de seus rendimentos e pelas consequentes dificuldades financeiras, são facilmente convencidos a vender esses bens a preços relativamente baixos.[236]

---
234 Ibid., p. 49.
235 HARVEY, David. *A Justiça Social e a Cidade*. Tradução de Armando Corrêa da Silva. São Paulo: Editora Hucitec, 1980, p. 42-45.
236 Id. *Cidades Rebeldes: Do Direito à Cidade à Revolução Urbana*. Tradução de Jeferson Camargo. São Paulo: Martins Fontes, 2014a, p. 56.

Harvey aposta que, se as tendências atuais prevalecerem, em quinhentos anos todos aqueles morros ocupados por favelas estarão repletos de condomínios arranha-céus com vistas deslumbrantes para a Baía de Guanabara, enquanto os antigos favelados estarão morando em alguma periferia distante. Na verdade, haveria casos em que a concessão desses direitos nas favelas do Rio liberaria energias individuais e empenhos empreendedores que levariam ao avanço pessoal, mas o efeito concomitante quase sempre consiste em destruir os modos coletivos e de não maximização dos lucros de solidariedade social e de apoio mútuo, enquanto que o efeito agregado será quase certamente anulado pela falta de empregos estáveis e bem remunerado.[237]

Assim, para Harvey o mercado de moradias deve conter a ação coletiva se quiser funcionar corretamente, pois é sensível a pressões econômicas e políticas; já a oferta de moradias é locacional e parcialmente fixada pelo estoque de moradia disponível; assim, a análise do mercado de moradias indica a estrutura e a forma de equilíbrio que assume uma dada distribuição de renda.

2.2.2. A teoria do uso do solo urbano: valor de uso, valor de troca e a moradia como mercadoria

Marx pensou em um conceito de mercadoria como uma coisa dupla, ou seja, duas coisas ao mesmo tempo, um valor de uso e um valor de troca; melhor dizendo, um objeto de utilidade e um valor. Isso significa que uma mercadoria é um objeto considerado útil e, portanto, suscetível de se querer possuir, essa propriedade que pode satisfazer à vaidade de seu possuidor ou incomodá-lo, não tem nada a ver com as qualidades do objeto.[238]

A qualidade de vida urbana tornou-se uma mercadoria, assim como a própria cidade, num mundo onde o consumismo, o

---

237 Ibid., p. 56-57.
238 RENAULT, Emmanuel; DUMÉNIL, Gérard; LOWY, Michael. *Ler Marx*. Tradução de Mariana Echalar. São Paulo: Editora Unesp, 2011, p. 235.

turismo e a indústria da cultura e do conhecimento se tornaram os principais aspectos da economia política urbana. A tendência pós-moderna de encorajar a formação de nichos de mercado – tanto hábito de consumo quanto formas culturais – envolve a experiência urbana contemporânea com uma aura de liberdade de escolha, desde que se tenha dinheiro.[239]

Assim, as mercadorias são produtos do trabalho humano, o que as mercadorias têm em comum é que são suporte do trabalho humano incorporado em sua produção. Todas as mercadorias são reduzidas a trabalho humano igual, a trabalho humano abstrato.[240] Marx começa com o conceito unitário da mercadoria, que incorpora a dualidade entre valor de uso e valor de troca:

> O que encontramos por trás do valor de troca é o conceito unitário de valor, definido como tempo de trabalho socialmente necessário ("socialmente necessário" implica que alguém queira ou precise do valor de uso), se unem num ato de troca por meio do qual o valor é expresso na dualidade das formas relativa e equivalente de valor. Isso engendra uma mercadoria-dinheiro como representante da universalidade do valor, porém disfarça o significado interno deste como uma relação social, produzindo assim o fetichismo das mercadorias, entendido como relações materiais entre pessoas e relações sociais entre coisas.[241]

---

239 HARVEY, David. *O Direito à Cidade*. Traduzido do original em inglês "The right to the city" por Jair Pinheiro. Revista Lutas Sociais, São Paulo, n. 29, jul./dez. 2012, p. 81.
240 "Mas em que consiste esse trabalho humano abstrato. As mercadorias são resíduos dos produtos de trabalho. Deles não restou mais do que uma objetividade fantasmagórica, uma simples geleia de trabalho humano indiferenciado... Como cristais dessa substância que lhes é comum, elas são valores-valores de mercadorias... Quando vamos ao supermercado, podemos descobrir os valores de troca, mas não podemos ver ou medir diretamente o trabalho humano incorporado nas mercadorias. É essa incorporação do trabalho humano que está presente fantasmagoricamente nas prateleiras..." (Id. *Para Entender O Capital*. Tradução de Rubens Enderle. São Paulo: Boitempo, 2013, p. 28).
241 Ibid., p. 112.

Um aspecto central para a definição do caráter da terra para a acumulação capitalista seria o entendimento de que o solo não é produzido pelo trabalho humano, sendo dádiva, portanto:

> Não se trata de algo que possuiria valor, mas que geraria rendas advindas do monopólio/domínio sobre determinada porção do espaço pelos seus proprietários e da especulação que estes fazem com a terra. Esse entendimento da terra como geradora de renda aponta uma perspectiva que a compreende como meio de produção, matéria-prima, e que, pelo seu caráter finito e raro, o preço da terra seria definido a partir das disputas pelas possibilidades de uso e das vantagens da localização para a produção.[242]

O solo e suas benfeitorias são, na economia capitalista contemporânea, mercadorias. Esses dois não podem deslocar-se livremente, têm localização fixa (o que confere monopólio), nenhum indivíduo pode dispensar (não posso viver sem moradia de alguma espécie), mudam de mão relativamente com pouca frequência, é permanente e considerável, propiciam a oportunidade de acumular riqueza, têm usos diferentes.[243]

Maricato explica o que é a terra urbana como monopólio, ou seja, a terra é uma mercadoria especial e a cidade um grande negócio:

> Se lembrarmos que a terra urbana, ou um pedaço de cidade, constitui sempre uma condição de monopólio – ou seja, não há um trecho ou terreno igual a outro, e sua localização não é reproduzível – estamos diante de uma

---

242 VOLOCHKO, Danilo. A Moradia como Negócio e a Valorização do Espaço Urbano Metropolitano. In: Ana Fani Alessandri Carlos, Danilo Volochko, Isabel Pinto Alvarez (Orgs.). *A Cidade Como Negócio*. São Paulo: Contexto, 2015b, p. 99.
243 HARVEY, David. *A Justiça Social e a Cidade*. Tradução de Armando Corrêa da Silva. São Paulo: Editora Hucitec, 1980, p. 133-136.

mercadoria especial que tem o atributo de captar ganhos sob a forma de renda. A cidade é um grande negócio e a renda imobiliária, seu motor central.[244]

Deste modo, a moradia é uma mercadoria especial, ela demanda terra, ou melhor, terra urbanizada, financiamento à produção e financiamento à venda, nesse sentido, ela tem uma vinculação com a macroeconomia e subsídios ao financiamento, ao disputar investimentos com outros ativos financeiros, ela exigiria mover o coração da política econômica.[245]

Assim, para Harvey a mercadoria é coisa dupla, um valor de uso e um valor de troca, um objeto de utilidade e um valor; é produto do trabalho humano, suporte do trabalho incorporado em sua produção, assim, todas as mercadorias são reduzidas a trabalho igual, ou seja, abstrato; a terra gera renda advindas do monopólio/domínio, assim, são mercadorias na economia capitalista, pois propiciam a oportunidade de acumular riquezas.

Maricato aponta que inicialmente Marx, posteriormente desenvolvido por Harvey, analisou que entre o valor de troca da cidade mercadoria e o valor de uso da cidade há uma profunda oposição que gera um conflito básico:

> Ao lado deste, outros conflitos (secundários?) são gerados pela forma anárquica como o ambiente construído cresce. Dependendo das circunstâncias históricas, podem ser notáveis as divergências entre: capital em geral e capital imobiliário pela disputa dos ganhos; e c) divergência entre proprietários de imóveis e capital imobiliário pelo mesmo motivo.[246]

---

244 MARICATO, Ermínia. *Para Entender a Crise Urbana*. São Paulo: Expressão Popular, 2015, p. 23.
245 Id. *Brasil, Cidades: Alternativa Para a Crise Urbana*. 2. ed. Petrópolis/RJ: Vozes, 2002, p. 118.
246 MARICATO, Ermínia. *Para Entender a Crise Urbana*. São Paulo: Expressão Popular, 2015, p. 24.

A expressão valor[247] de uso pode, assim, ser aplicada a toda classe de objetos, atividades e eventos em situações sociais e naturais particulares, pode referir-se à ideologia religiosa, instituições sociais, trabalho, linguagem, mercadorias, recreação etc. Os valores de uso, consequentemente, servem diretamente como meios de existência, empregado essa maneira, contudo o valor de uso como tal está fora da esfera de investigação da economia política.[248] Sobre a definição de valor trazida por Marx, comenta Harvey:

> Isso permite que ele formule a definição crucial do valor como "tempo de trabalho socialmente necessário", que "é aquele requerido para produzir um valor de uso qualquer sob as condições socialmente normais existentes e com o grau social médio de destreza e intensidade do trabalho". E conclui: "apenas a quantidade de trabalho socialmente necessário ou o tempo socialmente necessário de trabalho para a produção de um valor de uso pode determinar a sua grandeza de valor".[249]

Assim, se abstrairmos o valor de uso das mercadorias só lhes resta uma única propriedade: o de serem produtos de trabalho, ou seja, o valor das mercadorias é determinado pelo tempo de trabalho necessário para sua produção, compreendemos, então, como a teoria da mercadoria é inseparável da troca, os valores de uso são mercadorias apenas na troca.[250]

---

247 "A palavra VALOR, é preciso observar, tem dois significados diferentes; algumas vezes expressa a utilidade de algum objeto particular e algumas vezes o poder de compra de outros bens que a posse daquele objeto transmite. O primeiro pode ser chamado de "valor de uso" e o outro de "valor de troca". As coisas de grande valor de uso têm, frequentemente, pequeno ou nenhum valor de troca; e, ao contrário, as de grande valor de troca têm, frequentemente, pequeno ou nenhum valor de uso." (SMITH, Adam. The Wealth of Nations, 1776, p. 28, apud HARVEY, David. *A Justiça Social e a Cidade*. Tradução de Armando Corrêa da Silva. São Paulo: Editora Hucitec, 1980, p. 131).
248 Ibid., p. 131-132.
249 Id. *Para Entender O Capital*. Tradução de Rubens Enderle. São Paulo: Boitempo, 2013, p. 30.
250 RENAULT, Emmanuel; DUMÉNIL, Gérard; LOWY, Michael. *Ler Marx*. Tradução de Mariana Echalar. São Paulo: Editora Unesp, 2011, p. 239.

Essa lei das trocas, segundo Marx, trata de uma lei própria da teoria da mercadoria, pois as mercadorias são trocadas por seu valor ou, em termos mais rigorosos, por preços proporcionais a seu valor. Para determinar o quanto dessa mercadoria vai ser trocada por quanto de outra, os trocadores falam em quantidades de uma terceira mercadoria, que cumpre a função de dinheiro, ou, de modo equivalente, de moeda.[251]

Segundo Marx, o primeiro modo pelo qual um objeto de uso é possivelmente valor de troca é:

> sua existência como não-valor de uso, como quantum de valor de uso que ultrapassa as necessidades diretas de seu possuidor. As coisas são, em si e para si, externas ao homem e, portanto, alienáveis. Para que a alienação seja recíproca, basta que os homens se defrontem, tacitamente, como proprietários privados daquelas coisas alienáveis e portanto, por intermédio disso, como pessoas independentes entre si.[252]

Isso implica, porém, que nenhuma coisa pode ter valor sem ser objeto de uso. Se a mercadoria não satisfaz uma carência, um desejo ou uma necessidade humana, ela não tem valor nenhum! Em suma, você tem de poder vendê-la para alguém em algum lugar. Os valores de troca são uma representação de valor, e valor é tempo de trabalho socialmente necessário. Mas o valor não significa nada, se não voltar a se conectar com o valor de uso, o valor de uso é socialmente necessário para o valor.[253]

Por outro lado, a mudança de uso do solo é um principal e central processo que está na base do aumento dos preços, uma vez que a propriedade passa a integrar uma nova articulação

---

251 Ibid., p. 241.
252 MARX, Karl. *O Capital: Crítica da Economia Política*. Tradução de Regis Barbosa e Flávio R. Kothe. Livro primeiro. Tomo I. Cap. I. São Paulo: Nova Cultural, 1996a, p. 212.
253 HARVEY, David. *Para Entender* O Capital. Tradução de Rubens Enderle. São Paulo: Boitempo, 2013, p. 32.

com o espaço construído, possuindo um valor de uso urbano/metropolitano e no caso da construção de imóveis residenciais adquire um valor de uso para a moradia.[254]

Se antes a terra possuía um valor de uso ligado muitas vezes à especulação, ou ligado a outras atividades, como a industrial, a incorporação efetiva de trabalho humano que se materializa na edificação dos novos imóveis e suas ligações com o restante do espaço urbano, conexão à rede elétrica, viária, de saneamento, ao comércio, às centralidades diversas, permite realizar um salto qualitativo em termos de valor de uso desse terreno, o que realiza a valorização do solo incorporado a esse novo valor de uso que socializa as positividades do urbano.[255]

Para Harvey, o valor de uso é a utilidade de algum objeto particular; o valor de uso é mercadoria na troca e as mercadorias são trocadas por preços proporcionais a seu valor; assim, nenhuma coisa pode ter valor sem ser objeto de uso, pois o valor de uso é socialmente necessário para o valor. Por isso, apenas o trabalho socialmente necessário ou o tempo socialmente necessário de trabalho para a produção de um valor de uso pode determinar a sua grandeza de valor.

Já a criação de valor de troca reside no processo social de aplicação de trabalho socialmente necessário aos objetos da natureza para criar objetos materiais (mercadorias) apropriadas para o consumo (uso) pelo homem. A mercadoria de um valor de uso, não seria mercadoria se fosse valor de uso para seu possuidor; isto é, meio direto para a satisfação de suas próprias necessidades. Para o possuidor é não valor de uso, que é meramente o depositário físico do valor de troca ou simplesmente

---

254 VOLOCHKO, Danilo. A Reprodução do Espaço Urbano Como Momento da Acumulação Capitalista. In: CARLOS, Ana Fani Alessandri (Org.). *Crise Urbana*. São Paulo: Contexto, 2015a, p. 115.
255 Ibid., p. 115.

valor de troca, o valor de uso como ativo portador de valor de troca torna-se meio de troca.[256]

Assim, o valor de troca ou valor significa que a desejabilidade se manifesta no mercado, o detentor do objeto apresenta-o num mercado em que esse objeto fica à espera de ser requisitado, o conceito de mercadoria requer os dois aspectos (valor de uso e de troca), pois um bem produzido, mas não oferecido num mercado (ou ainda não oferecido) não é uma mercadoria, um bem adquirido e possuído para seu uso privado não é mais uma mercadoria.[257]

Por isso, os valores de uso existem no mundo físico material das coisas, que pode ser descrito nos termos newtonianos e cartesianos de um espaço e um tempo absolutos. Os valores de troca se situam no espaço-tempo relativo do movimento e da troca de mercadorias, ao passo que os valores só podem ser entendidos nos termos do espaço-tempo relacional do mercado mundial. No entanto os valores não podem existir sem valores de troca, e a troca não pode existir sem valores de uso, os três conceitos são dialeticamente integrados uns aos outros.[258]

Há, certamente, um aporte em comum que se deve ressaltar em relação ao tempo e ao espaço, na medida em que Harvey destaca a preocupação metodológica em considerar a compreensão e análise do espaço e do tempo como integrantes a uma dada sociedade, ou seja, não se pode considerar tais categorias a não ser pela materialidade social que faz das mesmas uma forma específica de existência.[259]

---

256 HARVEY, David. *A Justiça Social e a Cidade*. Tradução de Armando Corrêa da Silva. São Paulo: Editora Hucitec, 1980, p. 133.
257 RENAULT, Emmanuel; DUMÉNIL, Gérard; LOWY, Michael. *Ler Marx*. Tradução de Mariana Echalar. São Paulo: Editora Unesp, 2011, p. 235-236.
258 HARVEY, David. *Para Entender O Capital*. Tradução de Rubens Enderle. São Paulo: Boitempo, 2013, p. 45.
259 ALFREDO, Anselmo. *O Mundo Moderno e o Espaço: Apreciações Sobre a Contribuição de Henri Lefebvre*. GEOUSP – Espaço e Tempo, São Paulo, n. 19, 2006, p. 58.

A valorização fundiária ligada à mudança de uso do solo e que estabelece um valor de uso potencializado fazendo com que no mercado fundiário esse solo apresente um valor de troca elevado relativamente a outros terrenos que não possuem essas articulações às infraestruturas e equipamentos urbanos, o preço do solo, assim, se eleva.[260]

Para Harvey o valor de troca expressa-se pelo poder de compra de outros bens que a posse daquele objeto transmite e reside no processo social de aplicação de trabalho aos objetos para criar mercadorias consumidas pelo homem, situando-se no espaço-tempo relativo de movimento e da troca de mercadorias.

Marx reconheceu que os valores de uso são incrivelmente diversos, os valores de troca são acidentais e relativos e o valor tem (ou parece ter) uma objetividade fantasmagórica, que está sujeita a perpétuas revoluções impostas por mudanças tecnológicas e reviravoltas nas relações sociais e naturais, essa totalidade não é estática e fechada, mas fluida e aberta, portanto em perpétua transformação.[261]

Da análise de Marx resultam duas conclusões e uma questão importante:

> A primeira conclusão é que as relações de troca, longe de ser epifenômenos que expressam a estrutura profunda do valor, existem numa relação dialética com os valores, de modo que estes dependem daquelas, tanto quanto aquelas dependem destes. A segunda conclusão confirma o status imaterial (fantasmagórico), porém objetivo, do conceito de valor. Todas as tentativas de medir diretamente o valor estão condenadas ao fracasso. A questão diz respeito ao grau de confiabilidade e precisão da representação monetária do

---

260 VOLOCHKO, Danilo. A Reprodução do Espaço Urbano Como Momento da Acumulação Capitalista. In: CARLOS, Ana Fani Alessandri (Org.). *Crise Urbana*. São Paulo: Contexto, 2015a, p. 115.
261 HARVEY, David. *Op. Cit.* p. 34.

valor ou, em outras palavras, a como a relação entre imaterialidade (valor) e objetividade (tal como capturada pela representação monetária do valor) desdobra-se na realidade.[262]

Acredita Harvey que o valor de troca é o poder de compra de outros bens que a posse do objeto transmite; surge no processo social de aplicação de trabalho (socialmente necessário) à mercadoria; situa-se no espaço-tempo relativo do movimento e da troca de mercadorias; assim, são acidentes e relativos e o valor tem uma objetividade fantasmagórica.

Com relação à moradia, há numerosos e diversos atores no mercado da moradia, e cada grupo tem um modo distinto de determinar o valor de uso e o valor de troca. Os usuários de moradia consomem os vários aspectos da habitação de acordo com seus desejos e necessidades. Os usuários proprietários estão relacionados com os valores de uso e agem com isso. Mas, tanto quanto uma casa tem uso como potencial de riqueza, o valor de troca pode ser considerado. Mas todos os usuários de moradia têm um objetivo similar – obter valores de uso através do arranjo do valor de troca.[263]

Por outro lado, os proprietários operam, na maioria, com valor de troca como seu objetivo, ele tem duas estratégias: a primeira é comprar uma propriedade rapidamente e então alugá-la para obter renda do capital investido nela; a segunda, envolve a compra de uma propriedade através de financiamento hipotecário que leva então o proprietário a aumentar o valor líquido de suas posses.[264]

Já os corretores de imóveis operam no mercado de moradia para obter valor de troca. Os corretores podem, assim,

---

262 HARVEY, David. *Para Entender O Capital.* Tradução de Rubens Enderle. São Paulo: Boitempo, 2013, p. 42.
263 Id. *A Justiça Social e a Cidade.* Tradução de Armando Corrêa da Silva. São Paulo: Editora Hucitec, 1980, p. 139-140.
264 Ibid., p. 140.

desempenhar um papel como coordenadores passivos do mercado ou como encorajadores da atividade do mercado, forçando-o.[265]

Por outro lado, os incorporadores e as firmas de construção estão interessados em crescimento, reconstrução e reabilitação,[266] ou seja, estão interessados em valores de uso para outros somente na medida que criam valores de troca para si próprios. Já as instituições financeiras estão interessadas em obter valores de troca por meio de financiamento de oportunidades para a criação ou aquisição de valores de uso. Por fim, as instituições governamentais, quando o governo aloca muitos serviços, facilidades e vias de acesso, contribui indiretamente para o valor de uso da moradia modificando o meio circundante.[267]

Em resumo, para Harvey, os usuários proprietários estão relacionados com os valores de uso e agem com isso, por outro lado, operam com o valor de troca, alugando o imóvel adquirido para obter renda ou utilizando o financiamento para compra de imóveis para aumentar o valor líquido de suas posses, como exemplo a aquisição do imóvel hipotecado. Já os corretores de imóveis utilizam o mercado de moradia para obter o valor de troca; as construtoras e incorporadoras criam valores de troca para si; as instituições financeiras obtêm valor de troca por meio de financiamento e as instituições governamentais contribuem para o valor de uso da moradia.

---

265 Ibid., p. 140.
266 "Ao conceito de reabilitação (ou requalificação) atribuiremos uma ação que preserva, o mais possível, o ambiente construído existente (pequenas propriedades, fragmentação no parcelamento do solo, edificações antigas) e dessa forma também o uso e a população moradora. A reforma necessária na infraestrutura existente para adaptá-la a novas necessidades procura não descaracterizar o ambiente construído herdado. Nos edifícios busca-se fazer "intervenções mínimas" indispensáveis para garantir conforto ambiental, acessibilidade e segurança estrutural." (MARICATO, Ermínia. *Brasil, Cidades: Alternativa Para a Crise Urbana*. 2. ed. Petrópolis/RJ: Vozes, 2002, p. 126).
267 HARVEY, David. *A Justiça Social e a Cidade*. Tradução de Armando Corrêa da Silva. São Paulo: Editora Hucitec, 1980, p. 141-142.

Já a renda²⁶⁸ funciona como um artifício racional que seleciona usos do solo em localizações, presume-se, por via usualmente de lances competitivos. Todos os atores do drama moradia são afetados por ela em algum estágio; ela provê um padrão comum em termos de que todos os atores devem medir suas aspirações se querem alcançar seus objetivos diversificados. É porque todos os cálculos estão baseados nessa medida comum que as diversas atividades aparecem coordenadas no mercado do solo e da propriedade para produzir o padrão de uso do solo que é tão evidente na metrópole contemporânea.²⁶⁹

Por outro lado, o capital fictício se trata de algo real, mais que é fenômeno superficial que mascara alguma coisa importante das relações sociais subjacentes. Quando um banco empresta ao consumidor para que compre uma casa, recebendo em troca um fluxo de juros, faz parecer que algo na casa esteja diretamente produzindo um valor, sendo que isso não acontece.²⁷⁰

Harvey afirma que o direito à terra se converte em uma forma de capital fictício, que segundo Alvarez:

> Pensamos que essas considerações estão relacionadas não apenas à propriedade da terra, mas à propriedade imobiliária. As considerações do autor apontam para o papel estratégico da propriedade da terra no processo de capitalização, bem como na especulação, de tal modo que a reprodução e atualização da propriedade não são apenas processos constitutivos de acumulação primitiva, mas inerentes ao desenvolvimento e continuidade do capitalismo.²⁷¹

---

268 "A renda é a parte do valor de troca que se destina ao proprietário e possuidor do solo. Os valores de troca relacionam-se (através da circulação de mercadorias) aos valores de uso socialmente determinados. Se argumentamos que a renda pode prescrever o uso, então isso implica que os valores de troca podem determinar os valores de uso, criando novas condições, às quais os indivíduos devem adaptar-se se desejam sobreviver em sociedade." (Ibid., p. 162).
269 Ibid., p. 151.
270 HARVEY, David. *Cidades Rebeldes: Do Direito à Cidade à Revolução Urbana*. Tradução de Jeferson Camargo, São Paulo: Martins Fontes, 2014a, p. 88.
271 ALVAREZ, Isabel Pinto. A Produção e Reprodução da Cidade Como Negócio e

Um fluxo de capital fictício é necessário para completar o processo da produção e realização de valores de imóveis comerciais e residenciais. Em certa medida, o capital manipula e controla tanto a oferta quanto a demanda por novas casas pré-fabricadas e condomínios residenciais, assim como por propriedades comerciais.[272]

Pelo exposto, o capital fictício é real, mas mascara alguma coisa importante das relações sociais; é necessário para completar o processo da produção e da realização de valores de imóveis; o direito à terra se converte em uma forma de capital fictício, assim, esse capital manipula e controla a oferta e a demanda por novas moradia.

2.3. Diferenças e semelhanças das ideias de Henri Lefebvre e David Harvey sobre direito à cidade

Lefebvre fala do direito à cidade de forma holística, subjetiva, como o direito à vida, à globalidade, à liberdade, à cidadania, já Harvey é mais objetivo, entendendo como direito à cidade como a reivindicação pelos meios de organização do espaço da cidade, traz a ideia de direito coletivo concentrado, comum, ativo, de formar uma cidade diferente, de acordo com a necessidade coletiva que surge das ruas e dos bairros.

Lefebvre argumenta que o urbanismo se impõe em escala mundial do duplo processo de implosão-explosão da cidade, é realidade real e concreta, ligada à vida do homem, já Harvey, defende que o urbanismo é uma forma particular ou padronizada do processo social, é forma social ligada à divisão de trabalho e seu estudo contribui para compressão das relações sociais na base econômica da sociedade.

Segregação. In: Ana Fani Alessandri Carlos, Danilo Volochko, Isabel Pinto Alvarez (Orgs.). *A Cidade Como Negócio*. São Paulo: Contexto, 2015, p. 72.
272   HARVEY, David. *Op. Cit.* p. 98.

Há, naturalmente, certos pontos de partida comuns entre Harvey e Lefebvre, ambos aceitam que o urbanismo deve ser entendido como entidade autossuficiente que expressa e modela as relações como outras estruturas na totalidade, nenhum dos dois considera o urbanismo como algo decorrente simplesmente de outras estruturas sociais.[273]

No que diz respeito à urbanização, Lefebvre defende que o campo desapareceu e o meio rural foi urbanizado, assim, o urbano assola o campo, formando um campo urbanizado, essa urbanização é o motor das transformações da sociedade e nela está o sentido, o objetivo e a finalidade da industrialização, que é central para o capitalismo. Já Harvey, defende que a urbanização é um processo social, é um fenômeno de classe e depende do excedente extraído, uma vez que existe uma conexão entre o desenvolvimento do capitalismo e a urbanização.

Harvey atualiza as questões tratadas por Lefebvre, só que em um novo patamar, enquanto o sociólogo francês mostrava como a ideologia do consumo repercutia no dia a dia das cidades, implicando num determinado tipo de urbanismo, Harvey destaca o tipo globalizante de urbanização atrelado ao capital financeiro e com consequências devastadoras no modo de vida urbano.[274]

Harvey gosta da analogia de Lefebvre entre o urbanismo e o conhecimento científico, ambos possuem estruturas específicas com sua própria dinâmica interna, ambos podem alterar a estrutura da base econômica, em caso de necessidade, de maneira fundamental, além disso, ambos são canalizados e restringidos pelas forças e influências que emanam da base econômica e,

---

273   HARVEY, David. *A Justiça Social e a Cidade*. Tradução de Armando Corrêa da Silva. São Paulo: Editora Hucitec, 1980, p. 256.
274   OLIVEIRA, Maysa Mayara Costa de; QUEIROZ, José Benevides. *A Rebeldia das Cidades Como Gênese da Constituição do Espaço Urbano Contemporâneo*. Revista Repocs, v. 13, n. 25, jan./jun. 2016, p. 310.

por último, devem ser relacionadas à produção e reprodução da existência material caso devam ser entendidas.[275]

Harvey concorda com Lefebvre que a pobreza urbana é, na maior parte dos casos, pobreza rural reorganizada dentro do sistema urbano, é nesse sentido que devemos aceitar o ponto de vista de Lefebvre de que a urbanização do campo implica numa ruralização subsidiária da cidade.[276]

Sobre o espaço, Lefebvre argumenta que representa a ordem sincrônica da realidade, é um fundamento histórico, uma abstração concreta que entra na prática social, assim, atrela o espaço à realidade social, para ele, o espaço não existe em si mesmo, pois ele é produzido. Já Harvey afirma que o espaço reflete a ideologia prevalente dos grupos e instituições dominantes e é moldado pelas forças de mercado, assim, o espaço tem um significado simbólico e impacta sobre o comportamento.

Lefebvre tenta incorporar conceitos adequados de espaço em sua análise, notando o conflito entre a dialética do processo social e a geometria estática da forma social e chega à conceituação do tema processo social-forma espacial que não é diferente da que contém na análise de Harvey.[277]

Ao que parece, Harvey destaca as distintas formas de percepção intersubjetivas de espaço que ganhariam uma dimensão significativa em sua própria constituição enquanto categoria analítica. A partir daí pode-se observar uma certa coincidência entre o que o autor chama de concepções espaciais e aquilo que para Henri Lefebvre ganha força como prática espacial.[278]

Harvey converge em sua crítica a Lefebvre e ao procurarem delimitar a análise espacial enquanto uma reação à aparente

---

275 HARVEY, David. *Op. Cit.* p. 256.
276 HARVEY, David. *A Justiça Social e a Cidade*. Tradução de Armando Corrêa da Silva. São Paulo: Editora Hucitec, 1980, p. 266.
277 Ibid., p. 256.
278 ALFREDO, Anselmo. *O Mundo Moderno e o Espaço: Apreciações Sobre a Contribuição de Henri Lefebvre*. GEOUSP – Espaço e Tempo, São Paulo, n. 19, 2006, p. 59.

excessiva centralidade e autonomia conferida por Lefebvre à problemática do espaço urbano, a qual lhe parecia relegar a um segundo plano as relações sociais de produção (produção e circulação, reprodução) e do capital industrial, submersas pelas relações sociais espaciais da produção e do capital financeiro. Mas, reconhece a contribuição de Lefebvre para a compreensão da organização do espaço como produto material e do conteúdo ideológico do espaço social.[279]

Já sobre as teorias adotadas, Lefebvre explica a forma urbana que reúne e torna simultânea as coisas, as pessoas e os signos, considerando-a uma expressão das estruturas, forma não material, mas concreta; assim, a forma urbana tende à centralidade e à policentralidade e revela uma abstração, porém é chave do concreto, da prática.

Por outro lado, Harvey defende a teoria do uso do solo urbano, analisando o valor de uso, de troca e a moradia como mercadoria. O valor de uso é a utilidade de um objeto particular, assim, nenhuma coisa pode ter valor sem ser objeto de uso, pois o valor de uso é socialmente necessário para o valor. Já o valor de troca é o poder de compra de outros bens que a posse do objeto transmite, são acidentais e relativos e, o valor, tem uma objetividade fantasmagórica, além de surgir no processo social de aplicação de trabalho socialmente necessário à mercadoria. Em relação à propriedade, seu valor de uso faz com que o usuário consuma os aspectos da habitação conforme os seus desejos e necessidades; já seu valor de troca, pode se dar com a compra de uma propriedade para alugá-la e obter renda ou comprar uma propriedade financiada para aumentar o valor líquido das posses.

Harvey concorda com Lefebvre ao insistir que a revolução tem de ser urbana, no sentido mais amplo deste termo, ou

---

[279] LIMONAD, Ester. *Reflexões Sobre o Espaço, o Urbano e a Urbanização*. Revista GEOgraphia, n. 1, ano 1, 1999, p. 80.

nada mais.[280] Por outro lado, o trabalho de Lefebvre é mais geral do que o de Harvey, mas é também incompleto em alguns pontos importantes.[281]

Por outro lado, ainda sobre as diferenças entre Lefebvre e Harvey detecta-se que Lefebvre assegura que o urbanismo domina agora a sociedade industrial, ele chega a essa proposição através da construção pela negação, o uso de tal artifício dialético fornece uma hipótese, ela não constitui uma prova, e Harvey não acredita que a hipótese possa a esta altura da história ser provada.[282]

Para Harvey, o urbanismo possui uma estrutura separada – ele pode ser concebido como entidade à parte – com dinâmica própria. Mas, essa dinâmica é medida através da interação e contradição com outras estruturas, dizer que o urbanismo domina agora a sociedade industrial é dizer que as contradições entre o urbanismo como estrutura em processo de transformação e a dinâmica interna da antiga sociedade industrial são resolvidas, geralmente, em favor do primeiro.[283]

Defende Harvey que em certos aspectos importantes e cruciais, a sociedade industrial e as estruturas que a contém continuam a dominar o urbanismo, há três argumentos em que este é o caso: a) o espaço criado é moldado através do desenvolvimento dos investimentos de capital fixo; b) a urbanização fornece a oportunidade para o capital industrial dispor dos produtos de sua cria; c) o urbanismo é visto como produto de circulação de mais-valia (este é a mais importante fonte de desacordo entre Lefebvre e Harvey).[284]

---

280 HARVEY. David. *O Direito à Cidade*. Traduzido do original em inglês "The right to the city" por Jair Pinheiro. Revista Lutas Sociais, São Paulo, n. 29, jul./dez. 2012, p. 73-89.
281 Id. *A Justiça Social e a Cidade*. Tradução de Armando Corrêa da Silva. São Paulo: Editora Hucitec, 1980, p. 261.
282 Ibid., p. 268.
283 HARVEY, David. *A Justiça Social e a Cidade*. Tradução de Armando Corrêa da Silva. São Paulo: Editora Hucitec, 1980, p. 268.
284 Ibid., p. 269.

3
A (RE)CONFIGURAÇÃO DA PROPRIEDADE PRIVADA E O DIREITO À MORADIA

3.1. Repensando a cidade: a cidade e a moradia como mercadoria

Para falarmos de moradia, faz-se necessário, antes, compreendermos como surgiu a cidade, seu processo, sua ligação com o mercado e a mercadoria, ou seja, entender que a cidade pertence ao capital e que o homem está vinculado às necessidades de reprodução desse capital. Para isso, é importante assimilar conceitos ligados à cidade como processo de produção, processo de trabalho, trabalho materializado, produção de trabalho, produto histórico, cidade-empreendimento e cidade-empresa.

As primeiras cidades surgem exatamente no local onde a agricultura já apresentava certo estágio de desenvolvimento, ou seja, na Ásia, e só muito mais tarde, na Europa. Por outro lado, a divisão do trabalho, além de implicar uma divisão da sociedade em classes, determina uma separação espacial entre as atividades dos homens, entre cidade e campo, necessária para cada grupo de atividades, a urbana e a agrícola, assumir suas características.[1]

Assim, a cidade nasce no momento em que a economia autossuficiente do feudo do início da Idade Média transforma-se em uma economia monetária, com um comércio em expansão. Como a vida de relações é fundamental para a existência da cidade, as primeiras, na Europa, ressurgem onde o comércio tem expansão mais rápida: na Itália e Holanda.[2]

Por isso, no momento em que o homem deixa de ser nômade, fixando-se no solo como agricultor, é dado o primeiro passo para a formação da cidade. Quando o homem começa a dominar um elenco de técnicas menos rudimentares que lhe permitem extrair algum excedente agrícola, há um segundo impulso para o surgimento das cidades, visto que ele pode agora dedicar-se a outra função que não a de plantar. Passa a existir uma divisão do trabalho fora da produção, essencialmente agrícola.[3]

Percebe-se, com isso, que as cidades vão surgir nos locais onde a agricultura já apresenta desenvolvida, ou seja, nasce quando a economia autossuficiente da Idade Média passa para economia monetária, na qual o comércio se expande. O primeiro passo para o surgimento das cidades foi o momento em que o homem deixou de ser nômade, fixando-se ao solo como agricultor e, o segundo, quando ele passou a dominar as técnicas agrícolas.

Hoje, o território brasileiro se encontra, grosseiramente repartido em dois grandes subtipos, que vamos denominar de espaços agrícolas e espaços urbanos:

> Utilizando, com um novo sentido, a expressão região, diremos que o espaço total brasileiro é atualmente preenchido por regiões agrícolas e regiões urbanas. Simplesmente, não mais se trataria de "regiões rurais" e de "cidades".

---
1 CARLOS, Ana Fani Alessandri. *A Cidade*. São Paulo: Contexto, 2015a, p. 59.
2 Ibid., p. 63.
3 Ibid., p. 58-59.

Hoje, as regiões agrícolas (e não rurais) contêm cidades; as regiões urbanas contêm atividades rurais. Na presente situação socioeconômica, as cidades preexistentes, nas áreas de povoamento mais ou menos antigo, devem adaptar-se às demandas do mundo rural e das atividades agrícolas, no que se refere tanto ao consumo das famílias como ao consumo produtivo, isto é, o consumo exigido pelas atividades agrícolas ou agroindustriais.[4]

Essa região urbana tem sua unidade devido sobretudo à inter-relação das atividades de fabricação ou terciárias, encontradas em seu respectivo território, às quais a atividade agrícola existente preferencialmente se relaciona. A região agrícola tem sua unidade devido à inter-relação entre mundo rural e mundo urbano, sendo este representado pelas cidades que abrigam atividades diretamente ligadas às atividades agrícolas circundantes e que dependem, em graus diversos, dessas atividades.[5] Assim, para Milton Santos, o Brasil é dividido em espaços agrícolas (e não rurais) e urbanos, não mais denominados de regiões rurais e cidades, pois as regiões agrícolas contêm cidades e as regiões urbanas englobam as rurais. Por outro lado, a cidade pode ser objeto de diversas abordagens:

> Pode ser lida como discurso (como querem os semiólogos e semióticos); pode ser abordada pela estética – ambiente de alienação e dominação por meio da arquitetura e urbanismo do espetáculo; como manifestação de práticas culturais e artísticas mercadológicas ou rebeldes; como legado histórico, como palco de conflitos sociais; como espaço de reprodução do capital e da força de trabalho, entre outras.[6]

---

4 SANTOS, Milton. *A Urbanização Brasileira*. 5. ed. São Paulo: Editora da Universidade de São Paulo, 2013, p. 73-74.
5 Ibid., p. 76.
6 MARICATO, Ermínia. *Para Entender a Crise Urbana*. São Paulo: Expressão Popular, 2015, p. 19.

Na contramão, a grande cidade é um polo da pobreza, o lugar com mais força e capacidade de atrair e manter gente pobre, ainda que muitas vezes em condições sub-humanas. A grande cidade torna-se o lugar de todos os capitais e de todos os trabalhos, isto é, teatro de numerosas atividades marginais do ponto de vista tecnológico, organizacional, financeiro, previdenciário e fiscal.[7]

Atualmente, a cidade pertence ao capital, ela é a subjugação do homem às necessidades de reprodução do capital, na qual o homem se vê capturado pelas necessidades de consumo e lazer. A cidade é concentração de casas, seres humanos transformados em massa, disformes, sem identidade, personalidade, necessidade, desejos. O mundo dos homens é cada vez mais o mundo da mercadoria e do que é possível comprar, a relação das pessoas, mediadas pelo dinheiro, passa pela relação das coisas.[8]

Assim, a cidade pode ser lida como discurso, estética, manifestação de práticas culturais e artísticas, legado histórico e, principalmente, reprodução do capital e da força de trabalho; ela é polo de pobreza, lugar de todos os capitais e todos os trabalhos, ou seja, a cidade pertence ao capital, subjugando o homem às necessidades da reprodução desse capital.

A cidade é o lugar por excelência de reprodução da força de trabalho, não há como não entender essa formulação:

> O mundo está se urbanizando crescentemente e, nas cidades, a moradia, a energia, a água, o transporte, o abastecimento, a educação, a saúde, o lazer, não têm solução individual. Cada vez mais a reprodução da população que compõe a força de trabalho, em sua maioria, se faz de modo coletivo ou "ampliado", dependente do Estado.[9]

---

7 SANTOS, Milton. *A Urbanização Brasileira*. 5. ed. São Paulo: Editora da Universidade de São Paulo, 2013, p. 10.
8 CARLOS, Ana Fani Alessandri. *A Cidade*. São Paulo: Contexto, 2015a, p. 12-19.
9 MARICATO, Ermínia. *Para Entender a Crise Urbana*. São Paulo: Expressão Popular, 2015, p. 22.

A cidade torna-se o *locus* da regulação do que se faz no campo, é ela que assegura a nova cooperação importada pela divisão do trabalho agrícola:

> Porque obrigada a afeiçoar-se às exigências do campo, respondendo às suas demandas cada vez mais prementes a dando-lhe respostas cada vez mais imediatas. Como o campo se torna extremamente diferenciado pela multiplicidade de objetos geográficos que o formam, pelo fato de que esses objetos geográficos têm um conteúdo informacional cada vez mais distinto (o que se impõe, porque o trabalho no campo é cada vez mais carregado de ciência), tudo isso faz com que a cidade local deixe de ser a cidade no campo e transforme-se na cidade do campo.[10]

A cidade é lugar de reprodução da força de trabalho, que se faz de modo coletivo e dependente do Estado, por isso, a cidade se torna o *locus* da regulação do que se faz no campo, deixando a cidade de ser cidade no campo, para transformar-se em cidade do campo. Assim, nas cidades a moradia não tem uma solução individual, mas sim coletiva.

Por tudo isso, a cidade aparece como um bem material, como uma mercadoria consumida de acordo com as leis da reprodução do capital. O processo de produção da cidade tem por característica fundamental produzir um produto que é fruto do processo social de trabalho, enquanto processo de valorização que aparece sob a forma de mercadoria, que se realiza através do mercado, isto é, a terra urbana é comprada e vendida no mercado imobiliário enquanto mercadoria.[11] Sobre o significado de terra urbana, explica Maricato:

> Significa terra servida por infraestrutura e serviços (rede de água, rede de esgoto, rede de drenagem, transporte, coleta

---

10 SANTOS, Milton. *Op. Cit.* p. 56.
11 CARLOS, Ana Fani Alessandri. *A Cidade*. São Paulo: Contexto, 2015a, p. 28.

de lixo, iluminação pública, além de equipamentos de educação, saúde e etc.). Ou seja, a produção da moradia exige um pedaço de cidade e não de terra nua. Há necessidade de investimentos sobre a terra para que ela ofereça condições viáveis de moradia em situações de grande aglomeração.[12]

Esse processo de reprodução do capital, realiza-se, hoje, através de três setores importantes:

> O financeiro, o de lazer e turismo e o do narcotráfico – todos através da produção do espaço. O setor financeiro se realiza através do setor imobiliário, investindo na compra da terra urbana para a produção dos edifícios corporativos que serão destinados ao mercado de locação. O setor de turismo e lazer através da venda dos lugares para a realização de seu consumo produtivo, e o narcotráfico, através da dominação de lugares como condição da realização do comércio da droga.[13]

A cidade é, então, uma mercadoria consumida conforme as leis da reprodução do capital, e a terra urbana, que deve ser abastecida de infraestrutura e serviços, é inserida no mercado imobiliário. Por conta disso, a produção de moradia exige um pedaço de cidade e não de terra nua e essa reprodução do capital realiza-se através do setor financeiro (imobiliário), de lazer, de turismo e do narcotráfico.

Já a ocupação do solo obedece a uma estrutura informal de poder; a lei de mercado precede à lei/norma jurídica:

> Esta é aplicada de forma arbitrária. A ilegalidade é tolerada porque é válvula de escape para um mercado fundiário altamente especulativo. Tanto a argumentação de cunho liberal

---

12 MARICATO, Ermínia. *Brasil, Cidades: Alternativa Para a Crise Urbana*. 2. ed. Petrópolis/RJ: Vozes, 2002, p. 119.
13 CARLOS, Ana Fani Alessandri. A Reprodução da Cidade Como "Negócio". In: CARLOS, Ana Fani Alessandri; CARRERAS, Carles (Orgs.). *Urbanização e Mundialização: Estudos Sobre a Metrópole*. São Paulo: Contexto, 2012, p. 29.

quanto a estatizante são utilizadas para assegurar manutenção de privilégios. Regulação exagerada convive com total *laissez faire* em diferentes áreas de uma mesma cidade.[14]

Hoje a cidade é a expressão mais contundente do processo de produção da humanidade sob a égide das relações desencadeadas pela formação econômica e social capitalista. A cidade aparece como materialidade, produto do processo de trabalho, de sua divisão técnica, mas também da divisão social, é a materialização de relações da história dos homens, normatizada por ideologias, é forma de pensar, sentir, consumir, é modo de vida, de uma vida contraditória.[15]

Por outro lado, essa cidade, considerada uma construção humana, é produto histórico-social; nessa dimensão aparece como trabalho materializado, acumulado ao longo do processo histórico e desenvolvido por uma série de gerações:

> Expressão e significação da vida humana, obra e produto, processo histórico cumulativo, a cidade contém e revela ações passadas ao mesmo tempo, já que o futuro se constrói a partir das tramas do presente – o que coloca diante da impossibilidade de pensar a cidade separada da sociedade e do momento histórico em que vivemos.[16]

Assim, a cidade representa trabalho materializado, ao mesmo tempo que representa uma determinada forma do processo de produção e reprodução de um sistema específico, portanto, a cidade também é forma de apropriação do espaço urbano produzido. Enquanto materialização do trabalho social, é instrumento da criação de mais-valia, é condição e meio para que se instituam relações sociais diversas.[17]

---

14 MARICATO, Ermínia. *Brasil, Cidades: Alternativa Para a Crise Urbana*. 2. ed. Petrópolis/RJ: Vozes, 2002, p. 83.
15 CARLOS, Ana Fani Alessandri. *A Cidade*. São Paulo: Contexto, 2015a, p. 25-26.
16 Id. *O Espaço Urbano: Novos Conceitos Sobre a Cidade*. São Paulo: Contexto, 2004, p. 7-8.
17 CARLOS, Ana Fani Alessandri. *Op. Cit.* p. 27.

Nesse viés, a cidade é antes de mais nada trabalho objetivado, materializado, que constitui-se:

> Da relação entre "construído" (casas, ruas, avenidas, estradas, edificações, praças) e o não construído (o natural) de um lado, e do movimento de outro, no que refere ao deslocamento de homens e mercadorias. A paisagem traz as marcas de momentos históricos diferentes produzidos pela articulação entre o novo e o velho. O acesso à cidade é mediado por mecanismos de mercados assentados na propriedade privada da terra.[18]

Por isso, podemos dizer que a cidade é expressão do processo de produção, materialidade, produto do processo de trabalho, é construção humana, é produto histórico social, materialização de relações da história dos homens, é trabalho materializado, ou seja, trabalho objetivado, assim, é forma de apropriação do espaço urbano produzido.

A cidade é também o mercado (de matérias-primas, mercadorias e a força de trabalho) e toda atividade de apoio à produção (escritórios, agências bancárias, depósito), todavia, como o processo é concentrado, a cidade deve expressar essa concentração. Do ponto de vista do morador, enquanto consumidor, a cidade é meio de consumo coletivo (bens e serviços) para a reprodução da vida dos homens, é o *locus* da habitação e tudo o que o habitar implica na sociedade atual: escolas, assistência médica, transporte, água, luz, esgoto, telefone, atividades culturais e lazer, ócio, compras.[19]

De mais a mais, o deslocamento que ocorre a partir de um olhar sobre a "cidade como lugar do negócio" para o reconhecimento da "cidade como negócio" envolve, portanto, no plano teórico, o abandono da noção de espaço como palco e exige-se

---

18　Ibid., p. 50.
19　CARLOS, Ana Fani Alessandri. *A Cidade*. São Paulo: Contexto, 2015a, p. 46.

a observação dos processos a partir das dinâmicas de produção e reprodução do espaço:

> No plano do real, no universo empírico e do observável, é o reconhecimento de que é a atividade imobiliária da incorporação que tem suscitado os maiores lucros nos seguimentos produtivos e, por isso, é ela que se põe como mediadora entre o local (a cidade, o urbano, a metrópole) e o global (o grande capital financeirizado que percorre livremente o mundo quase sem identidade).[20]

A cidade é uma mercadoria a ser vendida, num mercado extremamente competitivo, em que outras cidades também estão à venda, isto explicaria que o chamado *marketing urbano* se imponha cada vez mais como uma esfera específica e determinante do processo de planejamento e gestão de cidades, ao mesmo tempo, aí encontramos as bases para entender o comportamento muitos prefeitos, que mais parecem vendedores ambulantes que dirigentes políticos.[21]

De mais a mais, a cidade-empreendimento de formato americano, é importada, mas já incorporada à lição que chega através do Atlântico, vinda de Barcelona e seu modelo de planejamento, exportado hoje para o mundo todo e muito especialmente para a América Latina, o que nos obriga a expô-la com algum detalhe, mesmo que seja apenas mais uma variante da cidade-empresa-cultural.[22]

Por outro lado, a instauração da cidade-empresa constitui, em tudo e por tudo, uma negação radical da cidade enquanto

---

20 SANTOS, César Simoni. Do Lugar do Negócio à Cidade Como Negócio. In: Ana Fani Alessandri Carlos, Danilo Volochko, Isabel Pinto Alvarez (Orgs.). *A Cidade Como Negócio*. São Paulo: Contexto, 2015, p. 38.
21 VAINER, Carlos B. Pátria, Empresa e Mercadoria: Notas Sobre a Estratégia Discursiva do Planejamento Estratégico Urbano. In: ARANTES, Otília; VAINER, Carlos; MARICATO, Ermínia. *A Cidade do Pensamento Único: Desmanchando Consensos*. 8. ed. Petrópolis/RJ: Vozes, 2013a, p. 78.
22 ARANTES, Otília Beatriz Fiori. Uma Estratégia Fatal. In: ARANTES, Otília; VAINER, Carlos; MARICATO, Ermínia. *A Cidade do Pensamento Único: Desmanchando Consensos*. 8. ed. Petrópolis/RJ: Vozes, 2013, p. 51.

espaço político – enquanto pólis. Não há como desconhecer a centralidade da ideia de competição entre cidades no projeto teórico e político do planejamento estratégico urbano. É a constatação da competição entre cidades que autoriza a transposição do modelo estratégico do mundo das empresas para o universo urbano, como é ela que autoriza a venda das cidades, o emprego do *marketing urbano*, a unificação autoritária e despolitizada dos citadinos e, enfim, a instauração do patriotismo cívico.[23]

A formação de blocos econômicos foi uma primeira saída para enfrentar a escassez de mercado, protegendo e dinamizando os mercados intrablocos e aumentando o poder de inserção concorrencial interblocos. O rápido esgotamento dessa possibilidade, em função da saturação dos mercados industrializados e da adoção de barreiras tarifárias e alfandegárias por cada um dos blocos generalizou pelo mundo a contenda pela busca de novos mercados. A busca do mercado mundial se tornou tão prioritária quanto a necessidade de competitividade.[24]

Assim, a cidade é mercado, meio de consumo coletivo para a reprodução da vida dos homens; é mercadoria a ser vendida; é cidade-empreendimento, planejada, com modelo norte-americano trazido para a América Latina; é cidade-empresa que traz a necessidade de competição entre cidades, transpondo o modelo estratégico das empresas para nosso universo urbano.

Por outro lado, os pobres são *entornos* ou *ambientes* pela simples razão de que, nem os autóctones, nem os virtuais imigrantes, não constituem, em nenhum nível, demanda solvável. Tanto do ponto de vista concreto (infraestruturas, subsídios,

---

[23] VAINER, Carlos B. Pátria, Empresa e Mercadoria: Notas sobre a Estratégia Discursiva do Planejamento Estratégico Urbano. In: ARANTES, Otília; VAINER, Carlos; MARICATO, Ermínia. *A Cidade do Pensamento Único: Desmanchando Consensos*. 8. ed. Petrópolis/RJ: Vozes, 2013a, p. 91.
[24] FERREIRA, João Sette Whitaker. *São Paulo: o Mito da Cidade-Global*. 2003. Tese (Doutorado em estruturas ambientais urbanas) – Faculdade de Arquitetura e Urbanismo da Universidade de São Paulo, 2003, p. 130.

favores fiscais, apoios institucionais e financeiros de todos os tipos) quanto do ponto de vista da imagem, não resta dúvidas: a mercadoria-cidade tem um público consumidor muito específico e qualificado.[25]

A partir do diagnóstico das características de cada cidade e dos infinitos mercados nos quais ela pode ser vendida, pode-se examinar o tipo de consumidor vitualmente sensível aos atributos locacionais que a cidade oferece ou pode vir a oferecer:

> Para eles, a venda da cidade é, necessariamente, a venda daqueles atributos específicos que constituem, de uma maneira ou de outra, insumos valorizados pelo capital transnacional: espaços para convenções e feiras, parques industriais e tecnológicos, oficinas de informações e assessoramento a investidores e empresários, torres de comunicação e comércio, segurança.[26]

Para a venda da cidade faz necessário analisar as características de cada cidade para detectar seu tipo de consumidor, essa venda engloba a imagem de uma cidade segura, justa e democrática, produzida através do plano estratégico.

Por outro lado, para que possamos compreender a moradia no capitalismo, faz-se necessário entender a ligação entre a moradia e as classes sociais, sua dependência do processo de produção, ou seja, que a moradia é mercadoria com expressão especulativa e que o morador é consumidor. No mesmo sentido, precisa-se detectar que a mercantilização da moradia compromete a moradia adequada e as políticas públicas de habitação, e que o setor imobiliário, juntamente com a construção civil, reproduz o espaço enquanto mercadoria.

---

25 VAINER, Carlos B. Pátria, Empresa e Mercadoria: Notas sobre Estratégia Discursiva do Planejamento Estratégico Urbano. In: ARANTES, Otília; VAINER, Carlos; MARICATO, Ermínia. *A Cidade do Pensamento Único: Desmanchando Consensos*. 8. ed. Petrópolis/RJ: Vozes, 2013a, p. 82.
26 Ibid., p. 79.

A moradia é sinônimo de *status*, pois a atual dinâmica conduz, de um lado, à redistribuição do uso de áreas já ocupadas, levando a um deslocamento de atividades e/ou dos habitantes, e de outro, à incorporação de novas áreas que importam em novas formas de valorização do espaço urbano. No caso das grandes cidades, ocorre a deterioração do centro e/ou das áreas centrais que passam a ser ocupadas por casas de diversão noturna, pensões, hotéis de segunda classe, zonas de prostituição, isso faz com que os bairros ricos, localizados perto das áreas centrais, sofram uma mudança de clientela, os antigos moradores fogem para áreas privilegiadas mais afastadas, surgindo os bairros-jardins, as chácaras, os condomínios fechados.[27]

Assim, o modo pelo qual o indivíduo terá acesso à terra na cidade enquanto condições de moradia vai depender do modo pelo qual a sociedade estiver hierarquizada em classes sociais e do conflito entre parcelas da população. Assim, o tipo, local, tamanho e forma de moradia vão depender e expressar o modo como cada indivíduo se insere dentro do processo de produção material geral da sociedade.[28]

O solo urbano, antes nas mãos de pequenos proprietários, é tornado mercadoria pelo mercado imobiliário urbano e se generaliza, assumindo uma expressão especulativa, pelo desenvolvimento da troca e da intercambialidade de parcelas do espaço gerando conflito entre os usos e o sentido que cada grupo social confere ao espaço.[29]

Segundo Lefebvre, como estudado no segundo capítulo, a burguesia consegue manter e dominar o mercado mundial pois tem uma forma de propriedade que é a propriedade do solo, ou seja, ela tem um duplo poder, a propriedade privada do solo e

---

27 CARLOS, Ana Fani Alessandri. *A Cidade*. São Paulo: Contexto, 2015a, p. 41.
28 Ibid., p. 54.
29 Id. A Reprodução da Cidade como "Negócio". In: CARLOS, Ana Fani Alessandri; CARRERAS, Carles (Orgs.). *Urbanização e Mundialização: Estudos Sobre a Metrópole*. São Paulo: Contexto, 2012, p. 34.

o conhecimento e a ação do Estado. Para ele, o solo-mercadoria surgiu da generalização da troca, assim, a sociedade inteira tornou-se urbana e a cidade e a realidade urbana dependem do valor do uso, do valor de troca e da mercadoria.

Assim, em síntese, podemos dizer que, como partimos do pressuposto de que a cidade é uma construção humana e não um bem ofertado ao homem, o solo urbano:

> Tem uma natureza diversa da terra rural onde aparece como meio de produção. O solo urbano tem valor enquanto produto do trabalho humano; ao contrário da terra rural que gerará uma renda. Esse valor do solo urbano é produto da articulação da localização do "terreno urbano" na totalidade da cidade.[30]

Por tudo isso, a moradia é *status* e, atualmente, redistribui-se o uso de áreas já ocupadas, deslocando habitantes de uma área para outra ou incorporando novas áreas a serem valorizadas; a moradia hoje depende do modo pelo qual a sociedade estiver hierarquizada em classes sociais e do conflito entre parcelas da população, por isso, sendo o solo mercadoria, torna-se expressão especulativa.

Para Lefebvre, como visto no capítulo segundo, a moradia pode ser entendida como uma condição revolucionária porque se opõe à homogeneização do capital, para ele, não se resume a ter uma moradia, mas trata-se do direito à cidade no sentido político mais profundo, assim, a questão da moradia só pode ser resolvida por uma apropriação coletiva do espaço, por isso, a questão da moradia oculta os problemas da cidade, sendo somente um aspecto subordinado de um problema central, o das relações entre cidade e campo, da superação de sua oposição.

Já para Harvey, neste mesmo capítulo, argumenta que o mercado de moradia deve conter a ação coletiva se quiser funcionar

---
30 Id. *Op. Cit.* p. 55.

corretamente, sendo sensível a pressões econômicas e políticas. Já a oferta de moradias é locacional e, parcialmente fixada pelo estoque de moradia disponível, assim, o mercado de moradias indica a estrutura e a forma de equilíbrio que assume uma dada distribuição de renda. Para ele, a terra gera rendas advindas do monopólio/domínio, assim, é mercadoria na economia capitalista pois propicia a oportunidade de acumular riqueza.

Dessa forma, a moradia segue sendo produzida como uma mera mercadoria a ser consumida, sendo o morador confundido com o consumidor de um produto outro qualquer, intensificando a integração do cotidiano de amplas frações sociais à mercantilização ao passo que reproduz as histórias de desigualdades socioespaciais em novas bases.[31]

Essa mercantilização da moradia, bem como o uso crescente da habitação como ativo integrado a um mercado financeiro globalizado, afetou profundamente o exercício do direito à moradia adequada no mundo. A crença de que os mercados poderiam regular a alocação da moradia, combinada com o desenvolvimento de produtos financeiros experimentais e criativos levou ao abandono de políticas públicas em que a habitação é considerada um bem social.[32]

Já o setor financeiro apropria-se do espaço como lugar possível de realização do investimento produtivo, ao passo que o setor imobiliário reproduz, aliado à indústria da construção civil,[33] o espaço enquanto mercadoria consumível:

---

31 VOLOCHKO, Danilo. A Reprodução do Espaço Urbano Como Momento da Acumulação Capitalista. In: CARLOS, Ana Fani Alessandri (Org.). *Crise Urbana*. São Paulo: Contexto, 2015a, p. 110-111.
32 ROLNIK, Raquel. *Guerra dos Lugares: a Colonização da Terra e da Moradia na Era das Finanças*. 1. ed. São Paulo: Boitempo, 2015, p. 32.
33 "O mercado brasileiro da construção civil sempre atuou quase exclusivamente para os setores de mais alta renda. Desde o milagre econômico, nos anos 1970, e em decorrência de um modelo econômico de forte concentração da riqueza, formou-se demanda considerável por habitações de alto padrão, muito lucrativa, que o mercado se apressou em atender. Em épocas de hiperinflação, investir em imóveis de alto padrão era modalidade bastante segura para os setores mais abastados.

> Em todos esses momentos de reprodução do capital, a interferência do Estado é fundamental e sua ação desencadeia um processo de revalorização/desvalorização dos lugares e, com isso, expulsão/atração de habitantes, produzindo o fenômeno de explosão do centro-movimento de expulsão de habitantes em direção à periferia, reproduzindo-a. Essas estratégias orientam e asseguram a reprodução das relações no espaço e através dele os interesses privados dos diversos setores econômicos da sociedade que veem no espaço a condição de realização da reprodução econômica.[34]

O setor financeiro apropria-se do espaço como lugar possível de realização do investimento produtivo, enquanto o setor imobiliário (aliado à indústria da construção civil) reproduz o espaço constantemente, enquanto mercadoria consumível; nesse sentido, é que a produção do espaço viabiliza a realização do ciclo do capital, tanto do processo produtivo quanto na reprodução da metrópole em sua dimensão material; concretamente, portanto, novas esferas de valorização do capital mostram a passagem da aplicação do dinheiro do setor produtivo industrial ao setor imobiliário.[35]

Com isso, enquanto crescia o mercado de alto padrão, arrefeceu-se a oferta habitacional privada para os segmentos de classe média e média baixa, com certa capacidade financeira, porém não tão lucrativa e mais sujeita às incertezas da economia. Sem linhas de financiamento no setor privado, compatíveis com sua possibilidade de endividamento, a classe média baixa acabou recorrendo à autopromoção da moradia ou se beneficiando das políticas públicas habitacionais, como a do BNH, pois a lógica de compra da "casa própria" que as caracterizava exigia alguma capacidade de pagamento, impossível para os mais pobres. Concomitantemente, a classe média, com mais recursos, acabou drenando para si os financiamentos públicos, teoricamente destinados à habitação social, o que alavancou, ao longo dos anos 1970, grande impulso da construção civil e intensa verticalização nas maiores cidades brasileiras. Com a crise dos anos 1980, tal impulso diminuiu, e o mercado da construção voltou a concentrar-se sobretudo no mercado de alta renda." (FERREIRA, João Sette Whitaker (Coord.). *Produzir Casas ou Construir Cidades? Desafios para um Novo Brasil Urbano*. São Paulo: LABHAB, FUPAM, 2012, p. 45).
34 CARLOS, Ana Fani Alessandri. *A Cidade*. São Paulo: Contexto, 2015a, p. 17.
35 Id. A privação do urbano e o "direito à cidade" em Henri Lefebvre. In: CARLOS, Ana Fani Alessandri; ALVES, Glória; PADUA, Rafael Faleiros (Orgs.). *Justiça Espacial e o Direito à Cidade*. São Paulo: Contexto, 2017, p. 38.

Nesse viés, o interesse privado é esperto o suficiente para fazer com que sua forma mais limitada e pobre se torne:

> o limite e a regra da ação do Estado, do que inversamente decorre, à parte a degradação completa do Estado, que os meios contrários à razão e ao direito são postos em movimento contra o réu, pois o escrúpulo máximo para com o interesse da limitada propriedade privada descamba para a inescrupulosidade desmedida para com o interesse do réu.[36]

A moradia também é mercadoria a ser consumida e o morador é consumidor e, essa mercantilização da moradia, junto com o uso da habitação como ativo integrado, afeta a moradia adequada,[37] abandonando-se as políticas públicas de habitação; por outro lado, o setor imobiliário, em conjunto com a construção civil, reproduz o espaço enquanto mercadoria; por fim, a interferência do Estado desencadeia um processo de revalorização/desvalorização da propriedade, expulsando os habitantes em direção à periferia.

Assim, se antes o solo urbano era fator de imobilização do capital aplicado, agora, o investimento no espaço ganha flexibilidade no processo produtivo pela mediação do setor imobiliário e pela transformação do caráter da propriedade imobiliária na realização da produção terciária. Essa situação demonstra o domínio do capital sobre a produção do espaço, no qual a metrópole, enquanto possibilidade ampliada na sua condição de consumo produtivo, apresenta-se para o capital como possibilidade necessária da reprodução do capital financeiro.[38]

---

36 MARX, Karl. *Os Despossuídos: Debates sobre a Lei Referente ao Furto de Madeira*. Tradução de Nélio Schneider, Daniel Bensaïd e Mariana Echalar. São Paulo: Boitempo, 2017, p. 98.
37 Moradia adequada é o termo utilizado por Raquel Rolnik em seu livro *Guerra dos Lugares: a Colonização da Terra e da Moradia na Era das Finanças*. São Paulo: Boitempo, 2015.
38 CARLOS, Ana Fani Alessandri. A Privação do Urbano e o "Direito à Cidade" em Henri Lefebvre. In: CARLOS, Ana Fani Alessandri; ALVES, Glória; PADUA, Rafael Faleiros (Orgs.). *Justiça Espacial e o Direito à Cidade*. São Paulo: Contexto, 2017, p. 38.

Por outro lado, em função da superacumulação, a expansão territorial e setorial do mercado permitiu absorver o capital excedente, através da transformação da habitação em mercadoria e ativo financeiro em várias regiões do planeta, isso, por sua vez, gerou um *boom*[39] e um novo ciclo de superacumulação sob o controle dos agentes financeiros. Quando o mercado ficou saturado, a rápida retirada dos investidores imediatamente desvalorizou esse estoque, criando um novo mercado de aluguel residencial, o que constituiu uma nova fronteira para a acumulação financeira.[40]

Sobre o conceito de excedente, Harvey defende, como vimos no segundo capítulo, que o excedente é aquela quantidade de produto além e acima do que é necessário para garantir a sobrevivência da sociedade, assim, possui um conteúdo ideológico e um significado político e, os direitos de propriedade, resultam do poder de classe do capital de extrair e manter o controle dos excedentes, por isso, para desafiar o capitalismo é necessário combater os processos materiais por meio dos quais os excedentes são criados e apropriados pelo capital.

De mais a mais, o estabelecimento do mercado da habitação, a partir da presença do Banco Nacional da Habitação e do sistema de crédito correspondente, gera novas expectativas, infundadas para a maioria da população, mas atuantes no nível geral:

> Como isso se dá paralelamente à expansão das classes médias urbanas e à chegada de numerosos pobres à cidade, essa dupla pressão contribuiu para exacerbar o processo

---

39 "Uma simbiose entre governos, parlamentos e capitais de incorporação, de financiamento e de construção promoveu um boom imobiliário que tomou as cidades de assalto nos EUA o mote da bolha imobiliária se deu no contexto especial da especulação financeira, cremos que, no Brasil, o *boom* aliou ganhos financeiros à histórica especulação fundiária (patrimonialista), que se manteve – provavelmente ainda como espaço reservado à burguesia nacional – agora no contexto da financeirização." (MARICATO, Ermínia. *Para Entender a Crise Urbana*. São Paulo: Expressão Popular, 2015, p. 39).
40 ROLNIK, Raquel. *Guerra dos Lugares: a Colonização da Terra e da Moradia na Era das Finanças*. 1. ed. São Paulo: Boitempo, 2015, p. 110.

especulativo. A terra urbana, dividida em loteamentos ou não, aparece como promessa de lucro no futuro, esperança justificada pela existência de demanda crescente. Como as terras apropriadas (mas não utilizadas) são cada vez mais numerosas, a possibilidade de dotá-las dos serviços requeridos é sempre menor. Dá, e de novo, uma diferenciação no valor de troca entre as diversas glebas e assim por diante. É assim que a especulação se realimenta e, ao mesmo tempo, conduz a que as extensões incorporadas ao perímetro urbano fiquem cada vez maiores.[41]

A garantia do direito à moradia, reivindicada nas lutas sociais e efetivamente perseguidas pelas políticas públicas, a partir de meados dos anos 1940, exigiu a mudança da base fundiária, entre outras medidas, para assegurá-las. Os países capitalistas centrais fizeram uma reforma urbana embasada em alguns eixos estruturantes: reforma fundiária, extensão das infraestruturas urbanas para atender às necessidades de produção em massa de moradias e financiamento subsidiado.[42]

Assim, podemos concluir que a habitação foi transformada em mercadoria e ativo financeiro em razão da superacumulação, da expansão territorial e setorial de mercado e, esse mercado de habitação, geras novas expectativas, o que contribui para o processo especulativo; assim, é a mercantilização da moradia que afeta a moradia adequada e faz abandonar as políticas públicas de habitação, por fim, percebeu-se que é o setor imobiliário, junto com a construção civil e, com o aval do Estado, que reproduz o espaço enquanto mercadoria.

---

41 SANTOS, Milton. *A Urbanização Brasileira*. 5. ed. São Paulo: Editora da Universidade de São Paulo, 2013, p. 107.
42 MARICATO, Ermínia. As Ideias Fora do Lugar e o Lugar fora das Ideias: Planejamento Urbano no Brasil. In: ARANTES, Otília; VAINER, Carlos; MARICATO, Ermínia. *A Cidade do Pensamento Único: Desmanchando Consensos*. 8. ed. Petrópolis/RJ: Vozes, 2013.

3.2. Espaço urbano: interesses do capital, ação do Estado e a luta contra a segregação

Para compreendermos o espaço urbano foi necessário entender a dimensão espacial da cidade, a produção do espaço, a paisagem urbana, o urbano e a totalidade, além da análise da atuação do Estado, de acordo com os interesses das classes dominantes e do mercado imobiliário, como garantidor da acumulação e realizador da segregação espacial.

Para Lefebvre houve a necessidade da industrialização modelar a cidade e, o espaço urbano é contraditório, uma vez que é produto social, ou seja, mercadoria, assim, o espaço deve ser compreendido como um produto social que se refere a uma forma social específica e é no espaço urbano, espaço socialmente produzido, onde se reproduzem as relações dominantes de produção.

Se a cidade é um produto social, tem-se que começar seu estudo pelo processo de produção, e para tanto ultrapassar sua representação neoclássica como um conjunto de mercados independentes da ação planejadora. Tem-se que analisar, ao mesmo tempo, a acumulação do capital nas produções urbanas e o papel das políticas públicas nesse processo. A difusão internacional desse pensar remete os autores à imagem de uma "escola francesa de sociologia urbana marxista".[43]

Já Harvey, no mesmo capítulo, defende que o espaço reflete a ideologia prevalente dos grupos e instituições dominantes na sociedade e é moldado pela dinâmica de mercado; seu significado é simbólico e impacta sobre o comportamento. Ele argumenta que devemos relacionar o comportamento social à forma social e, uma vez criada a forma social, ela determina o futuro desenvolvido do processo social.

O espaço urbano, ao mesmo tempo em que é ator das relações sociais, políticas e econômicas e do processo de produção e

---

43 TOPALOV, Christian. *Fazer História da Pesquisa Urbana: a Experiência Francesa Desde 1965*. Tradução de Regina Silva Pacheco. Revista Espaço e Debate, n. 23, 1988, p. 13.

reprodução do capital (a terra e as localizações urbanas são mercadorias), é por outro lado o reflexo espacial e territorial dessa sociedade e suas dinâmicas. Logo, entender o urbano significa, antes de tudo, entender a sociedade que o produz.⁴⁴

Na França, a partir de 1968 deixa-se de aceitar o ambiente urbano como um dado ao qual os citadinos deveriam se adaptar individualmente e passa-se a considerá-lo como produto social, que resulta ao mesmo tempo da dinâmica da acumulação capitalista e da ação coletiva. Não se trata mais de mensurar dos instrumentos da política urbana em função dos objetivos oficiais da tecnocracia, mas de incluir no campo de análise o próprio Estado e suas políticas, trata-se de identificar as relações das estruturas objetivas que unem os agentes da urbanização, independentemente das representações de tais agentes fazem de sua ação.⁴⁵

Para compreensão da cidade, pensada da geografia, é necessário nos colocar diante de sua dimensão espacial, a cidade analisada enquanto realidade material, esta por sua vez, se revela pelo conteúdo das relações que lhe dão forma; este modo, a análise da cidade, em sua dimensão espacial, se abre para a análise da vida humana em sua multiplicidade.⁴⁶

Podemos perceber no capítulo segundo que, segundo Lefebvre, o espaço representa a ordem sincrônica da realidade e, a produção do espaço, implica um aumento da composição orgânica média do capital, ou seja, o espaço é produto social e só se entende o espaço atrelado à realidade social, assim, o espaço não existe em si mesmo, pois ele é produzido, por isso, a produção do espaço é um setor importante na reprodução

---

44 FERREIRA, João Sette Whitaker. *Memorial Circunstanciado*. Concurso público de títulos e provas para provimento de dois cargos de professor titular, em RDIDP, referência ms-6, cargos/claros códigos Nº Sº 220345 e 152781. Edital ATAC 063/2016, AUP FAU-USP, março de 2017. Cedido pelo próprio autor, p. 22.
45 TOPALOV, Christian. *Fazer História da Pesquisa Urbana: a Experiência Francesa Desde 1965*. Tradução de Regina Silva Pacheco. Revista Espaço e Debate, n. 23, 1988, p. 11.
46 CARLOS, Ana Fani Alessandri. *O Espaço Urbano: Novos Conceitos Sobre a Cidade*. São Paulo: Contexto, 2004, p. 18-20.

capitalista, amortecendo a crise da acumulação, produzindo um novo urbano.

Assim, para Lefebvre a análise espacial deve estar vinculada diretamente às transformações da sociedade produzidas pelo esforço de acumulação de capital e pela luta de classes. Para ele o aspecto teórico mais importante do espaço era a sua natureza multifacetada, assim, ao invés de reduzir o espaço aos meios de produção ele considera o espaço como uma força de produção, por isso, o espaço possui, no modo de produção, o mesmo *status* que o capital ou o trabalho.

O debate sobre a teoria do espaço[47] foi iniciado por Castells em contraposição a Lefebvre, mas o enfoque da teoria do espaço em ambos é o mesmo: o espaço é um produto material de uma dada formação social. Para Castells, o espaço[48] é um produto material em relação com outros elementos materiais, entre outros, os homens, que entram também em relações sociais determinadas, que dão ao espaço uma forma, uma função, uma significação social:

> Portanto, ele não é uma pura ocasião de desdobramento da estrutura social, mas a expressão concreta de cada conjunto histórico, no qual uma sociedade se especifica.
> Isto quer dizer que não há teoria do espaço que não seja parte integrante de uma teoria social geral, mesmo implícita.
> A partir desta evidência, cheia de implicações, o estudo da estrutura urbana deve ser conduzido em dois planos: trata-se, por um lado, de elaborar instrumentos teóricos

---

[47] Segundo Gottdiener, a teoria do espaço consiste em uma especificação de uma teoria geral da organização social na medida em que ela articula com o espaço (GOTTDIENER, Mark. *A Produção Social do Espaço Urbano*. 2. ed. São Paulo: Edusp, 2016, p. 120).

[48] Para Castells, "não existe teoria específica do espaço, mas simplesmente desdobramento e especificação da teoria da estrutura social, para prestar conta das características de uma forma social particular, o espaço, e de sua articulação a outras formas e processos dados historicamente. Toda a sociedade concreta e, portanto, toda forma social, por exemplo o espaço, pode ser compreendida a partir da articulação histórica de vários modos de produção." (CASTELLS, Manuel. *A Questão Urbana*. Tradução de Arlene Caetano. 6. ed. São Paulo: Paz e Terra, 2014, p. 192).

suscetíveis de apreender o concreto-real de uma maneira significativa e, por outro lado, de utilizar estes instrumentos numa sucessão descontínua de análise particulares visando a dados fenômenos históricos.[49]

Já Castells usa o elemento econômico para definir o urbano, considerando o urbano uma unidade espacial da reprodução da força de trabalho, assim, a abordagem da teoria do espaço de Castells apresenta as seguintes características:

> Primeiro, é uma aplicação da abordagem de Althusser e uma explicação da produção do ambiente construído. Segundo representa uma tentativa de resgatar o termo "urbano", definindo-o teoricamente como uma unidade espacial dentro do sistema estrutural que produz o ambiente construído. Nesse esforço, descobriu que sua especificação da unidade urbana traz à tona os problemas associados ao processo de consumo coletivo na sociedade moderna e sua crise estrutural.[50]

Avaliando as teorias de Lefebvre e de Castells, Gottdiener traz as seguintes diferenças: a teoria do espaço de Lefebvre propõe um projeto, uma estratégia de libertação que não significa substituir a luta de classes, mas apenas complementá-la enfatizando a importância de produzir um espaço em concomitância com a ação radical; no entanto, as críticas de Castells a Lefebvre possuem uma certa dose de legitimidade, pois este deixou de salientar a luta de classes, sem a qual não poderia haver qualquer tipo de vida cotidiana alternativa.[51]

O espaço é uma construção social em todas as suas dimensões, essa descoberta significa que o que se considera atualmente

---

49 CASTELLS, Manuel. *A Questão Urbana*. Tradução de Arlene Caetano. 6. ed. São Paulo: Paz e Terra, 2014, p. 181-182.
50 GOTTDIENER, Mark. *A Produção Social do Espaço Urbano*. 2. ed. São Paulo: Edusp, 2016, p. 123.
51 Ibid., p. 155.

acidental ou epifenomenal, a produção do meio ambiente, deve tornar-se um objeto dirigido do pensamento social, de modo que a transformação da sociedade deve ser feita através de uma criação consciente de novas relações socioespaciais que vinculam a transformação da obra à transformação da vida da comunidade.[52]

Por outro lado, a tese fundadora de uma metageografia[53] é que a produção do espaço como construção social é condição imanente da produção humana ao mesmo tempo que é seu produto, nesse raciocínio, a produção do espaço seria uma das obras do processo civilizatório:

> O espaço, em sua dimensão real, coloca-se como elemento visível, em sua materialidade, mas também como representação de relações sociais reais que a sociedade em cada momento da história. Na contramão do que apregoam os geógrafos poderíamos construir a hipótese segundo a qual não existiria um "espaço geográfico", mas uma dimensão espacial da realidade, acarretando a necessidade de um modo de entender o mundo através da compreensão do espaço como produção social (e histórica).[54]

Assim, partindo da premissa de que o processo de constituição da humanidade contempla a produção do espaço, chegamos à ideia segundo a qual a produção do espaço é condição meio e produto da ação humana:

> Esse movimento triádico sugere que é através do espaço (e no espaço), que, ao longo do processo histórico, o homem

---

52 Ibid., p. 28.
53 "A construção do que venho chamando de metageografia é, de um lado, o reconhecimento de um estado de crise da geografia, e, de outro, seu papel como possibilidade de compreender o mundo moderno, mesmo em seus limites de ciência parcelar, posto que o reconhecimento pode se constituir como um movimento em direção à totalidade, num sentido mais amplo, trata-se de pensar o lugar da Geografia na explicação da realidade como momento de construção de um Geografa crítica radical." (CARLOS, Ana Fani Alessandri. *A condição espacial*. São Paulo: Contexto, 2016, p. 142).
54 CARLOS, Ana Fani Alessandri. Metageografia: Ato de Conhecer a Partir da Geografia. In: CARLOS, Ana Fani Alessandri (Org.). *Crise Urbana*. São Paulo: Contexto, 2015b, p. 10.

produziu a si mesmo e o mundo como prática real e concreta. Objetiva em sua materialidade, tal prática permite a realização da existência humana através de variadas formas e modos de apropriação dos espaços-tempos da vida. Ao se realizar nesse processo, a vida revela a imanência da produção do espaço como movimento de realização do humano (de sua atividade).[55]

Por isso, compreender a cidade em sua dimensão espacial analisa a realidade material, ou seja, estuda a vida humana; o espaço é visível em sua materialidade e como representação de relações sociais reais; assim, a produção do espaço é condição meio e produto da ação humana; por fim, é através do espaço que o homem produziu a si mesmo e o mundo como prática real e concreta.

Essa produção do espaço se realizou sob a égide da propriedade privada do solo urbano. O espaço, fragmentado a partir do desmembramento de antigas chácaras e propriedades agrícolas, áreas de floresta, foi, com o crescimento da mancha urbana, sendo reunido à cidade através da incorporação e venda, em pedaços, tornando-se intercambiável a partir de operações que se realizam através e no mercado. Desse modo, o espaço entrou no circuito da troca, generalizando-se na sua dimensão de mercadoria.[56]

Já o espaço enquanto valor entrou no circuito da troca geral da sociedade (produção/repartição/distribuição) fazendo parte da reprodução da riqueza, que ao se realizar produziu seu outro se constituindo em raridade. Nessa condição, a propriedade privada do solo urbano passar a ser limite à expansão econômica capitalista, o processo que transforma o espaço em nova realidade é, assim, engendrado pelo movimento que explicita a produção do espaço como condição sempre renovada da realidade do ciclo econômico.[57]

---

55   Ibid., p. 14.
56   CARLOS, Ana Fani Alessandri. Metageografia: Ato de Conhecer a Partir da Geografia. In: CARLOS, Ana Fani Alessandri (Org.). *Crise Urbana*. São Paulo: Contexto, 2015b, p. 28.
57   Ibid., p. 29.

A produção do espaço urbano revela, do ponto de vista da produção espacial (como movimento da acumulação), dois momentos:

    a. o espaço *produzido* se torna mercadoria que se assenta na expansão da propriedade privada do solo urbano no conjunto da riqueza, articulando-se à necessidade da habitação e da construção morfológica da cidade;
    b. momento de sua *reprodução*: em que, sem desprezar o primeiro momento, o circuito de realização do capital no movimento de passagem da hegemonia do capital industrial ao capital financeiro redefine o sentido do espaço que assume também a condição de produto imobiliário – matéria-prima da valorização do capital em potencial.[58]

É importante salientar que o espaço urbano se reproduz na contradição/luta, de um lado estão necessidades do processo de valorização do capital – enquanto condição geral de produção – em que o indivíduo se perde, cria-se o estranhamento, o distanciamento e o desencanto do mundo, a cidade dividida e vendida aos pedaços, espelha a segregação do habitante, expulsando-o para a periferia da mancha urbana; de outro, ocorre a reprodução da vida humana em todas as suas dimensões enquanto retomada dos lugares, recriação de pontos de encontro e, da busca de identidade com o outro.[59]

Já o espaço geográfico é o produto, num dado momento, do estado da sociedade, portanto, um produto histórico; é resultado da atividade de uma série de gerações que através de seu trabalho acumulado têm agido sobre ele, modificando, transformando-o, humanizando-o, tornando-o um produto cada vez mais distante do meio natural. Ora, o espaço, se é um produto social, não existe *a priori* e não pode ser nunca

---

58 Ibid., p. 17, grifos do autor.
59 Id. *A Cidade*. São Paulo: Contexto, 2015a, p. 92.

matéria-prima. O que queremos dizer é que o espaço é um produto social em ininterrupto processo de reprodução.[60]

Podemos então dizer que a produção do espaço se realiza sob a proteção da propriedade privada do solo; esse espaço é mercadoria e entra no circuito de troca; e, entrando nesse circuito, reproduz riqueza. A produção do espaço revela-se no momento em que o espaço é produzido como mercadoria e no momento de sua reprodução como produto imobiliário. Por fim, o espaço urbano se reproduz na valorização do capital e na reprodução da vida humana em todas as suas dimensões.

Nesse diapasão, a crescente importância do consumo do espaço urbano colocou no primeiro plano das políticas de muitas cidades um interesse especial pela paisagem urbana em relação com o desenvolvimento da chamada sociedade do espetáculo e da cultura da imagem. As cidades investem crescentemente na fixação de uma imagem competitiva no mercado internacional com o fim de atrair todo tipo de investimento produtivo, imobiliário, turístico ou de qualquer outro tipo.[61]

O que se questiona aqui é de que maneira, através e a partir da paisagem urbana, pode ser percebido o movimento inerente ao processo de reprodução espacial e seu conteúdo, isto é, como podemos entender a natureza da cidade. Da observação da paisagem urbana depreendem-se dois elementos fundamentais: o primeiro diz respeito ao espaço construído, imobilizado nas construções, o segundo diz respeito ao movimento da vida.[62]

O primeiro aspecto que chama atenção quando se observa a paisagem urbana é o choque dos contrastes, das diferenças, contrastes de tipo e diversidade de utilização da cidade: usos do solo. O segundo aspecto é a concentração, a cidade aparece

---

60 Ibid., p. 32.
61 CARRERAS, Carles. Da Cidade Industrial à Cidade dos Consumidores: Reflexões Teóricas para Debater. In: CARLOS, Ana Fani Alessandri; CARRERAS, Carles (Orgs.). *Urbanização e Mundialização: Estudos Sobre a Metrópole.* São Paulo: Contexto, 2012, p. 26.
62 CARLOS, Ana Fani Alessandri. *Op. Cit.* p. 36-40.

como uma concentração de construções estáticas e diferenciadas, de gente em movimento, apressada, de meios de circulação, de placas indicativas e/ou propagandas, de ruas asfaltadas, em suma é um *locus* dinâmico de atividades, exercidas por pessoas, de acordo com suas necessidades sociais, vinculadas diretamente ao processo de reprodução do capital.[63]

De mais a mais, essa paisagem urbana metropolitana refletirá a segregação espacial fruto de uma distribuição de renda estabelecida no processo de produção, tal segregação aparece no acesso a determinados serviços, à infraestrutura, enfim aos meios de consumo coletivo. O choque maior quando se observa as áreas da cidade destinadas à moradia, é aqui que a paisagem urbana mostra as maiores diferenciações, evidenciando as contradições de classe, o homem precisa de um lugar para viver, mesmo que seja debaixo de alguma ponte, ele necessita de um lugar para comer, dormir, descansar, enfim, um lugar usado para reposição de energia, da reprodução da força de trabalho e da espécie.[64]

Assim, surgiu um interesse especial pela paisagem urbana em virtude do consumo do espaço urbano; e, dessa paisagem, temos dois elementos, o espaço construído e o movimento da vida; por isso, quando observa-se a paisagem percebe-se tanto o choque de contrastes nos usos do solo quanto a concentração de construções, de gente e de ruas; por fim, a paisagem urbana reflete a segregação espacial e é, em relação à moradia, que a paisagem mostra maiores contradições.

Outro conceito importante é a de que o urbano aponta para a discussão da totalidade, isto é, da sociedade urbana como uma realidade que se generaliza, na medida em que o processo vai da cidade à metrópole numa escala muito mais vasta que antes, e que diz respeito à sociedade inteira, isto é, a sociedade

---
63 Ibid., p. 40-41.
64 CARLOS, Ana Fani Alessandri. *A Cidade*. São Paulo: Contexto, 2015a, p. 41-42.

inteira torna-se urbana, num processo que se desenvolve com profundos conflitos.⁶⁵

Assim, o fato metropolitano se apresenta como uma totalidade menor dentro da totalidade maior, constituída pela formação social nacional:

> Só as aglomerações urbanas com certo nível de complexidade podem ser consideradas como totalidades, o que não cabe aos outros tipos de formações regionais. As metrópoles podem, desse modo, ser analisadas segundo um critério sistêmico, desde que a percepção das variáveis constituídas seja alcançada.⁶⁶

Pensar a cidade dentro de uma totalidade é a maneira partir da qual ela é possível de ser apreendida. A cidade enquanto produto histórico e social tem relações com a sociedade em seu conjunto, com seus elementos constitutivos, e com sua história, portanto, ela vai se transformando à medida que a sociedade como um todo se modifica.⁶⁷

A cidade não é mais definida como um dado na natureza, um conjunto de mecanismos de mercado, um objeto de planejamento ou de cultura: é o produto da estrutura social em sua totalidade, ao mesmo tempo o resultado e o desafio das contradições e das classes; assim, nenhum elemento pode ser considerado como um dado, tudo deve ser analisado simultaneamente como parte de um mesmo processo, a urbanização capitalista.⁶⁸

Sabe-se que o urbano aponta para a totalidade, ou seja, a sociedade urbana como realidade que se generaliza; toda a sociedade torna-se urbana; assim, a cidade torna-se um produto

---
65 Ibid., p. 27.
66 SANTOS, Milton. *A Urbanização Brasileira*. 5. ed. São Paulo: Editora da Universidade de São Paulo, 2013, p. 88.
67 CARLOS, Ana Fani Alessandri. *A Cidade*. São Paulo: Contexto, 2015a, p. 68.
68 TOPALOV, Christian. *Fazer História da Pesquisa Urbana: a Experiência Francesa Desde 1965*. Tradução de Regina Silva Pacheco. Revista Espaço e Debate, n. 23, 1988, p. 12.

histórico e social que tem relações com toda a sociedade em seu conjunto.

Por outro lado, para ter-se acesso a um pedaço de terra é necessário pagar por ele (através da venda ou aluguel) pelo fato de que, na sociedade atual, o uso é produto das formas de apropriação (que tem na propriedade sua instância jurídica), o preço é expressão do valor, o valor de uso é sustentáculo conceitual do tratamento geográfico dos problemas de uso do solo, todavia, a teoria do uso do solo urbano deve ser analisada a partir da teoria do valor, fundamentada na unidade entre valor de uso e valor de troca.[69]

Na cidade, a propriedade privada do solo urbano vai revelando sua função econômica como realização continuada do valor sustentada pela função jurídica que a impõe enquanto direito garantido institucionalmente, tornando inquestionável sua existência tanto mental (plano do conhecimento) quanto prática (na vida cotidiana). Como consequência, o processo de reprodução do urbano revela sua contradição fundamental que reside na reprodução do espaço sob o capitalismo: sua produção é social enquanto sua apropriação é privada.[70]

Harvey, no capítulo segundo, diferenciou o valor de uso do valor de troca. O primeiro, valor de uso, é a utilidade de algum objeto particular e, nenhuma coisa, pode ter valor sem ser objeto de uso, pois o valor de uso é socialmente necessário para o valor; assim, o valor de uso é mercadoria na troca e as mercadorias são trocadas por preços proporcionais ao seu valor, por fim, a quantidade de trabalho socialmente necessário ou o tempo socialmente necessário de trabalho para a produção de um valor de uso pode determinar a sua grandeza de valor.

---

69 CARLOS, Ana Fani Alessandri. *Op. Cit.* p. 47.
70 Id. A Privação do Urbano e o "Direito à Cidade" em Henri Lefebvre. In: CARLOS, Ana Fani Alessandri; ALVES, Glória; PADUA, Rafael Faleiros (Orgs.). *Justiça Espacial e o Direito à Cidade*. São Paulo: Contexto, 2017, p. 35.

Já o valor de troca, defende Harvey, no mesmo capítulo, surge no processo social de aplicação de trabalho (socialmente necessário) à mercadoria e se situa no espaço-tempo relativo do movimento e da troca de mercadorias, assim, são acidentais e relativos e o valor tem uma objetividade fantasmagórica.

O uso do solo ligado a momentos particulares do processo de produção das relações capitalistas é modo de ocupação de determinado lugar na cidade. O ser humano necessita, para viver, ocupar um determinado lugar no espaço, só que o ato em si, não é meramente ocupar uma parcela do espaço, tal ato envolve o de produzir o lugar. Por outro lado, fez-se necessário repensar o uso do solo vinculado à teoria do valor, na medida em que se paga tributo para se fazer uso de uma determinada parcela do espaço, seja enquanto moradia, local de produção, de prestação de serviços, ponto de venda etc.[71]

Considerando o espaço como mercadoria, ele transforma-se, assim, em valor de troca, dialeticamente e ao mesmo tempo em que o valor de uso conforma o vivido, orienta as apropriações, hierarquiza os indivíduos na metrópole, já que estes estão diferenciados pela sociedade de classes.

> Para o capital, a materialidade do espaço é o suporte do valor de troca, a forma como a natureza, pela extensão do processo de urbanização, criou o espaço como produto imobiliário e como rede de infraestrutura, articulando o público e o privado numa morfologia diferenciada socialmente. Para a sociedade, ele é preponderantemente a possibilidade de, através dos usos, realizar a vida.[72]

O que se deve ressaltar é que o uso pode vir a ter sentidos diversos; há uma diferença substancial entre a compra de uma

---

71 CARLOS, Ana Fani Alessandri. *A Cidade*. São Paulo: Contexto, 2015a, p. 45-47.
72 Id. A Tragédia Urbana. In: Ana Fani Alessandri Carlos, Danilo Volochko, Isabel Pinto Alvarez (Orgs.). *A Cidade Como Negócio*. São Paulo: Contexto, 2015d, p. 50.

moradia e a compra de um escritório para ser alugado:

> Significa, também, que há interesses diversos envolvendo o uso do espaço, como básico em ambas as operações imobiliárias – o habitante compra a moradia para seu uso, enquanto o investidor compra um imóvel para alugar, porque representa um uso para outrem e, nesse processo, permite a realização do ciclo do capital financeiro investido na construção do edifício. Esse processo revela o fato de que o valor de troca tende a se impor à sociedade em um espaço onde os lugares de apropriação diminuem até quase desaparecem – como é o caso dos espaços públicos.[73]

Pensamos que a urbanização é também um processo de transformação da renda do solo em valor do solo, valor dos imóveis e valor do espaço urbano:

> Dados pelo trabalho social e pela constituição de um mercado imobiliário urbano – um mercado de espaços edificados e de espaços com perspectivas de edificação ou de alguma transformação presente ou futura – que certamente especula com essa valorização do espaço para elevar os preços seja da terra, seja dos imóveis construídos ou em construção.[74]

Assim, para se ter direito ao uso de um pedaço de terra faz-se necessário pagar, uma vez que o uso é produto das formas de apropriação; o uso do solo é modo de ocupação de determinado lugar e esse uso está ligado à teoria do valor; por isso, a urbanização transforma renda do solo em valor de uso.

---

73 Id. A Reprodução da Cidade como "Negócio". In: CARLOS, Ana Fani Alessandri; CARRERAS, Carles (Orgs.). *Urbanização e Mundialização: Estudos Sobre a Metrópole*. São Paulo: Contexto, 2012, p. 35.
74 VOLOCHKO, Danilo. A Moradia como Negócio e a Valorização do Espaço Urbano Metropolitano. In: Ana Fani Alessandri Carlos, Danilo Volochko, Isabel Pinto Alvarez (Orgs.). *A Cidade Como Negócio*. São Paulo: Contexto, 2015b, p. 101.

Já a ação do Estado – através do poder local – intervindo no processo de produção da metrópole, reforça a hierarquia dos lugares, criando novas centralidades, expulsando para a periferia os antigos habitantes, recriando um espaço de dominação e impondo sua presença em todos os lugares, agora sob o controle e vigilância (seja direta ou indireta).[75]

Cumpre lembrar, que o Estado teve sua existência particular com a emancipação da propriedade privada e sua forma de organização serve justamente para garantir a propriedade privada, sendo que a classe dominante se utiliza do Estado para valer os seus interesses comuns e, essa dominação, não é direta, mas um poder impessoal, apresentando-se à sociedade como vontade geral e abstrata, excluindo a coerção e repousando no modelo da troca.

Por outro lado, para Lefebvre, como vimos anteriormente, o espaço tornou-se para o Estado um instrumento político de importância capital, utilizando esse espaço de uma forma que assegure seu controle, sua hierarquia e a segregação, assim, o espaço é um instrumento político de controle social que o Estado utiliza para promover seus interesses. Assim, Lefebvre entende o Estado como uma estrutura para o exercício do poder, não podendo ser reduzido a interesses econômicos.

Lefebvre explica a necessidade de um Estado intervencionista com base na conceituação da reprodução das relações de produção, assim, o Estado está aliado não só contra a classe trabalhadora ou mesmo contra frações do capital, ele é inimigo da própria vida cotidiana – pois produz o espaço abstrato que nega o espaço social que suporta a vida cotidiana e a reprodução de suas relações.[76]

---
75 Id. A Reprodução do Espaço Urbano Como Momento da Acumulação Capitalista. In: CARLOS, Ana Fani Alessandri (Org.). *Crise Urbana*. São Paulo: Contexto, 2015a, p. 27.
76 GOTTDIENER, Mark. *A Produção Social do Espaço Urbano*. 2. ed. São Paulo: Edusp, 2016, p. 148.

Castells, com base no consumo coletivo, estabelece que a cidade é um produto tanto do Estado interventor quando da economia, entendendo o Estado como regulador do conflito de classes. Dessa forma, o Estado reflete, através de suas intervenções, as relações políticas entre classes diferentes:

> Por práticas políticas, entendemos as que, mais ou menos diretamente, têm por objeto as relações de classes e por objetivo o Estado. Elas, portanto, definem, para a classe dominante, sobretudo através das intervenções do aparelho político-jurídico e para as classes dominadas, através da luta política de classe. No que diz respeito à problemática urbana, o campo teórico que corresponde à intervenção do Estado pode ser denominado "planificação urbana", o relativo à sua articulação com a luta política de classe, de "movimentos sociais urbanos".[77]

Avaliando as teorias de Lefebvre e de Castells, Gottdiener traz as seguintes diferenças:

> A obra inicial de Castells envolveu os movimentos de usuários tanto dentro da dinâmica da teoria do consumo quanto como se fossem produzidos pelo efeito fenomenal da relação entre o Estado e a economia capitalista tardia. Assim, para Castells os usuários são equiparados a consumidores de bens e serviços do Estado. Em contrapartida, Lefebvre identificou um domínio historicista da investigação, a ideia de vida cotidiana, que é dependente, em qualquer tempo dado, do desenvolvimento das relações sociais e de seus respectivos conteúdos liberatórios – conteúdos que, no momento, são relativamente repressivos. A dinâmica desse conceito de vida cotidiana é controlada pela própria cultura.[78]

---

77 CASTELLS, Manuel. *A Questão Urbana*. Tradução de Arlene Caetano. 6. ed. São Paulo: Paz e Terra, 2014, p. 540-541.
78 GOTTDIENER, Mark. *Op. Cit.* p. 157.

Em resumo, a análise da relação entre o Estado e o espaço pela economia política marxista tem duas características principais:

> Primeiro, atribui a essa relação um *status* epifenomenal relativo ao papel do Estado na administração da crise estrutural do capitalismo. Assim, considera-se que a própria produção de espaço e a política urbana são produzidas pelas manifestações do conflito de classes. Segundo, essa abordagem é obrigada, eventualmente, a relacionar a análise de políticas públicas socioespaciais à questão mais fundamental da natureza do próprio Estado capitalista, já que tais intervenções são contraditórias em seus efeitos, uma vez que as crises, sob as relações capitalistas de produção, nunca podem ser superadas politicamente.[79]

O Estado não pode e não deve dizer: um interesse privado, uma existência determinada da propriedade, o Estado não pode ir contra a natureza das coisas, ele não pode blindar o finito contra as condições do finito, não pode blindá-lo contra a contingência:

> Do mesmo modo que sua propriedade não pôde ser garantida pelo Estado *contra* toda a contingência do crime, o crime não pode converter no seu contrário essa natureza insegura de sua propriedade. No entanto, o Estado assegurará o interesse privado dos senhores na medida em que este puder ser garantido por meio de leis racionais e medidas preventivas racionais, mas o Estado não poderá conceder a suas demandas privadas em relação ao criminoso nenhum outro direito além do direito das demandas privadas, isto é, a proteção da jurisprudência civil.[80]

Entretanto, caberia ao Estado regulamentar o uso e a ocupação do solo, de tal forma a evitar tal desequilíbrio, restringir

---
79 GOTTDIENER, Mark. *A Produção Social do Espaço Urbano*. 2. ed. São Paulo: Edusp, 2016, p. 138.
80 MARX, Karl. *Os Despossuídos: Debates Sobre a Lei Referente ao Furto de Madeira*. Tradução de Nélio Schneider, Daniel Bensaïd e Mariana Echalar. São Paulo: Boitempo, 2017, p. 119-120, grifo do autor.

a supervalorização especulativa e garantir o acesso democrático à cidade a uma maior parcela da sociedade:

> Ocorre que quem alavanca a valorização da terra e dos imóveis nas cidades capitalistas é, paradoxalmente, o próprio Estado. O que dá valor à terra urbana é sua localização, definida pela disponibilidade de infraestrutura: um lote é mais caro porque há "mais cidade" em torno dele, ou seja, avenidas e transporte público para acessá-lo, serviço de esgoto, água, luz, coleta de lixo. Porém, quem produz a infraestrutura é o Estado. Aí reside a contradição fundamental da cidade capitalista: um imóvel só tem valor em razão de uma complexa malha de infraestrutura, que é construída com investimentos públicos.
>
> [...]
>
> Por isso, o papel do Estado supostamente deveria ser o de regular e mediar esse antagonismo entre mercado e sociedade: garantindo uma produção homogênea de infraestrutura, evitando a exclusão das parcelas populacionais de menor renda, construindo equipamentos acessíveis por todos, e recuperando, com tributos, parte do lucro obtido pelo mercado em decorrência de investimentos públicos, a chamada "mais-valia urbana".[81]

Resta lembrar o papel, cada vez mais importante, do Estado na produção do espaço urbano:

> É dele o controle do fundo público para investimentos, e cabe a ele, sob a forma de poder local, a regulamentação e o controle sobre o uso e a ocupação do solo (seguindo, hipoteticamente, planos e leis aprovados nos parlamentos). É, portanto, o principal intermediador na distribuição de lucros, juros, rendas e salários (direito e indireto), entre outros papéis.[82]

---

81 FERREIRA, João Sette Whitaker. *São Paulo: Cidade da Intolerância, ou o Urbanismo "à Brasileira"*. Revista Estudos Avançados, n. 71, vol. 25, São Paulo, jan./abr. 2011, p. 73-74.
82 MARICATO, Ermínia. *Para Entender a Crise Urbana*. São Paulo: Expressão Popular, 2015, p. 24.

Esse Estado peculiar, no âmbito urbanístico, não planeja ações para a superação do atraso, mas confunde; não organiza, mas desestrutura; não facilita, mas embaralha os procedimentos burocráticos e administrativos; não é ético, mas tolera o favor e o clientelismo, não porque seja incompetente, mas por ser extremamente eficaz no seu objetivo de emperrar um desenvolvimento urbano mais justo, redistributivo e inclusivo, que poderia contrariar o equilíbrio de forças políticas.[83]

O aspecto mais importante a ser destacado é que essa lógica vem pressupondo uma forte participação do poder público em sua promoção, seja por estar este representando os interesses dominantes, seja por estar certo que promove de alguma maneira a modernização da cidade. Comprometem-se, em áreas privilegiadas, altos valores do orçamento na produção de infraestrutura urbana, principalmente viária, compatível com as exigências das ilhas de modernidade, em detrimento dos investimentos maciços urgentemente necessários na cidade informal, o que ressalta o alto caráter de exclusão desse processo.[84]

Desse modo, o Estado intervém no processo de produção da metrópole criando novas centralidades; logo, o Estado produz o espaço urbano, o qual só pode ser produzido socialmente e de forma não individualizada; assim, não existe espaço sem o Estado, que controla o fundo público de investimentos, regula e comanda o uso e a ocupação do solo; por isso, o poder público compromete-se em modernizar a cidade utilizando-se da infraestrutura urbana em favor dos interesses privados.

É através da atuação do Estado que o espaço edificado da metrópole, realizando a função da propriedade privada da terra, pode ser redefinido pelo processo de desapropriação; momento

---

83 FERREIRA, João Sette Whitaker. *São Paulo: Cidade da Intolerância, ou o Urbanismo "à Brasileira"*. Revista Estudos Avançados, n. 71, vol. 25, São Paulo, jan./abr. 2011, p. 75.
84 Id. *Globalização e Urbanização Subdesenvolvida*. Revista São Paulo Perspectiva, n. 4, v. 14, São Paulo, out./dez. 2000. Acesso em 1 de setembro de 2016, p. 7.

em que as propriedades mudam de mãos, permitindo, como imperativo da reprodução, a expulsão da população residente dessas áreas para outras, orientando a reocupação com outras formas e funções.[85]

O próprio poder público torna-se criador privilegiado de escassez, estimula a especulação e fomenta a produção de espaços vazios dentro das cidades. Incapaz de resolver o problema da habitação, empurra a maioria da população para as periferias, empobrecendo ainda mais os mais pobres, forçados a pagar caro pelos precários transportes coletivos e a comprar caro os bens de um consumo indispensável e serviços essenciais que o poder público não é capaz de oferecer.[86]

O Estado tem a prerrogativa da ação sobre a propriedade imobiliária e sobre os investimentos públicos, mais do que isso, ele detém os instrumentos jurídicos e de coação que permitem a produção do novo na metrópole:

> A racionalidade e a estratégia do Estado se impõe e, diferentemente do predomínio de uma perspectiva regulacionista sobre a metrópole no sentido de garantir que a reprodução se realize num patamar de menor segregação socioespacial, o que se tem observado é o seu aprofundamento.[87]

O Estado, pode também, utilizar-se da desapropriação para fazer com que a propriedade privada mude de mãos, expulsando a população de um lugar para outro; ele estimula a especulação e fomenta espaços vazios na cidade; por fim, ele detém os instrumentos jurídicos e de coação para a produção do novo na cidade.

---

85   CARLOS, Ana Fani Alessandri. A Reprodução da Cidade Como "Negócio". In: CARLOS, Ana Fani Alessandri; CARRERAS, Carles (Orgs.). *Urbanização e Mundialização: Estudos sobre a Metrópole*. São Paulo: Contexto, 2012, p. 34.
86   SANTOS, Milton. *Técnica, Espaço, Tempo: Globalização e Meio Técnico-Científico Informal*. 5. ed. São Paulo: Editora USP, 1990, p. 80.
87   ALVAREZ, Isabel Pinto. A Produção e Reprodução da Cidade Como Negócio e Segregação. In: Ana Fani Alessandri Carlos, Danilo Volochko, Isabel Pinto Alvarez (Orgs). *A Cidade Como Negócio*. São Paulo: Contexto, 2015, p. 76.

Em razão da propriedade privada não ter os recursos para erguer-se ao ponto de vista do Estado, o Estado tem obrigação de rebaixar-se aos meios irracionais e contrários ao direito de propriedade privada. Se o Estado se degradar desse modo em apenas um ponto e, em vez de atuar à sua maneira, atuar à maneira da propriedade privada, a consequência imediata disso é que ele terá de acomodar-se, na forma dos seus recursos, às limitações da propriedade privada.[88]

Com a aliança entre os setores públicos e privados, o Estado pode transformar a propriedade privada em "propriedade de interesse público":

> Aqui o que era fixo explode diante das operações urbanas na metrópole liberando espaços para as novas atividades que só podem se desenvolver nos eixos centrais. É assim que áreas ocupadas são desapropriadas tonando-se amplamente mercadoria – posto que áreas construídas são devolvidas ao mercado através deste mecanismo, marcando a passagem da construção da cidade enquanto valor de uso, para cidade construída sob a égide do valor de troca que transforma os espaços em mercadorias trocáveis e orienta o planejamento político da cidade, pela intervenção no espaço.[89]

Por outro lado, o Estado tem práticas de investimento regressivo definidas por interesses diversos, em três linhas de orientação do investimento público urbano:

  a. aquela orientada pelos interesses do mercado imobiliário, cujo motor é a valorização imobiliária;
  b. aquela definida pelo *marketing* urbano, cujo motor é a visibilidade;

---

88 MARX, Karl. *Os Despossuídos: Debates Sobre a Lei Referente ao Furto de Madeira*. Tradução de Nélio Schneider, Daniel Bensaïd e Mariana Echalar. São Paulo: Boitempo, 2017, p. 98.
89 CARLOS, Ana Fani Alessandri. *O Espaço Urbano: Novos Conceitos sobre a Cidade*. São Paulo: Contexto, 2004, p. 71.

c. aquela definida pela relação clientelista, que responde a interesses eleitorais. Essa última pode até implicar investimento em áreas pobres, mas subverte uma orientação de investimento que poderia ser dada pelo planejamento urbano.[90]

As relações entre as pessoas passam pelo dinheiro, o homem é entendido pelos aspectos exteriores e o que mede sua vida é o tempo de trabalho e, claro, a sua produtividade, além da quantidade percebida de dinheiro. Por outro lado, o padrão arquitetônico da cidade também segrega, separa, expulsa. O uso diferenciado da cidade demonstra que esse espaço se constrói e se reproduz de forma desigual e contraditória. A desigualdade espacial é produto da desigualdade social.[91]

A segregação é um artifício usado pelas classes sociais mais poderosas para minimizar os próprios tempos de deslocamento associados a todas as localizações. O dispêndio desse tempo é sempre uma desvantagem de toda e qualquer localização, em essência, o objetivo da segregação urbana é a minimização dos tempos de deslocamento associados ao exercício das diversas atividades urbanas, sejam elas produtivas ou não. É impossível eliminar esse tempo, então as classes sociais disputam ferrenhamente sua otimização, aprimorando e disputando os meios de transporte, tanto os veículos como as vias e sua gestão.[92]

Essa segregação se apoia na existência da propriedade privada do solo urbano, que diferencia o acesso do cidadão à moradia e enquanto fragmentação dos elementos da prática espacial urbana pois na metrópole se acham separados os lugares da vida, enquanto elementos autônomos:

---

90 MARICATO, Ermínia. *Para Entender a Crise Urbana*. São Paulo: Expressão Popular, 2015, p. 81, grifo do original.
91 CARLOS, Ana Fani Alessandri. *A Cidade*. São Paulo: Contexto, 2015a, p. 21-23.
92 FERREIRA, João Sette Whitaker. Apresentação. Dossiê: Cidades em Conflito, Conflitos na Cidade. In: FERREIRA, João Sette Whitaker (Org.). *Margem Esquerda: Ensaios Marxistas*. São Paulo: Boitempo, 2015a, p. 33.

> Nesta condição a segregação é a negação do urbano e da vida urbana. Esta segregação assume, no entanto, várias facetas indicando processos diferenciados, apesar de justapostos. A prática espacial revela, por sua vez, que a segregação ocorre ligada a vários elementos: a) pode ser espontânea, referindo-se a uma estratégia de classe, que a partir de uma diferenciação de renda, localiza as pessoas diferencialmente na metrópole... b) há também o que Henri Lefebvre chama de "segregação programada" que se realiza pela intervenção do Estado através de políticas urbanas orientadas pelas exigências da reprodução... c) mercantilização do solo urbano tornando mercadoria.[93]

Essa expulsão de pessoas de sua propriedade não é algo novo em nossa história, pois as primeiras expropriações existiram com os cercamentos, após a Revolução Francesa, época em que surgiu a propriedade privada capitalista, uma vez que os camponeses foram expulsos de suas terras e suas propriedades foram expropriadas, com o objetivo de acúmulo do capital. Também se percebeu que as chamadas expropriações existem tanto nos países pouco desenvolvidos, incluindo o Brasil, como também nos mais avançados.

Por isso, o padrão arquitetônico da cidade segrega, separa, expulsa. A segregação é utilizada para diminuir o tempo de deslocamento associado ao exercício das diversas atividades urbanas; ela se apoia na propriedade privada do solo e está ligada aos elementos espontâneo, programado ou à mercantilização do solo transformado em mercadoria.

A cidade produzida como segregação e renovada constantemente pela destruição dos lugares promovidos pelo planejamento pontual no processo de expansão da centralidade na metrópole se opõe ao indivíduo enquanto objeto estranho e potência independente:

---

[93] CARLOS, Ana Fani Alessandri. *O Espaço Urbano: Novos Conceitos Sobre a Cidade*. São Paulo: Contexto, 2004, p. 121.

> Trata-se da negação do urbano imposta pela mercantilização do mundo que se desdobra a reprodução do espaço urbano e reorienta a prática social submetendo a vida pela mediação do urbanismo (como forma de pensar o urbano) e do planejamento (como esfera de ação). Ambos sob a lógica da acumulação. Assim, enquanto as políticas de renovação urbana induzem à abertura de grandes avenidas – deixando cicatrizes que dividem grupos, destruindo bairros e arrasando referências que sustentam a vida – e a um modelo de política que separa e isola os indivíduos, um saber técnico sustenta o discurso que reduz o cidadão à condição de trabalhador/usuário da cidade, justificando as ações do Estado e suas alianças corporativas.[94]

Dentre as contradições sociais, a primeira diz respeito à segregação espacial, tanto das pessoas de maior rendimento, quanto das de menor poder aquisitivo, as de maior rendimento tendem a localizar-se em bairros arborizados, amplos, com completa infraestrutura, em zonas em que o preço de terra impede o acesso a qualquer um; os de baixo rendimento têm como opção os conjuntos habitacionais, geralmente localizados em áreas distantes dos locais de trabalho, são bairros operários com insuficiência ou mesmo ausência de infraestrutura, e as áreas periféricas onde abundam as autoconstruções, além das favelas que afloram no seio da mancha.[95]

A segunda característica refere-se à tendência de o espaço urbano (re)produzir e ampliar a distância (tanto em quilômetros quanto em tempo) entre o local de moradia e o local de trabalho, é uma reposta, de um lado, ao aumento populacional e à concentração na cidade, e de outro ao processo de valorização da terra que deixa vazias áreas imensas da cidade.[96]

---

94 Id. A Privação do Urbano e o "Direito à Cidade" em Henri Lefebvre. In: CARLOS, Ana Fani Alessandri; ALVES, Glória; PADUA, Rafael Faleiros (Orgs.). *Justiça Espacial e o Direito à Cidade*. São Paulo: Contexto, 2017, p. 39.
95 CARLOS, Ana Fani Alessandri. *A Cidade*. São Paulo: Contexto, 2015a, p. 78.
96 Ibid., p. 78.

Exemplo disso é a disputa explícita pelo acesso ao centro antigo de São Paulo, da Prefeitura e Câmara Municipal, além do Governo Estadual, que representa os interesses do mercado imobiliário, contra os moradores e usuários pobres:

> Trata-se do único lugar da cidade onde os interesses de todas as partes (mercado imobiliário, Prefeitura, Câmara Municipal, comerciantes locais, movimentos de luta pela moradia, moradores de cortiços, moradores de favelas, recicladores, ambulantes, moradores de rua, dependentes químicos e outros) estão muito claros, e os pobres não estão aceitando passivamente a expulsão.[97]

O centro de São Paulo constitui uma região privilegiada em relação ao resto da cidade, trata-se do ponto de maior mobilidade da metrópole, com seu entroncamento rodometroferroviário. A partir dali, pode-se acessar qualquer ponto da cidade, o que constitui uma característica ímpar se levarmos em conta a trágica situação dos transportes coletivos. Trata-se ainda do local de maior oferta de emprego na região metropolitana. Nele, estão importantes museus e salas de espetáculo, bem como universidades, escolas públicas, equipamentos de saúde, sedes do Judiciário, órgãos governamentais.[98]

As classes dominantes controlam o processo de estruturação do espaço interurbano, determinando uma tendência de localização e caminhamento de seus bairros residenciais, em função das condições de controle dos tempos de deslocamentos e da ocupação de áreas ambientalmente mais agradáveis. Nesse contexto, os interesses do mercado imobiliário podem determinar a segregação espacial na cidade, mas não

---

97 MARICATO, Ermínia. *Para Entender a Crise Urbana*. São Paulo: Expressão Popular, 2015, p. 57.
98 Ibid., p. 61.

se sobrepõem aos interesses concretos da burguesia na localização dos seus bairros.[99]

Assim, as classes dominantes controlam o processo de estruturação do espaço urbano e a segregação pode ocorrer tanto de pessoas de maior rendimento quanto de menor poder aquisitivo; ela reproduz e amplia a distância entre o trabalho e a moradia. Com isso, os interesses do mercado imobiliário determinam a segregação espacial na cidade, deslocando pessoas de um bairro para outro, desde que necessário ao mercado do capital.

De mais a mais, a metrópole concentra grande proporção da riqueza nacional sem, no entanto, esconder uma profunda desigualdade marcada na paisagem dos lugares da metrópole distantes da cidade dos negócios – as periferias segmentadas e sem referências, onde o narcotráfico, como novo e poderoso setor da economia, define suas estratégias como consequências do desenvolvimento do mundo da mercadoria – revelando o fenômeno urbano em suas contradições vividas no plano da prática socioespacial, como a segregação.[100]

Nesse processo, as periferias excluídas, que reclamam por investimentos públicos em infraestrutura, continuam, dramaticamente, sem receber atenção, quando a situação demandaria uma completa reversão das prioridades desses investimentos, quase cessando os fluxos para as áreas mais privilegiadas. A gravidade da situação da população excluída exige um congelamento dos privilégios às áreas abonadas, tal o volume de investimentos demandado para reverter o quadro de pobreza existente.[101]

---

99 FERREIRA, João Sette Whitaker. *São Paulo: o Mito da Cidade-Global*. 2003. Tese (Doutorado em estruturas ambientais urbanas) – Faculdade de Arquitetura e Urbanismo da Universidade de São Paulo, 2003, p. 310.
100 CARLOS, Ana Fani Alessandri A Reprodução da Cidade Como "Negócio". In: CARLOS, Ana Fani Alessandri; CARRERAS, Carles (Orgs.). *Urbanização e Mundialização: Estudos Sobre a Metrópole*. São Paulo: Contexto, 2012, p. 36.
101 FERREIRA, João Sette Whitaker. *Mito da Cidade-Global: o Papel da Ideologia na Produção do Espaço Terciário em São Paulo*. Revista do Programa de Arquitetura e Urbanismo da FAU-USP, n. 16, 2004. Acesso em 23 de maio de 2017, p. 43.

A segregação urbana é tão mais acentuada quanto maior for a desigualdade social na cidade considerada. A segregação social urbana tem suas manifestações ideológicas difundidas pela classe dominante e que se tornam massiva visando a tornar a dominação mais palatável e aceita pelos dominados. A mídia falada e escrita no Brasil é um grande difusor dessa ideologia dominante.[102]

Essa remoção de bairros, moradias, equipamentos e a instauração de uma cambiante morfologia urbana nesses espaços metropolitanos seguem à risca os parâmetros exigidos de rentabilidade do capital em sua forma mais fluida. A vida nas metrópoles aparece submetida aos mandos desse padrão de relacionamento denominado finanças:

> A segregação, que vem a par com a "renovação" urbana e com a valorização imobiliária, constitui um fenômeno social tão importante para a compreensão das dinâmicas espaciais da metrópole quanto a funcionalidade desses novos centros de negócios que surgem nas aglomerações. Ambos os fenômenos são compreendidos de forma integrada a partir da perspectiva da produção/reprodução do espaço.[103]

É cada vez mais evidente que as cidades no mundo estão em ebulição, os círculos virtuosos de crescimento econômico sob a égide do capitalismo, embora festejados, reforçam um modelo de cidade irracional e insustentável. Antagonicamente, no capitalismo dominante, crescimento econômico é sinônimo de concentração das riquezas, o que no meio urbano se reflete no aumento generalizado da informalidade, da precariedade habitacional e da segregação e das injustiças espaciais.[104]

---

102 FERREIRA, João Sette Whitaker. Apresentação. Dossiê: Cidades em Conflito, Conflitos na Cidade. In: FERREIRA, João Sette Whitaker (Org.). *Margem Esquerda: Ensaios Marxistas.* São Paulo: Boitempo, 2015a, p. 35.
103 SANTOS, Milton. *A Urbanização Brasileira.* 5. ed. São Paulo: Editora da Universidade de São Paulo, 2013, p. 35-36.
104 FERREIRA, João Sette Whitaker. *Op. Cit.* p. 29.

No espaço urbano fundem-se os interesses do capital, a ação do Estado e a luta dos moradores como forma de resistência contra a segregação no espaço residencial e pelo direito à cidade. O urbano é um produto do processo de produção em um determinado momento histórico, não só no que se refere à determinação econômica do processo (produção, distribuição, circulação e troca) mas também às determinações sociais, políticas, ideológicas, jurídicas, que articulam na totalidade da formação econômica e social.[105]

Por tudo isso, os trabalhadores são empurrados do centro das cidades para a periferia, as moradias dos trabalhadores e, de modo geral, as moradias menores se tornam raras e caras e muitas vezes nem podem ser adquiridas, porque nessas condições a indústria da construção civil, para a qual as moradias mais caras representam um campo de especulação muito mais atrativo, apenas excepcionalmente construíra moradias para trabalhadores.[106]

Consideramos a periferia como base de um processo de produção de espaço urbano:

> A periferia é de fato um local onde vivem os pobres, é socialmente segregada, e o preço da terra é baixo, porém, ao mesmo tempo, é o local mutante, sempre reproduzindo em novas extensões de terra, enquanto velhas periferias são gradualmente incorporadas à cidade, ocupadas por novos moradores e reorganizadas pelo capital.[107]

Com a segregação, as periferias excluídas ficam sem investimentos públicos em infraestrutura e, quanto maior for a desigualdade, maior será a segregação; ela tem suas manifestações

---

105 CARLOS, Ana Fani Alessandri. *A Cidade*. São Paulo: Contexto, 2015a, p. 26-27.
106 ENGELS, Friedrich. *Sobre a Questão da Moradia*. Tradução de Nélio Schneider. São Paulo: Boitempo, 2015, p. 40.
107 MAUTNER, Yvonne. A Periferia como Fronteira de Expansão do Capital. In: DEÁK, Csaba; SCHIFFER, Sueli Ramos (Orgs). *O Processo de Urbanização no Brasil*. 2. ed. São Paulo: Editora Edusp, 2015, p. 254.

ideológicas difundidas pela mídia e aceita por grande parte da sociedade; mas, entender a segregação como fenômeno social, torna possível entender as dinâmicas espaciais da metrópole; por fim, é de suma importância a luta dos moradores contra a segregação para garantir o direito à cidade.

Como consequência da segregação, milhões de pessoas foram removidas à força do local onde viviam, deslocadas por meio de usurpação de terras e em função de grandes projetos de infraestruturas e renovação urbana, desastres naturais ou conflitos armados:

> Não há estatísticas globais e abrangentes sobre as remoções forçadas, mas as estimativas dos casos reportados por organizações humanitárias, assim como comunicados recebidos pela Relatoria Especial da ONU para o Direito à Moradia Adequada, confirmam que as remoções forçadas ocorrem por toda parte e afetam milhões de pessoas por ano.[108]

Assim, assiste-se a uma clara associação entre eventos internacionais, megaprojetos e novas reivindicações espaciais das elites, como nos casos dos Jogos do Commonwealth em Delhi e os Jogos Olímpicos no Brasil, com a expulsão prevista de 150 mil pessoas, em que se aceleraram as mutações urbanas, fazendo explodir as defesas sociais ou legais que ainda protegiam setores habitacionais pobres ou de classe média baixa.[109]

Esses megaeventos esportivos propiciam o ambiente político e de apoio à opinião pública favorável a essa transformação, blindando os projetos do escrutínio democrático-burocrático do dia a dia da gestão pública. Mas não foram os megaeventos que, como elementos externos, importaram coalizões, alianças

---

[108] ROLNIK, Raquel. *Guerra dos Lugares: a Colonização da Terra e da Moradia na Era das Finanças*. 1. ed. São Paulo: Boitempo, 2015, p.149.
[109] DEBOULET, Agnes. Espaços em Disputa e Contestações. Tradução de João Sette Whitaker Ferreira. In: FERREIRA, João Sette Whitaker (Org.). *Margem Esquerda: Ensaios Marxistas*. São Paulo: Boitempo, 2015, p. 24.

estratégicas e capitais. Antes, no Brasil, o novo regime urbano foi uma construção local, tecida através de práticas com raízes profundas em nossa história e cultura, comandadas pelo Estado, a serviço do capital, em nome do crescimento e da geração de empregos.[110]

Com os megaeventos da Copa do Mundo em 2014 e das Olimpíadas em 2016 (no Rio de Janeiro), vemos uma radicalização da febre que acompanha o atual *boom* imobiliário:

> Seguindo a trajetória dos países que sediam esses grandes eventos, a máquina do crescimento (uma articulação de entidades internacionais, governos e capitais) é posta a funcionar, buscando legitimar, com o urbanismo do espetáculo, gastos pouco explicáveis para um país que ainda tem enorme precariedade nas áreas de saúde, da educação, do saneamento e dos transportes coletivos.[111]

Com a Copa do Mundo de 2014, para a qual a festança de construção de Estádios, cujos valores giram em torno de centenas de milhões e para os quais se fala cada vez mais em comprometimento de fundos públicos, e com os Jogos Olímpicos do Rio em 2016, que como primeira medida anunciou o comprometimento de quase R$ 9 bilhões para a construção de um metrô ligando o privilegiado bairro da Barra da Tijuca à Zona Sul, o "urbanismo de mercado" parece ter chegado ao seu apogeu.[112]

Desse modo, atores privados passam a ter também exercício de governo, ampliando, portanto, a zona de indefinição entre

---

110 ROLNIK, Raquel. *Guerra dos Lugares: a Colonização da Terra e da Moradia na Era das Finanças*. 1. ed. São Paulo: Boitempo, 2015, p. 352.
111 MARICATO, Ermínia. *Para Entender a Crise Urbana*. São Paulo: Expressão Popular, 2015, p. 41.
112 FERREIRA, João Sette Whitaker. Cidades Para Poucos ou Para Todos? Impasses da Democratização das Cidades no Brasil e os Riscos de um "Urbanismo às Avessas". In: OLIVEIRA, Francisco; BRAGA, Ruy; RIZEK, Cibele (Orgs.). *Hegemonia às Avessas*. São Paulo: Boitempo, 2010, p. 9.

o privado e o público e reconfigurando a ordem política. O projeto Rio Olímpico, definido e implantado de forma paralela e sem nenhum diálogo com o planejamento público expresso no plano diretor da cidade, é talvez o exemplo contemporâneo mais eloquente do que acabamos de comentar.[113]

Se a renovação dos espaços urbanos afeta, acima de tudo, as populações mais frágeis, a multiplicação de projetos de reestruturação urbana ameaça também parte das camadas médias:

> Nas cidades muito grandes, o risco se difunde a novas categorias de moradores de classe média, que acabam se tornando também cronicamente vulneráveis. Ao acentuar a pressão sobre o fundiário, por meio de instrumentos legais ou de megainfraestruturas que exacerbam a competição e o aumento dos preços, políticas urbanas privam os moradores da possibilidade de permanecer perenemente em suas casas.[114]

Em virtude da segregação pessoas são removidas à força de suas moradias em razão dos grandes projetos de infraestrutura, renovação urbana, megaeventos esportivos, os quais propiciam um ambiente político e de apoio à opinião pública favorável à essa segregação e à expulsão de milhares de pessoas de suas moradias.

Com essa urbanização de espetáculo busca-se legitimar os gastos públicos e os atores privados passam a ter o exercício no governo, tornando indefinido o que é público que é privado. Por meio de instrumentos legais, o Estado, através de políticas urbanas, priva os moradores de continuar em suas habitações, segregando-os.

Sabe-se que na América Latina, a desigualdade social é resultado de uma herança de cinco séculos de dominação externa que se combina, internamente, a elites com forte acento patrimonialista:

---

113 ROLNIK, Raquel. *Op. Cit.* p. 355.
114 DEBOULET, Agnes. Espaços em Disputa e Contestações. Tradução de João Sette Whitaker Ferreira. In: FERREIRA, João Sette Whitaker (Org.). *Margem Esquerda: Ensaios Marxistas*. São Paulo: Boitempo, 2015, p. 24.

Propriedade Privada e direito à moradia: uma crítica | 253

As características do patrimonialismo poderiam ser sucintamente descritas como as seguintes: a) relação de favor ou de troca é central no exercício do poder; b) a esfera pública é tratada como coisa privada e pessoal; c) existe correspondência entre detenção de patrimônio e poder político e econômico.[115]

O capitalismo produz uma paisagem geográfica apropriada à sua própria dinâmica de acumulação no momento particular de sua história, simplesmente para ter de reduzir a escombros e reconstruir essa paisagem geográfica a fim de acomodar a acumulação num estágio ulterior. Há nesse processo alguns aspectos discerníveis:

1. Reduções do custo e do tempo de deslocamento no espaço têm sido um foco contínuo de inovação tecnológica.
2. A construção de infraestruturas físicas fixas destinadas a facilitar esses deslocamentos, assim como dar suporte a atividades de produção, de troca, de distribuição e de consumo, exerce uma força bem distinta sobre a paisagem geográfica.
3. O terceiro elemento é a construção da organização territorial primordialmente (mas não de modo exclusivo) por meio do meio estatal de regular o dinheiro, a lei e a política, bem como de monopolizar os meios de coerção e de violência de acordo com uma vontade territorial (e algumas vezes extraterritorial) soberana.[116]

A metrópole, do ponto de vista do capital, é, portanto, o espaço de acumulação, produto e condição geral de produção, além de instrumento político ligado ao Estado, o qual transforma as condições gerais necessárias ao desenvolvimento do capital a fim de superar as contradições emergentes no seio do

---
115 MARICATO, Ermínia. *Para Entender a Crise Urbana*. São Paulo: Expressão Popular, 2015, p. 78.
116 HARVEY, David. *Espaços de Esperança*. Tradução de Adail Ubirajara e Maria Stela Gonçalves. São Paulo: Edições Loyola, 2015, p. 87-88.

processo de reprodução ampliada e controlar sua expansão, já que denomina a reprodução social, nesse sentido, considera-se que a produção do espaço é também reprodução das relações de produção.[117]

No século XXI, o que se vende no mercado como momento necessário do movimento da acumulação não é a cidade, mas o urbano:

> Justifica-se uma vez que seu significado transcende aquele da ordem próxima, focada no terreno/área a ser vendida no mercado visando à realização do ciclo de rotação do espaço-mercadoria através da efetivação da renda da terra. Agora, trata-se de negócios vinculados à efetivação do capital financeiro, portanto de um novo momento da urbanização que apontam para novos conteúdos nos quais o urbano se constitui como uma totalidade articulada de planos (econômico, político, social, cultural) e justaposição de escalas (local, metropolitano, global).[118]

Percebe-se que o capitalismo construiu uma paisagem geográfica a fim de acomodar a acumulação e o espaço de acumulação é a metrópole, pois hoje se vende o urbano no mercado como necessário ao movimento da acumulação. O urbano se constitui como uma totalidade articulada de planos em favor do capital; e o ciclo de rotação do espaço-mercadoria se dá através da renda da terra.

De mais a mais, os moradores já instalados, morando em pequenas casas onde investiram suas parcas economias enquanto eram ignorados pelos poderes lutam contra um processo judicial para retirá-los do local. Nesse caso, eles são vistos como

---

117 CARLOS, Ana Fani Alessandri. A Tragédia Urbana. In: Ana Fani Alessandri Carlos, Danilo Volochko, Isabel Pinto Alvarez (Orgs.). *A Cidade Como Negócio*. São Paulo: Contexto, 2015d, p. 49.
118 Ibid., p. 61-62.

inimigo da qualidade de vida e do meio ambiente. A tensão existente entre a cidade formal e a ilegal é dissimulada. Além dos investimentos públicos no sistema viário, a legislação urbanística se aplica à cidade oficial.[119]

Sabe-se que um dos mais poderosos *lobbies* que disputam os investimentos públicos o faz visando a valorização de seus empreendimentos imobiliários que estão em construção ou são simplesmente projetos:

> Determinadas localizações na cidade atribuem prestígio a uma empresa. Aqui, novamente, o econômico tem sua face estética, ideológica e cultural.
> É evidente que outras racionalidades, como aquela baseada no consumo, também definem os destinos dos investimentos nas cidades. As regiões e bairros disputam entre si serviços públicos e equipamentos que irão melhorar sua qualidade de vida (e com ela aumentar a valorização dos imóveis).[120]

No capitalismo, o mercado residencial também parece ser um mercado desconcertante: num ambiente em que os conglomerados internacionais engendram formas de ampliar seu mercado de consumo, de modo a incluir a população moradora de favelas,[121] o mercado residencial se

---

119 MARICATO, Ermínia. As Ideias Fora do Lugar e o Lugar Fora das Ideias: Planejamento Urbano no Brasil. In: ARANTES, Otília; VAINER, Carlos; MARICATO, Ermínia. *A Cidade do Pensamento Único: Desmanchando Consensos*. 8. ed. Petrópolis/RJ: Vozes, 2013, p. 162-165.
120 MARICATO, Ermínia. *Brasil, Cidades: Alternativa Para a Crise Urbana*. 2. ed. Petrópolis/RJ: Vozes, 2002, p. 84.
121 "No início do século XX, as primeiras favelas já despontavam nas encostas de alguns morros da cidade, mas a primeira menção explícita que reconhece as favelas como parte dos problemas habitacionais da cidade acontece no Código de Obras de 1937. Seguindo as orientações do Plano Agache, o Decreto 6.000 condenava as favelas por sua insalubridade e proibia reformas ou a construção de novas casas nos núcleos já existentes, que deveriam ser substituídos por novas habitações proletárias a serem construídas na periferia e vendidas para a população pobre. Assim, as favelas entram nas políticas públicas da cidade enquanto um problema a ser eliminado." (CARDOSO, Adauto Lúcio; MELLO, Irene de Queiroz; JAENISCH, Samuel Thomas; GRAZIA, Grazia de. A Retomada das Remoções na Cidade do Rio de Janeiro e o Programa Minha Casa Minha Vida. In: CARDOSO, Adauto Lúcio;

especializa no produto de luxo para uma pequena parcela da população.[122]

A questão das favelas vem sendo redesenhada constantemente pelas diferentes esferas de governo e pela opinião pública, com avanços no sentido do reconhecimento de sua legitimidade perante a cidade, mas defrontando-se recorrentemente com o risco de retrocessos. Nem mesmo as garantias legais estabelecidas com a Constituição de 1988 e seus desdobramentos conseguiram eliminar definitivamente a ameaça das remoções forçadas que vêm retornando nos últimos anos na cidade.[123]

As megafavelas surgem quando bairros pobres e comunidades fundem-se em cinturões contínuos de moradias informais e pobreza, em geral na periferia urbana. Entretanto, a maioria dos pobres do mundo não mora em bairros pobres do centro da cidade; por conta disso, desde 1970, o maior quinhão do crescimento populacional urbano mundial foi absolvido pelas comunidades faveladas de periferias das cidades de terceiro mundo.[124]

Após a segregação, surge a ocupação periférica pela moradia precária que constitui uma forma de espalhamento (expansão horizontal das cidades), como no caso da suburbanização das cidades dos países capitalistas centrais. Portanto, não estamos fazendo referência apenas à periferia da cidade periférica, mas relacionando ao conceito de moradia precária, mais preciso do que periferia urbana.[125]

ARAGÃO, Thêmis Amorim; JAENISCH, Samuel Thomas. *Vinte e Dois Anos de Política Habitacional no Brasil: da Euforia à Crise*. Rio de Janeiro: Letra Capital; Observatório das Metrópoles, 2017, p. 213).
122 MARICATO, Ermínia. *O Impasse da Política Urbana no Brasil*. 3. ed. Petrópolis/RJ: Vozes, 2014, p. 134.
123 CARDOSO, Adauto Lúcio; MELLO, Irene de Queiroz e; JAENISCH, Samuel Thomas; GRAZIA, Grazia de. *Op. Cit.* p. 225.
124 MIKE, Davis. *Planeta Favela*. Tradução de Beatriz Medina. São Paulo: Boitempo, 2006, p. 37.
125 MARICATO, Ermínia. *O Impasse da Política Urbana no Brasil*. 3. ed. Petrópolis/RJ: Vozes, 2014, p. 110.

Por outro lado, a distribuição espacial compacta e contígua das categorias superiores é certamente o resultado do modo monopolista de produção da moradia instaurado no Brasil depois de 1964, com o advento do Sistema Financeiro da Habitação, que consolidou a incorporação imobiliária como forma de produção empresarial nas áreas litorâneas. Estes fatores, com efeito, aliados à política habitacional vigente no período do autoritarismo (1964-1986), orientada para a construção de grandes conjuntos habitacionais na periferia, atuaram na direção de remover destes espaços superiores as classes populares. As favelas situadas nesses espaços, contudo, permaneceram como verdadeiros enclaves socioespaciais, com fronteiras bem marcadas, em razão dos enormes custos sociais e políticos implicados na sua remoção e das dificuldades da integração destes espaços ao mercado empresarial de moradias. O perfil sócio-ocupacional dessas favelas é, na média, bem próximo do verificado nas áreas periféricas – embora com particularidades entre as favelas –, o que caracteriza a situação de proximidade geográfica e distância social com os bairros superiores.[126]

Davis formula, sinteticamente, os assentamentos informais ou do padrão global de povoamento informal, não deixando de evidenciar:

> a) Um ritmo generalizado de crescimento urbano mais lento até o final da primeira metade do século XX, em grande parte do mundo sob o controle imperialista ou ditatorial, b) um ritmo mais acelerado a partir da segunda metade do mesmo século com Estados nacionais que esboçam tentativas de atender à demanda social de moradias, e, finalmente, c) a fase dos Estados minimalistas e dos ajustes fiscais de meados de 1970 ao início dos anos 1980.[127]

---

126 PRETECEILLE, Edmond; RIBEIRO, Luiz Cesar de Queiroz. *Tendências da Segregação Social em Metrópoles Globais e Desiguais: Paris e Rio de Janeiro nos Anos 80*. Revista EURE (Santiago), n. 76, v. 25, Santiago dic. 1999. Acesso em 25 de agosto de 2017, p. 22.
127 MIKE, Davis. *Op. Cit.* p. 212.

O espaço urbano da moradia precária inclui as várias formas de provisão da moradia pobre: casas inacabadas, insalubres, congestionadas, localizadas em favelas ou invasões, em loteamentos ilegais, em áreas de risco geotécnico ou sujeitas a enchentes, enfim, não há aqui a necessidade de um rigor técnico quantificável. Parte-se do princípio marxista de que o espaço urbano, como qualquer mercadoria, é uma produção social e envolve relações.[128]

As condições de pobreza encontradas nas cidades podem ser verificadas pela alta porcentagem de moradores vivendo em habitações subnormais. No Brasil, entendesse por esse termo moradias em favelas, cortiços e loteamentos clandestinos. A informalidade urbana diz respeito à inadequação físico-construtiva da habitação e/ou geomorfológica/ambiental do entorno (construções precárias, terrenos em áreas de risco ou de preservação ambiental, área útil insuficiente para o número de moradores etc.), à ausência de infraestrutura urbana (saneamento, água tratada, luz, acessibilidade viária etc.), ou ainda à ilegalidade da posse da terra ou do contrato de uso.[129]

A solução para favelas envolveu uma disputa entre remoção dos moradores ou a urbanização do núcleo com a permanência dos mesmos, aos poucos, as práticas de urbanização de favelas ganharam espaço sobre o domínio, antes absoluto, das práticas de remoção violenta, sendo que uma das experiências pioneiras foi o processo de luta para urbanização da favela de Brás de Pina, na cidade do Rio de Janeiro, que teve início ainda na década de 1960.[130]

Por outro lado, em uma análise comparativa da evolução recente das cidades do Rio de Janeiro e Paris, permitiu-se

---

128 MARICATO, Ermínia. *O Impasse da Política Urbana no Brasil*. 3. ed. Petrópolis/RJ: Vozes, 2014, p. 110-111.
129 FERREIRA, João Sette Whitaker. *Globalização e Urbanização Subdesenvolvida*. Revista São Paulo Perspectiva, n. 4, v. 14, São Paulo, out./dez. 2000. Acesso em 01 de setembro de 2016, p. 4.
130 MARICATO, Ermínia. *Op. Cit.* p. 112.

produzir elementos empíricos e analíticos sobre o papel das transformações econômicas na explicação das tendências de mudanças da estrutura socioespacial das metrópoles e explicar as práticas de autossegregação das elites:

> Verificamos que as estruturas evoluem na direção da elevação do conjunto da hierarquia socioespacial. A tendência mais forte é a do crescimento das categorias superiores e intermediárias no conjunto das unidades dos espaços metropolitanos de Paris e do Rio, ainda que com taxas bastantes diferentes. Não observamos, por outro lado, tendências de concentração absoluta de categorias populares e operárias em quaisquer dos espaços, o que caracterizaria tendências de exclusão e empobrecimento. Este resultado, observado tanto para Paris quanto para o Rio, coloca em questão a relação de causalidade entre globalização e dualização socioespacial afirmada por muitos autores. Nossa hipótese é que as evoluções da estrutura social e da segregação são mais fortemente ligadas às transformações profundas e progressivas da base produtiva e do mercado de trabalho geradas pela emergência de uma economia de serviços, do que aos impactos conjunturais da globalização financeira.
> Se não observamos, porém, tendência à dualização, constatamos que em Paris e no Rio cresce a distância social entre os dois extremos da estrutura socioespacial, em razão do movimento de reforço muito maior do peso das categorias superiores nos espaços burgueses que nos espaços populares. Deste ponto de vista, verifica-se certas tendências da segregação, entretanto, não como consequência da segregação compulsória das camadas populares, mas como resultado das práticas de autossegregação das elites.[131]

Assim, os moradores das favelas são vistos como inimigos da qualidade de vida e do meio ambiente; o surgimento da

---

131 PRETECEILLE, Edmond; RIBEIRO, Luiz Cesar de Queiroz. *Tendências da Segregação Social em Metrópoles Globais e Desiguais: Paris e Rio de Janeiro nos Anos 80*. Revista EURE (Santiago), n. 76, v. 25, Santiago dic. 1999. Acesso em 25 de agosto de 2017, p. 25.

ocupação periférica decorre da moradia precária (pobre); e as favelas são consequência de uma urbanização tardia, que expulsou as pessoas do campo, tendo que criar esses polos urbanos.

Essas favelas urbanizadas há mais de 20 anos, que se adensaram e verticalizaram sem respeitar recuos entre as construções, são verdadeiras fontes de promoção de doenças respiratórias por meio de seus cômodos sem luz, ventilação ou insolação situados nos fundos das construções:

> A solução estaria em regularizar suas construções e exercer o controle estatal sobre as ampliações das moradias, como se faz em qualquer bairro da cidade formal. Mais dificilmente eles deixam de ser favelas, ocupações ilegais, mesmo depois de urbanizados.[132]

Ao contrário do que percebe o senso comum, a maior parte das favelas não está nas áreas valorizadas pelo mercado, mas na periferia urbana:

> Observa-se em todo o país uma predominância de favelas em áreas ambientalmente frágeis. O mercado imobiliário rejeita localizações de baixa qualidade ou localizações protegidas por legislação ambiental. Pois são exatamente as áreas rejeitadas pelo mercado que "sobram" para o assentamento da população excluída do direito à cidade, já que não lhe resta alternativas. É quase uma regra nas regiões metropolitanas a ocupação de mangues, dunas, beira dos córregos, beira dos rios, várzeas, encostas ou matas.[133]

Por tudo que foi exposto, podemos detectar que é interesse do capital ter uma cidade que possa acomodar a acumulação e, para isso, o Estado pode, em razão dos interesses do mercado, segregar, criando as periferias excluídas, com

---
132 MARICATO, Ermínia. *O Impasse da Política Urbana no Brasil*. 3. ed. Petrópolis/RJ: Vozes, 2014, p. 158.
133 Ibid., p. 179.

moradias sem infraestrutura, situadas na periferia urbana, em áreas desvalorizadas e ambientalmente frágeis, quando, na verdade, o Poder Público deveria agir de forma contrária, regularizando as moradias das favelas, através do controle estatal.

3.3. A cidade global: a globalização, a atuação do mercado imobiliário e financeirização da moradia

Para que possamos compreender a atual cidade global e sua ligação com a moradia faz-se necessário entender o conceito de cidade global vinculado ao de globalização, além de sua íntima relação com o mercado imobiliário, a financeirização e ao financiamento das moradias. Assim, poderemos detectar que a falta de moradia decorre de todo esse processo que hoje é mundial.

Qualquer discussão de fundo sobre a América Latina urbana precisa começar com a compreensão de dois fatores determinantes: capital e terra. Assim que, ao longo do século XX, o capital global passa a controlar a terra rural por meio de aquisição, expropriação e uso de violência, uma massa de pessoas que antes vivia da terra foi forçada a migrar para as cidades. A América Latina urbana não foi produzida pelo livre arbítrio, mas, sim, por essa gigantesca tomada de terra.[134]

É sabido que o poder público adota o discurso da cidade-global[135] por motivos bem pragmáticos, merecendo uma explicação mais detalhada. A partir da década de 1980, no

---

134 ANGOTTI, Tom. América Latina Urbana: Violência, Enclaves e Lutas pela Terra. In: FERREIRA, João Sette Whitaker (Org.). *Margem Esquerda: Ensaios Marxistas*. São Paulo: Boitempo, 2015, p. 24.
135 "O modelo das *global cities* prevê não apenas a dualização da estrutura social, como efeito inexorável da globalização, mas também o surgimento de fortes tendências à polarização socioespacial nas grandes cidades." (PRETECEILLE, Edmond; RIBEIRO, Luiz Cesar de Queiroz. *Tendências da Segregação Social em Metrópoles Globais e Desiguais: Paris e Rio de Janeiro nos Anos 80*. Revista EURE (Santiago), n. 76, v. 25, Santiago dic. 1999. Acesso em 25 de agosto de 2017, p. 11).

cenário de crise de superprodução e desemprego, de desconcentração industrial em muitas cidades europeias e norte-americanas, e de alta competitividade, a possibilidade de impulsionar parcerias milionárias com o setor privado, para a construção de polos urbanos capazes de atrair grandes empresas e negócios globais, mostrou-se uma via de salvação para prefeitos submersos em graves crises de governabilidade.[136]

Nesse sentido, a ideia da cidade-global ideal, capaz de atrair grandes negócios e de se inserir competitivamente na economia global, é:

> Simplesmente a ideia de um oásis para a moderna aristocracia das finanças globais, ou nas palavras de Maricato, um "espaço absoluto" do mercado. Uma cidade que reúna espaços adequados aos negócios, mas que seja ao mesmo tempo agradável aos olhos desses atores, nem que seja para apenas garantir uma vista sedutora através das janelas das salas de reuniões onde se fecham os grandes negócios mundiais.[137]

Assim, o capital global passa a controlar a terra, fazendo com que as pessoas da zona rural migrem para a cidade; a globalização amplia as relações econômicas para além do país, tornando a cidade-global competitiva, com uma parceria com o setor privado que torna a cidade apta a atrair negócios. Esse processo mundial de globalização ocasiona a exclusão e a dominação em virtude do capital financeiro.

Surge, então, a ideia da cidade globalizada onde se encontra mais chances de sobrevivência quanto mais souber se inserir na competição pela atração de investimentos e de sedes de grandes empresas transnacionais, quanto mais investir nos avançados sistemas de informação e comunicação, na modernização de sua

---

136 FERREIRA, João Sette Whitaker. *Mito da Cidade-Global: o Papel da Ideologia na Produção do Espaço Terciário em São Paulo*. Revista do Programa de Arquitetura e Urbanismo da FAU-USP, n. 16, 2004. Acesso em 23 de maio de 2017, p. 29.
137 Ibid., p. 39.

infraestrutura, no fortalecimento do "terciário avançado" e em canais de conexão com o capital financeiro internacional, supostamente capaz de dar nova vida às áreas urbanas degradadas.[138]

Por outro lado, o tratamento que a mídia e muitos intelectuais atribuíram à globalização e às chamadas cidades globais foi dando lugar, com o passar do tempo e com a apropriação capitalista das novas tecnologias, a uma realidade:

> Aumento do desemprego, precarização das relações de trabalho, recuo nas políticas sociais, privatização e mercantilização de serviços públicos, aumento da desigualdade social. Diferentemente da desigualdade social ou inserção social precária existentes anteriormente à globalização, após sua dominação hegemônica ganha destaque uma marca, a da exclusão social: bairros são esquecidos, cidades são esquecidas, regiões são esquecidas e isso acontece até mesmo com países que são ignorados, já que não contam para a nova ordem.[139]

Há, basicamente, três formas pelas quais poderíamos averiguar se uma cidade responde ao rótulo de global:

> A primeira delas é a verificação daqueles atributos segundo os quais os teóricos qualificam uma cidade como "cidade global".
> [...]
> A segunda maneira – a qual não exclui a primeira – seria verificando até que ponto é significativo o surgimento na cidade de novas atividades terciárias de comércio e serviços que estejam, como defendem, por exemplo, teóricos como Sassen e Castells, substituindo as atividades industriais do setor secundário, sendo esse processo supostamente característico da "nova economia global" e das "cidades-globais"
> [...]

---

138 Id. *Globalização e Urbanização Subdesenvolvida*. Revista São Paulo Perspectiva, n. 4, v. 14, São Paulo out./dez. 2000. Acesso em 01 de setembro de 2016, p. 6.
139 MARICATO, Ermínia. *Para Entender a Crise Urbana*. São Paulo: Expressão Popular, 2015, p. 72.

A terceira forma de verificação seria a análise da origem do capital imobiliário, que vem, efetivamente, produzindo "centralidades terciárias globais", como a da região da marginal do Pinheiros.[140]

Por outro lado, a imagem da cidade-global[141] tornou-se uma questão ideológica: trata-se de fazer crer à população que os benefícios da globalização da cidade são imprescindíveis para sua modernização e sua inserção econômica, legitimando os esforços para construir a cidade-global, e garantindo a aceitação do fato de vultosos recursos públicos serem canalizados para regiões da cidade já ultraprivilegiadas.[142]

O discurso da globalização foi incorporado pelas elites como o instrumento mais apropriado, no novo contexto do capitalismo financeiro, para perpetuar uma nova imposição de incorporação dos progressos técnicos do capitalismo hegemônico, o qual somente a ela beneficiará e lhe garantirá a manutenção de sua hegemonia interna. Nas cidades, e em especial na suposta cidade-global, aplica-se, ideologicamente, uma matriz de modernidade que não tem nenhuma intenção de, enfim, tentar superar a desigualdade estrutural herdada de nossa matriz colonial. A continuar assim, nunca se responderá à demanda por soluções que promovam, por fim, uma cidade socialmente justa.[143]

---

140 FERREIRA, João Sette Whitaker. *Mito da Cidade-Global: o Papel da Ideologia na Produção do Espaço Terciário em São Paulo*. Revista do Programa de Arquitetura e Urbanismo da FAU-USP, n. 16, 2004. Acesso em 23 de maio de 2017, p. 31-32.
141 "A ideia da cidade-global ideal, capaz de atrair grandes negócios e de se inserir competitivamente na economia global, é simplesmente a ideia de um oásis para a moderna aristocracia das finanças globais, um "espaço absoluto" do mercado. Uma cidade que reúna espaços adequados aos negócios, mas que seja ao mesmo tempo agradável aos olhos dos atores, nem que seja para apenas garantir uma vista sedutora através das janelas das salas de reuniões onde se fecham os grandes negócios mundiais." (Ibid., p. 171).
142 Ibid., p. 42.
143 Ibid., p. 47.

Por isso, a cidade de sociedades capitalistas periféricas reflete a marginalidade e dualidade resultantes do princípio de perpetuar a subordinação do desenvolvimento à manutenção da ordem elitista vigente, combinando o atraso com o moderno:

> Seu problema é, portanto, o mesmo da sociedade subdesenvolvida: a subordinação absoluta à lógica dos negócios, por meio da histórica superexploração do trabalho e depredação do meio ambiente, chegou hoje a níveis intoleráveis. As ações de imposição do capitalismo hegemônico, por meio da nova proposição ideológica – promovida a paradigma – da globalização, e as matrizes de planejamento urbano que as acompanham, apesar de não terem a mesma clareza, tanto ideológica como empiricamente, apenas reforçam essa situação.[144]

De mais a mais, a cidade se transforma não apenas em razão de processos globais relativamente contínuos como crescimento da produção material no decorrer das épocas, com suas consequências nas trocas ou o desenvolvimento da racionalidade, como também em função de modificações profundas no modo de produção, nas relações cidade-campo, nas relações de classe e de propriedade.[145]

A cidade-global ideal e competitiva também deve poder propiciar, através do planejamento estratégico:

> Lazer adequado e de luxo aos altos executivos, monumentos históricos agradáveis de se visitar, ou talvez somente de se passar em frente, restaurantes da mais alta e fina cozinha "internacional", hotéis de alto luxo conectados a todas as formas possíveis de conexão que o mundo informacional nos propicia, proximidade com grandes centros, proximidade

---

144 FERREIRA, João Sette Whitaker. *O Mito da Cidade-Global*. Petrópolis/RJ: Editora Vozes; ANPUR, 2007, p. 41.
145 LEFEBVRE, Henri. *O Direito à Cidade I*. Tradução de Rubens Eduardo Frias. São Paulo: Centauro, 2001a, p. 58.

com belas praias, proximidade com a montanha, com lagos, com ar puro, e principalmente, acima de tudo, tudo isso com muita, muita segurança.[146]

Essas cidades-globais causam a exclusão social e a cidade pode possuir a forma de cidade-global, de nova economia global ou centralidades terciárias globais, para isso, a imagem dessa cidade é ideológica, fazendo com que a população veja apenas benefícios com essa suposta modernização e a sua inserção econômica.

Por isso, podemos concluir que o discurso da cidade global é adotado pelo poder público, criando uma imagem da cidade global como uma questão ideológica, qual seja, fazer a sociedade crer que a globalização beneficia a modernização e a inserção econômica das cidades. Essa cidade sobrevive quando inserida na competição por investimentos, para isso, o Estado, através de planejamento estratégico, cria cidades com lazer, monumentos históricos, restaurantes e hotéis de luxo para que ela possa competir com as outras cidades.

Por outro lado, a globalização é um processo, uma condição ou um projeto político. Com ela a qualidade de vida nas cidades tornou-se mercadoria, surgindo a cidade globalizada, competitiva por investimentos, deixando de lado o papel do governo de provedor de habitação para favorecer o lucro do setor financeiro habitacional privado.

Uma mudança do processo de globalização foi acompanhada por um fator importante: a urbanização assumiu as raias de uma hiperurbanização, especialmente a partir da década de 1950, tendo o ritmo de urbanização sofrido uma aceleração que originou uma grande revolução ecológica, política, econômica e social na organização espacial da população mundial:

---

146 FERREIRA, João Sette Whitaker. *São Paulo: o Mito da Cidade-Global*. 2003. Tese (Doutorado em estruturas ambientais urbanas) – Faculdade de Arquitetura e Urbanismo da Universidade de São Paulo, 2003, p. 172.

A proporção da população global em crescimento que vive nas cidades duplicou em trinta anos, e observando atualmente maciças concentrações espaciais de pessoas numa escala até agora julgada inconcebível. Vêm se formando cidades e sistemas urbanos mundiais que têm sido rápidos efeitos de transformação no funcionamento da economia política global. Os centros urbanos e suas regiões metropolitanas tornaram-se entidades competitivas bem mais importantes na economia mundial, com todo tipo de consequências políticas e econômicas.[147]

Por isso, a globalização pode ser vista como um processo, como uma condição ou como um tipo específico de projeto político, mas defende-se aqui a primeira perspectiva:

> Do mesmo modo, essa maneira de ver a globalização não a "naturaliza", como se ela tivesse surgido sem agentes discerníveis trabalhando para promovê-la. Porém, assumir o ângulo fundado no processo faz que nos concentremos, em primeira instância, no modo *como* a globalização ocorreu e está correndo.
> [...]
> Se, portanto, a palavra "globalização" significa alguma coisa relativa à nossa geografia histórica recente, é bem provável que designe uma nova fase de exatamente esse mesmo processo intrínseco da produção capitalista de espaço.[148]

Com a globalização e a internacionalização das cidades, a qualidade de vida urbana tornou-se uma mercadoria. No mundo e no Brasil, os governos renunciam seu papel de provedores da habitação para tornarem-se facilitadores criando um setor financeiro habitacional que visa o lucro em detrimento da

---
147 HARVEY, David. *Espaços de Esperança*. Tradução de Adail Ubirajara e Maria Stela Gonçalves. São Paulo: Edições Loyola, 2015, p. 93-94.
148 Ibid., p. 80-81.

concretização do direito social à moradia.¹⁴⁹ A globalização está produzindo um novo homem e uma nova sociedade:

> Por meio de transformações nos Estados, nos mercados, nos processos de trabalho, na estética, nos produtos, nos hábitos, nos valores, na cultura, na subjetividade individual e social, na ocupação do território, na produção do ambiente construído e na relação com a natureza.¹⁵⁰

Por outro viés, adverte Santos sobre uma globalização como perversidade:

> De fato, para a maior parte da humanidade a globalização está se impondo como uma fábrica de perversidades. O desemprego crescente torna-se crônico. A pobreza aumenta e as classes médias perdem em qualidade de vida. O salário tende a baixar. A fome e o desabrigo se generalizam em todos os continentes. Novas enfermidades como a SIDA se instalam e velhas doenças supostamente extirpadas, fazem seu retorno triunfal. A mortalidade infantil permanece, a despeito dos progressos médicos e da informação. A educação de qualidade é cada vez mais inacessível. Alastram-se e profundam-se males espirituais e morais, como os egoísmos, os cinismos, a corrupção.¹⁵¹

Em relação aos reflexos que a globalização causa nos centros urbanos, mais precisamente no processo de moradia, uma vez que devido a influência da globalização, o indivíduo se desloca da zona rural para a zona urbana em busca de maiores recursos tecnológicos, financeiros e culturais, pode-se dizer que a globalização reflete diretamente nos processos de exclusão e de

---

149 ANDRADE, Diogo de Calasans Melo; MENEZES, Rita de Cassia Barros de; OLIVEIRA, Liziane Paixão Silva. *A Reorganização Urbana das Metrópoles Periféricas na Era da Financeirização Global do Capital*. Revista de Direito à Cidade, n. 4, v. 8, ano 2016, p. 1495-1515. Acesso em 10 de junho de 2017, p. 1513.
150 MARICATO, Ermínia. *Para Entender a Crise Urbana*. São Paulo: Expressão Popular, 2015, p. 69.
151 SANTOS, Milton. *Por uma Outra Globalização: do Pensamento Único à Consciência Universal*. 10. ed. Rio de Janeiro: Record, 2003, p. 10.

dominação trazidos pelo capital financeiro e que influenciam as cidades, principalmente no que se refere ao processo de financeirização de casas destinadas à moradia dos indivíduos.[152]

Sobre a expulsão de bilhões de camponeses do campo por meio da globalização, explica Maricato:

> A partir dos anos 1980, a globalização agravou o problema da terra. O incremento do agronegócio baseado no latifúndio elevou a importância estratégica de produtos primários como minérios, celulose, grãos, carne, petróleo e etanol, que ganharam importância estratégica nos mercados globais. Hoje, eles promovem a expulsão de camponeses do meio rural numa escala que virá ser contabilizada na casa dos bilhões de pessoas.[153]

Para Lefebvre, como visto no capítulo segundo desse trabalho, o meio rural transformou-se, primeiro, em industrial e, depois, em urbano, assim, a cidade substitui a terra e a relação cidade-campo é o suporte permanente das mudanças da sociedade; assim, o campo desapareceu e o meio rural foi sendo urbanizado, ou seja, o urbano assolou o campo, transformando em campo urbanizado.

A globalização é a ampliação das relações econômicas para além das fronteiras nacionais e até continentais em função de avanços tecnológicos, devemos então admitir que esse processo já tem mais de trezentos anos, quando, a partir do século XVI, os avanços na navegação permitiram o domínio das potências mercantilistas sobre os principais oceanos do globo terrestre e a expansão colonial europeia.[154]

---

152 ANDRADE, Diogo de Calasans Melo; MENEZES, Rita de Cassia Barros de; OLIVEIRA, Liziane Paixão Silva. *Op. Cit.* p. 1513.
153 MARICATO, Ermínia. *O Impasse da Política Urbana no Brasil*. 3. ed. Petrópolis/RJ: Vozes, 2014, p. 183.
154 FERREIRA, João Sette Whitaker. *São Paulo: o Mito da Cidade-Global*. 2003. Tese (Doutorado em estruturas ambientais urbanas) – Faculdade de Arquitetura e Urbanismo da Universidade de São Paulo, 2003, p. 149.

Se o impacto da globalização sobre o mundo desenvolvido foi forte, o que dizer do impacto que sofreram e sofrem nações onde a maior parte da população nunca conheceu os direitos universais: emprego, previdência, saúde, educação, habitação. Para os países capitalistas centrais, a globalização significou a quebra do contrato social, e para os países periféricos do mundo capitalista significa uma nova relação de dominação e exploração.[155]

Nesse viés, a cidade se transforma em função de modificações no modo de produção, nas relações cidade-campo, nas relações de classe e propriedade; para os países capitalistas centrais a globalização significou a quebra do contrato social e, para os países periféricos, do mundo capitalista, uma relação de dominação e exploração; ou seja, esse processo acarreta a mundialização do espaço; por fim, a globalização é a expansão da monetarização das relações sociais.

Esse processo de globalização acarreta a mundialização do espaço geográfico, cujas principais características são, além de uma tendência de um meio técnico, científico e informacional:

> a) a transformação dos territórios nacionais em espaços de economia internacional, b) a exacerbação das especializações produtivas no nível do espaço, c) a concentração da produção em unidades menores, com aumento da relação entre produto e superfície – por exemplo a agricultura, d) a aceleração de todas as formas de circulação e seu papel crescente na regulação das atividades localizadas, com o fortalecimento da divisão territorial e da divisão social do trabalho e a dependência deste em relação às formas espaciais e às normas sociais (jurídicas e outras) em todos os escalões, e) a produtividade espacial como dado na escolha das localizações, f) o recorte horizontal e vertical dos territórios, g) o papel da organização e dos processos de

---

155 MARICATO, Ermínia. *Para Entender a Crise Urbana*. São Paulo: Expressão Popular, 2015, p. 74.

regulação na constituição das regiões, h) a tensão crescente entre localidade e globalidade à proporção que avança o processo de globalização.[156]

A globalização, entendida como mais uma expansão e aprofundamento da monetarização das relações sociais, acarretou o declínio e a fragmentação da classe operária, devido, especialmente, à incorporação da revolução tecnológica na produção, no final do século XX:

> O impacto dos ajustes ou desajustes exigidos pela nova ordem admite a exclusão do mercado unificado e internacionalizado torna descartáveis milhões de trabalhadores e consumidores, o que implica também o desmonte da cidadania burguesa, esfera legitimada da expressão política. A deslegitimação da cidadania burguesa implica na crise da democracia representativa.[157]

Por tudo isso, podemos perceber que a globalização formou cidades e sistemas urbanos mundiais, ou seja, acarretou a mundialização do espaço geográfico. Com ela a qualidade de vida tornou-se mercadoria e o indivíduo deslocou-se da zona rural para a urbana em busca de recursos tecnológicos, financeiros e culturais. A globalização ampliou as relações econômicas para além as fronteiras nacionais e, para os países periféricos, significou uma nova relação de dominação e exploração, por fim, ela expande e aprofunda a monetarização das relações sociais.

Outro ponto importante para analisarmos são os dados do mercado imobiliário que permitem identificar dois momentos em que despontam o número de imóveis (sobretudo residenciais) lançados: o biênio 1996-1997 e o período 2007-2013.

---

156 SANTOS, Milton. *Técnica, Espaço, Tempo: Globalização e Meio Técnico-Científico Informal*. 5. ed. São Paulo: Editora USP, 1990, p. 24.
157 MARICATO, Ermínia. *Brasil, Cidades: Alternativa Para a Crise Urbana*. 2. ed. Petrópolis/RJ: Vozes, 2002, p. 185.

Em meados da década de 1990 de dez anos depois, em meados dos anos 2000, ocorreram importantes aproximações entre o setor imobiliário e o capital financeiro, que caminham no sentido de incluir cada vez mais os negócios imobiliários no âmbito dos negócios financeiros, como o surgimento de novos instrumentos financeiros que permitem a transformação de bens em títulos mobiliários: os Fundos de Investimento Imobiliário (FII) e os Certificados de Recebíveis Imobiliários (CRI).[158]

Assim, a forte expansão do setor imobiliário verificado entre 2005 a 2012 pode ser explicada, pelos seguintes processos:

> a) abertura de capital em bolsa de valores das principais incorporadoras brasileiras, quando passam a se capitalizar (receber investimento) e se endividar (alavancar financeiramente) para expandir seus lançamentos e aumentar seus lucros; b) relativa estabilidade econômica (inflação e taxa de juros reduzidos) com redução do desemprego (em que pese os empregos subcontratados, terceirizados, temporários, precarizados); c) execução do programa habitacional MCMV; d) flexibilização e ampliação da concessão de crédito imobiliário aos compradores; e) alterações na legislação do financiamento imobiliário, com consolidação da alienação de coisa imóvel.[159]

Por isso, houve uma aproximação entre o setor imobiliário e o capital financeiro, incluindo negócios imobiliários nos negócios financeiros; e essa forte expansão do setor imobiliário se deu em razão da abertura de capital em bolsa de valores, estabilidade da economia, execução do MCMV, concessão de crédito imobiliário e, por fim, alteração da legislação.

---

158 VOLOCHKO, Danilo. A Moradia como Negócio e a Valorização do Espaço Urbano Metropolitano. In: Ana Fani Alessandri Carlos, Danilo Volochko, Isabel Pinto Alvarez (Orgs.). *A Cidade Como Negócio*. São Paulo: Contexto, 2015b, p. 102-103.
159 VOLOCHKO, Danilo. A Reprodução do Espaço Urbano Como Momento da Acumulação Capitalista. In: CARLOS, Ana Fani Alessandri (Org.). *Crise Urbana*. São Paulo: Contexto, 2015a, p. 105.

O momento atual sinaliza, portanto, uma transformação no modo como o capital financeiro se realiza na metrópole hoje; a passagem da aplicação do dinheiro do setor produtivo industrial ao setor imobiliário:

> Assim, a mercadoria-espaço mudou de sentido com a mudança de orientação das aplicações financeiras, que produz o espaço enquanto "produto imobiliário". Nesse sentido, a reprodução do espaço se realiza em outro patamar: o espaço como momento significativo e preferencial da realização do capital financeiro. Significa dizer que, de um lado, o processo de reprodução da metrópole sinaliza um movimento em direção à realização do mundial anunciado pela extensão do capitalismo a partir de novas exigências; a principal indicaria o movimento da hegemonia do capital industrial para o capital financeiro, trazendo como consequência a necessidade da produção de lugares na metrópole capazes de criar as condições de sua realização.[160]

Por outro viés, a valorização imobiliária tem como premissa a valorização fundiária; na verdade, é o setor imobiliário – não apenas as grandes incorporadoras – em articulação com o poder público que vai realizar as mudanças de uso e a produção de novos valores de uso e de troca do espaço, portanto, a valorização fundiária é condição, meio e produto da valorização imobiliária.[161]

Assim, estabelece-se um movimento de passagem de predominância/presença do capital industrial – produtor de mercadorias destinadas ao consumo individual (ou produtivo) – à predominância do capital financeiro – que produz o espaço como mercadoria, como condição de sua realização. Nesse momento, a mercadoria-espaço mudou-se de sentido com a mudança de

---

160 CARLOS, Ana Fani Alessandri. A Reprodução da Cidade Como "Negócio". In: CARLOS, Ana Fani Alessandri; CARRERAS, Carles (Orgs.). *Urbanização e Mundialização: Estudos Sobre a Metrópole*. São Paulo: Contexto, 2012, p. 32-33.
161 VOLOCHKO, Danilo. *Op. Cit.* p. 115.

orientação (prioridade) das aplicações financeiras: da realização do ciclo industrial da mercadoria à produção do imobiliário.[162]

Hoje, o dinheiro passou do setor industrial para o setor imobiliário, produzindo o espaço como produto imobiliário, ou seja, espaço-mercadoria. É o setor imobiliário que vai realizar as mudanças no espaço, assim, a atividade imobiliária gera os maiores lucros e se torna mediadora entre o local e o capital.

Por outro lado, a metrópole reproduz tanto como possibilidade de realização do ciclo do capital de produção da mercadoria quanto como matéria-prima para a efetivação do capital financeiro através do consumo produtivo do espaço:

> No plano social, a reprodução da metrópole se efetiva como fonte de privação: o sujeito destituído das condições da vida (em suas possibilidades criativas), visto que a reprodução da metrópole se orienta pela efetivação do valor de troca contra o valor de uso. No plano político, encontra-se o Estado criando as condições de realização da acumulação através de políticas públicas capazes de superar momentos críticos. Um exemplo capaz de reunir os três planos assinalados é o programa Minha Casa Minha Vida.[163]

Sem dúvidas, os altos e baixos do mercado imobiliário estão ligados aos fluxos financeiros especulativos:

> Esses excessos e fracassos têm graves consequências para a macroeconomia em geral, bem como todos os tipos de feitos de externalidade sobre o esgotamento de recursos e a degradação ambiental. Além disso, quanto maior a proporção dos mercados imobiliários no PIB, mais

---

162 CARLOS, Ana Fani Alessandri. Metageografia: Ato de Conhecer a Partir da Geografia. In: CARLOS, Ana Fani Alessandri (Org.). *Crise Urbana*. São Paulo: Contexto, 2015b, p. 26.
163 Id. A Tragédia Urbana. In: Ana Fani Alessandri Carlos, Danilo Volochko, Isabel Pinto Alvarez (Orgs.). *A Cidade Como Negócio*. São Paulo: Contexto, 2015d, p. 45.

significativa a conexão entre financiamento e investimento no ambiente construído tornar-se-á uma fonte potencial de macrocrises.[164]

Percebe-se, assim, que a natureza do mercado imobiliário privado deixa de fora mais da metade das populações urbanas:

> Nas cidades litorâneas em que a população trabalhadora local tem de disputar as terras com o mercado imobiliário de veraneio, a população excluída do mercado legal privado pode atingir mais de 80% do total, como é o caso do município de São Sebastião.
> As políticas de promoção pública também não suprem essa imensa demanda. Na ausência de alternativa habitacional regular a população apela para seus próprios recursos e produz a moradia que pode.[165]

Assim, o mercado imobiliário residencial privado, tal como se apresenta na América Latina, contribui para a carência generalizada de moradias:

> Se nos países capitalistas centrais o mercado privado atende 80% da população, em média, sendo que 20% depende do subsídio público, nos países periféricos do mundo capitalista o mercado privado tem alcance restrito, é socialmente excludente e altamente especulativo. No Brasil, assim como em muitos países da América Latina, estima-se que apenas 30% da população tenha acesso a moradia no mercado privado. Nem mesmo aquilo que poderia ser classificado como classe média (5 a 10 salários mínimos) tem acesso à moradia por meio do mercado privado.[166]

---

164 HARVEY, David. *Cidades Rebeldes: do Direito à Cidade à Revolução Urbana*. Tradução de Jeferson Camargo. São Paulo: Martins Fontes, 2014a, p. 79.
165 MARICATO, Ermínia. *Brasil, Cidades: Alternativa Para a Crise Urbana*. 2. ed. Petrópolis/RJ: Vozes, 2002, p. 44.
166 MARICATO, Ermínia. *Para Entender a Crise Urbana*. São Paulo: Expressão Popular, 2015, p. 81.

Por tudo isso, podemos compreender que o mercado imobiliário fez com que o dinheiro passasse do setor produtivo industrial para o setor imobiliário, ou seja, do capital industrial para o capital financeiro, produzindo o espaço como mercadoria; esse mercado realiza mudanças de uso e de produção de novos valores de uso e de troca do espaço; como também deixa de fora mais da metade das populações urbanas, contribuindo para a carência de moradias.

Por outro lado, para entendermos a financeirização da moradia, faz necessário perceber que a evidente mobilização atual do espaço periférico das cidades e metrópoles levada a efeito pelo mercado imobiliário formal/hegemônico articulado à internacionalização/financeirização geral da economia e do setor, realizou uma explosão de novos empreendimentos sobretudo residenciais em espaços pouco valorizados localizados em sua maioria em bairros periféricos autoconstruídos, que constavam (e em parte ainda constam) com terrenos incorporáveis à nova construção.[167]

Assim, as novas favelas e loteamentos ilegais surgem nas terras vazias desprezadas pelo mercado imobiliário privado:

> Não é por outro motivo que as favelas se multiplicam em áreas públicas, áreas ambientalmente frágeis sobre as quais incidem leis protecionistas como é o caso das áreas *non aedificandi* nas beiras dos córregos (Lei Federal 6.766/79). Nas terras vazias situadas em regiões valorizadas pelo mercado imobiliário, até mesmo quando são públicas, a invasão não é admitida. Aí o poder de polícia municipal é exercido e as normas se aplicam.[168]

---

167 VOLOCHKO, Danilo. A Reprodução do Espaço Urbano Como Momento da Acumulação Capitalista. In: CARLOS, Ana Fani Alessandri (Org.). *Crise Urbana*. São Paulo: Contexto, 2015a, p. 109.
168 MARICATO, Ermínia. *Brasil, Cidades: Alternativa Para a Crise Urbana*. 2. ed. Petrópolis/RJ: Vozes, 2002, p. 83.

Sabe-se que a mercadoria-espaço é produzida histórica e socialmente e seu valor de troca é determinado pela constante possibilidade de transformação do seu valor de uso, de construção/destruição/reconstrução dos imóveis e infraestruturas. Podemos pensar que a financeirização da produção do espaço – pelo lado da produção (crédito ao setor imobiliário) e pelo lado do consumo (crédito aos compradores) dos imóveis – acentua processos de valorização do solo e dos imóveis, sendo um momento importante da valorização geral do espaço.[169]

Essa financeirização defende a menor atuação do Estado nas políticas públicas de moradia e transforma o espaço urbano em um ativo financeiro, capturando o público pelo privado. Ela faz crescer o mercado financeiro, fazendo com que se ganhe mais dinheiro com as transações financeiras do que construindo mais moradias. A financeirização existe no Brasil, com um processo ligado às reformulações urbanas fundadas na remoção, com a desapropriação dos imóveis da favela.[170]

De mais a mais, o modo de estruturação do Programa Minha Casa Minha Vida talvez seja o exemplo mais acabado da fusão entre as lógicas de expansão do consumo popular e de sustentação da financeirização da economia, nos marcos de uma política social.[171]

Segundo Borja, a crise atual que liga diretamente urbanização e financeirização é o resultado de um jogo de três bandas:

169　VOLOCHKO, Danilo. A Moradia Como Negócio e a Valorização do Espaço Urbano Metropolitano. In: Ana Fani Alessandri Carlos, Danilo Volochko, Isabel Pinto Alvarez (Orgs.). *A Cidade Como Negócio*. São Paulo: Contexto, 2015b, p. 100.
170　ANDRADE, Diogo de Calasans Melo; MENEZES, Rita de Cassia Barros de; OLIVEIRA, Liziane Paixão Silva. *A Reorganização Urbana das Metrópoles Periféricas na Era da Financeirização Global do Capital*. Revista de Direito à Cidade, n. 4, v. 8, 2016, p. 1495-1515. Acesso em 10 de junho de 2017, p. 1513.
171　FELTRAN, Gabriel de Santis. Conflito Urbano e Gramáticas de Mediação. In: FERREIRA, João Sette Whitaker (Org.). *Margem Esquerda: Ensaios Marxistas*. São Paulo: Boitempo, 2015, p. 51.

Em primeiro lugar, o capital volátil estourou os processos urbanos. Segundo: os governos têm praticado desregulamentação do setor e permitiu a proliferação de produtos financeiros inviável. Terceiro, para expandir o mercado tende a olhar cada vez mais possível clientes em estratos de baixa renda. Resultado: Você criou um mercado fictício, insolvente, mas individado.[172]

No plano da financeirização, existe uma capitalização das incorporadoras (via Bolsa de Valores e lançamento de ações) assim como das famílias (via de crédito bancário). Medidas por políticas como o Minha Casa Minha Vida, essas capitalizações se colocam como condição da realização a um só tempo de uma valorização fundiária (do solo) e imobiliárias (dos imóveis). Além disso, a capitalização como produto das valorizações fundiária e imobiliária (e parcialmente da valorização estatista) e com possibilidade de valorização está ligada em medida crescente às ideologias envolvidas, como a da casa própria, da sustentabilidade, da segurança, que funcionam como uma capitalização simbólica e assessória.[173]

Ainda sobre a financeirização da moradia, explica Raquel Rolnik que se trata:

> da conversão da economia política de habitação em elemento estruturador de um processo de transformação da própria natureza e forma de ação do capitalismo na era de hegemonia das finanças, do capital fictício e do domínio crescente

---

[172] Tradução feita pelo autor da obra em espanhol. No original: "Primero: los capitales volátiles han irrompido con fuerza en los procesos urbanizadores. Segundo: los gobiernos han practicado la desregulación del sector y han permitido la proliferación de productos financieros inviables. Tercero: para ampliar el mercado se ha tendido a buscar cada vez más a posibles clientes en los estratos de bajos ingresos. Resultado: se ha creado un mercado ficticio, insolvente, pero endeudado." (BORJA, Jordi. *Ciudad, Urbanismo y Clases Sociales*. Publicado em 27 de julho de 2014. Disponível em: <www.sinpermiso.info>. Acesso em 24 de maio de 2017, p. 4).

[173] VOLOCHKO, Danilo. A Reprodução do Espaço Urbano Como Momento da Acumulação Capitalista. In: CARLOS, Ana Fani Alessandri (Org.). *Crise Urbana*. São Paulo: Contexto, 2015a, p. 117.

da extração de renda sobre o capital produtivo, isto é, o domínio crescente de atores, mercados, práticas, narrativas (e subjetividades) financeiros em várias escalas, o que resulta na transformação estrutural de economias, empresas (inclusive instituição financeira), Estados e grupos familiares.[174]

Por tudo isso, detecta-se que o capital global controla a propriedade privada da terra, tornando a cidade competitiva e apta a atrair investimentos, mas, para isso, causa a segregação, com a exclusão social, em benefício do mercado imobiliário, ligado à financeirização que se utiliza do Estado, para fazer mudanças no espaço urbano, excluindo a população que é expulsa de moradia e para quem só resta construir sua casa onde e como pode.

Assim, o mercado imobiliário privado exclui a população, contribuindo para a carência de moradias. Esse mercado está ligado à financeirização cuja produção do espaço valoriza os imóveis, defendendo-se a maior atuação do Estado que transforma o espaço urbano em ativo financeiro.

Já a especulação imobiliária deriva, em última análise, da conjugação de dois movimentos convergentes:

> A superposição de um sítio social ao sítio natural; a disputa entre atividades ou pessoas por dada localização. A especulação se alimenta dessa dinâmica, que inclui expectativas. Criam-se sítios sociais, uma vez que o funcionamento da sociedade urbana transforma seletivamente os lugares, afeiçoando-os às suas exigências funcionais. É assim que certos pontos se tornam mais acessíveis, certas artérias mais atrativas e, também, uns e outras, mais valorizadas.[175]

---

[174] ROLNIK, Raquel. *Guerra dos Lugares: a Colonização da Terra e da Moradia na Era das Finanças*. 1. ed. São Paulo: Boitempo, 2015, p. 26-27.
[175] SANTOS, Milton. *A Urbanização Brasileira*. 5. ed. São Paulo: Editora da Universidade de São Paulo, 2013, p. 106.

Mesmo existindo um intenso processo de especulação imobiliária não surgiram ações concretas do Estado para fazer valer a função social da propriedade urbana gerando:

> Um quadro de escassez de oferta habitacional para a baixa renda, o crescimento das ocupações de terra e favelização e a abertura generalizada de loteamentos, totalmente à margem da legislação. Ergueu-se, assim, em volta de uma pequena parcela da cidade edificada pelos agentes imobiliários capitalistas de acordo com a legislação (a cidade legal), uma cidade real, habitada precária e predatoriamente por contingentes significativos da população, mas que inexistia perante os órgãos públicos que não reconheciam essa cidade produzida espontaneamente por seus habitantes.[176]

Não é demais repetir que a produção do espaço urbano responde a uma lógica na qual se relacionam fundamentalmente o Estado, o mercado e a sociedade civil. A tensão existe no fato de que o mercado procura obter lucro por meio da valorização fundiária e imobiliária, enquanto a sociedade civil interessasse mais pelo valor de uso da terra urbana. Na cidade capitalista, tal tensão se exacerba, uma vez que a diferenciação de classes e a possibilidade de cada uma delas apropriar-se de áreas desigualmente valorizadas fazem que a balança penda invariavelmente para o lado dos dominantes, que podem comprar terras nas áreas mais privilegiadas. Caberia ao Estado regulamentar o uso e a ocupação do solo, de tal forma a evitar tal desequilíbrio, restringir a supervalorização especulativa e garantir o acesso democrático à cidade a uma maior parcela da sociedade.[177]

---

176 BONDUKI, Nabil. *Origens da Habitação Social no Brasil: Arquitetura Moderna, Lei do Inquilinato e Difusão da Casa Própria*. 7. ed. São Paulo: Estação Liberdade; FAPESP, 2017, p. 329.
177 FERREIRA, João Sette Whitaker, *São Paulo: Cidade da Intolerância, ou o Urbanismo "à Brasileira"*. Revista Estudos Avançados, n. 71, v. 25, São Paulo, jan./abr. 2011. Acesso em 01 de setembro de 2016, p. 2.

Nosso solo é o de uma economia extremamente financeirizada, que alcança tais dimensões, envolvendo, inclusive, negócios estritamente urbanos, isto é, a própria urbanização como negócio. As operações urbanas definem um aparato jurídico, repousando sobre o urbano, que mobiliza a propriedade urbana, inserida em negócios das empresas de construção e de incorporação, com o aval de leis que preveem facilitar a expansão da construção em áreas urbanas previamente definidas como receptadoras de novos usos e novos incentivos financeiros.[178]

Nessa fase financeirizada e rentista do capital, as terras apropriadas sob regime de posse que não a propriedade individual titularizada e registrada, no campo e nas cidades, passam a funcionar como uma reserva, passível de ser ocupada a qualquer momento por frações do capital em sua fome incessante de novas garantias para seus ativos, assim, de *locus* de um exército industrial de reserva, as favelas do mundo convergem-se em novas reservas de terra para extração de renda, sob a hegemonia do complexo imobiliário-financeiro.[179]

Assim, sobre a financeirização podemos concluir que gerou uma explosão de novos empreendimentos em espaços pouco valorizados e localizados em bairros periféricos, acentuando os processos de valorização do solo e dos imóveis. A financeirização defende maior atuação do Estado, transformando os espaços urbanos em ativo financeiro e, fazendo crescer o mercado financeiro, faz com que se ganhe mais dinheiro com as transações financeiras do que com a construção de moradias para os que não as têm.

---

178 DAMIANI, Amélia Luisa. A Geografia e a Produção do Espaço da Metrópole: entre o Público e o Privado. In: CARLOS, Ana Fani Alessandri; CARRERAS, Carles (Orgs.). *Urbanização e Mundialização: Estudos Sobre a Metrópole*. São Paulo: Contexto, 2012, p. 39.
179 ROLNIK, Raquel. *Guerra dos Lugares: a Colonização da Terra e da Moradia na Era das Finanças*. 1. ed. São Paulo: Boitempo, 2015, p. 161-167.

Por outro lado, não podemos esquecer que, em 1995 há uma retomada dos financiamentos habitacionais a partir dos recursos do FGTS após um período significativo de paralisação, ganha destaque, nesse momento, a atuação das diversas cooperativas habitacionais. Já a partir de 2006 há um forte movimento de abertura de capital na Bovespa por parte das maiores incorporadoras, com significativa presença de investidores estrangeiros, podemos com isso dizer, de modo geral, que os dois picos de atividade imobiliária coincidem de algum modo com uma intensificação da relação entre o setor imobiliário e o mercado financeiro.[180]

Para esse financiamento é necessário à produção e ao consumo da moradia:

> à produção porque se trata da imobilização de capital significativo durante longo período de tempo, e ao consumo porque habitação é uma mercadoria especial, de alto preço, que exige crédito para sua compra. Essa condição não é recente no capitalismo, por financeirização entendemos a hegemonia do capital financeiro e sua condição de criar capital fictício a partir do mercado imobiliário.[181]

Além do setor produtivo, as transformações tecnológicas produziram mudanças também na área das finanças, embora neste caso, tenham sido inicialmente estimuladas por decisões estatais específicas. A recessão norte-americana levou o país a abandonar a paridade dólar/ouro em 1971, e a adotar políticas de dinamização econômica de cunho essencialmente financeiro, e não industrial, através da elevação da taxa de juros, da

---

180 VOLOCHKO, Danilo. A Moradia como Negócio e a Valorização do Espaço Urbano Metropolitano. In: Ana Fani Alessandri Carlos, Danilo Volochko, Isabel Pinto Alvarez (Orgs.). *A Cidade Como Negócio*. São Paulo: Contexto, 2015b, p. 103.
181 MARICATO, Ermínia. *O Impasse da Política Urbana no Brasil*. 3. ed. Petrópolis/RJ: Vozes, 2014, p. 74.

manutenção de um câmbio alto (a política do Dólar Forte, de Voelker, em 1974, e a posterior revalorização de 1979) e de uma política de endividamento acelerado.[182]

Por outro lado, a articulação contraditória entre a norma e infração pode ser muito útil: tem acesso ao financiamento formal apenas quem possui a propriedade legal e esta é vedada de muitas formas. O direito burguês, reduzido a um discurso numa sociedade de elite e não numa sociedade burguesa, é instrumento de exclusão e segregação.[183]

A maior parte das moradias, assim como boa parte das cidades construídas no país nos últimos 20 anos, foram feitas sem financiamentos, sem conhecimento técnico e fora da lei, isso significa que os arquitetos e engenheiros não têm participado dessa grande construção e, também, a ausência do Estado regulador e planejador nessas áreas.[184]

Nesse sentido é que percebemos, concomitantemente, a expansão do crédito imobiliário promovida pelo Estado, conseguindo de maneira inédita incluir setores da sociedade antes excluídos pelo mercado imobiliário formal e a parceria desse mesmo Estado com a iniciativa privada, realizando projetos de urbanização associados a grandes remoções de população para conjuntos habitacionais distantes, cujos resultados imediatos são a precarização das condições de habitabilidade dos grupos removidos e a supervalorização do entorno das áreas modificadas.[185]

---

182 FERREIRA, João Sette Whitaker. *São Paulo: o Mito da Cidade-Global*. 2003. Tese (Doutorado em estruturas ambientais urbanas) – Faculdade de Arquitetura e Urbanismo da Universidade de São Paulo, 2003, p. 136
183 MARICATO, Ermínia. *O Impasse da Política Urbana no Brasil*. 3. ed. Petrópolis/RJ: Vozes, 2014, p. 124.
184 Id. *Brasil, Cidades: Alternativa Para a Crise Urbana*. 2. ed. Petrópolis/RJ: Vozes, 2002, p. 133.
185 PEQUENO, Renato; ROSA, Sara Vieira, SILVA, Henrique Alves. O Programa Minha Casa Minha Vida no Ceará e na Região Metropolitana de Fortaleza. In: CARDOSO, Adauto Lúcio; ARAGÃO, Thêmis Amorim; JAENISCH, Samuel Thomas. *Vinte e Dois Anos de Política Habitacional no Brasil: da Euforia à Crise*. Rio de Janeiro: Letra Capital; Observatório das Metrópoles, 2017, p. 257.

Diante disso, não é difícil entender como a solução urbanística dos "grandes projetos" e das parcerias público-privadas tenha surgido, nesse complexo e contraditório quadro de transição, como uma espécie de salvação, em um polo oposto ao da reforma urbana e da crença nos instrumentos urbanísticos democratizantes:

> As perspectivas de investimentos propiciadas pelas parcerias com o mercado privado, o resultado vistoso e a aura de "modernidade" desses empreendimentos eram a garantia de certa "popularidade" e, portanto, de sucesso (sobretudo político-eleitoral) para seus autores, na condução da política urbana. Isso com a vantagem identificá-los com uma imagem de gestão eficaz e atualizada, além de favorecer o mercado imobiliário, tradicionalmente um setor propício a engordar os caixas das campanhas eleitorais.[186]

Uma nova ordem se estabelece a partir da ação dos promotores imobiliários vinculada às estratégias do sistema financeiro que orienta e reorganiza o processo de reprodução espacial através da fragmentação dos espaços vendidos e comprados no mercado.[187]

Por outro lado, é uma falácia a ideia de que a contrapartida do capital privado financiará a habitação social:

> A escala das necessidades demanda políticas públicas: promoção pública subsidiada e regulação para a ampliação do mercado. A moradia social deve prever financiamento e legislação específicos com a presença de incentivos. A vontade de implementá-la deve ser clara.[188]

---

[186] FERREIRA, João Sette Whitaker. Cidades Para Poucos ou Para Todos? Impasses da Democratização das Cidades no Brasil e os Riscos de um "Urbanismo às Avessas". In: OLIVEIRA, Francisco; BRAGA, Ruy; RIZEK, Cibele (Orgs.). *Hegemonia às Avessas*. São Paulo: Boitempo, 2010, p. 7.

[187] VOLOCHKO, Danilo. A Reprodução do Espaço Urbano Como Momento da Acumulação Capitalista. In: CARLOS, Ana Fani Alessandri (Org.). *Crise Urbana*. São Paulo: Contexto, 2015a, p. 27.

[188] MARICATO, Ermínia. *Brasil, Cidades: Alternativa Para a Crise Urbana*. 2. ed. Petrópolis/RJ: Vozes, p. 145.

De mais a mais, com o estouro da bolha,[189] a crise hipotecária assolou o sistema financeiro internacional, assim como o estado de emergência habitacional que sucedeu em alguns países. Tais acontecimentos, no entanto, não resultaram em uma mudança de paradigma. Ao contrário, as repostas governamentais consistiram basicamente na massiva injeção de recursos públicos nos bancos privados e nas instituições de crédito para evitar a sua barrocada, na introdução de algumas medidas regulatórias para aumentar a transparência e no controle de empréstimos, com unidades vendidas via crédito hipotecário com vistas à dinamização econômica.[190]

Assim, a valorização do imóvel está ligada à ideologia da casa própria, da sustentabilidade e da segurança, fazendo com que a moradia se torne uma especulação tornando necessário um Estado regulador do uso e da ocupação do solo, restringindo essa supervalorização especulativa, mas que, no capitalismo, não existe.

Por outro lado, as reformas urbanas, o controle sobre a propriedade e o uso do solo subordinam a propriedade imobiliária ao circuito financeiro nos países do Primeiro Mundo:

> Essa regulação e a extensão da infraestrutura urbana é que garantiram a extensão do direito à moradia e do direito à cidade. No Brasil e nos demais países da América Latina, o patrimonialismo continua a marcar as relações de poder político e continua resistindo à reforma agrária e urbana.[191]

---

189 O estouro da bolha teve origem no mercado imobiliário dos Estados Unidos em virtude do atraso ou não pagamento dos americanos em relação a hipoteca da casa própria, isso afetou todas as empresas envolvidas nos empréstimos imobiliários. Com o aumento da taxa de juros, as pessoas ao invés de comprar imóvel investiram em títulos do governo, por isso, o mercado imobiliário entrou em queda devido a menor procura. Além disso, com os preços dos imóveis em baixa, as novas hipotecas alcançaram valores menores e as empresas de crédito (empréstimos imobiliários) enfrentaram a inadimplência.
190 ROLNIK, Raquel. *Guerra dos Lugares: a Colonização da Terra e da Moradia na Era das Finanças*. 1. ed. São Paulo: Boitempo, 2015, p. 103.
191 MARICATO, Ermínia. *Brasil, Cidades: Alternativa Para a Crise Urbana*. 2. ed. Petrópolis/RJ: Vozes, 2002, p. 84.

A propriedade imobiliária, no capitalismo, não é em si capital, mas pelo monopólio de sua posse, através de forma jurídica de propriedade, possibilita a capitalização de parte da mais-valia geral:

> O que confere aos seus detentores não apenas a possibilidade do uso, mas a de absorver parte da riqueza social através da troca, liberando esse capital imobilizado para entrar no circuito geral de valorização do capital. Ainda por permitir ganhos atuais e futuros derivados de seu monopólio, a propriedade é patrimônio capaz de ser garantia de empréstimos e crédito e, portanto, insere-se no empenho do trabalho futuro.[192]

Sobre a forma jurídica, não custa lembrar, as conclusões tiradas no primeiro capítulo de que foi Pachukanis que relacionou a forma mercadoria com a forma jurídica, afirmando que a jurídica é reflexo da mercantil. Ele utilizava o princípio metodológico que primeiro analisa-se as categorias mais simples, ou seja, o ponto de partida: as classes, o salário, o sujeito, o lucro, o preço, o valor e a mercadoria; para depois chegarmos ao ponto de chegada: a sociedade, a população e o Estado (totalidade concreta).

Naquele mesmo capítulo, compreendemos que não restam dúvidas que a forma jurídica decorre da forma mercantil e tem a mercadoria como base da reprodução capitalista e é o princípio da equivalência que permite a constituição da forma jurídica. Além do mais, a forma jurídica é reflexo da relação social, qual seja, relação dos proprietários dessas mercadorias, e ela é um dado histórico-social concreto e seu desenvolvimento deve-se à circulação mercantil e às relações de produção capitalistas.

Por tudo isso, podemos concluir, a respeito do financiamento das moradias, seus picos de atividade imobiliária coincidem

---

192 ALVAREZ, Isabel Pinto. A Produção e Reprodução da Cidade Como Negócio e Segregação. In: Ana Fani Alessandri Carlos, Danilo Volochko, Isabel Pinto Alvarez (Orgs.). *A Cidade Como Negócio*. São Paulo: Contexto, 2015, p. 72.

com a intensificação da relação entre o setor imobiliário e o mercado financeiro; e apesar do financiamento ser necessário à produção e ao consumo da moradia, no Brasil, a maior parte das moradias, nos últimos anos, foram feitas sem financiamento. Logo, percebe-se, que o capital privado não financia grande parte das moradias de pessoas carentes. Por fim, entendemos que as reformas urbanas, o controle sobre a propriedade e o uso do solo, subordinam a propriedade imobiliária ao circuito financeiro e, essa propriedade, através da forma jurídica propriedade, possibilita a mais-valia.

3.4. A urbanização como negócio: a gentrificação, o planejamento urbano e os interesses do mercado do capital

Para que possamos compreender a urbanização como um negócio é importante entender o processo de apropriação e sua ligação com a moradia, além de perceber a gentrificação como estratégia global a serviço do capital. Faz-se necessário, também, estudar a urbanização no Brasil, seu controle, a militarização da vida urbana, o planejamento urbano e o estratégico, todos ligados ao mercado imobiliário.

Importante é saber que a noção de produção contempla a apropriação, esta, por sua vez, liga-se às relações que ocorrem no plano do morar e de tudo que essa expressão significa enquanto realização da vida humana englobando os momentos de lazer, do trabalho, da vida privada, e, com isso, o sentido do dinamismo entre necessidades e desejos que pautam a reprodução da vida.[193]

Assim, a cidade apresenta um modo determinado de apropriação que se expressa através do uso do solo, o modo pelo qual se dará dependerá, evidentemente, dos condicionantes do seu processo de produção. No caso da sociedade capitalista

---
193 CARLOS, Ana Fani Alessandri. *O Espaço Urbano: Novos Conceitos Sobre a Cidade*. São Paulo: Contexto, 2004, p. 47.

estará determinado pelo processo de troca que se efetuará no mercado, visto que o produto capitalista só pode ser realizado a partir do processo de apropriação, no caso específico, via propriedade privada.[194]

É preciso considerar que o espaço da habitação, na realidade, não pode ser restrito ao plano da casa, pois o sentido do habitar é muito mais amplo, envolvendo vários níveis e planos de apropriação. Nesse sentido determina-se uma articulação indissociável entre espaço e tempo na medida em que o uso do espaço urbano se realiza enquanto emprego de tempo e os momentos da vida se realizam no uso do espaço.[195]

Desse modo, no mundo moderno, o uso do espaço, submetido à propriedade privada e ao império da troca, reproduz o espaço enquanto mercadoria cambiável e, como consequência, delimita os espaços passíveis de apropriação e revela a sua fragmentação imposta pela amplitude e pelo sentido da generalização do solo urbano como propriedade privada. Resultado disso é que a vida se normatiza em espaços reduzidos a uma função específica e que, nesta condição, têm suas possibilidades de apropriação esvaziadas. Nesse processo, o cidadão se reduz à condição de usuário, o ato de habitar se reduz àquele de morar e seu *status* se mede pela condição de proprietário de uma casa.[196]

Destarte, a prática socioespacial, no plano do vivido, aparece, enquanto modo de apropriação dos lugares onde se realiza os vários momentos da vida cotidiana, para além, da casa. A apropriação dos lugares da cidade para a realização concreta da vida se transforma em função das estratégicas da reprodução social no espaço, a partir da habitação. Desse modo, a casa, envolve outras dimensões espaciais como a rua, depois o bairro; onde

---

194 CARLOS, Ana Fani Alessandri. *A Cidade*. São Paulo: Contexto, 2015a, p. 27.
195 Id. *O Espaço Urbano: Novos Conceitos Sobre a Cidade*. São Paulo: Contexto, 2004, p. 117-118.
196 CARLOS, Ana Fani Alessandri. *Op. Cit.* p. 141.

vão se tecendo a trama de relações do indivíduo em sociedade através dos modos de uso dos lugares da cidade.[197]

Significa afirmar que o ato de habitar produz a pequena história, aquela construída nos lugares comuns, por sujeitos comuns, da vida cotidiana, mas na lógica capitalista esse sentido se revela em sua dimensão improdutiva:

> É nesse sentido que ao uso produtivo – a cidade produzida dentro dos estritos limites da produção econômica, enquanto condição da produção/reprodução do capital – se impõe o uso improdutivo do espaço centrado na vida cotidiana.
>
> É assim que a atividade humana do habitar, do estar com o outro, do reconhecer-se neste lugar e não naquele, vai se reduzindo a uma finalidade utilitária. Trata-se do momento em que a apropriação passa a ser definida no âmbito do mundo da mercadoria.[198]

Por isso, a noção de produção contempla a apropriação que está ligado ao ato de morar, ou seja, apropriar-se de um lugar construído na cidade. A cidade apresenta um modo de apropriação que se expressa através do uso do solo; o produto capitalista só se realiza através da apropriação, via propriedade privada. Já o espaço da habitação envolve vários planos de apropriação. O uso submetido à propriedade privada delimita os espaços possíveis de apropriação, assim, a prática socioespacial aparece enquanto modo de apropriação para além da moradia. Por isso, a apropriação dos lugares da cidade para a realização concreta da vida se transforma em função das estratégias da reprodução social do espaço, através da habitação.

Por outro lado, um dos pontos mais importantes relacionado à cidade e à moradia é a gentrificação, que de anomalia local

---
197 Ibid., p. 118.
198 CARLOS, Ana Fani Alessandri. *O Espaço Urbano: Novos Conceitos Sobre a Cidade*. São Paulo: Contexto, 2004, p. 119.

e esporádica, limitada à cidade centro, passou a constituir-se como estratégia global a serviço do urbanismo neoliberal e dos interesses da reprodução capitalista e social. Generalizou-se por todo o mundo urbano, em diferentes graus e a partir sensivelmente dos anos 1990, a gentrificação evoluiu em muitos casos no sentido de uma estratégia urbana crucial, a serviço da ofensiva neoliberal levada a cabo pelo setor privado, pelo mercado em geral e pelos governos urbanos:

> A gentrificação trata-se de uma recentralização urbana e social seletiva, alimentada por novas procuras, promotora de uma crescente revalorização e reutilização física e social dos bairros de centro histórico, indiciando, por conseguinte, novos processos de recomposição da sua textura socioespacial. Essa tendência encontra-se associada à recomposição do sistema produtivo, cuja evolução se pauta por uma crescente terciarização e pela emergência de um novo modelo de acumulação capitalista mais flexível, que reconhece no (re)investimento no centro histórico – de capital imobiliário, e na sua circulação – uma mais-valia.[199]

Os espaços gentrificados de uma cidade-empresa-cultural que deveria então ser reescrita por um outro ângulo: não só como cidade negócio, mas igualmente como uma cidade polida em todas as suas engrenagens – de uma cidadã vendedora de *boutique* a um transeunte benévolo como se vivesse numa ONG de asfalto – como uma empresa regida por um *script* único de atendimento ao cliente, como em qualquer lanchonete *fast-food*, nas cidades globais certamente causa a melhor das impressões, razão mais para se replicar o modelo nos enclaves da periferia.[200]

---

199 MENDES, Luís. *Cidade Pós-Moderna, Gentrificação e a Produção Social do Espaço Fragmentado*. Caderno Metrópoles, São Paulo, n. 26, v. 13, jul./dez. 2011, p. 479-480.
200 ARANTES, Otília Beatriz Fiori. Uma Estratégia Fatal. In: Otília Arantes, Carlos Vainer, Ermínia Maricato. *A Cidade do Pensamento Único: Desmanchando Consensos*. 8. ed. Petrópolis/RJ: Vozes, 2013, p. 38.

A gentrificação é uma resposta específica da máquina urbana de crescimento a uma conjuntura histórica marcada pela desindustrialização e consequente desinvestimento de áreas urbanas significativas, a terceirização crescente das cidades, a precarização da força de trabalho remanescente e sobretudo a presença desestabilizadora de uma *underclass*[201] fora do mercado.[202]

Essa gentrificação é uma fronteira na qual fortunas são criadas. Do ponto de vista dos moradores da classe trabalhadora e de suas comunidades, contudo, a fronteira urbana é mais diretamente política do que econômica. Ameaçados de serem desalojados pelo avanço da fronteira da lucratividade, a questão para eles é lutar pelo estabelecimento de uma fronteira política por trás da qual moradores da classe trabalhadora possam retomar o controle de seus lares.[203]

Por outro viés, a generalização dos condomínios privados sob a forma de enclaves urbanos, especialmente nos espaços periféricos, comprovam a mudança de escala de produção social do espaço e de definição da gentrificação nas últimas décadas. Estamos longe dos primórdios da gentrificação enquanto fenômeno urbano anômalo, ligeiro e banal, circunscrito à cidade-centro. Presencia-se, na atualidade, a uma fronteira da gentrificação que transbordou os limites do perímetro central da cidade e se estendeu a espaços e dinâmicas imobiliárias mais amplas, incluindo as construções antigas e ainda intatas, nos distritos mais afastados que foram atingidos pelo fenômeno.[204]

Na mídia, a gentrificação tem sido apresentada como o maior símbolo do amplo processo de renovação urbana que vem ocorrendo. Sua importância simbólica ultrapassa em

---

201 Tradução livre: "subclasse".
202 ARANTES, Otília Beatriz Fiori. *Op. Cit.* p. 31.
203 SMITH, Neil. *Gentrificação, a Fronteira e a Reestruturação do Espaço Urbano*. Tradução de Daniel de Mello Sanfelici. GEOUSP – Espaço e Tempo, São Paulo, n. 21, 2007, p. 29.
204 MENDES, Luís. *Cidade Pós-Moderna, Gentrificação e a Produção Social do Espaço Fragmentado*. Caderno Metrópoles, São Paulo, n. 26, v. 13, jul./dez. 2011, p. 482.

muito sua importância real; é uma pequena parte, embora muito visível, de um processo muito mais amplo. O verdadeiro processo de gentrificação presta-se a tal abuso cultural da mesma forma que ocorreu com a fronteira original.[205]

Quaisquer que sejam as reais forças econômicas, sociais e políticas que pavimentam o caminho para a gentrificação, e quaisquer que sejam os bancos e imobiliárias, governos e empreiteiros que estão por trás do processo, o fato é que a gentrificação aparece, à primeira vista, e especialmente nos Estados Unidos, como um maravilhoso testemunho dos valores do individualismo, da família, da oportunidade econômica e da dignidade do trabalho (o ganho pelo suor).[206]

Assim, a gentrificação, passa a ser uma estratégia global a serviço do urbanismo e dos interesses da reprodução capitalista. É uma recentralização urbana e social seletiva que cria fortunas e, hoje, sua fronteira transborda os limites do perímetro central da cidade e se estende a espaços mais amplos. É uma resposta à desindustriazalição e ao desinvestimento de áreas urbanas, por isso, ela aparece, à primeira vista, pela mídia, como um ganho, quando na verdade traz uma perda para a cidade.

A respeito da urbanização, como se viu no capítulo segundo dessa obra, Lefebvre defende que a sociedade industrial acarretou a urbanização, permitindo a generalização da mercadoria, criando-se subúrbios para expandir a chegada dos camponeses levados para os centros urbanos, em virtude do êxodo rural. Para ele, a urbanização é, então, produto da industrialização e sua tese é de que a sociedade industrial não é um fim em si mesma, mas preparatória para o urbanismo. Com a urbanização, entramos em uma fase de mundialização, destruindo as particularidades locais em favor do mercado global.

---

205 SMITH, Neil. *Op. Cit.* p. 18.
206 SMITH, Neil. *Gentrificação, a Fronteira e a Reestruturação do Espaço Urbano*. Tradução de Daniel de Mello Sanfelici. GEOUSP – Espaço e Tempo, São Paulo, n. 21, 2007, p. 18.

O fenômeno de urbanização observado em grande parte dos países subdesenvolvidos em muito se deve à matriz de industrialização tardia da periferia. A atratividade exercida pelos polos industriais sobre a massa de mão de obra expulsa do campo (em especial nos países que receberam empresas multinacionais que alavancaram a passagem de economias agroexportadoras para economias "semi-industrializadas", como o Brasil ou a Índia) provocou, a partir da década de 1960, a explosão de grandes polos urbanos no Terceiro Mundo, que não receberam a provisão de habitações, infraestrutura e equipamentos urbanos que garantisse qualidade de vida a essa população recém-chegada.[207]

Também se percebeu, segundo Lefebvre, que a urbanização é um motor das transformações sociais, ponto central para a sobrevivência do capitalismo. Ela se impõe em escala mundial e na urbanização está o sentido, o objeto e a finalidade da industrialização. Para ele, não é o pensamento urbanístico que dirige os incentivos do governo no que se refere à moradia, mas um projeto de oferecer moradias mais rápido pelo menor custo.

Parafraseando Marx a urbanização é o crescimento do proletariado e, o Brasil, como os demais países da América Latina, apresentou intenso processo de urbanização, especialmente na segunda metade do século XX:

> Em 1940, a população urbana era de 26,3% do total. Em 2000 ela é de 81,2%. Esse crescimento se mostra mais impressionante ainda se lembrarmos os números absolutos: em 1940 a população que residia nas cidades era de 18,8 milhões de habitantes e em 2000 ela é de aproximadamente 138 milhões. Constatamos, portanto, que em sessenta anos os assentamentos urbanos foram ampliados de forma a abrigar mais de 125 milhões de pessoas. Considerando apenas a última década do século XX, as cidades brasileiras

---

207 FERREIRA, João Sette Whitaker. *Globalização e Urbanização Subdesenvolvida*. Revista São Paulo Perspectiva, n. 4, v. 14, São Paulo, out./dez. 2000. Acesso em 01 de setembro de 2016, p. 3.

aumentaram em 22.718.968 pessoas. Isso equivale a mais da metade da população do Canadá ou a um terço da população da França.[208]

Entender o processo de urbanização do Brasil implica interpretar a natureza da sociedade brasileira, e é parte intrínseca do processo de urbanização no Brasil a invasão de terras urbanas, ela é gigantesca, e não é, fundamentalmente, fruto da ação da esquerda e nem de movimentos sociais que pretendem confrontar a lei, ela é estrutural e institucionalizada pelo mercado imobiliário excludente e pela ausência de políticas sociais.[209]

A urbanização, que no final do século XIX expandiu-se e complexificou-se, impulsionou o papel da propriedade privada da terra como lastro do crescimento da economia cafeeira e da industrialização. Para tanto, foi essencial o papel do Estado, seja na definição da propriedade da terra como principal bem hipotecável, na expansão de infraestrutura urbana ou através da regulação urbanística.[210]

A urbanização latino-americana caracteriza-se então pelos traços seguintes:

> População urbana sem medida comum com o nível produtivo do sistema; ausência de relação direta entre emprego industrial e crescimento urbano; grande desequilíbrio na rede urbana em benefício de um aglomerado preponderante; aceleração crescente do processo de urbanização; falta de emprego e de serviços para novas massas urbanas

---

208 MARICATO, Ermínia. *Brasil, Cidades: Alternativa Para a Crise Urbana*. 2. ed. Petrópolis/RJ: Vozes, 2002, p. 16.
209 Id. As Ideias Fora do Lugar e o Lugar Fora das Ideias: Planejamento Urbano no Brasil. In: Otília Arantes, Carlos Vainer, Ermínia Maricato. *A Cidade do Pensamento Único: Desmanchando Consensos*. 8. ed. Petrópolis/RJ: Vozes, 2013, p. 152.
210 ALVAREZ, Isabel Pinto. A Produção e Reprodução da Cidade Como Negócio e Segregação. In: Ana Fani Alessandri Carlos, Danilo Volochko, Isabel Pinto Alvarez (Orgs.). *A Cidade Como Negócio*. São Paulo: Contexto, 2015, p. 70.

e, consequentemente, reforço da segregação ecológica das classes sociais e polarização do sistema de estratificação no que diz respeito ao consumo.[211]

Assim, o processo de urbanização[212] no Brasil intensificou-se no século XX e fez parte dele a invasão de terras urbanas, que foi estrutural e institucionalizada pelo mercado imobiliário; nesse processo o Estado teve papel importante na urbanização com a definição da propriedade e da hipoteca, no crescimento da infraestrutura urbana e na regulação urbanística.

Analisando a urbanização na América Latina, enquanto processo social, ela pode ser compreendida a partir da especificação histórica e regional do esquema geral da análise da urbanização dependente. Constata-se que na América Latina existe uma disparidade entre o ritmo de urbanização alto e um nível e um ritmo de industrialização nitidamente inferiores aos de outras regiões também urbanizadas. Além disso, ainda que os países mais urbanizados sejam também os mais industrializados, não há correspondência direta entre o ritmo dos dois processos no interior de cada país.[213]

Hoje, estaríamos deixando a fase da mera urbanização da sociedade, para entrar em outra, na qual defrontamos a urbanização[214] do território:

---

211 CASTELLS, Manuel. *A Questão Urbana*. Tradução de Arlene Caetano. 6. ed. São Paulo: Paz e Terra, 2014, p. 99.
212 "O processo de urbanização teve início logo após a consolidação da nova nação-Estado, a partir da dominação dos movimentos separatistas e/ou republicanos que estouravam do sul ao norte com focos em Minas Gerais e no Rio de Janeiro, também abrangendo um leque de províncias do Rio Grande do Sul ao Pará (1849)." (DEÁK, Csaba. Acumulação Entravada no Brasil e a Crise dos Anos 1980. In: DEÁK, Csaba; SCHIFFER, Sueli Ramos (Orgs.). *O Processo de Urbanização no Brasil*. 2. ed. São Paulo: Editora Edusp, p. 15).
213 CASTELLS, Manuel. *Op. Cit.* p. 90-91.
214 "Em 2008 o mundo tornou-se majoritariamente urbano, e as grandes metrópoles são a expressão mais comum da vida humana neste planeta. Bilhões de pessoas aglomeram-se em cidades que têm cada vez mais dificuldades para enfrentar o desafio da urbanidade." (FERREIRA, João Sette Whitaker. *Memorial Circunstanciado*. Concurso público de títulos e provas para provimento de dois cargos de professor titular, em RDIDP, referência ms-6, cargos/claros códigos Nº Sº 220345 e 152781. Edital ATAC 063/2016, AUP FAU-USP,

A chamada urbanização da sociedade foi resultado da difusão, na sociedade, de variáveis e nexos relativos à modernidade do presente, com reflexos na cidade. A urbanização do território é a difusão mais ampla no espaço das variáveis e dos nexos modernos. Trata-se, na verdade, de metáforas, pois o urbano também mudou de figura e as diferenças atuais entre a cidade e o campo são diversas das que reconhecíamos há alguns poucos decênios.[215]

Assim, são características do processo de urbanização: a) industrialização com baixos salários, mercado residencial restrito, o custo de reprodução da força de trabalho não inclui o custo da mercadoria habitação, fixado pelo mercado privado; b) as gestões urbanas (prefeituras e governos estaduais) têm uma tradição de investimento regressivo, as obras de infraestrutura urbana alimentam a especulação fundiária e não a democratização do acesso à terra para a moradia; c) legislação ambígua ou aplicação arbitrária da lei, como regra do jogo, a ocupação de terras urbanas tem sido tolerada, o Estado não tem exercido, como manda a lei, o poder de polícia.[216]

Por outro lado, cumpre atentar que se as cidades como as conhecemos tendem a desaparecer, se a organização espacial da população e das atividades produtivas estão em transformação em todas as escalas em diversos pontos, isto resultaria no surgimento de novos padrões de assentamento e distribuição da população e das atividades produtivas, ou seja, de novos padrões de urbanização.[217]

Para Harvey, como se pode extrair de seu pensamento trazido no capítulo segundo, o urbanismo é uma forma particular

---

março de 2017. Cedido pelo próprio autor, p. 11).
215 SANTOS, Milton. *A Urbanização Brasileira*. 5. ed. São Paulo: Editora da Universidade de São Paulo, 2013, p. 138.
216 MARICATO, Ermínia. As Ideias Fora do Lugar e o Lugar Fora das Ideias: Planejamento Urbano no Brasil. In: Otília Arantes, Carlos Vainer, Ermínia Maricato. *A Cidade do Pensamento Único: Desmanchando Consensos*. 8. ed. Petrópolis/RJ: Vozes, 2013, p. 155-161.
217 LIMONAD, Ester. *Reflexões Sobre o Espaço, o Urbano e a Urbanização*. Revista GEOgraphia, n. 1, ano 1, 1999, p. 89.

ou padronizada do processo social, é forma social, ou seja, uma série de relações sociais ligada à divisão do trabalho. É produto de atividade individual que forma um modo de interação social e econômica, por isso, o estudo do urbanismo contribui para a compreensão das relações sociais na base econômica da sociedade.

Já a urbanização, entende Harvey no mesmo capítulo, é um processo social espacialmente fundamentado, um conjunto espacialmente estabelecido dos processos sociais. É fenômeno de classe, já que o excedente é extraído de algum lugar para alguém, e, como a urbanização depende do excedente, existe, então, uma conexão entre desenvolvimento do capitalismo e a urbanização.

Por outro viés, o controle urbanístico (a fiscalização sobre o uso e a ocupação do solo), de competência municipal, se dá somente na cidade legal:

> Para os assentamentos precários ilegais, em áreas que não interessam ao mercado imobiliário, a fiscalização é precária. Nem mesmo as áreas de proteção ambiental, sobre as quais incidem leis federais, estaduais e municipais, a fiscalização e aplicação da lei se dão com mais rigor do que nas áreas valorizadas pelo mercado. Existe, portanto, uma correlação entre o mercado e gestão pública urbana. Mas essa relação vai mais longe. O mercado imobiliário controla os investimentos públicos urbanos que são os fatores mais importantes de valorização imobiliária. Isso justifica e explica a sofisticação dos *lobbies* existentes sobre a orientação dos investimentos públicos no processo de urbanização.[218]

Por outro lado, a militarização insidiosa da vida nas cidades ocorre em uma época em que a humanidade se tornou espécie predominante urbana pela primeira vez em seus 150 anos de história. Ela ganha força a partir dos múltiplos circuitos de

---

218 MARICATO, Ermínia. *Brasil, Cidades: Alternativa Para a Crise Urbana*. 2. ed. Petrópolis/RJ: Vozes, 2002, p. 43, grifo do original.

militarização e securitização que, até o momento, não foram considerados em conjunto nem vistos como um todo.[219]

Assim, essa nova cultura do monitoramento digital não é simplesmente

> Imposta a cidadãos coagidos e oprimidos, como em um cenário de Big Brother orwelliano. Com muita frequência, como ocorre com o uso de *webcams*, o rastreamento de telefones celulares e os sistemas de geoposicionamento, ela é absorvida e ativamente usada como meio de organizar novas expressões de mobilidade, identidade, sexualidade e vida cotidiana – bem como de resistência.[220]

As novas ideologias militares de guerra permanente e sem limites estão intensificando radicalmente a militarização da vida urbana, assim, o novo urbanismo militar vai muito além de:

> Uma preocupação com as tecnologias, doutrinas e táticas militares/de segurança necessárias para uma tentativa de controlar, pacificar ou se aproveitar das populações ou dos espaços demonizados. Vai além das complexas intersecções de cultura visual e tecnologia de controle militar, além das tensões entre ideias de comunidade urbana e nacionais. Ele faz uso dos poderes do Estado para reconfigurar violentamente ou apagar o espaço urbano, como um meio de aliviar supostas ameaças, de abrir espaço para exigências da formação da cidade global, da produção neoliberal ou da criação de uma *tabula rasa* urbana capaz de gerar bolhas extremamente lucrativas de especulação imobiliária.[221]

A cidade global não seria uma cidade global, como passamos a entender o fenômeno, sem estar profundamente imersa

---

219 GRAHAM, Stephen. *Cidades Sitiadas: o Novo Urbanismo Militar*. Tradução de Alyne Azuma. São Paulo: Boitempo, 2016, p. 27.
220 Ibid., p. 131.
221 Ibid., p. 149-150, grifo do autor.

no processo. Sem dúvida, a relação entre o controle comercial e militar e as tecnologias de informação sempre foi uma complexa via de mão dupla, mas é preciso lembrar que as arquiteturas tecnológicas da vida contemporâneas e as geografias imperiais convergem no novo urbanismo militar.[222]

Assim, sobre a urbanização podemos perceber que fez parte desse processo a invasão urbana, sendo estrutural e institucionalizada pelo mercado imobiliário. Ela impulsionou o papel da propriedade privada da terra cuja definição, infraestrutura e regulação receberam a importante ajuda do Estado. Nos países subdesenvolvidos, como o Brasil, a urbanização em muito se deve à indústria que agiu sobre os trabalhadores do campo, provocando a explosão para os polos urbanos.

Já o controle urbanístico sobre o uso e a ocupação do solo é do Município e só funciona sobre a cidade legal de acordo com os interesses do mercado imobiliário. Por fim, a militarização das cidades surgiu quando a humanidade se tornou urbana e, essa militarização urbana, se intensificou com as novas ideologias militares, as quais utilizam os poderes do Estado para reconfigurar ou apagar o espaço urbano.

Por outro lado, o planejamento entende-se que é de competência do Estado e este é a expressão das classes dominantes, daí a impossibilidade do planejamento democrático e igualitário. Essa assertiva, que pode ser baseada nas complexas e brilhantes análises de Henri Lefebvre, entre outros marxistas, é aplicada, indistintamente, para Paris ou São Paulo.[223] Entendia-se por planejamento urbano o conjunto das ações de ordenação espacial das atividades urbanas que, não podendo ser realizadas ou sequer orientadas pelo

---

222 Ibid., p. 127.
223 MARICATO, Ermínia. *Brasil, Cidades: Alternativa Para a Crise Urbana*. 2. ed. Petrópolis/RJ: Vozes, 2002, p. 48.

mercado, tinham de ser assumidas pelo Estado, tanto na sua concepção como na sua implementação.²²⁴

Cumpre frisar, que uma das grandes contradições da cidade capitalista está no fato, portanto, de que enquanto a valorização de um imóvel é determinada por investimentos públicos, o lucro dela obtido é auferido individualmente pelo empreendedor ou proprietário. Foi para regular e mediar esse antagonismo entre mercado e sociedade que o keynesianismo do pós-guerra, regulador da economia, tornou-se também regulador da produção do espaço urbano, por meio dos chamados instrumentos urbanísticos.²²⁵

O planejamento urbano modernista e funcionalista, tão útil no ciclo econômico anterior para organizar as cidades nos moldes da economia fordista e da sociedade de consumo de massa que se criava a partir do pós-guerra, foi aos poucos rechaçado, por sua pouca flexibilidade e seu forte caráter estatal regulador, dando espaço a um "gerenciamento" das cidades supostamente mais ágil para enfrentar os problemas de obsolescência urbana. Ou, em outras palavras, mais eficaz para integrar as cidades à lógica da economia financeirizada e globalizada. Os grandes conjuntos habitacionais do Pós-Guerra foram execrados (embora tivessem à época cumprido seu papel de provisão habitacional em massa), pelos seus vícios modernistas. Esse novo padrão de intervenção urbana, baseado em "grandes projetos" é hoje a regra na maioria dos países do capitalismo central.²²⁶

---

224 DEÁK, Csaba. Acumulação Entravada no Brasil e a Crise dos Anos 1980. In: DEÁK, Csaba; SCHIFFER, Sueli Ramos (Orgs.). *O Processo de Urbanização no Brasil*. 2. ed. São Paulo: Editora Edusp, 2015, p. 13.
225 FERREIRA, João Sette Whitaker. Cidades Para Poucos ou Para Todos? Impasses da Democratização das Cidades no Brasil e os Riscos de um "Urbanismo às Avessas". In: OLIVEIRA, Francisco; BRAGA, Ruy; RIZEK, Cibele (Orgs.). *Hegemonia às Avessas*. São Paulo: Boitempo, 2010, p. 5.
226 FERREIRA, João Sette Whitaker. Cidades Para Poucos ou Para Todos? Impasses da Democratização das Cidades no Brasil e os Riscos de um "Urbanismo às Avessas". In:

Definido por suas propriedades ou características, o planejamento urbano seria:

> Um processo contínuo do qual o plano diretor constituiria um momento; o processo seria uma atividade multidisciplinar e envolveria uma pesquisa prévia – o diagnóstico técnico – que revelaria e fundamentaria os "problemas urbanos" e seus desdobramentos futuros, cujas soluções seriam objeto de proposições que integram os aspectos econômicos, físicos, sociais e políticos das cidades e cuja execução tocaria a um órgão coordenador e acompanhador da sua execução e contínuas revisões.
> [...]
> Os conceitos de planejamento ou plano diretor não existiam no Brasil nem no século XIX nem no início do XX. Da mesma forma as expressões urbanismo e plano urbanismo não existiam no século XIX.[227]

A história do planejamento urbano no Brasil[228] mostra a existência de um pântano entre sua retórica e sua prática, já que estava imerso na base fundante marcada por contradições: direitos universais, normatividade cidadã – no texto e no discurso – *versus* cooptação, favor, discriminação e desigualdade – na prática da gestão urbana. Parte de nossas cidades podem ser classificadas como não cidades: as periferias extensas, que além

---

OLIVEIRA, Francisco; BRAGA, Ruy; RIZEK, Cibele (Orgs). *Hegemonia às Avessas*. São Paulo: Boitempo, 2010, p. 2.
227 VILLAÇA, Flávio. Uma Contribuição para a História do Planejamento Urbano do Brasil. In: DEÁK, Csaba; SCHIFFER, Sueli Ramos (Orgs.). *O Processo de Urbanização no Brasil*. 2. ed. São Paulo: Editora Edusp, 2015b, p. 187-188.
228 "A história do planejamento urbano no Brasil começa em 1875, de lá até hoje ela pode ser dividida em três grandes períodos. O que vai até 1930, o que vai de 1930 até a década de 1990 e o que se inicia nessa década. O primeiro período é marcado pelos planos de melhoramento e embelezamento ainda herdeiros da forma urbana monumental que exaltava a burguesia e que destruiu a forma urbana medieval (e colonial, no caso do Brasil). O segundo, que se inicia na década de 1930, é marcado pela ideologia do planejamento enquanto técnica de base científica, indispensável para a solução dos chamados 'problemas urbanos'. Finalmente o último, que mal está começando, é o período marcado pela reação ao segundo." (Ibid., p. 182).

das casas autoconstruídas, contam apenas com o transporte precário, luz e água.[229]

Desde a década de 1930, vem-se desenvolvendo no Brasil uma visão do mundo urbano segundo a qual os problemas que crescentemente se manifestam nas cidades são causados pelo crescimento caótico – sem planejamento –, e que um planejamento "integrado" ou de "conjunto", segundo técnicas e métodos bem definidos, seria indispensável para solucioná-los. Tais ideias visam ocultar as verdadeiras origens daqueles problemas, assim como o fracasso daquelas classes e do Estado em resolvê-las. Com isso a dominação é facilitada.[230]

A partir da década de 1950 desenvolve-se no Brasil um discurso que passa a pregar a necessidade de integração entre os vários objetivos (e ações para atingi-los) dos planos urbanos. Esse discurso passou a centrar-se (mas não necessariamente a se restringir) na figura do plano diretor e a receber, na década de 1960, o nome de planejamento urbano ou planejamento local integrado.[231]

As propostas do Plano Diretor são de duas categorias: aquelas que cabem à Prefeitura executar (em sua maioria obras e serviços, mas também medidas administrativas) e aquelas que cabem ao setor privado obedecer (o controle do uso e ocupação do solo, principalmente o zoneamento). As primeiras não têm qualquer validade ou efeito. São mero cardápio. Cada prefeito pode escolher (caso tome conhecimento delas) se quer ou não executá-las. Não são – nem podem ser – impositivas a qualquer prefeito. As segundas, ao contrário, são compulsórias, são lei, e

---

229   MARICATO, Ermínia. As Ideias Fora do Lugar e o Lugar Fora das Ideias: Planejamento Urbano no Brasil. In: Otília Arantes, Carlos Vainer, Ermínia Maricato. *A Cidade do Pensamento Único: Desmanchando Consensos*. 8. ed. Petrópolis/RJ: Vozes, 2013, p. 135-140.
230   VILLAÇA, Flávio. Uma Contribuição Para a História do Planejamento Urbano do Brasil. In: DEÁK, Csaba; SCHIFFER, Sueli Ramos (Orgs.). *O Processo de Urbanização no Brasil*. 2.ed. São Paulo: Editora Edusp, 2015b, p. 183.
231   Ibid., p. 177.

como tal tem que ser cumpridas por todos. Só que elas dizem respeito aos problemas e interesses de uma pequena minoria da população e a uma minúscula parcela da cidade.[232]

Pelo menos durante cinquenta anos – entre 1940 e 1990 – o planejamento urbano brasileiro encarnado na ideia de plano diretor não atingiu minimamente os seus objetivos a que se propôs:

> A absoluta maioria dos planos foi parar nas gavetas e nas prateleiras de obras de referência. A maioria dos pouquíssimos resultados que produziram é marginal nos próprios planos e mais ainda na vida das cidades às quais se referiam, diante dessa situação, algumas perguntas são inevitáveis.[233]

Os planos diretores cumprem o papel do discurso, mas não orientam nem regulam os investimentos. Os fatores que os regulam são os interesses do mercado imobiliário, de empreiteiras, a prioridade às obras viárias ou de grande visibilidade eleitoral. A prioridade a políticas públicas arcaicas e concentradoras da renda, as grandes obras pouco urgentes, o descaso com questões básicas como o saneamento e a informalidade habitacional, ainda são a marca da grande maioria das políticas municipais.[234]

Em essência, a ilusão Plano Diretor e dos Planos Regionais decorre do abismo que separa o seu discurso da prática de nossa administração municipal e da desigualdade que caracteriza nossa realidade política e econômica:

---

232 Id. As Ilusões do Plano Diretor. São Paulo: Edição do autor, 2005, p. 91.
233 VILLAÇA, Flávio. Uma Contribuição para História do Planejamento Urbano do Brasil. In DEÁK, Csaba; SCHIFFER, Sueli Ramos (Orgs.). *O Processo de Urbanização no Brasil*. 2.ed. São Paulo: Editora Edusp, 2015b, p. 224.
234 FERREIRA, João Sette Whitaker. *Memorial Circunstanciado*. Concurso Público de Títulos e provas para provimento de dois cargos de professor titular, em RDIDP, referência ms-6, cargos/claros códigos Nº Sº 220345 e 152781. Edital ATAC 063/2016, AUP FAU-USP, março de 2017. Cedido pelo próprio autor, p. 39.

> Como procuramos enfatizar, o que chama a atenção no Plano Diretor Estratégico (como nos Planos Diretores em geral) é o fato dele conseguir, com incrível facilidade, a adesão de significativas lideranças sociais e que, à primeira vista, não teriam interesse nessa adesão, como por exemplo a imprensa, setores empresariais, intelectuais e os políticos. Ele esconde interesses, sim, mas isso não é nada claro. Cria-se em torno dele uma verdade socialmente aceita – que junto com muitas outras constitui a ideologia dominante com a qual, como já dissemos, a sociedade toda está cegamente encharcada sem ter consciência disso.[235]

O planejamento urbano no Brasil passa a ser identificado com a atividade intelectual de elaborar planos, uma atividade fechada dentro de si própria, desvinculada das políticas públicas e da ação concentrada do Estado, mesmo que, eventualmente, procure justificá-la. Na maioria dos casos, entretanto, pretende, na verdade, ocultá-las. O planejamento urbano no Brasil tem sido fundamentalmente discurso, cumprindo missão ideológica de ocultar os problemas das maiorias urbanas e os interesses das classes dominantes na produção do espaço urbano, consequentemente, ele não deve ser estudado na esfera da ação do Estado, das políticas públicas, mas, sim na da ideologia.[236]

Um dos estratagemas mais utilizados pela ideologia é a "naturalização dos problemas sociais", as ideias dominantes procuram atribuir à natureza – e não aos homens – as causas dos problemas sociais, assim, a burguesia se isenta de culpa pela falta de solução desse problema:

> A expressão "deterioração" veicula a versão das burguesias para explicar degradação do centro que é causadora por

---
235 VILLAÇA, Flávio. *As Ilusões do Plano Diretor*. São Paulo: Edição do autor, 2005, p. 90.
236 Idem. *Op. Cit.* p. 222.

> ela própria, mas não pode admitir; "deterioração" não é simples constatação; tem a pretensão de ser também uma explicação, uma interpretação de um processo social.
> [...]
> Outro exemplo. Uma das mais notáveis criações da ideologia do planejamento urbano que está profundamente arraigada na consciência social dominante do Brasil é aquilo que podemos chamar de ideia do "plano-mito". O planejamento urbano é encarnado numa ideia – hoje mais clara – de plano diretor e passa a ser admitido *a priori* como algo bom, correto e necessário *em si*.[237]

Sujeito ignorado, objeto que se transmuta em sujeito, a confusão teórica mergulha numa ação ideológica, ou seja, essa perspectiva sob a qual se analisa a cidade reforça a possibilidade da constituição do urbanismo como ideologia que serve à reprodução do capital nas mãos de uma classe que detém o poder político:

> Encobrindo-se os verdadeiros sentidos da ação estatal em sua firme e prolongada associação com o poder econômico, constrói-se, pelo discurso da participação de todos os membros da sociedade nas formas de gestão, a ideia de que a desigualdade seria resolvida pelo exercício da democracia representativa através de políticas públicas (e do assistencialismo).[238]

É ilusório pretender-se, no Brasil, estudar a ação do Estado no urbano por meio dos planos e por meio do discurso dominante sobre planejamento urbano:

> Isso coloca um problema sério para a própria história do planejamento. Essa história é a de uma manifestação ideológica

---

237 VILLAÇA, Flávio. Uma Contribuição Para a História do Planejamento Urbano do Brasil. In: DEÁK, Csaba; SCHIFFER, Sueli Ramos (Orgs.). *O Processo de Urbanização no Brasil*. 2. ed. São Paulo: Editora Edusp, 2015b, p. 228-230.
238 CARLOS, Ana Fani Alessandri. A Privação do Urbano e o "Direito à Cidade" em Henri Lefebvre. In: CARLOS, Ana Fani Alessandri; ALVES, Glória; PADUA, Rafael Faleiros (Orgs.). *Justiça Espacial e o Direito à Cidade*. São Paulo: Contexto, 2017, p. 47.

que a classe dominante e o Estado difundem. O planejamento urbano, tal como está difundido no início deste texto e é apresentado pelo discurso convencional, não tem sido no Brasil, como diz seu discurso, uma atividade orientadora ou guia de ação do Estado, no nível local, metropolitano ou em qualquer outro. Nesse sentido, é ilusório, por exemplo, pretender-se fazer história do planejamento urbano no Brasil como se faz nos Estado Unidos ou na Europa, onde os planos refletem as políticas públicas. É ilusório também imaginar que algum plano das últimas décadas tenha implantado "concepção de cidade" ou "pressupostos urbanísticos", "estratégias" ou "políticas públicas".[239]

Estamos nos referindo a um processo político e econômico que, no caso do Brasil, construiu uma das sociedades mais desiguais do mundo, e que teve no planejamento urbano[240] modernista/funcionalista importante instrumento de dominação ideológica: ele contribuiu para ocultar a cidade real e para a formação de um mercado imobiliário restrito e especulativo.[241]

Por outro viés, as decisões de políticas de planejamento urbano acabam subordinando-se aos interesses do mercado e o poder público acaba precisando fazer investimentos prévios para sinalizar ao mercado que a área valerá o investimento:

> Como, pela lei, os recursos arrecadados nas operações urbanas com a venda de solo-criado devem ser, exclusivamente,

---
239 VILLAÇA, Flávio. *Op. Cit.* p. 223.
240 "Cabe abordar historicamente as já mencionadas mudanças na nomenclatura dos planos. Em primeiro lugar cai em desuso a expressão plano de melhoramento e embelezamento e entra em cena a expressão urbanismo. Depois esta cai em desuso, sendo substituída por planejamento urbano e plano diretor. Depois por plano urbanístico, depois por plano local integrado e finalmente volta-se ao plano direito." (VILLAÇA, Flávio. Uma Contribuição Para a História do Planejamento Urbano do Brasil. In: DEÁK, Csaba; SCHIFFER, Sueli Ramos (Orgs.). *O Processo de Urbanização no Brasil*. 2. ed. São Paulo: Editora Edusp, 2015b, p. 191).
241 MARICATO, Ermínia. As Ideias Fora do Lugar e o Lugar Fora das Ideias: Planejamento Urbano no Brasil. In: Otília Arantes, Carlos Vainer, Ermínia Maricato. *A Cidade do Pensamento Único: Desmanchando Consensos*. 8. ed. Petrópolis/RJ: Vozes, 2013, p. 124.

aplicados na melhoria da infraestrutura viária da própria área da operação, tem-se a impressão que as avenidas saem "de graça" para a cidade, financiadas pela iniciativa privada. Entretanto, se a operação urbana se propõe a "vender" solo-criado para arrecadar fundos para a melhoria viária, estima-se que ela só possa ser realizada em áreas nas quais o mercado tenha interesse em comprar, sem o que a operação se torna, no jargão do mercado, um "mico".[242]

Após um século e meio de vida, a matriz de planejamento urbano modernista, que orientou o crescimento das cidades dos países capitalistas centrais, dá lugar às propostas neoliberais que acompanham as mudanças globais. O modelo modernista, definidor de padrões holísticos de uso e ocupação do solo, apoiado na centralização e na racionalidade do aparelho de Estado, foi aplicado a apenas uma parte das cidades nos países periféricos do mundo capitalista, resultando no que podemos chamar de modernização incompleta.[243]

Assim, detecta-se que o planejamento urbano é um conjunto de ações de ordenação espacial das atividades urbanas que, não podem ser realizadas ou sequer orientadas pelo mercado, tem que ser assumidas pelo Estado. Esse planejamento, é um importante instrumento de dominação ideológica, pois contribui para ocultar a cidade real e para a formação de um mercado imobiliário especulativo. Por fim, vimos que a ideia que os problemas da cidade são causados pelo crescimento caótico, sem planejamento, visa ocultar as verdadeiras origens daqueles problemas; assim, as decisões políticas de planejamento urbano subordinam-se aos interesses de mercado, necessitando do investimento do Poder Público.

---

242 FERREIRA, João Sette Whitaker. *Mito da Cidade-Global: o Papel da Ideologia na Produção do Espaço Terciário em São Paulo*. Revista do Programa de Arquitetura e Urbanismo da FAU-USP, n. 16, 2004. Acesso em 23 de maio de 2017, p. 44.
243 MARICATO, Ermínia. *Para Entender a Crise Urbana*. São Paulo: Expressão Popular, 2015, p. 86.

Não é por falta de planos urbanísticos que as cidades brasileiras apresentam problemas graves, não é também, necessariamente, devido à má qualidade desses planos, mas porque seu crescimento se faz ao largo dos planos aprovados nas Câmaras Municipais, que seguem interesses tradicionais da política local e grupos específicos ligados ao governo de plantão.[244]

Nunca é demais repetir que não é por falta de planos e nem de legislação urbanística que as cidades brasileiras crescem de modo predatório. A ilegalidade na provisão de grande parte das moradias urbanas é funcional para a manutenção do baixo custo de reprodução da força de trabalho, como também para um mercado imobiliário especulativo, que sustenta sobre a estrutura fundiária arcaica.[245]

Da mesma forma como a ação do planejamento urbano e da política habitacional tem sido fundamental para expandir as fronteiras do capitalismo financeirizado sobre o território, também é necessária muita imaginação urbanística e normativa para proteger, promover e potencializar essas novas geografias:

> Do ponto de vista disciplinar, isso implica, antes de mais nada, romper com a máxima do uso mais lucrativo do solo urbano, correspondente a taxa máxima de retorno financeiro daquela localização – como paradigma para a definição dos usos e formas de ocupação da cidade. Em vez disso, seguir na direção da universalização do direito à moradia e à cidade e de reapropriação dos *"commons"* – ou espaços comuns – públicos – como centro da ação de planejar. Implica, também, um movimento político no sentido inverso dos caminhos atuais – despolitizados – da governança urbana, na direção da cidadania, do dispenso e da criação.[246]

---
244 MARICATO, Ermínia. As Ideias Fora do Lugar e o Lugar Fora das Ideias: Planejamento Urbano no Brasil. In: Otília Arantes, Carlos Vainer, Ermínia Maricato. *A Cidade do Pensamento Único: Desmanchando Consensos.* 8. ed. Petrópolis/RJ: Vozes, 2013, p. 124.
245 Ibid., p. 147-148.
246 ROLNIK, Raquel. *Guerra dos Lugares: a Colonização da Terra e da Moradia na Era*

Fica claro que os planos não seriam elaborados para ser executados nem para resolver os grandes problemas das massas populares urbanas, sem dúvida eram elaborados para atender aos interesses dominantes urbanos, mas isso passaria a ser cada vez mais difícil de ser divulgado oficialmente através dos planos.[247]

Assim, no que é pertinente ao planejamento urbano detecta-se que é de competência do Estado e expressão das classes dominantes, sendo importante instrumento de dominação ideológica, formando um mercado imobiliário restrito e especulativo; para isso, as decisões de políticas de planejamento urbano são subordinadas aos interesses do mercado; assim, não é por falta ou má qualidade de planos que temos os atuais problemas nas cidades, em especial a falta de moradia, mas porque a aprovação desses planos seguem os interesses da política local.

Entre os modelos de planejamento urbano que concorrem para ocupar o trono deixado vazio pela derrocada do tradicional padrão tecnocrático-centralizado-autoritário está o do chamado planejamento estratégico. O modelo vem sendo difundido no Brasil e na América Latina pela ação combinada de diferentes agências multilaterais (Bird, Habitat) e de consultores internacionais, sobretudo catalães, cujo agressivo marketing aciona de maneira sistemática o sucesso de Barcelona.[248]

Atualmente, as cidades têm um novo papel no mundo globalizado, ao nível local, o plano estratégico, cumpre um mesmo papel de desregular, privatizar, fragmentar e dar ao mercado um espaço absoluto, ele reforça a cidade autônoma, a qual necessita

---

das Finanças. 1. ed. São Paulo: Boitempo, 2015, p. 379, grifo do original.
247 VILLAÇA, Flávio. Uma Contribuição Para a História do Planejamento Urbano do Brasil. In: DEÁK, Csaba; SCHIFFER, Sueli Ramos (Orgs.). *O Processo de Urbanização no Brasil*. 2 ed. São Paulo: Editora Edusp, 2015b, p. 203.
248 VAINER, Carlos B. Pátria, Empresa e Mercadoria: Notas sobre a Estratégia Discursiva do Planejamento Estratégico Urbano. In: Otília Arantes, Carlos Vainer, Ermínia Maricato. *A Cidade do Pensamento Único: Desmanchando Consensos*. 8. ed. Petrópolis/RJ: Vozes, 2013a, p. 75.

instrumentalizar-se para competir com os demais, na disputa por investimentos, tornando-se uma máquina urbana de produzir renda.[249]

É nesse contexto que a globalização e o planejamento estratégico tentam imprimir suas características supostamente modernizadoras, exacerbando o quadro de antagonismo:

> No contexto urbano, essa contradição estrutural se traduz pela incompatibilidade entre os bairros "globalizados" e os assentamentos ditos "subnormais", que configuram a tipologia majoritária da cidade real, nas zonas periféricas abandonadas pelo capital e pelo poder público. Há hoje mais pobres do que ricos nas metrópoles do Terceiro Mundo. Nunca as classes dominantes se sentiram tão ameaçadas. Sintomaticamente, as elites não só ignoram esse processo, como aprofundam as teorias e a ideologia da modernidade excludente, e invertem o diagnóstico: não é a minoria abastada que destoa de um cenário de pobreza cada vez mais generalizado. É a pobreza que desfigura a cidade moderna, a cidade-global.[250]

O uso da imagem e da cultura é central no plano estratégico. Abandona-se a abordagem holística modernista no planejamento, por uma apropriação simbólica de novas localizações (ou antigos espaços renovados) que, obviamente, está relacionado com a valorização imobiliária:

> O "Plano estratégico" deixou de lado ainda os detalhes de um urbanismo burocrático que, de fato, frequentemente engessou as cidades, dificultando soluções diversificadas e específicas que levassem em conta as potencialidades e as redes comunitárias e sociais locais. Ao mesmo tempo, ele trouxe a perspectiva de um novo

---

249 MARICATO, Ermínia. *Para Entender a Crise Urbana*. São Paulo: Expressão Popular, 2015, p. 89.
250 FERREIRA, João Sette Whitaker. *O Mito da Cidade-Global*. Petrópolis/RJ: Editora Vozes; ANPUR, 2007, p. 41.

papel político e econômico para as prefeituras e para o planejamento urbano.²⁵¹

O plano estratégico desregula, privatiza, reforça a cidade autônoma, torna a cidade apta a competir com as demais cidades com o fim de produzir renda no mundo globalizado, esse plano o uso da imagem e da cultura é central, deixando de lado o urbanismo burocrático para trazer um novo papel político e econômico para o planejamento urbano.

Dois discursos pretendem orientar o futuro da cidade em direção à superação de sua fase crítica, com pontos de vista muito diferenciados:

> De um lado "o empreendedorismo urbano" pretende propor políticas públicas capazes de resolver a crise urbana através da construção de uma vantagem competitiva para a cidade, objetivando-se sua inserção no mercado mundial. Nessa perspectiva, o planejamento estratégico associa a problemática urbana àquela da gestão do espaço da cidade.
> [...]
> De outro lado, e contrário a esta tendência, deparamo-nos com a ideia de que a solução da crise passaria pela "gestão democrática da cidade" com o estabelecimento de sua função social a partir da participação popular na gestão. Aqui a utopia também se degenera em urbanismo e a solução da crise urbana se coloca politicamente. Nesse caminho, a política pública abriria brecha para a realização de uma cidade equitativa, justa e sustentável, naturalizando o sistema liberal democrático".²⁵²

Assim como a teoria das cidades-globais atravessou os oceanos para pousar em nossas universidades, esse conveniente

---

251 MARICATO, Ermínia. *Para Entender a Crise Urbana*. São Paulo: Expressão Popular, 2015, p. 90.
252 CARLOS, Ana Fani Alessandri. A Privação do Urbano e o "Direito à Cidade" em Henri Lefebvre. In: CARLOS, Ana Fani Alessandri; ALVES, Glória; PADUA, Rafael Faleiros (Orgs.). *Justiça Espacial e o Direito à Cidade*. São Paulo: Contexto, 2017, p. 47-48.

discurso político também tomou conta das metrópoles latino-americanas, e o planejamento estratégico se tornou moda entre os chefes dos executivos municipais, de qualquer perfil ideológico. Em um continente que sofre com as opções macroeconômicas neoliberais de estabilização monetária, adotadas na década de 1990, e enormes restrições orçamentárias a dificultarem, sobremaneira, os investimentos em infraestrutura, o planejamento estratégico e suas possibilidades de parcerias público-privadas soaram como uma salvação para garantir aos prefeitos a vitrine necessária à sua governabilidade, e também à sua reeleição.[253]

Por outro lado, vende-se uma imagem de cidade segura muitas vezes junto com a venda da cidade justa e democrática, no diagnóstico produzido pelo plano estratégico do Rio de Janeiro, com assessoramento de consultores catalães, a cidade é apresentada como laboratório de experimentação e aperfeiçoamento democrático, baixa tolerância racial e exemplo de harmonia social.[254]

O modelo do planejamento estratégico, não obstante, vem sendo aplicado por diversos municípios na América Latina, geralmente promovido por grandes operações de *marketing*, como cabe a qualquer operação de cunho concorrencial. Nesse sentido, ficaram conhecidos por aqui os exemplos do Plano Estratégico da Cidade do Rio de Janeiro, ou ainda o plano de reurbanização do Eixo Tamanduatehy, promovido em Santo André, São Paulo.[255]

---

253 FERREIRA, João Sette Whitaker. *Mito da Cidade-Global: o Papel da Ideologia na Produção do Espaço Terciário em São Paulo*. Revista do Programa de Arquitetura e Urbanismo da FAU-USP, n. 16, 2004. Acesso em 23 de maio de 2017, p. 30.
254 VAINER, Carlos B. Pátria, Empresa e Mercadoria: Notas Sobre a Estratégia Discursiva do Planejamento Estratégico Urbano. In: Otília Arantes, Carlos Vainer, Ermínia Maricato. *A Cidade do Pensamento Único: Desmanchando Consensos*. 8. ed. Petrópolis/RJ: Vozes, 2013a, p. 81.
255 FERREIRA, João Sette Whitaker. *Globalização e Urbanização Subdesenvolvida*. Revista São Paulo Perspectiva, n. 4, v. 14, São Paulo, out./dez. 2000. Acesso em 01 de setembro de 2016, p. 6.

Assim, o exercício do poder de polícia urbanístico, ou seja, a fiscalização e o controle sobre o uso e a ocupação do solo constituem um diferencial profundo entre as cidades do Primeiro Mundo e as cidades da América Latina, por exemplo, onde o controle se aplica apenas a uma parte da cidade, aquela que segue as leis urbanísticas.[256]

Por outro viés, existem propostas esboçadas que não têm qualquer virtude em si, mas podem constituir referências num contexto de avanço dos setores democráticos: a) criar um espaço de debate democrático com participação ativa dos excluídos e reconhecimento dos conflitos; b) plano de ação ao invés de plano diretor; c) infraestrutura de informação sobre as cidades e formação de quadros para a gestão urbana.[257]

Além disso, foi incluído como recomendação da ONU na preparação da 2ª Conferência das Nações Unidas para os Assentamentos Humanos – a Habitat II – a proposta da elaboração de um plano de ação com a participação de atores-chave, em níveis nacional, regional e local. Essa recomendação não foi seguida pelo governo brasileiro que apresentou, sem qualquer consulta, um documento com conteúdo bastante previsível, na última hora.[258]

O plano de ação pode ser um contraponto ao plano diretor, essencialmente normativo. Deve incluir uma proposta normativa, mas deve incluir também ações, operações e investimentos. Outro aspecto central do plano é o controle urbanístico ou a chamada fiscalização do uso e da ocupação do solo, além de exigir a integração

---

256 MARICATO, Ermínia. *Brasil, Cidades: Alternativa Para a Crise Urbana*. 2. ed. Petrópolis/RJ: Vozes, 2002, p. 87.
257 MARICATO, Ermínia. As Ideias Fora do Lugar e o Lugar Fora das Ideias: Planejamento Urbano no Brasil. In: Otília Arantes, Carlos Vainer, Ermínia Maricato. *A Cidade do Pensamento Único: Desmanchando Consensos*. 8. ed. Petrópolis/RJ: Vozes, 2013, p. 179.
258 Ibid., p. 181.

dos diferentes setores do governo e do governo com a sociedade.²⁵⁹ O que fazer?²⁶⁰

Assim, são inúmeras as fontes de limitações à elaboração de propostas alternativas (democráticas e igualitárias) para as cidades brasileiras:

> A primeira e mais óbvia está na impossibilidade de tomar o ambiente construído independentemente da sociedade que o constrói e ocupa. De fato, ele (o ambiente construído) reflete as relações sociais além de participar ativamente de sua reprodução. Nesse sentido, é objeto e agente de permanências e de mudanças sociais. É influenciado pelas relações sociais tanto quanto as influencia.
> [...]
> Outra grande dificuldade em dar alternativas ao rumo atual das cidades do Brasil está na dificuldade em lidar com a máquina pública administrativa.²⁶¹

Por fim, a luta pela reforma urbana, deve continuar em várias frentes, cada uma com suas peculiaridades e com

---

259 Ibid., p. 181-183.
260 "Segundo Maricato: 1) dar visibilidade à cidade real ou desconstruir a cidade virtual pelo *marketing* urbano e interesses globais (a eleição de indicadores pode constituir um antídoto contra os cenários da modernidade (ou pós-modernidade), que são restritos a algumas ilhas no oceano das carências; e também contra o *marketing* político que logram transformar o vício em virtudes nas campanhas eleitorais televisivas. 2) Criar um espaço de debate democrático: dar visibilidade aos conflitos (construir um espaço de participação social que dê voz aos que nunca a tiveram, que faça emergir aos diferentes interesses sociais, para que a elite tome contato com algo que nunca admitiu: o contraponto. É uma tarefa difícil, mas altamente transformadora). 3) Reforma administrativa (levar a presença do Estado aos bairros ilegais implica uma reforma do arcabouço institucional, incluindo a reforma do arcabouço institucional, incluindo a redefinição de atribuições operacionais na tentativa de romper com a distância entre gabinetes e a realidade). 4) A capacitação de agentes para o planejamento da ação; 5) Reforma fundiária (finalmente, nunca é demais repetir o que é muito óbvio, mas pouco considerado na sociedade global: que a ausência de controle público sobre a propriedade da terra contribui para a carência habitacional, segregação territorial, aumento do custo da infraestrutura e serviços, aumento da violência, predação ambiental, além de impor maiores sacrifícios à população pobre excluída da cidade)." (Id. *Para Entender a Crise Urbana*. São Paulo: Expressão Popular, 2015, p. 92-97).
261 Id. *Brasil, Cidades: Alternativa Para a Crise Urbana*. 2. ed. Petrópolis/RJ: Vozes, p. 51.

diferentes oportunidades para as lideranças populares, técnicos e políticos progressistas:

> O Estatuto da Cidade – com a regulamentação do artigo 182 – é uma frente, talvez a mais importante, pois dela depende muito a futura credibilidade de eventuais planos e diretores. Os movimentos populares setoriais – por terra urbana, habitação e transporte – são outra, e o plano diretor será a terceira frente. Além do Estatuto da Cidade, o futuro dos planos diretores depende: 1. Dos desdobramentos dos interesses acima referidos. Dele depende o futuro de questões centrais, como o solo criado, o Fundo Municipal de Urbanização, a regularização fundiária de favelas e as Zonas Especiais de Interesse Sociais (ZEIS). Destaque-se, entretanto, que todos esses aspectos não dependem de plano diretor. 2. Do esvaziamento dos planos de retóricas inconsequentes. 3. Finalmente, dependem de um seríssimo teste pelo qual o "solo criado" ainda não passou: o de sua passagem pelo Poder Judiciário, sabidamente conservador. Esse é um trunfo que o setor imobiliário guarda na manga do paletó.[262]

Por essas razões, parece de um otimismo ingênuo acreditar que hoje, no Brasil, instrumentos urbanísticos importados do Estado Providência possam ser capazes de alterar a ordem estamental que, mesmo que sutilmente, solidifica cada vez mais as dinâmicas de intolerância à pobreza, constrói uma cidade de muros e alimenta o *apartheid* urbano. A questão é, em essência, política. E as mudanças desejadas passam por uma profunda transformação individual que deve levar cada um a aceitar que há de ocorrer para salvar a cidade: uma radical inversão na lógica do seu funcionamento.[263]

---

262 VILLAÇA, Flávio. Uma Contribuição Para a História do Planejamento Urbano do Brasil. In: DEÁK, Csaba; SCHIFFER, Sueli Ramos (Orgs.). *O Processo de Urbanização no Brasil*. 2. ed. São Paulo: Editora Edusp, 2015b, p. 240
263 FERREIRA, João Sette Whitaker. *São Paulo: Cidade da Intolerância, ou o Urbanismo "à Brasileira"*. Revista Estudos Avançados, n. 71, v. 25, São Paulo, jan./abr. 2011, p. 85.

Uma parcela expressiva do espaço urbano brasileiro poderia apresentar uma excelente qualidade urbanística e ambiental, se a intervenção estatal, financiada pelo Estado e produzida pelo setor formal da construção civil, tivesse sido realizada, como fizeram os IAPs,[264] valorizando o projeto. No entanto, predomina, salvo raras exceções, projetos medíocres, uniformes, monótonos e desvinculados do meio físico e da cidade, uma interversão urbanista muito inferior à dos IAPs.[265]

Por tudo isso, podemos concluir que o planejamento estratégico é um modelo de planejamento urbano difundido no Brasil que tem um papel nas cidades globais de desregular, privatizar, fragmentar e, dar ao mercado, um espaço absoluto. Seu ponto central é o uso da imagem e da cultura, trazendo possibilidades de parcerias público-privadas em virtude de grandes operações de *marketing*. Para isso, apropria-se de novas localizações, ocasionando a valorização imobiliária. Por fim, contra isso, existem propostas como o plano de ação que é um contraponto ao plano diretor, ou seja, uma norma que inclui, como controle urbanístico, ações, operações e investimentos, exigindo a integração do governo e a fiscalização do uso e da ocupação do solo.

---

264 Institutos de Aposentadoria e Pensões.
265 BONDUKI, Nabil. *Origens da Habitação Social no Brasil: Arquitetura Moderna, Lei do Inquilinato e Difusão da Casa Própria*. 7. ed. São Paulo: Estação Liberdade; FAPESP, 2017, p. 326.

4
A POLÍTICA HABITACIONAL NO BRASIL: DO ÁPICE À CRISE

4.1. Políticas "não" públicas de habitação: benefícios por parte do Estado para o setor privado

Para compreendermos as políticas públicas de habitação no Brasil e a atuação do Estado, faz-se necessário entendermos o verdadeiro sentido do Estado do bem-estar social e de que forma esse Estado vai intervir para efetivar o direito social à moradia; como também, identificar se na nossa sociedade patrimonialista as políticas públicas de moradia, de fato, são públicas ou direcionadas ao setor privado, transformando a produção privada de moradias em uma importante área de aplicação do capital.

Inicialmente, precisamos compreender o surgimento do problema habitacional no Brasil e, posteriormente, estudar a intervenção estatal na habitação.[1] O problema da habitação

---

1 "As 105 unidades habitacionais sobrepostas construídas em 1906 pela Prefeitura do Distrito Federal na rua Salvador de Sá, no Rio de Janeiro, foram as primeiras moradias promovidas pelo setor público no país." (BONDUKI, Nabil. *Origens da Habitação Social no Brasil: Arquitetura Moderna, Lei do Inquilinato e Difusão da Casa Própria*. 7. ed. São Paulo: Estação Liberdade; FAPESP, 2017, p. 79).

popular no final do século XIX é concomitante aos primeiros indícios de segregação espacial e, essa segregação impediu que os diferentes estratos sociais sofressem da mesma maneira os feitos da crise urbana, garantindo à elite áreas de uso exclusivo, livres da deterioração, além de uma apropriação diferenciada dos investimentos públicos.[2]

A partir da Primeira República (1889-1930), com a deterioração das condições de vida na cidade, provocada pelo afluxo de trabalhadores mal remunerados ou desempregados, pela falta de habitação populares e pela expansão descontrolada da malha urbana, obrigou o poder público a intervir para tentar controlar a produção e o consumo das habitações:

> Por conta disso, o poder público atacou em três frentes: com a do controle sanitário das habitações; com a criação da legislação e códigos de posturas; e com a da participação direta do Estado em obras de saneamento das baixadas, urbanização da área central e implantação de rede de água e esgoto. O segundo conjunto de intervenções do poder público nas novas condições urbanas surgidas na década de 1890 incluía as obras de saneamento, distribuição de água e coleta de esgoto, cuja eficácia na melhoria das condições sanitárias e urbanas foi bem maior que as normas repressivas da política sanitária.[3]

Até a década de 1930 surgiram várias modalidades de moradias para alojar os setores sociais de baixa e média renda, todas construídas pela iniciativa privada e, essa produção de casas para locação, é chamada por Bonduki de produção rentista, pois o investimento em casas visava a obtenção de uma renda mensal pelo uso de dinheiro e, na produção rentista, predominou a construção

---

2 Ibid., p. 28.
3 BONDUKI, Nabil. *Origens da Habitação Social no Brasil: Arquitetura Moderna, Lei do Inquilinato e Difusão da Casa Própria*. 7. ed. São Paulo: Estação Liberdade; FAPESP, 2017, p. 35-43.

por encomenda, que permitia a participação de investidores de diferentes portes, inclusive pequenos.[4]

Durante a Ditadura Vargas (1930[5]-1945) colocou-se em cena o tema habitação social com uma força jamais vista anteriormente e o problema da moradia emergiu como aspecto crucial das condições de vida do operariado, pois absorvia porcentagem significativa dos salários e influía no modo de vida e na formação ideológica dos trabalhadores:

> Primeiro, a habitação vista como condição básica de reprodução da força de trabalho e, portanto, como fator econômico na estratégia de industrialização do país; segundo, a habitação como elemento na formação ideológica, política e moral do trabalhador, e, portanto, decisiva na criação do "homem novo" e do trabalhador-padrão que o regime queria forjar, como sua principal base de sustentação política. [...]
> Ao contrário do que ocorrera na República Velha, a construção de um modelo de habitação operária não era apenas um discurso ideológico desvinculado de estratégias concretas. Houve um esforço visível para dar viabilidade às novas propostas, mesmo porque a crise do modelo rentista era definitiva e tornou-se urgente encontrar soluções habitacionais compatíveis com o novo ciclo econômico e com o desenvolvimento.[6]

Na década de 1940, os primeiros núcleos de favelas foram consequência dos despejos, da forte urbanização e da falta de alternativas habitacionais:

---

4 Ibid., p. 51-54.
5 "Até a década de 1930 era raro que operários e trabalhadores de baixa renda fossem donos de suas moradias – e mesmo grande parte da classe média ocupava casas de aluguel. Como o Estado não se imiscuía na provisão de moradias subsidiadas, não havendo linhas de financiamento nem esquemas que facilitassem a construção de casas na periferia dos núcleos urbanos pelos próprios trabalhadores, era muito difícil para qualquer assalariado adquirir um bem cujo valor absoluto ultrapassava em seus rendimentos mensais e sua capacidade de poupança." (Ibid., p. 91).
6 Ibid., p. 81 e 85.

Em São Paulo surgiram na década de 1940. Foram uma manifestação da alteração do processo de produção de moradia, mas como alternativa de autoempreendimento da moradia, cederam lugar, em São Paulo, para os loteamentos de periferia, pois acabaram fortemente estigmatizados e combatidas numa cidade que se orgulhava de seu progresso. No Rio e em Salvador, entretanto, prevaleceu a invasão de terras, embora o loteamento periferia também tenha sido importante.[7]

Foi nesse contexto que, em 1942,[8] o governo interferiu no mercado de locação, congelando todos os aluguéis por meio da Lei do Inquilinato, utilizando como justificativa que o país vivia uma situação de emergência devido à Segunda Guerra, ocasionando um duro golpe contra os proprietários de casas de aluguel, tentando, com isso, bloquear as reações negativas.[9]

Assim, só na década de 1940 o Estado brasileiro reconheceu que devia intervir no problema da habitação popular:

> Quanto mais problemas os planos abordavam, maior o fosso que passa a separá-los das questões que realmente preocupavam a classe dominante e para as quais ela tinha e queria propostas. Essa classe oferece cada vez menos as condições de hegemonia necessárias para apresentar tais propostas abertamente, como fazia no século XIX, a questão da habitação é exemplar.[10]

Ainda na década de 1940, na América Latina, diante da Segunda Guerra Mundial, a maioria dos pobres urbanos

---

7 Ibid., p. 278.
8 "A década de 1940 é, portanto, crucial no que se refere à ação do Estado no setor habitacional, quando ocorrem as primeiras intervenções do governo federal – congelamento dos aluguéis, produção em massa de moradias por intermédio dos IAPs e a criação da Fundação da Casa Popular." (Ibid., p. 217).
9 Ibid., p. 89.
10 VILLAÇA, Flávio. Uma Contribuição Para a História do Planejamento Urbano do Brasil. In: DEÁK, Csaba; SCHIFFER, Sueli Ramos (Orgs.). *O Processo de Urbanização no Brasil*. 2. ed. São Paulo: Editora Edusp, 2015b, p. 214.

latino-americanos morava em casa de aluguel e em bairros pobres da cidade, mas no final de 1940:

> A industrialização para substituir importações provocou uma onda dramática de invasões de terras ociosas nos arredores da Cidade do México e de outras cidades da América Latina. Em respostas ao florescimento das favelas, as autoridades de vários países, com o apoio forte das classes médias urbanas, realizaram ataques maciços ao assentamento informal. Já que muitos dos novos imigrantes urbanos eram indígenas ou descendentes de escravos, era comum haver uma dimensão racial nessa "guerra à ocupação ilegal".[11]

Entre 1945 e 1954 houve uma intervenção pública, através de Institutos,[12] no contexto das transformações do setor habitacional, num quadro marcado por grave crise de moradia, pela atribuição ao Estado da responsabilidade pelo enfrentamento do problema habitacional e pela emergência de novos modelos de moradia, baseados no autoempreendimento da casa própria. Nesse período, formulou-se uma política habitacional que contribuiu para a montagem do suposto Estado de bem-estar social:

> Premidos pela necessidade de preservar seu patrimônio, privados da contribuição do Estado, que nunca integralizou a parte que lhe cabia nas receitas, e subordinados a uma concepção corporativa e fragmentária, os institutos

---

11 MIKE, Davis. *Planeta Favela*. Tradução de Beatriz Medina. São Paulo: Boitempo, 2006, p. 63.
12 "A atuação do Estado na produção direta de conjuntos habitacionais e no financiamento de moradias para trabalhadores durante o período populista será analisada através da atuação dos Institutos de Aposentadoria e Pensões e da Fundação Casa Popular, primeiros órgãos federais que atuaram no setor de habitação social. São abundantes os indícios de que segmentos de renda média e até mesmo alta foram beneficiados pelos planos dos institutos, que, por outro lado, excluíam deliberadamente os trabalhadores não assalariados, que não podiam se associar a nenhum dos institutos." (BONDUKI, Nabil. *Origens da Habitação Social no Brasil: Arquitetura Moderna, Lei do Inquilinato e Difusão da Casa Própria*. 7. ed. São Paulo: Estação Liberdade; FAPESP, 2017, p. 107-117).

mais entravaram do que contribuíram para a consolidação de uma política de habitação social.[13]

Nos anos de 1960 e 1970, o Banco Nacional de Habitação (BNH) e, posteriormente, o Sistema Financeiro de Habitação (SFH) assumiram o importante papel de financiar a construção e prover o crédito para o consumo de habitação para a classe média:

> Dessa forma a atuação do Estado na provisão de habitação assumiu simultaneamente diferentes papéis: no nível ideológico, usando a retórica do "bem-estar social", o Estado responde a reivindicação da classe operária, mediando, ao mesmo tempo, sua execução. A legitimação da retórica de bem-estar é, até certo ponto, alcançada pela intervenção pontual que garante a reprodução em setores-chave da economia e seletos da força de trabalho. Por outro lado, ao financiar a construção e a aquisição de casa própria, o Estado organiza e desenvolve a indústria da construção ao assegurar uma demanda constante para os níveis de renda – classe média e alta – que conseguem utilizar as novas linhas de crédito.[14]

O poder público no Brasil, a partir de 1964, financiou uma quantidade extremamente expressiva do espaço urbano brasileiro, foram quase cinco milhões de unidades habitacionais, suficientes para abrigar cerca de 25 milhões de pessoas, mais de 20% das unidades habitacionais edificadas nas cidades brasileiras no período, em algumas cidades, quase 40% das moradias construídas no período foram, de alguma maneira, financiadas por organismos oficiais.[15]

Vale lembrar que os anos 1970 ficaram conhecidos como do "milagre brasileiro", em que as altas taxas de crescimento do

---

13 Ibid., p. 122-123.
14 MAUTNER, Yvonne. A Periferia Como Fronteira de Expansão do Capital. In: DEÁK, Csaba; SCHIFFER, Sueli Ramos (Orgs.). *O Processo de Urbanização no Brasil*. 2. ed. São Paulo: Editora Edusp, 2015, p. 251.
15 BONDUKI, Nabil. *Op. Cit.* p. 326.

PIB contribuíram muito com a manutenção do Regime Militar, fortemente apoiado pela classe média. Entre 1968 e 1973 o PIB cresceu 11,5 % ao ano, impulsionado principalmente pela construção civil. Após 1980, entretanto, com o impacto do ajuste fiscal sobre a economia nacional, os contratos do BNH para o financiamento de moradias tiveram uma queda drástica. Até 1983, constatava-se um movimento de construção de moradias sob promoção pública ainda significativo graças aos contratos assinados em anos anteriores.[16]

Nota-se que a Era Vargas marca o surgimento da habitação social[17] no Brasil, ao produzir, ele próprio, a moradia e penalizar os "*rentiers*" urbanos através da regulamentação das relações entre locadores e inquilinos e estabelecer um clima de *laissez-faire* nas favelas e periferias das cidades, assim, o Estado brasileiro interferiu na questão de moradia, embora não tenha formulado, de fato, uma política habitacional.[18]

De maneira geral, a produção estatal de moradias, mostram que no Brasil, a questão nunca esteve no centro das preocupações dos governos populistas: uma vez que durante vinte anos de intensa urbanização e de agravamento do problema da moradia, sucessivos governos revelaram-se incapazes de formular uma proposta para atender ao leque cada vez mais diversificado de necessidades habitacionais do país.[19]

Entretanto, no Brasil, o crescimento explosivo das periferias abandonadas ou da favelização se deu a partir de 1980:

---

16 MARICATO, Ermínia. *Por um Novo Enfoque Teórico na Pesquisa Sobre Habitação*. Revista Cadernos Metrópole 21, 10 sem. 2009b, p. 40.
17 "Utilizaremos o termo habitação social não apenas no sentido corrente, ou seja, habitação produzida e financiada por órgãos estatais, destinada à população de baixa renda, mas num sentido mais amplo, que inclui também a regulamentação estatal da locação habitacional e incorporação, como um problema do Estado, da falta de infraestrutura urbana gerada pelo loteamento privado." (BONDUKI, Nabil. *Origens da Habitação Social no Brasil: Arquitetura Moderna, Lei do Inquilinato e Difusão da Casa Própria*. 7. ed. São Paulo: Estação Liberdade; FAPESP, 2017, p. 22).
18 Ibid., p. 135.
19 Ibid., p. 133.

> As favelas do Rio de Janeiro e de Recife surgiram no final do século XIX e começo do século XX, quando uma parte da mão de obra escrava libertada ficou sem alternativa de moradia (o restante passou a viver de favor). Era frequente ainda que os brancos pobres lançassem mão do escambo para se prover de moradia. Décadas se passaram, e nem o trabalho passou à condição absoluta e geral de mercadoria, nem a moradia, como acontecera no capitalismo central. Não se pode responsabilizar a globalização e as políticas neoliberais pela segregação e pela pobreza que são estruturais em um país cuja esfera social é profundamente desigual.[20]

Pelo exposto, até a década de 1930 não havia uma interferência do Estado na provisão de moradia subsidiadas, mas após essa década, na Era Vargas, o governo iniciou suas intervenções interferindo no mercado de moradias com o congelamento dos aluguéis, produzindo moradias e criando instituições, com o "suposto" objetivo de montar um Estado de bem-estar social. Entretanto, o governo foi incapaz de formular uma proposta que atendesse às necessidades habitacionais do Brasil, assim, apesar dessas interferências do Estado em relação à moradia, o que se percebe é que faltou, de fato, uma política habitacional.

Por outro lado, as fundações do Estado do bem-estar social (*Welfare State*) foram criadas como alternativa ao socialismo para amenizar o desequilíbrio ocasionado pela crise de 1929 (Grande Depressão),[21] fazendo necessária uma atuação forte por parte do Estado para reequilibrar a sociedade, chamado, por alguns, de Estado do bem-estar social.

Acontece que, como a habitação não é um produto de fácil comércio, tendo em vista o seu preço alto e o fato de seu preço

---

20 MIKE, Davis. *Planeta Favela*. Tradução de Beatriz Medina. São Paulo: Boitempo, 2006, p. 214-215.
21 Essa crise foi uma grande depressão econômica que continuou na década de 1930 até a Segunda Guerra, e foi considerada o pior e maior período de recessão econômica do século XX.

não estar na cesta salarial, fez-se necessário uma intervenção estatal em relação à moradia com o objetivo de regulamentar as atividades produtivas a fim de assegurar a geração de riquezas em conjunto com a diminuição das desigualdades sociais.

Com uma larga maioria da força de trabalho recebendo salários que mal asseguram sua reprodução, não é surpreendente que a moradia jamais tenha entrado na cesta básica enquanto mercadoria a ser adquirida no mercado, com seu valor, portanto, incorporado ao salário; o efeito disso é sentido claramente tanto na produção de edificações – a indústria da construção – como na produção do espaço urbano.[22]

Esse Estado do bem-estar social deveria garantir padrões mínimos de habitação a todos os cidadãos e, para isso, criaram os direitos sociais, especificamente o direito à moradia, para assegurar que as desigualdades de classe social não interfiram no exercício pleno dos direitos dos cidadãos. Como vimos anteriormente, o grau de intervenção estatal em relação à moradia teve início na Era Vargas (1930-1945) e chegou ao seu auge no período da Ditadura Militar (1964-1985).

Assim, debaixo das pressões sociais e ideológicas do marxismo o Estado liberal[23] transformou-se e deu lugar ao Estado social e, segundo Bonavides, esse Estado social deriva do consenso, das mutações pacíficas do elemento constitucional da sociedade, da força desenvolvida pela reflexão criativa e, enfim, dos efeitos lentos, porém seguros, provenientes da gradual acomodação dos interesses políticos e sociais, considerando-o mais

---

22 MAUTNER, Yvonne. A Periferia Como Fronteira de Expansão do Capital. In: DEÁK, Csaba; SCHIFFER, Sueli Ramos (Orgs.). *O Processo de Urbanização no Brasil*. 2. ed. São Paulo: Editora Edusp, 2015, p. 255.
23 "O velho liberalismo, na estreiteza de sua formação habitual, não pôde resolver o processo essencial de ordem econômica das vastas camadas proletárias da sociedade, e por isso entrou irremediavelmente em crise. A liberdade política como liberdade restrita era inoperante. Não dava nenhuma solução às contradições sociais, mormente daqueles que se achavam à margem da vida, desapossados de quase todos os bens." (BONAVIDES, Paulo. *Do Estado Liberal ao Estado Social*. 6. ed. São Paulo: Malheiros, 1996, p. 188).

adequado a concretizar a universalidade dos valores abstratos das Declarações de Direitos Fundamentais.[24]

A noção contemporânea do Estado Social surge no momento em que se busca superar a contradição entre a igualdade política e a desigualdade social:

> Vimos que o Estado liberal que fundou a concepção moderna da liberdade e assentou o primado da personalidade humana, em bases individualistas.
> Vimos seu esquema de contenção do Estado, que inspirou a ideia dos direitos fundamentais e da divisão de poderes.
> Vimos, do mesmo passo, as doutrinas que reinterpretaram a liberdade, abrindo caminho para o Estado social.
> Chegamos, em suma, à conclusão de que este supera definitivamente o antigo Estado liberal e, segundo a tese que sustentamos, tanto se compadece com o totalitarismo como, também, com a democracia.
> Estado social significa intervencionismo, patronagem paternalismo.
> Não se confunde com o Estado socialista, mas com este coexiste.[25]

Apesar da ausência de norma expressa no direito constitucional pátrio qualificando nossa República como um Estado Social e Democrático de Direito, para Sarlet não restam dúvidas – e nisto parece existir um amplo consenso na doutrina – de que nem por isso o princípio fundamental do Estado social deixou de encontrar guarida em nossa Constituição.[26]

Afirma Maricato que com o fim do *welfare state* houve um recuo generalizado dos investimentos em habitação, revelando um colapso no volume de moradias produzidas. Nos

---
24 BONAVIDES, Paulo. *Do Estado Liberal ao Estado Social*. 6. ed. São Paulo: Malheiros, 1996, p. 32-37.
25 Ibid., p. 203.
26 SARLET, Ingo Wolfgang. *A Eficácia dos Direitos Fundamentais: uma Teoria Geral dos Direitos Fundamentais na Perspectiva Constitucional*. 10. ed. Porto Alegre: Livraria do Advogado, 2010, p. 62.

países capitalistas centrais, o espetacular movimento de construção que se seguiu à Segunda Guerra Mundial minimizou fortemente a carência habitacional e, apesar das características específicas desse processo em cada país, alguns aspectos podem ser generalizados no período pós-guerra da produção fordista:

- produção em massa, grande volume de unidades habitacionais;
- investimento público garante mercado solvável, com fortes subsídios;
- investimento em infraestrutura, grandes projetos de renovação urbana ou construção de cidades novas;
- Estado intervém no mercado de terras ou cria uma agência de terra;
- promoção da habitação de aluguel social;
- modernização da produção – pré-fabricação, investimentos em capital fixo, grandes canteiros;
- grandes sindicatos conferem poder à força de trabalho nos conflitos;
- queda na especialização da força de trabalho, imigração visando o barateamento.[27]

Entretanto, após a reestruturação produtiva dos anos 1970 e a consolidação do capitalismo financeiro globalizado, de recorte neoliberal, mesmo naqueles países, o "bem-estar" e os direitos universais providos pelo Estado sucumbiram à hegemonia da economia de mercado:

que favorece as corporações e exacerba a concentração da renda, promove a exclusão dos mais pobres (sobretudo imigrantes) dos benefícios sociais, fortalece governos cada vez mais autoritários e chauvinistas, e onde se revelam com cada vez mais frequência casos de mau uso da máquina pública e de corrupção. Se não importamos

---

27 MARICATO, Ermínia. *Por um Novo Enfoque Teórico na Pesquisa Sobre Habitação.* Revista Cadernos Metrópole 21, 10 sem. 2009b, p. 44.

até hoje a ideia de um Estado "público" nos moldes de lá, é aceitável dizer que, nos dias atuais, são os países centrais que agora se inspiram no nosso modelo de modernização conservadora.[28]

Maricato faz um resumo das características da provisão de moradias que o Estado assumiu na Europa e nos Estados Unidos com a reestruturação produtiva, diagnosticado nos anos 1970:

- queda nos investimentos públicos, queda no volume de construção;
- dificuldades com financiamentos, dificuldades com terra;
- aumento da taxa de juros;
- flexibilização na produção, terceirização, queda no investimento de capital fixo, fortalecimento do planejamento do canteiro, gerenciamento de fluxos e controle contábil;
- ênfase nos componentes leves para montagem;
- enfraquecimento do poder sindical, desemprego, contrato por tarefas;
- projetos de menor porte, perdas da economia de escala;
- flexibilização na provisão – diversidade de tipologias, fragmentação da demanda e da localização, ênfase nos aspectos especulativos;
- novos mercados priorizam reformas, renovação e manutenção;
- fortalecimento da casa própria;
- flexibilização do trabalho, formas indiretas de emprego.[29]

Acontece que o Brasil não teve um Estado do bem-estar social semelhante ao dos países da Europa e Estado Unidos, pois sua política pública é patrimonial e vários são os motivos que levam a isso. Um deles é o fato da questão da moradia e sua produção, apesar de ser implementada pelo Estado, mistura o que é público com o que é privado.

28 FERREIRA, João Sette Whitaker. *São Paulo: Cidade da Intolerância, Ou o Urbanismo "à Brasileira"*. Revista Estudos Avançados, n. 71, v. 25, São Paulo, jan./abr. 2011, p. 74.
29 MARICATO, Ermínia. *Op. Cit.* p. 45.

Nesse viés, por motivos políticos e financeiros e pelo fato de no Brasil jamais ter se constituído um Estado de bem-estar social, entende Bonduki, que a produção habitacional no período populista não chegou a se destacar enquanto ação social, como aparentemente pretendia o ditador. Nem de longe foi comparável ao que ocorreu nas cidades europeias governadas pela social-democracia, ou mesmo às realizações do peronismo na Argentina.[30]

Percebe-se, então, que com o Estado do bem-estar social criaram os direitos sociais, especialmente a moradia, com a finalidade de garantir habitação a todos; entretanto, esse direito social cedeu lugar à hegemonia de mercado, não concretizando o objetivo desse Estado de superar a contradição entre a igualdade política e a desigualdade social. Pelo contrário, com a possibilidade jurídica de intervencionismo estatal, tornaram nossa política pública em patrimonial, onde se mistura o público com o privado, trazendo vantagens para o setor privado.

Sabe-se que na Europa a globalização e o neoliberalismo são uma reação à social-democracia, ao prestígio do Estado do bem-estar social e da democracia, embasada em uma camada relativamente ampla da classe média. No Brasil, onde nunca houve social-democrata ou Estado do bem-estar social, não passamos de novas formas mal dissimuladas de entreguismo:

> Um rebatimento do desenvolvimento do estágio intensivo ao nível da ideologia é o surgimento da figura do "Estado de bem-estar" (Welfare state) que se coloca como que a materialização concreta da ideia do bem comum, assim como a forma política que lhe corresponde, a social-democracia. [...]
> As formas concretas de social democracia geraram pouca experiência prática por causa da trajetória atribulada do país onde nasceu, a Alemanha; suas formas hoje mais

---

30 BONDUKI, Nabil. *Origens da Habitação Social no Brasil: Arquitetura Moderna, Lei do Inquilinato e Difusão da Casa Própria*. 7. ed. São Paulo: Estação Liberdade; FAPESP, 2017, p. 144.

desenvolvidas têm sido gestadas nas últimas décadas em alguns países do noroeste europeu, com a Escandinávia, Holanda, e a própria Alemanha. Admite ademais uma variante mais despolitizada, mas que lhe corresponde de fato, a saber, o Welfare State – o Estado de bem-estar – inglês.[31]

O Estado do bem-estar social não foi exatamente o objetivo, mas sim uma consequência notável da construção da sociedade de consumo de massa, o fato é que o estágio de acumulação intensivo alavancou na Europa e nos Estados Unidos um ciclo virtuoso, os chamados trinta gloriosos, um "intermédio" no capitalismo predatório, em que os ganhos do trabalho e da produção superaram os rendimentos do capital:

> Os avanços foram enormes em todas as áreas, inclusive no desenvolvimento de cidades com infraestrutura homogeneamente distribuída no território e forte regulação do Estado no seu planejamento, na sua organização, e no cuidado para que a moradia fosse garantida a todos e o espaço público urbano servisse de suporte para a vida urbana coletiva. Com efeito, o "bem-estar social" e capacidade de consumo passavam também pela garantia da casa. Aí está a diferença na natureza do conceito de Estado que nos serve comumente de referência teórica – o Estado do Bem-Estar Social – e daquele que se consolida no Brasil, de caráter patrimonialista. Pois aqui nunca tivemos, de fato, um Estado daquele tipo.[32]

Assim, o Estado do bem-estar social foi consequência da nossa sociedade de consumo de massa, por isso, o bem-estar social e a capacidade de consumo passam pela garantia da casa,

---

31   DEÁK, Csaba. *Em Busca das Categorias do Espaço*. São Paulo: Annablume, 2016, p. 187 e 188.
32   FERREIRA, João Sette Whitaker. *Memorial Circunstanciado*. Concurso público de títulos e provas para provimento de dois cargos de professor titular, em RDIDP, referência ms-6, cargos/claros códigos Nº Sº 220345 e 152781. Edital ATAC 063/2016, AUP FAU-USP, março de 2017. Cedido pelo próprio autor, p. 17.

transformando esse Estado em uma sociedade patrimonialista. Essa sociedade não possui distinções entre os limites do público com o privado, próprio dos antigos governos absolutistas, em que o monarca podia utilizar as rendas pessoais e públicas de forma indistinta, onde o Estado é patrimônio dos governantes.

Na sociedade patrimonialista, o patrimônio pessoal se converte em patrimônio estatal, de modo a converter o agente público num cliente, dentro de uma extensa rede clientelista:

> Sempre, no curso dos anos sem conta, o patrimonialismo estatal, incentivando o setor especulativo da economia e predominantemente voltado ao lucro como jogo e aventura, ou, na outra face, interessado no desenvolvimento econômico sob o comando político, para satisfazer imperativos ditados pelo quadro administrativo, com seu componente civil e militar.
> [...]
> Enquanto o sistema feudal separa-se do capitalismo, enrijecendo-se antes de partir-se, o patrimonialismo se amolda às transições, às mudanças, em caráter flexivelmente estabilizador do modelo externo, concentrando no corpo estatal os mecanismos de intermediação, com suas manipulações financeiras, monopolistas, de concessão pública de atividade, de controle do crédito, de consumo, de produção privilegiada, numa gama que vai da gestão direta à regulamentação material da economia.[33]

O patrimonialismo se converte em dominação estamental propriamente dita e oferece aos estamentos senhoriais a oportunidade histórica para o privilégio político do prestígio social exclusivo que eles desfrutavam, material e moralmente, na estratificação da sociedade:

---

33 FAORO, Raymundo. *Os Donos do Poder: Formação do Patronato Político Brasileiro*. 5. ed. São Paulo: Globo, 2012, p. 633 e 636.

> Enquanto veículo para a burocratização da dominação patrimonialista e para a realização concomitante da dominação estamental no plano político, tratava-se de um Estado nacional organizado para servir aos propósitos econômicos, aos interesses sociais e aos designíos políticos estamentais senhoriais.[34]

Analisando as ideias expostas sobre patrimonialismo nas obras de Faoro e Florestan:

> Mais uma proximidade se faz notar quando Faoro acentua que o estamento forma-se com tom aristocrático e se torna mais burocrata, conforme foi colocado na seção anterior. Florestan, em sentido semelhante, aponta que, inicialmente, o senhor de engenho, sem a mentalidade capitalista, mais próximo à aristocracia, detinha o poder. Posteriormente, o fazendeiro arrojado absorve o estilo de vida que impulsiona o capitalismo. Mesmo que não esteja no quadro administrativo, aproveita as "oportunidades econômicas de desfrute dos bens". A burocracia, ancorada na tradição, se assemelha com a influência do patrimonialismo de Florestan, a qual para Faoro deixa de ser pessoal e se converte em estatal.[35]

Para Rolnik, embora possamos de fato detectar a característica patrimonialista nas relações históricas entre Estado e empreiteiras, é necessário refletir sobre a especificidade desse setor e sua trajetória no país se quisermos entender as transformações recentes no espaço construído, assim como o processo de construção do complexo imobiliário-financeiro no Brasil, essas empresas constituem atualmente os atores centrais desse processo, articulando e liderando a nova forma de financiamento da

---

34 FERNANDES, Florestan. *A Revolução Burguesa no Brasil: Ensaio de Interpretação Sociológica*. 5. ed. São Paulo: Globo, 2006, p. 57 e 68.
35 AVILA, Róber Iturriet. *Estamento: Senhorial e/ou Burocrático? Perspectivas de Florestan Fernandes e de Raymundo Faoro*. Porto Alegre, março de 2014. Disponível em: <http://www.fee.rs.gov.br/textos-para-discussao>. Acesso em 08 de setembro de 2017, p. 11.

infraestrutura e governança das relações Estado-setor privado: as Parcerias Público-Privadas (PPPs).[36]

Assim, como diz Ferreira, se tivéssemos que resumir o sentido que hoje teria o conceito de patrimonialismo,[37] poderíamos dizer que se trata da forma pela qual o Estado – entendendo-se como tal todo o aparato político-administrativo de poder e de governança no país – foi historicamente, e continua sendo, em certa medida, instrumentalizado pelos setores dominantes para beneficiar seus interesses particulares acima dos interesses coletivos. Também seria necessário acrescentar que não só o Estado, mas a sociedade, ao aceitar e alimentar tal dinâmica, contribui para a existência de uma sociedade patrimonialista.[38]

Por outro lado, sabe-se que cerca de 70% da população brasileira é historicamente excluída do mercado residencial legal, e teve então que apelar para outras formas de moradia. Daí que a solução da autoconstrução em terras ocupadas informalmente – com o apoio explícito de setores do estamento político e sob a aceitação tácita do conjunto da sociedade, mais uma vez características da sociedade patrimonialista – tenha-se tornado o *modus operandi* da expansão das nossas grandes metrópoles desde meados do século passado.[39]

---

36 ROLNIK, Raquel. *Guerra dos Lugares: A Colonização da Terra e da Moradia na Era das Finanças*. 1. ed. São Paulo: Boitempo, 2015, p. 342.
37 "De tal forma que poderíamos dizer que não se trata apenas do Estado patrimonialista, sob o que correríamos o risco de colocar sobre o ente público toda a responsabilidade por nossas mazelas, como se ele fosse estanque à sociedade, o que evidentemente não é o caso. Podemos falar, sim, de uma sociedade patrimonialista." (FERREIRA, João Sette Whitaker. *Memorial Circunstanciado*. Concurso público de títulos e provas para provimento de dois cargos de professor titular, em RDIDP, referência ms-6, cargos/claros códigos Nº Sº 220345 e 152781. Edital ATAC 063/2016, AUP FAU-USP, março de 2017. Cedido pelo próprio autor, p. 19).
38 FERREIRA, João Sette Whitaker. *Memorial Circunstanciado*. Concurso público de títulos e provas para provimento de dois cargos de professor titular, em RDIDP, referência ms-6, cargos/claros códigos Nº Sº 220345 e 152781. Edital ATAC 063/2016, AUP FAU-USP, março de 2017. Cedido pelo próprio autor, p. 13.
39 Ibid., p. 23.

Nesse trilhar, o Estado patrimonialista,[40] a "melhor" política habitacional, ou seja, a "não política", deixa à população mais pobre a solução da autoconstrução de moradias, como resultado da falta de opções habitacionais, da impossibilidade de acessar a terra urbanizada, e da ação de loteadores clandestinos que disseminaram a ocupação informal.[41]

O fato é que a sociedade patrimonialista, comandada por esse Estado de natureza particular, atua geralmente no sentido oposto daquele que se esperaria no âmbito do "espírito público":

> Não planeja ações para a superação do atraso, mas confunde; não organiza, mas desestrutura; não facilita, embaralha os procedimentos burocráticos e administrativos; não é ético, mas tolera o favor e o clientelismo, não porque seja incompetente, mas por ser extremamente eficaz no seu objetivo de emperrar um desenvolvimento mais justo, redistributivo e includente, já que é a manutenção do arcaico que, de certa forma, garante o status quo de uma modernidade restrita a poucos.
> Ressaem-se desse modelo algumas características fundamentais, que poderíamos identificar como o DNA da sociedade patrimonialista, e que têm especial impacto na questão urbana: 1) a predominância da propriedade como valor central na sociedade; 2) a imiscuição entre público e privado, patrocinada por ambos os campos; 3) a confusão e promiscuidade permanentes entre legalidade e ilegalidade

---

40 "Porém, ao mesmo tempo, características do patrimonialismo, como a permissividade para uma ação demasiadamente livre e desregulada do mercado da construção, ou como a falta de controle sobre o fundiário (que gerou um processo especulativo e uma alta de preços consequente), associados a uma autonomia às vezes, e talvez, ampla demais dos municípios na gestão do território (eles mesmos sujeitos às dinâmicas patrimonialistas na condução local dessa política), produziram resultados ambíguos: ao mesmo tempo que se produziram mais de um milhão de unidades em poucos anos, em um ritmo mais compatível com o déficit a suprir, surgiram conjuntos distantes da cidade, com infraestrutura e equipamentos insuficientes, com qualidade urbanística e arquitetônica geralmente sofríveis, constituindo um passivo ambiental e urbano que poderá cobrar seu preço em algumas décadas." (Ibid., p. 39).

41 Id. *São Paulo: Cidade da Intolerância, ou o Urbanismo "à Brasileira"*. Revista Estudos Avançados, n. 71, v. 25, São Paulo, jan./abr. 2011, p. 76.

e, enfim, 4) o tratamento familiar, escamoteado e minimizado dos conflitos sociais[42].

Identificou-se, no capítulo anterior, que o Estado intervencionista pode interferir diretamente na propriedade privada e na moradia de diversas formas, dentre elas: no processo de produção de moradias; expulsando os antigos moradores do centro para a periferia; controlando o fundo público de investimento; regulando e controlando o uso e ocupação do solo; comprometendo-se com a infraestrutura urbana dos bairros; estimulando a especulação imobiliária e fomentando a produção de espaços vazios nas cidades; detendo os instrumentos jurídicos e de coação e, por fim, transformando a propriedade em propriedade de interesse público.

Por tudo isso, o que existe, atualmente, não é um Estado patrimonialista, mas sim, uma sociedade patrimonialista e, nessa sociedade, os interesses particulares estão acima dos interesses coletivos, tendo como características específicas em relação à questão urbana a predominância da propriedade como valor central da sociedade e a mistura entre público e privado. Assim, nota-se que no Brasil a política urbana de moradia não é política pública, mas sim política patrimonial.

Sob outra perspectiva, trataremos agora, especificamente, do tema políticas públicas de moradia, sendo muitos os desafios para a implementação dessas políticas públicas, dentre eles os jurídicos, os econômicos e os políticos. Sabe-se que é dever do Estado intervir para executar um necessário plano, programa ou projeto de realizações de prestações positivas relativas à moradia com o objetivo que efetivação desse direito social.

As políticas públicas, realizadas por meio de medidas e programas, visam proporcionar melhores condições ao ser humano;

---

42 FERREIRA, João Sette Whitaker. *Memorial Circunstanciado*. Concurso público de títulos e provas para provimento de dois cargos de professor titular, em RDIDP, referência ms-6, cargos/claros códigos Nº Sº 220345 e 152781. Edital ATAC 063/2016, AUP FAU-USP, março de 2017. Cedido pelo próprio autor, p. 21.

é por meio delas que o Poder Público (representado por uma entidade estatal) – por si ou em parceria com outros órgãos do Governo ou organizações não governamentais – promove o bem coletivo. As políticas públicas visam a proporcionar melhores condições ao ser humano e, é por meio delas, que o Poder Público promove o bem coletivo e deve efetivar os direitos fundamentais sociais e coletivos.[43]

Sendo política pública um programa de ação governamental, seu núcleo de sentido reside nessa ação, isto é, o movimento que se dá à máquina pública, conjugando competências, objetivos e meios estatais, a partir do impulso do governo:

> Política pública é o programa de ação governamental que resulta de um processo ou conjunto de processos juridicamente regulados — processo eleitoral, processo de planejamento, processo de governo, processo orçamentário, processo legislativo, processo administrativo, processo judicial — visando coordenar os meios à disposição do Estado e as atividades privadas, para a realização de objetivos socialmente relevantes e politicamente determinados. Como tipo ideal, a política pública deve visar à realização de objetivos definidos, expressando a seleção de prioridades, a reserva de meios necessário à sua consecução e o intervalo de tempo em que se espera o atingimento dos resultados.[44]

Assim, com base nos conceitos expostos, a política pública de moradia pode ser definida como um programa ou ação governamental, através de uma atuação concreta do Estado, por meio de medidas coordenadas, com um objetivo determinado de dar movimento à máquina do governo, procurando efetivar o direito fundamental de moradia. Para analisá-las, faz-se

---
43 JUNIOR LEÃO, Teófilo Marcelo de Arêa. *Acesso à Moradia: Políticas Públicas e Sentença Por Etapas*. Curitiba: Juruá, 2014, p. 67-76.
44 BUCCI, Maria Paula Dallari. O Conceito de Política Pública em Direito. In: BUCCI, Maria Paula Dallari (Org.). *Políticas Públicas: Reflexões Sobre o Conceito Jurídico*. São Paulo: Saraiva, 2006, p. 39.

necessário detectar os elementos e as etapas do ciclo das políticas públicas[45] e a forma como estão sendo articuladas, mas esse não é o objetivo desta obra.

Essas políticas públicas envolvem um conjunto heterogêneo de medidas, assim, uma política pública habitacional ou de moradia envolve:

> A elaboração de leis programáticas como são as leis de orçamento de despesas e receitas públicas, a definição de planos diretores de cidades, zoneamento, a definição de áreas de preservação ambiental, a estruturação e manutenção de órgãos e procedimentos, a edição de várias leis, regulamentos, atos administrativos e atos de execução material. Por isso, o êxito de qualquer política pública depende de planejamento.
> O planejamento de qualquer política setorial – como é o caso de política de habitação – deve também estar articulado com os demais planos e programas nacionais, regionais e setoriais de desenvolvimento, de modo a ganhar o máximo de eficiência.[46]

Para Maricato, as análises das políticas públicas de habitação engendradas pelo Estado permitiram o desvendamento do seu caráter de agente ativo do processo de segregação

---

45 "Para o processo de definição e implementação das políticas públicas é necessário um analisar uma série de atividade e etapas distintas, dentre as quais podemos destacar: (a) identificação dos problemas e demandas a serem atacados para a definição das prioridades a serem decididas junto aos formuladores de políticas públicas; (b) formulação de propostas concretas entre diferentes opções de programas a serem adotados; (c) implementação propriamente dita da política, com a criação da estrutura necessária e observância da burocracia existência, gasto de recurso e aprovação de leis; (d) avaliação de recursos da política por meio da verificação do resultado e impactos da política, para que se possa aferir se ela realmente funciona ou não; (e) fiscalização e controle da execução da política por meio da atuação da sociedade civil, dos Tribunais de Contas e do Ministério Público." (DUARTE, Clarice Seixas. O Ciclo das Políticas Públicas. In: SMANIO, Gianpaolo Poggio; BERTOLIN, Patrícia Tuma Mantins (Org.). *O Direito e as Políticas Públicas no Brasil*. São Paulo: Atlas, 2013, p. 26.
46 JÚNIOR SERRANO, Odoné. *O Direito Humano Fundamental à Moradia Digna: Exigibilidade, Universalização e Políticas Públicas Para o Desenvolvimento*. Curitiba: Juruá, 2012, p. 110.

territorial, estruturação e consolidação do mercado imobiliário privado, aprofundamento da concentração da renda e, portanto, da desigualdade social. Como conflito básico, podemos citar o interesse daqueles que precisam de uma moradia para viver e aqueles que lucram com sua provisão. Mas outros conflitos internos e externos a esse arranjo ou a esses agentes podem aparecer.[47]

Diferentemente das leis, as políticas públicas não são gerais e abstratas, mas são específicas e buscam a realização de objetivos determinados:

> Ela atua de forma complementar, preenchendo os espaços normativos e concretizando os princípios e regras, com vista a objetivos determinados. Correspondem, no plano jurídico, a diretrizes, normas de um tipo especial, rompendo as amarras dos atributos de generalidade e abstração – que extremam as normas dos atos jurídicos, estes concretos, para dispor sobre matérias contingentes.[48]

Importante é diferenciar o plano do planejamento, pois o plano sem planejamento é uma formulação racional de ideias, mas sem nenhuma efetividade prática, já o planejamento é o processo e o plano é a concretização:

> O plano é a expressão da política geral do Estado, é mais que um programa, é um ato de direção política, pois determina a vontade estatal por meio de um conjunto de medidas coordenadas, não podendo limitar-se à mera enumeração de reivindicações. O planejamento, embora possua um conteúdo técnico, é um processo político,

---

47 MARICATO, Ermínia. *Por um Novo Enfoque Teórico na Pesquisa Sobre Habitação*. Revista Cadernos Metrópole 21, 10 sem. 2009b, p. 36.
48 BUCCI, Maria Paula Dallari. O Conceito de Política Pública em Direito. In: BUCCI, Maria Paula Dallari (Org.). *Políticas Públicas: Reflexões Sobre o Conceito Jurídico*. São Paulo: Saraiva, 2006, p. 25-27.

especialmente nas sociedades que buscam a transformação das estruturas econômicas e sociais. Surgem planos, mas não há planejamento. Um plano de desenvolvimento requer o planejamento da Administração Pública.[49]

Entretanto, são diversos os planos sobre os quais se pode ver a realidade do Estado e a organização governamental, distinguindo-se a direção política de suas respectivas estruturas, assim, para examinar o fenômeno governamental, enquanto manifestação juridicamente disciplinada, deve-se analisar os três planos de aproximação: macro, meso e microinstitucional:

> Tem-se no plano macroinstitucional, as decisões políticas fundamentais, a "grande política", bem como os rumos do planejamento de longo prazo. No plano mesoinstitucional, da "média política", os arranjos institucionais, que desenham a ação governamental racionalizada, agregando e compondo os elementos disponíveis, em uma direção determinada, tornada previsível, com base em regra e institucionalização jurídica, que define as situações a serem experimentadas em operações futuras, resultando na reiteração da ação. Finalmente, a ação governamental nas suas menores unidades, a chamada "pequena política" no desenrolar do processo político que leva a formação e o desenvolvimento das políticas públicas, a decisão e as iniciativas pertinentes, além das decisões judiciais, nas hipóteses de conflito. Essa dimensão é aquela que sobressai o papel dos indivíduos.[50]

Por outro lado, existe diferença entre política de Estado e política de governo. Na política de Estado, o horizonte temporal é medido em décadas, políticas constitucionalizadas e, na de

---

49 BERCOVICI, Gilberto. Planejamento e Políticas Públicas: Por uma Nova Compreensão do Papel do Estado. In: BUCCI, Maria Paula Dallari (Org.). *Políticas Públicas: Reflexões Sobre um Conceito Jurídico*. São Paulo: Saraiva, 2006, p. 145-148.
50 BUCCI, Maria Paula Dallari. *Fundamentos Para uma Teoria Jurídica de Políticas Públicas*. São Paulo: Saraiva, 2013, p. 43.

governo, se realizam como partes de um programa maior, com suporte infralegais.[51]

Conforme Ferreira, quando o Programa Minha Casa Minha Vida foi lançado, em 2009, uma das críticas mais acertadas era a de que o programa não se constituía em uma verdadeira política de habitação, que pudesse começar a alterar a ordem territorial vigente:

> Pelo contrário, o plano "atropelava" uma política com essa característica, e que o governo federal já tinha pronta, o Plano Nacional de Habitação.
> O PMCMV era na verdade tão somente uma linha de financiamento, que usava o aquecimento da indústria da construção civil pela produção de moradias sociais como ferramenta "anticíclica" contra a crise econômica mundial. A atividade da construção é endógena, usa insumos e mão de obra essencialmente locais, sem depender tanto da economia internacional. Em um quadro de recessão mundial, é uma alavanca potente da atividade econômica.[52]

Assim, percebe-se que é por meio das políticas públicas de moradia que o Estado deve efetivar o direito social à moradia, promovendo o bem coletivo, através de políticas específicas em busca de seu objetivo que é concretizar esse direito social. Acontece que, não existe consenso quanto ao que seja avaliação de políticas públicas de moradia, até porque seu conceito admite múltiplas definições, além de não ser o objetivo dessa obra avaliar, especificamente, essas políticas.

Para se avaliar uma política pública faz-se necessário um aspecto relevante na pesquisa que é apontar os indicadores de

---

51   Id. O Conceito de Política Pública em Direito. In: BUCCI, Maria Paula Dallari (Org.). *Políticas Públicas: Reflexões Sobre o Conceito Jurídico*. São Paulo: Saraiva, 2006, p. 19.
52   FERREIRA, João Sette Whitaker. *Minha Casa, Minha Vida: Notas Sobre a Responsabilidade Coletiva de um Desastre Urbano*. Anais do XVI ENANPUR, Belo Horizonte, 2015b, p. 5.

qualidade que são indispensáveis para o acompanhamento ou avaliação das políticas públicas:

> Importante ressaltar que a avaliação da política pública atribua uma relação de causalidade entre um programa e uma resultado, ainda que, possa identificar as razões que a tornaram uma política preferível em relação a qualquer outra. A ênfase então estaria no processo decisório e não na operacionalidade ou implementação da mesma. Já na análise de política pública, a ênfase concentra-se no exame da engenharia institucional e dos traços constitutivos dos programas. Instrumentos de análise e avaliação são fundamentais para que não se confundam opções pessoas com resultados de pesquisa.[53]

Entretanto, as políticas públicas postas em prática no país, embora se inspirem no ideário de um Estado defensor da esfera pública tal qual nos ensina a bibliografia clássica da ciência política, não são na verdade exatamente "públicas", mas sim direcionadas a determinados setores da sociedade, o das classes dominantes. Estas, que se articulam, pactuam e se agrupam de formas variadas a cada contexto histórico, alimentam tal *modus operandi* naturalizando a ideia de que o que serve a poucos pode ser entendido como servindo a todos.[54]

Essa ação do poder público, reforçada pelas políticas públicas, cria processos de valorização diferenciada do espaço urbano com a aplicação de recursos em determinadas áreas, a qual está associada à ação consciente dos empreendedores imobiliários nas áreas destinadas aos novos negócios. Esses empreendedores

---

53 BLOEMER, Neusa Maria Sens; XAVIER, Soiara Suziney. *Programas Habitacionais: Indicadores de Avaliação*. Revista Brasileira de Gestão e Desenvolvimento Regional, n. 3, v. 9, Taubaté/SP, set./dez. 2013, p. 65.
54 FERREIRA, João Sette Whitaker. *Memorial Circunstanciado*. Concurso público de títulos e provas para provimento de dois cargos de professor titular, em RDIDP, referência ms-6, cargos/claros códigos Nº Sº 220345 e 152781. Edital ATAC 063/2016, AUP FAU-USP, março de 2017. Cedido pelo próprio autor, p. 14.

têm afastado para as periferias cada vez mais distantes parcelas significativas de cidadãos que ocupam áreas chamadas de degradadas, favelas, ocupação de prédios etc.[55] Nessa relação Estado/espaço, o Estado é capaz de atuar no espaço da cidade através de políticas que criam a infraestrutura necessária para a realização do ciclo econômico, redirecionando as políticas urbanas para a construção de um ambiente necessário para que o capital possa realizar.[56]

A expulsão dos moradores para as periferias denomina-se segregação e, como vimos no capítulo anterior, é por meio dela que as classes dominantes controlam o processo de estruturação do espaço urbano, e são os interesses do mercado imobiliário que determinam essa segregação, sendo mais acentuada quanto maior for a desigualdade social, tendo manifestações ideológicas e a mídia como difusora das ideias em seu favor, por fim, a segregação deve seguir os parâmetros exigidos de rentabilidade do capital.

Como dita Castells, a intervenção pública sobre a moradia pode ocorrer em dois planos: intervenção na demanda com a criação de uma demanda solvável e intervenção na oferta, com a construção direta das moradias e a adoção de medidas para facilitar as realizações imobiliárias e diminuir seu preço. Outro tipo de intervenção possível é a concessão de facilidades de crédito para a compra de moradias sociais ou os empréstimos com juros relativamente baixos.[57]

Por isso, podemos afirmar que na relação Estado/espaço só ele é capaz de atuar no espaço da cidade através das políticas:

> Que criam a infraestrutura, necessária, para a realização deste "novo momento do ciclo econômico". Por outro lado, só o Estado pode dirigir investimentos para determinados

---

55 CARLOS, Ana Fani Alessandri. A Privação do Urbano e o "Direito à Cidade" em Henri Lefebvre. In: CARLOS, Ana Fani Alessandri; ALVES, Glória; PADUA, Rafael Faleiros (Orgs.). *Justiça Espacial e o Direito à Cidade*. São Paulo: Contexto, 2017, p. 39.
56 Id. *A Condição Espacial*. São Paulo: Contexto, 2016, p. 119.
57 CASTELLS, Manuel. *A Questão Urbana*. Tradução de Arlene Caetano. 6. ed. São Paulo: Paz e Terra, 2014, p. 237-238.

lugares na cidade sob o pretexto da "necessidade coletiva". Neste sentido, a reprodução do espaço se realiza num outro patamar: o espaço como momento significativo e preferencial da realização do capital financeiro.[58]

Detecta-se então que seria por meio das políticas públicas de moradia que o Estado deveria efetivar o direito social de moradia, promovendo o bem coletivo; entretanto, tais políticas não são públicas, mas direcionadas a determinados setores da sociedade e, para favorecer esses setores, o Estado age criando processos de valorização diferenciada do espaço, investindo recursos em infraestrutura e ocasionando a segregação. Essa intervenção pode ser tanto na demanda quanto na oferta de moradias, além da concessão de facilidades de crédito imobiliário, pois somente o Estado é capaz de atuar no espaço, através das políticas públicas, criando infraestrutura e dirigindo investimentos para determinados lugares, sempre em favor do capital.

Ao falar em políticas públicas, vem junto, imediatamente, a ideia de um Estado cujo papel central é o de promover o bem de todos, o avanço da sociedade, a política pública, enfim, entende-se o público como aquilo que é da sociedade e que a faz avançar para o bem comum. É nesse ponto que se torna importante a noção do patrimonialismo, pois no Brasil, historicamente, não é bem assim. O Estado não trabalha forçosamente para o bem coletivo de uma sociedade em busca de sua autonomia e desenvolvimento, mas para a satisfação dos interesses dos grupos que o hegemonizam, isso desde as capitanias hereditárias.[59]

O abandono pelo Estado e a consequente falta de políticas públicas e de alternativas habitacionais levam a população –

58　CARLOS, Ana Fani Alessandri. *O Espaço Urbano: Novos Conceitos Sobre a Cidade*. São Paulo: Contexto, 2004, p. 14.
59　FERREIRA, João Sette Whitaker. *Memorial Circunstanciado*. Concurso público de títulos e provas para provimento de dois cargos de professor titular, em RDIDP, referência ms-6, cargos/claros códigos Nº Sº 220345 e 152781. Edital ATAC 063/2016, AUP FAU-USP, março de 2017. Cedido pelo próprio autor, p. 15.

que, conforme visto anteriormente, afluía para os grandes centros industriais – a construir informalmente sua própria casa, muitas vezes em encostas inseguras, em áreas de mananciais ou em beiras de córregos de grande fragilidade ambiental. As marcas dessa urbanização são a alta vulnerabilidade às calamidades naturais, a falta de perspectivas de trabalho próximo à residência, a ausência de transportes e de conexão com as áreas mais centrais, a falta de equipamentos de educação e saúde, e a violência que aumenta na mesma proporção em que o Estado se faz ausente.[60]

O nosso sistema político, porém, não ajuda, como resultante também das engrenagens do patrimonialismo na construção do aparato estatal, há poucas garantias de continuidade das políticas de Estado, há pouca proteção aos servidores que as implementem e, as remunerações destes são aviltantes:

> A cada quatro anos, findos mandatos extremamente curtos se pensarmos no ciclo de vida necessário a uma política pública urbana efetivamente transformadora, aqueles servidores que se engajaram em políticas de governo porque viam nelas políticas de Estado, serão invariavelmente castigados com o ostracismo e o assédio moral, para pagarem a ousadia de se pensarem, por pouco tempo que seja, servidores "públicos" de fato. O maior problema na governança urbana no Brasil talvez esteja, de fato, na necessidade de maior continuidade das políticas de Estado, seja pelo meio de maiores tempos de gestão, seja pela construção de instrumentos que lhes garantam continuidade, um papel que, aliás, poderia utilmente caber ao Ministério Público.[61]

Atualmente, a política urbana vem sendo abandonada ou está sendo entregue nas mãos dos interesses imobiliários e financeiros privados, sendo o Programa Minha Casa Minha Vida

---
60   Ibid., p. 28.
61   Ibid., p. 41.

a manifestação acabada desse processo. Há uma naturalização e um fortalecimento da ideia de empreendedorismo e de governança em que o Estado, no plano do poder político, se coloca como representante natural dos interesses econômicos, e não dos interesses da maioria da população.[62]

Defende Bonduki que a crença neoliberal de que o mercado, com uma presença mínima do Estado, é capaz de garantir uma melhoria das condições urbanas não é a saída:

> Como vimos, os primórdios da intervenção do poder público na cidade e na habitação foram determinados, ainda na República Velha, em plena vigência do liberalismo, pela constatação de que a estrutura urbana é de tal forma socializada que não permite laissez-faire do mercado. E aprofundada, a partir de 1930, pela verificação de que a população de baixa renda não teria condições de ter acesso a uma moradia digna sem algum tipo de apoio governamental.[63]

Assim, nosso espaço suburbano foi produzido pela articulação entre o Estado e o setor imobiliário, que favoreceu uma forma particular de atividade de circuito secundário em lugar de outras alternativas, como o crescimento planejado e coordenado, que poderia ter sido tentado tão rapidamente quanto possível e que poderia ter preservado valores de comunidade tanto na cidade quanto no interior:

> Assim, o meio ambiente socioespacial representa ao mesmo tempo os interesses envolvidos no setor da propriedade e as marcas materializadas da renegociação política entre aqueles que lucram no início e os eventuais usuários do espaço de assentamento, na medida em que

---

62 VOLOCHKO, Danilo. A Reprodução do Espaço Urbano Como Momento da Acumulação Capitalista. In: CARLOS, Ana Fani Alessandri (Org.). *Crise Urbana*. São Paulo: Contexto, 2015a, p. 112-113.

63 BONDUKI, Nabil. *Origens da Habitação Social no Brasil: Arquitetura Moderna, Lei do Inquilinato e Difusão da Casa Própria*. 7. ed. São Paulo: Estação Liberdade; FAPESP, 2017, p. 324.

lutam inutilmente para recriar alguma forma de associação dentro do meio ambiente hostil da inexorável atividade de circuito secundário e sua constante transferência da terra.[64]

Assim, Gottdiener afirma que a produção do espaço ocorreu não por causa apenas de processos econômicos, mas, mais especificamente, por causa de uma articulação conjunta Estado-setor imobiliário, que forma a vanguarda das transformações espaciais:

> O fluxo de capital para o circuito imobiliário requer ao mesmo tempo um Estado intervencionista e um mercado financeiro capitalista que funcione livremente, os quais foram, ambos, firmemente desenvolvidos durante a reestruturação keynesiana do capitalismo que se seguiu a depressão.
> [...]
> Em resumo, a atividade imobiliária reflete o papel do espaço tanto como fonte de criação quanto de realização de mais-valia; é relativamente impérvia aos ciclos de acumulação de capital, exceto no tocante a mudanças em suas formas de investimento (digamos, da habitação suburbana para edifícios de escritórios e *shopping centers* na cidade); e representa um processo mais fundamental da criação de riqueza do que entenderam os teóricos da acumulação de capital.[65]

Assim, em virtude da sociedade patrimonial em que vivemos, falta nas políticas públicas de moradia continuidade, proteção dos servidores envolvidos com a política, além de boa remuneração dos mesmos. Nosso espaço urbano é produzido pela articulação entre o Estado e o setor imobiliário, além da influência dos processos econômicos e, para isso, faz-se necessário um Estado intervencionista e um mercado financeiro

---

64 GOTTDIENER, Mark. *A Produção Social do Espaço Urbano*. 2. ed. São Paulo: Edusp, 2016, p. 248-249.
65 Ibid., p. 245.

capitalista, tornando essa intervenção necessária para a preservação da forma mercadoria propriedade privada e moradia.

Nesse sentido, o capitalismo pode ser então visto como movido pela relação antagônica do mercado e do Estado, em que é postulada a primazia do mercado:

> De fato, a característica fundamental do capitalismo é essa primazia, que atribui ao Estado um papel coadjuvante, de sustento, em relação ao mercado, mais de algum grau ou nível particular de generalização da forma-mercadoria. Por sua vez, o desenvolvimento do antagonismo na dialética da forma-mercadoria, isto é, a medida da penetração da produção de mercadorias na produção social como um todo, caracteriza os estágios de desenvolvimento do capitalismo.[66]

Nesse contexto, habitar implica um conjunto de ações que articula planos e escalas espaço-temporais que incluem o público e o privado; o local e o global, a vida que se realiza pela mediação do outro, imerso numa teia de relações que constrói uma história particular que é, também uma história coletiva:

> A articulação entre o público e o privado se coloca como condição necessária da constituição do sujeito coletivo, como da constituição da vida, sinalizando que a condição da reprodução da vida humana, pode ser analisada em dois planos: o individual (que se revela, em sua plenitude, no ato de habitar) e o coletivo (que diz respeito à reprodução da sociedade, aqui as histórias particulares ganham sentido na história coletiva).[67]

Por outro olhar sobre o mesmo tema, está claro, como a luz do sol, que o Estado atual não pode nem quer remediar o flagelo da falta de moradias:

---

66 DEÁK, Csaba. *Em Busca das Categorias do Espaço*. São Paulo: Annablume, 2016, p. 181.
67 CARLOS, Ana Fani Alessandri. *O Espaço Urbano: Novos Conceitos Sobre a Cidade*. São Paulo: Contexto, 2004, p. 118.

> O Estado nada mais é que a totalidade do poder organizado das classes possuidoras, dos proprietários de terras e dos capitalistas em confronto com as classes espoliadas, os agricultores e os trabalhadores. O que não querem os capitalistas individuais (e são só eles que estão em questão aqui, dado que, nesse assunto, o proprietário de terras também aparece, em primeira linha, em sua qualidade de capitalista) tampouco quer o seu Estado.[68]

Várias frentes imobiliárias, todas atuando dentro desse vetor privilegiado, disputam entre si a captação de recursos públicos que favoreçam a valorização de sua área. Nesse contexto, os grupos interessados em promover determinado setor organizam-se para fazer a devida pressão e lograr uma coalizão com o poder público, a garantir a vinda dos investimentos desejados:

> Essas "máquinas de crescimento" contam com a participação de empreendedores imobiliários, políticos interessados nos dividendos eleitorais das obras e, em alguns casos, nas possibilidades de ganhos escusos, e de alguns festejados arquitetos, os quais não só se beneficiam financeiramente das grandes obras, como alimentam sua publicidade no circuito *fashion* desse setor profissional, ganhando mais clientes e contratos. Nesse processo, a justificativa da "cidade-global" como instrumento necessário para a "modernização" da cidade, nestes novos tempos "globais", torna-se um discurso poderoso.[69]

Assim, a moradia vem sendo amplamente produzida como negócio urbano financeirizado, sobretudo através das grandes incorporadoras que rasgam a política urbana e contribuem para o aprofundamento dos processos de valorização

---

68 ENGELS, Friedrich. *Sobre a Questão da Moradia*. Tradução de Nélio Schneider. São Paulo: Boitempo, 2015, p. 88-100.
69 FERREIRA, João Sette Whitaker. *São Paulo: O Mito da Cidade-Global*. 2003. Tese (Doutorado em estruturas ambientais urbanas) – Faculdade de Arquitetura e Urbanismo da Universidade de São Paulo, 2003, p. 43.

do espaço, espoliação e segregação, reproduzindo periferias e produzindo novas periferias, o desenvolvimento desse processo aponta como horizonte o afastamento dos mais pobres entre os empobrecidos para mais longe, agudizando e aprofundando a segregação socioespacial, a fragmentação e hierarquização nas periferias.[70]

A criação, a reforma e o fortalecimento dos sistemas financeiros de habitação passaram a representar um campo de aplicação do excedente, tanto no âmbito da macroeconomia e das finanças domésticas como também para esse novo fluxo de capitais internacionais. A criação de um mercado secundário de hipotecas foi um dos veículos importantes para conectar os sistemas domésticos de financiamentos habitacionais aos mercados globais. Mas também outros instrumentos financeiros não bancários, assim como empréstimos interbancários, permitiram aos bancos locais e a outros intermediários aumentar sua alavancagem, ampliando assim a disponibilidade de crédito.[71]

Compreendeu-se, no capítulo terceiro, que a financeirização da moradia gerou uma explosão de novos empreendimentos em espaços pouco valorizados e localizados em bairros periféricos, acentuando os processos de valorização do solo e dos imóveis; além do mais, a financeirização da moradia necessita de maior atuação do Estado, transformando o espaço urbano em ativo financeiro, fazendo com que se cresça o mercado financeiro e que se ganhe mais dinheiro com as transações financeiras do que com a construção de mais moradias.

Assim, sendo a moradia um negócio urbano financeirizado, contribui para os processos de valorização, segregação e criação de periferias e, neste contexto, fortalece os sistemas

---

70 VOLOCHKO, Danilo. A Reprodução do Espaço Urbano Como Momento da Acumulação Capitalista. In: CARLOS, Ana Fani Alessandri (Org.). *Crise Urbana*. São Paulo: Contexto, 2015a, p. 118.
71 ROLNIK, Raquel. *Guerra dos Lugares: A Colonização da Terra e da Moradia na Era Das Finanças*. 1. ed. São Paulo: Boitempo, 2015, p. 28.

financeiros de habitação criando-se um campo de aplicação do excedente. Esse excedente, como definido no capítulo segundo, é aquela quantidade de produto além e acima do que é necessário para garantir a sobrevivência da sociedade e, possui um conteúdo ideológico e um significado político, sendo que os direitos de propriedade resultam do poder de classe do capital de extrair e manter o controle dos excedentes, por isso, para combater o capitalismo, faz-se necessário desafiar os processos materiais por meio dos quais os excedentes são criados e apropriados.

Pode-se dizer que com o Estado do bem-estar social criou-se os direitos sociais, em especial a moradia, com o objetivo de superar a contradição entre igualdade política e desigualdade social, como também, possibilitou-se a intervenção do Estado para esse fim. Mas os governos foram incapazes de formular uma proposta que atendesse às necessidades habitacionais no Brasil, deixando de realizar uma política habitacional. Pelo contrário, com essa intervenção do Estado em relação à moradia, ao invés de se constituir um Estado de bem-estar social, institui-se uma sociedade patrimonial, onde a propriedade privada tem o valor central, confundindo-se o que é público com o que é privado.

Por isso, não podemos dizer que existe uma política pública de moradia no Brasil pois a finalidade principal dessa política não foi atendida, qual seja, efetivar o direito social à moradia. Contrariamente, as políticas públicas de moradia no Brasil de fato não são públicas e utiliza-se do Estado para criar processos de valorização, com o investimento público em infraestrutura, segregação, surgimento de periferias e concessão de facilidades de crédito imobiliário para o setor privado, transformando o direito social à moradia em uma moradia como negócio urbano financeirizado, em favor do capital.

4.2. A teoria da renda da terra agrícola *versus* a terra urbana: a teoria da localização e a transformação da terra em mercadoria

Sabe-se que a renda da terra[72] é ponto central nas análises marxistas, ocorre que Marx tratou da renda da terra agrícola;[73] entretanto, não estudou, especificamente, o espaço urbano atrelado ao mercado de consumo, apesar de muito debatido entre os marxistas. Atualmente, a terra urbana, na economia contemporânea, é muito mais complexa do que o cenário sobre o qual Marx se baseou,[74] por isso não se pode transferir para a atualidade o conceito de renda da terra agrícola trazido por Marx sem uma devida interpretação de acordo com nossa realidade social. Para isso, defendeu-se que a teoria da renda da terra foi substituída pela teoria da localização.

---

72 "Na agricultura, onde a introdução de tecnologia era limitada (mais do que na indústria), a mais-valia decorrente da exploração da mão de obra teria de ser naturalmente alta, para compensar a taxa de uso da terra e ainda dar lucro ao produtor. O dono da terra, naquela situação, se apropriaria dessa taxa, isto é, de uma quantia resultante do simples fato de ele ser dono da terra, sem que tenha tido que despender qualquer montante nem produzir qualquer esforço. A essa quantia, portanto separada da produção sobre a terra em si, apropriada pelo dono da terra, deu-se o nome de renda da terra. Nesse cenário, ter uma terra mais ou menos fértil, ou mais ou menos próxima do mercado consumidor, traria vantagens ao capitalista, que poderia produzir mais ou a menor custo, aumentando seu lucro." (FERREIRA, João Sette Whitaker. *Notas Sobre a Visão Marxista da Produção do Espaço Urbano e a Questão da "Renda da Terra"*. Texto de estudo para a disciplina AUP 5703, ainda não publicado, 2017, p. 4).

73 Tal assunto encontra-se no Capítulo XLVI intitulado "Renda dos terrenos destinados à construção. Renda de mineração. Preço da terra" na obra MARX, Karl. *O Capital: Crítica da Economia Política*. Tradução de Regis Barbosa e Flávio R. Kothe. 3. ed. São Paulo: Nova Cultural, 1988.

74 "Na teoria econômica marxista, toda mercadoria produzida é fruto do trabalho, porém a terra não o sendo, sendo uma dádiva da natureza, como se pode compreender economicamente o processo produtivo do que está sobre ela? Tal questão era premente em uma época em que a sociedade inglesa se dividia entre proprietários de terra diretamente descendentes da divisão feudal do território, capitalistas agrícolas interessados em explorá-la, e trabalhadores empregados para isso. A resposta dada pelos economistas clássicos, e desenvolvida por Marx, era: separando uma coisa da outra. Por um lado, temos aquilo que se produz graças a instalações sobre a terra, ou inicialmente (no cenário da terra agrícola estudada pelos economistas do séc. XIX), a partir da terra. Por outro lado, temos a terra em si, que é circunscrita, no sistema capitalista, pela propriedade." (FERREIRA, João Sette Whitaker. *Op. Cit.* p. 4).

A renda da terra, considerada como uma taxa de uso, ou seja, uma quantia resultante pelo fato de ser dono da terra, é uma espécie da economia política que nada mais é que o pagamento feito pelos capitalistas aos donos da terra pelo direito de uso. Analisaremos aqui a renda da terra de Marx e renda de monopólio.

De mais a mais, a renda é um pagamento suplementar permitido aos proprietários de terra para preservar a santidade e a inviolabilidade da propriedade privada em geral. Esse aspecto ideológico e jurídico da propriedade da terra tem importantes implicações, mas não é em si suficiente para explicar a forma capitalista da renda ou as contradições às quais a forma capitalista da propriedade da terra dá origem.[75]

O pano de fundo da teoria da renda da terra é a sociedade que emergiu da Revolução Inglesa após a Restauração da Monarquia de 1660, com efeito, essa teoria, é inglesa e somente deve ser interpretada tendo em vista as peculiaridades da sociedade que lhe deu origem, que decorrem do modo pelo qual se deu a transição do feudalismo para o capitalismo inglês.[76]

Para Deák, o conceito de renda no pensamento da economia clássica da linhagem Smith-Ricardo-Marx é de que a renda é um pagamento de transferência do excedente do trabalho entre duas classes – dos capitalistas aos proprietários de terra – em troca de direitos de uso desse recurso natural – dádivas da natureza – monopolizado por aqueles últimos enquanto classe.[77]

Assim, são pressupostos fundamentais da teoria da renda da terra decorrentes do próprio conceito de renda: o primeiro, que renda é o pagamento por uma dádiva da natureza – as propriedades produtivas naturais do solo –, e segundo, que a

---
75 HARVEY, David. *Os Limites do Capital*. Tradução de Magda Lopes. São Paulo: Boitempo, 2013c, p. 524.
76 DEÁK, Csaba. *Em Busca das Categorias do Espaço*. São Paulo: Annablume, 2016, p. 25-29.
77 Ibid., p. 25-29.

mesma é um pagamento de transferência de uma classe a outra, de capitalistas a senhores de terra.[78] Sobre o pressuposto dádiva da natureza, Deák explica que carece de verossimilhança no capitalismo contemporâneo:

> Poderia parecer ser razoável na Inglaterra do séc. XVIII, época de nascimento da teoria de renda – quando da principal "indústria" era a agricultura e o teor "natural" das condições de produção parecia predominante. Já a mesma visão carece de qualquer verossimilhança no capitalismo contemporâneo até a agricultura, para não falar das aglomerações urbanas que são espaços historicamente produzidos em que se paga terra enquanto localização naquele espaço e não como recurso natural. Mas não é só isso: um exame mais atento revela que de fato nunca se pagou por terra enquanto recurso natural, senão enquanto propriedade privada o que é certamente um produto social e não um dom da natureza.[79]

Para Marx onde quer que exista renda,[80] a renda diferenciada aparece por toda a parte e por toda a parte obedece às mesmas leis que a renda diferencial agrícola, onde quer que forças naturais sejam monopolizáveis e assegurem um sobrelucro ao industrial que as explora, seja um terreno para construção bem localizado, aquele cujo título sobre uma parcela do globo terrestre o torna proprietário desses objetos da natureza subtrai esse sobrelucro, na forma de renda, ao capital em funcionamento.[81]

---

78 Ibid., p. 31.
79 Ibid., p. 33.
80 "A renda, na análise final, é simplesmente um pagamento feito aos proprietários pelo direito de usar a terra e seus pertences (os recursos nela incorporados, os prédios nela construídos etc.). A terra, concebida nesse sentido muito amplo, evidentemente tem tanto valor de uso quanto valor de troca." (HARVEY, David. *Os Limites do Capital*. Tradução de Magda Lopes. São Paulo: Boitempo, 2013c, p. 488).
81 MARX, Karl. *O Capital: Crítica da Economia Política*. Tradução de Regis Barbosa e Flávio R. Kothe. 3. ed. São Paulo: Nova Cultural, 1988, p. 222.

Harvey faz uma distinção importante no entendimento da base para a renda:

> Os valores de uso na terra e sobre a terra são "dons gratuitos da natureza" e variam em grande parte em sua quantidade e qualidade. Por isso, a produtividade física da força de trabalho varia segundo circunstâncias naturais, que são monopolizáveis e não reprodutíveis. O mais-valor relativo (lucros excedentes) pode ser acumulado pelos capitalistas com acesso aos valores de uso de qualidade superior – recursos minerais facilmente extraídos, poderosas "forças da natureza" ou terra dotada de fertilidade natural superior. Entretanto, o mais-valor relativo é um dispositivo permanente, em comparação com o caso normal em que só é atingido transitoriamente por meio de uma vantagem tecnológica efêmera.[82]

Nesse viés, a propriedade da terra é tratada por Marx como categoria histórica e sua existência é o pressuposto da existência da renda da terra. Não se trata de uma forma específica de propriedade histórica, mas de um momento determinado da história, transformada pela influência do capital e do modo de produção capitalista e numa função determinada, isto é, o modo de produção capitalista redefine a forma propriedade e sua função na realização da acumulação do capital, enquanto processo de valorização visando o lucro.[83]

Ainda sobre a teoria da renda da terra, explica Lefebvre:

> A teoria da renda da terra nasceu na Inglaterra. Marx e Engels a viram como uma importante contribuição clássica dos ingleses para a ciência econômica, porque só na Inglaterra existia um modo de produção em que a renda da terra tinha separado eficazmente o benefício

---

82   HARVEY, David. *Os Limites do Capital*. Tradução de Magda Lopes. São Paulo: Boitempo, 2013c, p. 494.
83   CARLOS, Ana Fani Alessandri. *A Condição Espacial*. São Paulo: Contexto, 2016, p. 95.

e interesse. Marx reconsiderou e desenvolveu a teoria da renda produzida por James Anderson, Adam Smith, e Ricardo. Ele a modificou profundamente, criticando a famosa lei de produtividade da terra (progressos técnicos). Marx mostrou que a noção de renda diferencial, introduzida por Ricardo, por sua vez foi diferenciada. É, no sentido de que existem várias rendas diferenciais (a renda A vem de diferenças naturais entre terrenos: fertilidade desigual, várias situações relativas a mercados e estradas; a renda B vem de diferenças na produtividade do capital investido na mesma terra).[84]

Cabe salientar que as formas pré-capitalistas de renda foram atualizadas e transformadas com a expansão do capitalismo, em que pese a inserção da renda em produto, em trabalho e em dinheiro, atualmente existentes, inclusive no Brasil, como rendas capitalizadas, muito distantes da forma pré-capitalista de que tratou Marx.[85]

Villaça afirma que Marx também não tratou dos rendimentos oriundos da terra usada para finalidades de consumo, na verdade toda a sua análise da renda da terra é bastante preliminar:

> A esta altura de nosso raciocínio seria importante distinguir duas partes no rendimento total que o proprietário

---

84 Tradução feita pelo autor da obra em espanhol. No original: "La teoría de la renta de la tierra nació en Inglaterra. Marx y Engels vieron en ella una importantísima aportación de los economistas ingleses clásicos a la ciencia, lo que obedecía a que sólo en Inglaterra existía un modo de producción en el cual la renta de la tierra se hubiera separado eficaz mente del beneficio y el interés Marx reconsideró y desarrolló la teoría de la renta de la tierra elaborada por James Anderson, Adam Smith, y sobre todo Ricardo. La modificó profundamente, criticando la famosa ley de productividad decreciente de la tierra (los progresos técnicos de la agricultura moderna han confinado esta refutación). Marx demostró que la noción de renta diferencial, introducida por Ricardo, debía a su vez diferenciar se, en el sentido de que existen varias rentas diferenciales (la renta A proviene de diferencias naturales entre los terrenos: desigual fertilidad, situaciones diversas respecto a mercados y vías de comunicación; la renta B proviene de diferencias de productividad de los capitales sucesivamente invertidos en una misma tierra." (LEFEBVRE, Henri. *De Lo Rural a Lo Urbano*. Tradução de Javier González Pueyo, Barcelona: Península, 1978, p. 78-79).
85 NABARRO, Sérgio Aparecido; SUZUKI, Júlio César. *A Renda da Terra nos Autores Clássicos*. Anais do XVI Encontro Nacional dos Geógrafos. Realizado de 25 a 31 de julho de 2010. Porto Alegre/RS, 2010, p. 13.

da terra pode auferir. Uma parte é constituída pela valorização do terreno. A outra parte é aquela que pode derivar de alguma atividade produtiva ou não – que tem lugar no terreno e que pode até mesmo não envolver qualquer investimento (estacionamento). Esta segunda parcela é aquela estudada por Marx quando ele aborda os terrenos para construção. Ela pode ser ou não, mais-valia (fábrica X habitação). De qualquer maneira, é sempre um tributo possibilitado pelo poder de monopólio representado pela propriedade jurídica da terra.[86]

Por outro lado, a propriedade do uso urbano tem a mesma forma da renda da terra, pois é forma econômica a qual se realiza a propriedade de determinados indivíduos sobre determinadas porções do planeta; a diferença reside no fato de que o solo urbano, ao contrário da terra agricultável, é condição e produto social, determinada no âmbito do processo constitutivo da cidade, como momento da produção do espaço.[87]

Essa questão da renda da terra é um debate aberto e inconclusivo, mas é possível pensar que a renda do solo na cidade se transforma em valor do solo urbano pela sua contínua produção/reprodução social, pelos processos espaciais particulares que a cidade engendra: a centralidade, a raridade, a concentração de diferentes divisões do trabalho e das possibilidades de criação contínua de divisões de trabalho, bem como trabalho novo, a diversidade de valores de uso e das possibilidades de produção de novos valores de uso, a multiplicação do solo em altura pela verticalização, entre outros.[88]

Nesse viés, conclui Ferreira que não nos parece útil, apenas para legitimar o marxismo da abordagem, ter que encontrar a

---
86 VILLAÇA, Flávio. *A Terra Como Capital (Ou a Terra-Localização)*. Revista Espaço & Debates, n. 16, ano V, 1985, p. 5-13.
87 CARLOS, Ana Fani Alessandri. *A Condição Espacial*. São Paulo: Contexto, 2016, p. 99.
88 VOLOCHKO, Danilo. A Moradia Como Negócio e a Valorização do Espaço Urbano Metropolitano. In: Ana Fani Alessandri Carlos, Danilo Volochko, Isabel Pinto Alvarez (Orgs.). *A Cidade Como Negócio*. São Paulo: Contexto, 2015b, p. 101.

qualquer custo uma relação entre a terra urbana das cidades contemporâneas com a terra agrícola estudada por Marx, e ainda menos tentar achar na situação atual equivalências ao que Marx definiu como renda da terra:

> [...] abordagem marxista da questão urbana não deve se prender a tentar responder à questão da renda da terra. Se baseia sim no conceito de "produção" do espaço, em que os valores de localização e o papel da infraestrutura são fundamentais para a formação de preços diferenciados e para a realização do lucro capitalista, em uma perspectiva de conflito de classes em que interagem agentes como o Estado, o mercado e a sociedade, em relações de ordem econômica, política, social e cultural. Isto é que define as cidades e o espaço construído como um campo ilimitado para uma análise crítica de abordagem marxista.[89]

Por tudo isso, renda é um pagamento suplementar pelo direito de usar a terra, pagamento de transferência do excedente de trabalho entre duas classes, tendo a teoria da renda como pressupostos que a renda é o pagamento por uma dádiva da natureza e pagamento de transferência da classe dos capitalistas à dos proprietários de terra. A renda que Marx tratou foi da terra agrícola, mas não da terra urbana, por isso, pode-se perceber que a teoria da renda da terra deve ser analisada tendo em vista as peculiaridades da sociedade que a originou, uma vez que de fato nunca se pagou por terra enquanto recurso natural, senão enquanto propriedade privada, que é um produto social e não um dom da natureza. Hoje a questão urbana se baseia no conceito de produção do espaço, em que os valores de localização e a infraestrutura são essenciais para a formação do preço e do lucro.

---

89 FERREIRA, João Sette Whitaker. *Notas Sobre a Visão Marxista da Produção do Espaço Urbano e a Questão da "Renda da Terra"*. Texto de estudo para a disciplina AUP 5703, ainda não publicado, 2017, p. 14 e 24.

Por outro lado, o espaço urbano é capaz de gerar uma renda da terra,[90] pois o processo de produção, no capitalismo, transforma o espaço numa mercadoria, auferindo-lhe valor. Assim, a apropriação da renda é a forma econômica na qual se realiza a propriedade da terra, por isso, a renda é uma forma econômica e a ficção jurídica em virtude da qual diversos indivíduos possuem com exclusividade determinadas partes do planeta. Sobre a renda da terra na obra de Marx, ele explica:

> É que a existência do monopólio da terra, a propriedade pura e simples de uma porção do planeta, subsume as atividades dos arrendatários a sua existência – da propriedade e de uma classe detentora dessa propriedade. Daqui se impõe uma legislação que garante a transferência para os donos da terra do capital investido na terra pelo arrendatário, como parte do salário pago aos trabalhadores agrícolas.
> Portanto, o monopólio se encontra no centro explicativo da "renda da terra" – a renda absoluta, que é condição de existência da renda diferencial.[91]

Assim, o monopólio se encontra no centro explicativo da renda da terra e, a propriedade privada na terra, na prática em geral registrada mediante levantamento cadastral e mapeamento, estabelece claramente a porção da superfície da terra sobre a qual indivíduos privados têm poderes monopolistas exclusivos:

> A posse da propriedade privada da terra confere poder exclusivo a pessoas privadas sobre algumas porções do globo. Isso envolve uma concepção absoluta do espaço, uma

---

90 "O arrendatário-capitalista paga ao dono da terra que explora, num período determinado, uma soma de dinheiro (fixada em contrato) em troca da permissão de empregar seu capital neste campo de produção, em particular. Essa soma em dinheiro se chama renda da terra, não importando se o pagamento é por terra cultivável, terreno para construção, mineração, pescaria, bosques etc. e paga-se por todo o tempo durante o qual o dono a terra emprestou por contrato o solo ao arrendatário, isto é, durante o qual o alugou." (CARLOS, Ana Fani Alessandri. *A Condição Espacial*. São Paulo: Contexto, 2016, p. 96).
91 Ibid., p. 93.

> das propriedades mais importantes do que é um princípio de individuação estabelecido mediante a exclusividade da ocupação de uma determinada porção de espaço – duas pessoas não podem ocupar exatamente o mesmo lugar nesse espaço e serem consideradas duas pessoas diferentes. A exclusividade do controle sobre o espaço absoluto não está confinada a pessoas privadas, mas se estende aos Estados, às divisões administrativas e a qualquer outro tipo de indivíduo jurídico.[92]

Na contramão, a terra se torna uma forma de capital fictício e o mercado imobiliário funciona simplesmente como um ramo particular – embora com algumas características especiais – da circulação do capital que rende juros. Nessas condições, a terra é tratada como um simples bem financeiro que é comprado e vendido segundo a renda que ele produz. Com todas essas formas de capital fictício, o que é negociado é um direito sobre as receitas futuras, o que significa um direito sobre os lucros futuros do uso da terra ou, mais diretamente, um direito sobre o trabalho futuro.[93]

A criação e a realização da renda da terra, como condição da existência do monopólio de uma parcela do planeta, exige a realização da totalidade do ciclo do capital, que se expressa enquanto relação social, assim, o que Marx mostra é a exigência da realização do ciclo para a realização da renda, que se dá por meio do pagamento pelo uso da terra visando à realização de um ciclo individual ligado, por sua vez, ao conjunto do ciclo geral da sociedade (fonte do movimento de criação da mais-valia).[94]

De um lado, a condição de monopólio da terra concederia ao proprietário o direito de exigir um pagamento por seu uso. De outro lado, o acesso à terra é condição para a produção das

---

92 HARVEY, David. *Os Limites do Capital*. Tradução de Magda Lopes. São Paulo: Boitempo, 2013c, p. 498.
93 Ibid., p. 508.
94 CARLOS, Ana Fani Alessandri. *A Condição Espacial*. São Paulo: Contexto, 2016, p. 94.

mercadorias, confrontando o arrendatário como a existência da propriedade privada da terra. Aqui se desenvolve a contradição capital-trabalho através da existência da propriedade privada da terra. Assim, também, a relação proprietário da terra/arrendatário teria por mediação um contrato, que é assegurado por normas que mantém e organizam a sociedade de modo a aceitar a propriedade como natural.[95]

Por isso, a renda da terra é uma forma econômica e uma ficção jurídica, que concede exclusividade e monopólio da terra, uma vez que traz uma concepção absoluta do espaço. Essa teoria exige a realização da totalidade do ciclo do capital, que se dá pelo uso da terra, concedendo ao proprietário o direito de exigir um pagamento por esse uso. Marx falou pouco do urbano, mas tratou da teoria da renda da terra, que foi relida e criada uma nova teria denominada teoria da localização, considerada como o produto socialmente produzido pelo capitalismo no espaço urbano, que gera os conflitos de classes na cidade e disputa pela terra. Essas duas teorias encontram-se dentro da teoria do espaço, trazida no capítulo terceiro dessa obra.

Grosso modo, a renda da terra é a forma econômica através da qual as propriedades fundiárias se realizam, em linhas gerais, a renda seria uma espécie de "pedágio" que é pago ao proprietário fundiário para disponibilizar a terra – um meio de produção – para outros agentes. Além da valorização realizada por influência do capital fixo (produção social da localização) e do trabalho não pago capturado da coletividade, a renda da terra também pode ser aumentada por meio de associações ocasionais de diferentes elementos:

> A especulação imobiliária sobre os imóveis construídos e sobre os vazios urbanos; uma crescente demanda por moradia em função do aumento da população; existência de

---

95 Ibid., p. 94.

um preço de monopólio que está associado à avidez do comprador em comprar e pagar um determinado preço definido individualmente que independe, parcialmente, do processo geral de produção; e, finalmente, o Estado que interfere nas rendas fundiárias através de ações e regulamentações do uso do solo por meio de leis de zoneamento, elaboração de políticas de financiamentos imobiliários para construção e compra de imóveis, oferta de equipamentos urbanos etc.[96]

Esse valor de uso da terra e de seus pertences tem de ser considerado em relação ao modo de produção capitalista, como a terra é monopolizável e alienável, ela pode ser arrendada ou vendida como uma mercadoria:

> A própria terra também não é um bem não reprodutível. Ao contrário, alguns valores de usos (mas nem todos) nela incorporados são não apenas reproduzíveis, mas podem ser criados mediante a produção de mercadorias (fábricas, aterros, casas, lojas etc.). A quantidade de terra de um Estado adequada a determinados tipos de atividade humana pode ser alterada mediante a criação de valores de uso no ambiente construído. Mas a quantidade total de terra na superfície da terra não pode ser significativamente aumentada ou diminuída mediante a ação humana (embora a recuperação do mar possa ser importante no âmbito local).[97]

Marx afirma que a relação entre parte da mais-valia, a renda em dinheiro – pois o dinheiro é a expressão autônoma do valor –, e o solo são em si absurdas e irracionais, pois são grandezas incomensuráveis que aqui se medem entre si:

---

96 ZANOTELLI, Cláudio Luiz; Ferreira, Francismar Cunha. *O Espaço Urbano e a Renda da Terra.* Revista GeoTextos, n. 1, vol. 10, jul. 2014, p. 40.
97 HARVEY, David. *Os Limites do Capital.* Tradução de Magda Lopes. São Paulo: Boitempo, 2013c, p. 493.

Por um lado, determinado valor de uso, um terreno com tantos pés quadrados, e por outro, especialmente mais-valia. Isso expressa, de fato, apenas que, sob as condições dadas, a propriedade desses pés quadrados de solo habilita o proprietário a apoderar-se de determinado *quantum* de trabalho não-pago, que o capital realizou nos pés quadrados como um porco entre as batatas.[98]

Por outro lado, o juro é a renda que o capital propicia a seu detentor pelo mero efeito da propriedade, assim, como a propriedade da terra proporciona renda fundiária e a propriedade de condições excepcionais proporciona renda de monopólio, a propriedade do capital enquanto tal proporciona uma renda chamada juro:

> A relação entre o juro e o lucro, ou seja, os parâmetros que determinam que parcela do valor cabe a cada categoria dependem, em cada momento, das condições do mercado onde a mercadoria capital é transacionada, pois é aí que se determina o juro, sendo o lucro líquido, ou ganho empresarial determinado por diferença. Assim, o juro estabelece uma espécie de piso que o lucro deve atingir para que o negócio em questão se mantenha como negócio, o juro entra na contabilidade capitalista como um custo: o custo do capital. Esse piso, pode ser maior ou menor do que o lucro normal determinado pela taxa média de lucro, mas talvez seja possível dizer que, em condições normais de temperatura e pressão, ao menos uma parte significativa do lucro normal é apropriado como renda, ou seja, como direito que o capital confere a seu proprietário pelo simples fato de existir como capital.[99]

---

98 MARX, Karl. *O Capital: Crítica da Economia Política*. Tradução de Regis Barbosa e Flávio R. Kothe. 3. ed. São Paulo: Nova Cultural, 1988, p. 226.
99 PAULANI, Leda Maria. *Acumulação e Rentismo: Resgatando a Teoria da Renda de Marx Para Pensar o Capitalismo Contemporâneo*. Revista de Economia Política (On-line), v. 36, 2016, p. 12.

Na contramão, para Marx o preço da terra pode aumentar sem que aumente a renda, ou seja:

> 1) Devido à mera queda da taxa de juros, o que faz com que a renda seja vendida mais cara crescendo por isso a renda capitalizada, o preço da terra;
> 2) Porque aumentam os juros do capital incorporado ao solo.
> II. O preço da terra pode subir, porque a renda aumenta.
> A renda pode aumentar porque o preço do produto da terra sobe, caso em que a taxa da renda diferencial sempre sobe, quer a renda no pior solo cultivado seja grande, pequena ou nem mesmo exista.[100]

Para Marx, parte da sociedade exige da outra um "tributo" pelo direito de habitar a terra, assim como, de modo geral, está implícito na propriedade fundiária o direito dos proprietários de explorar o corpo terrestre, as entranhas da terra, a atmosfera e, como isso, a manutenção e o desenvolvimento da vida.[101] Assim, percebe-se que Marx, quando se vê forçado a enfrentar a renda da terra utilizada para afins residenciais, utiliza a expressão tributo para se referir à quantia de dinheiro paga em troca da autorização para habitar a terra:

> O que subsiste, na verdade, é que esta segunda parte do rendimento auferido pelo proprietário da terra existe porque "...uma parte da sociedade... extrai um tributo de outra parte da sociedade pela permissão de "usar" (Marx diz "habitar") a terra, enquanto que a propriedade fundiária em geral confere ao proprietário da terra o privilégio de explorar a crosta terrestre.[102]

---

100 MARX, Karl. *O Capital: Crítica da Economia Política*. Tradução de Regis Barbosa e Flávio R. Kothe. 3. ed. São Paulo: Nova Cultural, 1988, p. 225.
101 Ibid., p. 222.
102 VILLAÇA, Flávio. *A Terra Como Capital (Ou a Terra-Localização)*. Revista Espaço & Debates, n. 16, ano V, 1985, p. 5-13.

Como contraponto a essa teoria da renda terra, interpretou-se a teoria da localização de Deák, com suas categorias e preços da localização. Vários estudiosos trataram da renda, dentre eles Adam Smith, Thomas Robert Malthus, David Ricardo e Karl Marx, entretanto, somente vamos nos ater na teoria da renda da terra de Marx.

O fato inescapável é que o estágio de evolução do capitalismo em seu tempo não permitiu a Marx ver que ao perseguir a análise da renda e da propriedade em terra por uma classe, na verdade ele estava se debruçando sobre coisas do passado. No entanto, mesmo que as condições históricas não fornecessem uma base para Marx refutar a teoria da renda e abandonar a própria categoria de renda – e que é o mesmo, a classe de proprietários de terra – a lógica dialética impunha exatamente isso: na medida em que o modo capitalista domina a produção, não havia lugar em sua análise para categorias correspondentes a relações baseadas em modos de produção pré-capitalistas eventualmente sobreviventes.[103]

Nesse sentido, Ferreira explica que Deák questiona a aplicação do conceito da renda da terra à realidade urbana atual não só por esta defasagem do contexto histórico do capitalismo, mas porque o próprio conceito de renda, na formulação original de Ricardo (sobre a qual Marx se baseou), tem segundo o autor pressupostos frágeis, quais sejam, o primeiro que a renda é um pagamento por uma dádiva da natureza e, o segundo, que a renda é uma transferência da classe dos capitalistas à dos proprietários de terra:

> Deák, primeiramente, observa as características históricas específicas da Europa nos séculos XVII e XVIII, em especial da realidade inglesa surgida após a revolução e a restauração da monarquia em 1660. Sua crítica à Teoria

---

103 DEÁK, Csaba. *Em Busca das Categorias do Espaço*. São Paulo: Annablume, 2016, p. 41.

> da Renda, bastante original, parte da crítica aos pressupostos que a sustentam. Os dois primeiros são aqueles que já apontamos neste texto: o primeiro, que a renda é um pagamento por uma dádiva da natureza, argumento que perde sentido no contexto da terra urbana do capitalismo atual, em que se paga pela localização (socialmente produzida). Deák vai além, apontando para o fato que mesmo na Inglaterra do século XVII, o pagamento pela terra era decorrente não do fato desta ser recurso natural, mas sim dela ser propriedade privada, "o que é certamente um produto social e não um dom da natureza". O segundo, que a renda é uma transferência da classe dos capitalistas à dos proprietários de terra, o que também se refere a uma sociedade de três classes (além dessas, a dos trabalhadores), chamada de "Fórmula da Trindade", e que não tem sentido no capitalismo do século XX.[104]

Por tudo isso, a crítica que se faz à teoria da renda da terra em Marx é que, mesmo na Inglaterra do século XVII, o pagamento pela terra era decorrente não do fato desta ser um recurso natural, mas sim por ser uma propriedade privada, um produto social e não um dom da natureza. Por outro lado, o fato da renda ser uma transferência de classes dos capitalistas à dos proprietários de terra não faz sentido no século XX.

Entretanto, Villaça afirma que Marx deixou inexplorado o conceito de localização nos estudos que fez sobre a renda da terra e que se acham reunidos, em sua mais avançada forma:

> Nesse estudo Marx está sempre recordando ao leitor, que ele não está considerando a localização, mas tão somente a fertilidade (pgs. 651 e 658). Na verdade Marx nunca chegou a estudar a localização: isso torna-se evidente no Capitulo XLVI onde a "Renda dos Terrenos para

---

104 FERREIRA, João Sette Whitaker. *Notas Sobre a Visão Marxista da Produção do Espaço Urbano e a Questão da "Renda da Terra"*. Texto de estudo para a disciplina AUP 5703, ainda não publicado, 2017, p. 16.

> Construção" é analisada, aliás de maneira muito superficial. Uma vez que Marx acreditava que a localização produziria renda analogamente à fertilidade (1) e tendo em vista que ele próprio destaca que a localização é excepcionalmente importante no caso da terra urbana (ou dos terrenos para construção) seria de se esperar que nesse Capitulo XLVI a localização fosse investigada com alguma profundidade. Isso, entretanto não ocorre. A renda dos terrenos para construção é examinada juntamente com o preço da terra, em conexão com o capital incorporado à terra e sobre a terra, mas não em conexão com a localização.[105]

Nesse sentido, Deák conceituou localização como um valor de uso para toda atividade de produção ou reprodução, uma vez que:

> é uma condição necessária para o desempenho de qualquer atividade, uma localização é constituída de uma estrutura física (edifício) apoiada geralmente direto sobre o solo, as propriedades distintivas de diferentes localizações individuais derivam de suas respectivas posições no espaço urbano e, esse espaço, é a totalidade de localizações interligadas por uma infraestrutura, vias, redes, serviços e etc, construídas e mantidas por trabalho social, que atende aos requisitos da economia e que torna a localização útil, isto é, dotado de valor de uso.[106]

Sabe-se que o espaço urbano é produto do trabalho e esse produto é denominado localização. E essa terra tem como característica o fato de não poder ser reproduzida como as demais mercadorias – não circula por seus consumidores, mas sim ao contrário –, por isso pode-se concluir que nenhum ser humano pode viver sem se apoiar em um solo urbano no mundo capitalista.

---

105 VILLAÇA, Flávio. *A Terra Como Capital (Ou a Terra-Localização)*. Revista Espaço & Debates, n. 16, ano V, 1985, p. 5-13.
106 DEÁK, Csaba. *Em Busca das Categorias do Espaço*. São Paulo: Annablume, 2016, p. 53.

Por isso, para Villaça a localização é um valor de uso produzido, não é um dom gratuito da natureza e que, portanto, não pode produzir renda:

> Interessante para revelar que há uma parcela do valor de qualquer terreno urbano que não deriva de investimento público. Ele mostra também que a localização, enquanto um valor de uso decorrente pura e simplesmente da aglomeração humana, varia de um ponto para o outro da cidade. Aquilo que Lojkine chamou de "capacidade aglomerativa de combinar socialmente..." varia de um ponto para o outro da cidade, e independe (ou pode independer) de investimentos públicos em infraestrutura.
> A "Terra – Localização" – da qual a terra urbana é a mais óbvia manifestação – enquanto produto do trabalho humano, tem tanto valor de uso como de troca. Tal como qualquer outro, seu valor é determinado pelo tempo de trabalho socialmente necessário para produzi-la.[107]

Assim, o autor defende que a localização, enquanto um valor de uso decorrente da aglomeração urbana varia de um ponto para outro da cidade e denomina localização de terra-localização, que tem tanto um valor de uso como de troca, conforme explica Ferreira:

> Assim, no lugar do conceito de renda, viu-se que é mais pertinente tratar do conceito de "localização", ou mesmo, como propõe Villaça, de "terra-localização", embora esse termo híbrido pareça não conseguir se separar definitivamente da base física da terra, mas que – e é o que importa – não vem da renda e nem gera renda, e sim o que o autor denomina de "juro e amortização" sobre um capital investido.[108]

---

107 VILLAÇA, Flávio. *Op. Cit.* p. 6.
108 FERREIRA, João Sette Whitaker. *Notas Sobre a Visão Marxista da Produção do Espaço Urbano e a Questão da "Renda da Terra"*. Texto de estudo para a disciplina AUP 5703, ainda não publicado, 2017, p. 8.

Por isso, Marx não explorou o conceito de localização, uma vez que acreditava que a localização produzia renda analogamente à fertilidade, uma vez que a sua teoria era da renda agrícola. Essa teoria da localização é produto socialmente produzido pelo capitalismo no espaço urbano, é um valor de uso e de troca para toda atividade de produção e reprodução e é constituída de uma estrutura física sobre o solo.

Considerando o espaço urbano como produto do trabalho, esse produto é a localização, ou terra-localização, seguindo o pensamento de Marx:

> A terra-localização é um produto do trabalho absolutamente original e cheio de peculiaridades, a começar por esta que acabamos de mencionar: sua irreprodutividade. Ao contrário dos demais produtos do trabalho – edifícios, sapatos, celulares, computadores, automóveis etc. – que podem ser reproduzidos às centenas ou aos milhares, a localização não pode ser reproduzida. Se ela é única, não pode ser distribuída equitativamente entre seus consumidores. Em consequência – e aqui está outra particularidade desse produto – isto a torna inerentemente conflituosa.[109]

Ao contrário dos demais produtos do trabalho social, a terra-localização não circula por seus consumidores, estes é que por ela circulam, o que é uma diferença fantástica. Qualquer ser humano pode viver sem celular, sapatos, automóveis etc., pode viver até sem edifícios, abrigando-se em cavernas, entretanto, nenhum ser humano pode viver sem se apoiar sobre um pedaço de chão, de território. No capitalismo, há mais que isso, nenhum ser humano pode viver ou trabalhar sem comprar, sem pagar por um pedaço no planeta.[110]

Nesse trilhar de ideias, estas conclusões podem ajudar a compreender por que no mercado imobiliário urbano contemporâneo

---

109 Id. Apresentação. Dossiê: Cidades em Conflito, Conflitos na Cidade. In: FERREIRA, João Sette Whitaker (Org.). *Margem Esquerda: Ensaios Marxistas*. São Paulo: Boitempo, 2015a, p. 32.
110 Ibid., p. 32-33.

não há lugar (quer ao nível empírico quer ao teórico) para a "renda", pelo menos o tipo de renda concebido por Marx. A exploração do conceito de terra – localização ajudaria a compreender (juntamente com a de homogeneização do espaço) a transformação da terra em mercadoria, o desaparecimento dos proprietários de terra enquanto classe (mas não como indivíduos) e a manutenção da propriedade privada da terra pelo capitalismo.[111]

Compreende-se que a terra-localização é um produto do trabalho, com a peculiaridade da irreprodutividade, uma vez que a localização não pode ser reproduzida e, por ser única, não pode ser distribuída equitativamente entre os que necessitam. Por isso, a terra-localização ajuda a compreender a transformação da terra em mercadoria, o desaparecimento dos proprietários de terra enquanto classe e a manutenção da propriedade privada pelo capitalismo.

Por outro lado, os produtores em localizações mais favorecidas ("mais favorecidas", nesse caso, diz respeito a custos de transporte mais baixos) podem ganhar um excedente de lucro. Esse excesso de lucro, como as diferenças na fertilidade natural, deve ser encarado num primeiro momento como permanentemente fixo em comparação com a forma transitória usual do mais-valor relativo, associado à vantagem tecnológica efêmera. Por isso aqueles que possuem terra em locais favorecidos podem converter os excessos de lucros em renda fundiária[112] sem afetar a taxa de lucro média.[113]

---

111 VILLAÇA, Flávio. *A Terra Como Capital (Ou a Terra-Localização)*. Revista Espaço & Debates, n. 16, ano V, 1985, p. 5-13.
112 "A teoria da renda fundiária resolve o problema de como a terra, que não é um produto do trabalho humano, pode ter um preço e ser trocada como uma mercadoria. A renda fundiária, capitalizada como o juro sobre algum capital imaginário, constitui o "valor" da terra. O que é comprado e vendido não é a terra, mas o direito à renda fundiária produzido por ela. O dinheiro exposto é equivalente a um investimento que rende juros. O comprador adquire um direito sobre as receitas futuras antecipadas, um direito sobre os frutos futuros do trabalho. O direito à terra se torna, em resumo, uma forma de capital fictício." (HARVEY, David. *Os Limites do Capital*. Tradução de Magda Lopes. São Paulo: Boitempo, 2013c, p. 532).
113 Ibid., p. 498.

Ferreira traz como proposição fundamental que o espaço urbano é produto do trabalho humano, e nele se definem localizações (propriedades) e a localização (expressa sobre uma base física de terra) tem valor, que é resultante do trabalho social investido na sua produção. Seu preço se estabelece pela competição no mercado, em função do seu valor de uso, dado pela sua posição no espaço urbano.[114]

Na medida em que a regulação da economia capitalista, e com ela a organização espacial da produção (e reprodução) é exercida pelo mercado, a localização comanda um preço, ele próprio estabelecido no mesmo mercado, surge, portanto, um pagamento pela localização, porque localização é um valor de uso e porque é comercializada enquanto mercadoria, dotada de valor de troca, assim, o pagamento pela localização entra no preço de produção de mercadorias, junto com o pagamento pelas demais condições de produção: trabalho e meios de produção. Portanto, a terra comanda um preço porque e somente porque é um suporte para a localização, reciprocamente, ainda que uma localização não esteja sobre a terra, haverá um pagamento por ela.[115]

Por isso, podemos agora ver que aquele valor que uma parte da sociedade extrai da outra em troca da permissão para ocupar (habitando ou não) a crosta terrestre é constituída de quatro partes, dentre elas o juro, a saber:

> A. A renda propriamente dita (renda absoluta). O valor pago pelo uso da "terra – matéria", terra enquanto apoio e espaço.
> B. Juro e amortização do capital investido na ou sobre a terra. Se esta parcela for paga por atividade produtiva (ou

---

114 FERREIRA, João Sette Whitaker. *Notas Sobre a Visão Marxista da Produção do Espaço Urbano e a Questão da "Renda da Terra"*. Texto de estudo para a disciplina AUP 5703, ainda não publicado, 2017, p. 2.
115 DEÁK, Csaba. *Em Busca das Categorias do Espaço*. São Paulo: Annablume, 2016, p. 54.

ligada à atividade produtiva, como uma loja, um banco, ou um escritório) ela é parte de mais valia criada naquela parcela de terra (no caso da fábrica) ou nela circulada (loja ou banco). Se essa parcela for paga por uma residência, então será parte dos custos de reprodução da força de trabalho. Esta parcela não varia com a localização, uma vez que ela é determinada pelos investimentos realizados dentro dos limites do lote considerado. Pelo menos não varia com a localização em sua forma "pura" que é aquela que estamos considerando aqui, ou seja, aquela localização determinada por variações em tempo e custo de deslocamento do ser humano (quer sob a forma de capital variável quer sob a de força de trabalho) ou de materiais.

C. Juro e amortização da "Terra-Localização" usada enquanto capital (valor socialmente produzido, utilizado para extrair mais valia). Esta parcela é na verdade, aquela que é função da localização. Tal como a parcela "B" acima, ela só surge quando a terra é utilizada por alguma atividade, produtiva ou não.

D. Finalmente existe aquela parcela que o proprietário da terra sutilmente subtrai da sociedade sob a forma de uma parte do valor criado pelo trabalho socialmente necessário dispendido na produção do ambiente construído. É a chamada "valorização da terra". Esta parte está continuamente sendo embolsada pelo proprietário da terra, quer sua terra seja utilizada, quer não.[116]

Assim, no espaço urbano se definem as localizações, tendo como valor resultante o trabalho social e seu preço determina-se pelo valor de uso e, esse valor de uso, habilita o proprietário a apoderar-se da mais-valia. A localização é um valor de uso porque é comercializada como mercadoria, dotada de um valor de troca. Assim, a localização comanda o preço estabelecido no mercado, criando um pagamento pela localização do bem

---

116 VILLAÇA, Flávio. *A Terra Como Capital (Ou a Terra-Localização)*. Revista Espaço & Debates, n. 16, ano V, 1985, p. 5-13.

porque localização é um valor de uso e porque é comercializada enquanto mercadoria, dotada de valor de troca.

Por outro lado, David Harvey defende que a circulação do capital que rende juros em títulos fundiários desempenha um papel análogo àquele do capital fictício em geral, ela indica os caminhos de localização para a futura acumulação e atua como um agente de força catalizadora que reorganiza a configuração espacial da acumulação segundo os imperativos básicos da acumulação.[117] Segundo ele, as vantagens de localização para determinados lotes de terra podem ser alteradas pela ação humana:

> Isso significa que a ação do próprio capital (particularmente mediante o investimento em transportes e comunicações) pode criar relações espaciais. Os atributos espaciais dos valores de uso podem então ser levados de volta ao reino da análise como qualidades socialmente criadas e, por isso, como um tema ajustado e apropriado para uma investigação plena em relação à operação da lei do valor.[118]

Em outras palavras, a transformação da terra num campo aberto à circulação do capital portador de juros significa não só a dominação do poder social da terra pelo poder social do dinheiro, como a subsunção da primeira ao processo de acumulação, ao atribuir aos proprietários de terra o papel ativo de dar fluidez e dinamismo ao mercado de terras, direcionando os fluxos de capital.[119]

Harvey deriva da teoria da acumulação de Marx o papel do espaço como localização de capital fixo, mercados e pontos de produção, concluindo sobre a importância da escala expansível

---
117 HARVEY, David. *Os Limites do Capital*. Tradução de Magda Lopes. São Paulo: Boitempo, 2013c, p. 538.
118 Ibid., p. 500.
119 PAULANI, Leda Maria. *Acumulação e Rentismo: Resgatando a Teoria da Renda de Marx Para Pensar o Capitalismo Contemporâneo*. Revista de Economia Política (On-line), v. 36, 2016, p. 15 e p. 514-535.

como condição da acumulação e da resolução de crises, apoia-se no raciocínio de que o capital possui uma tendência de criar trabalho excedente, de um lado, e pontos de troca como extensão do capitalismo, de outro, o que significaria que os limites da acumulação seriam de ordem espacial, assim, o capital é para o autor um processo de circulação entre produção e sua realização.[120]

Assim, faz-se necessário entender como se forma o preço da terra,[121] como pagamento pela localização que é um valor de uso e é comercializada como mercadoria e dotada de valor de troca, para poder trabalhar com a regulação do uso do solo, para isso, foi obrigatório fazer uma interpretação histórica da teoria da renda da terra de Marx para concluir pela sua inadequação aos tempos atuais da terra urbana. Atualmente, a teoria da localização é importante para a organização espacial e central para o problema habitacional, para que possamos entender o funcionamento da especulação imobiliária e o preço das mercadorias.

Deák defende que, para a Economia Política e também para Marx, o preço do solo é a forma "capitalizada" de sua renda e assim, a análise do processo urbano continua sendo dominada, para não dizer obstruída, até hoje pela aderência à teoria da renda.[122] Hoje, o preço do solo[123] não é mais categoria derivada

---

120 CARLOS, Ana Fani Alessandri. *A Condição Espacial*. São Paulo: Contexto, 2016, p. 103.
121 "Há um preço da terra em si, mas que é antes de tudo, como aponta Deák, um 'pagamento pela localização', que é um valor de uso, é comercializada "enquanto mercadoria, dotada de valor de troca". Esse pagamento não corresponde a um eventual 'sobrelucro' como seria o da renda da terra, corresponde ao valor do trabalho dispendido coletivamente na sua reprodução, e cujo montante, como o de qualquer mercadoria, é função exclusiva da competição que se cria por sua aquisição, regulada pelas regras estabelecidas pelo Estado (taxas, leis, etc.)." (FERREIRA, João Sette Whitaker. *Notas Sobre a Visão Marxista da Produção do Espaço Urbano e a Questão da "Renda da Terra"*. Texto de estudo para a disciplina AUP 5703, ainda não publicado, 2017, p. 7).
122 DEÁK, Csaba. *Em Busca das Categorias do Espaço*. São Paulo: Annablume, 2016, p. 23.
123 "O preço do solo é o instrumento de mercado fundamental na organização espacial da produção capitalista em geral e na grande aglomeração urbana em particular. No entanto, sua análise ficou obstruída pela teoria de renda da Economia Política, segundo o qual o preço do solo é uma categoria derivada, sendo apenas a forma 'capitalizada' de sua renda." (Ibid., p. 22).

da renda, pois surge como categoria própria, a localização, que pode se materializar no chão (no solo), como também acima ou abaixo do mesmo ou ainda em alto-mar.[124]

A teoria da localização afirma que as diferentes condições para o aumento da renda, e portanto do preço da terra em geral ou de tipos particulares de solo, podem, em parte, concorrer e, em parte se excluir mutuamente, e podem atuar apenas alternativamente:

> Do que foi desenvolvido decorre, no entanto, que a elevação do preço da terra não significa necessariamente elevação da renda, e que a elevação da renda, que sempre acarreta elevação do preço da terra, não implica aumento dos produtos do solo.[125]

Por outro lado, algumas localizações são como as antiguidades e as obras-primas, que são produto do trabalho humano, mas não podem ser reproduzidas por ele, seus preços estarão então sujeitos às mesmas leis que estas:

> Pretendemos, entretanto, dizer que o preço da terra-localização tem um componente dessa natureza e que esse componente pesaria tanto mais sobre os outros, quanto mais difícil for encontrar outra terra-localização semelhante. Esse componente é, portanto, um preço de monopólio. Todo proprietário de uma terra-localização é proprietário de um bem único, irreproduzível. Nem todos os proprietários, entretanto, detêm uma posição monopolista, pois nem todas as terras-localizações são avidamente disputadas.[126]

Por sim, em primeiro lugar, os preços não poderiam existir sem o poder monopolista da propriedade privada na terra e

---
124 Ibid., p. 21.
125 MARX, Karl. *O Capital: Crítica da Economia Política*. Tradução de Regis Barbosa e Flávio R. Kothe. 3. ed. São Paulo: Nova Cultural, 1988, p. 227.
126 VILLAÇA, Flávio. *A Terra Como Capital (Ou a Terra-Localização)*. Revista Espaço & Debates, n. 16, ano V, 1985, p. 5-13.

a capacidade de apropriação da renda que esse poder confere. Tanto a renda quanto a propriedade privada da terra são socialmente necessárias para a perpetuação do capitalismo. A necessidade da reprodução social da propriedade fundiária e da apropriação da renda tem sido amplamente definida.[127]

Em segundo lugar, o preço da terra carrega simultaneamente a temporalidade da acumulação (como está registrada pelos movimentos na taxa de juros) e a especificidade dos valores de uso materiais distribuídos no espaço e, portanto, ligados a considerações temporais e espaciais dentro de uma estrutura singular definida pela lei do valor.[128]

Por outro viés, o preço da terra-localização é um preço composto ou complexo, determinado pela combinação de três componentes cujo peso relativo variará de localização para localização, dentro de uma mesma cidade, esses componentes seriam então:

> 1. O componente oriundo da renda absoluta (renda capitalizada);
> 2. O componente oriundo do valor da terra-localização, ou seja, a expressão monetária do tempo de trabalho socialmente necessário para produzi-la (por parte da cidade como um todo);
> 3. O componente que exprime um preço de monopólio. Os componentes 2 e 3, com intensidades variadas, são os que mais pensam no preço da terra urbana.[129]

Nesse trilhar, o preço da localização entra como parte integrante do preço da produção das mercadorias, diferente do que prega a teoria da renda da terra que argumenta que a renda da terra é definida pelo preço das mercadorias produzidas nessa terra, assim, uma análise crítica da teoria da renda mostra que

---

127 HARVEY, David. *Os Limites do Capital*. Tradução de Magda Lopes. São Paulo: Boitempo, 2013c, p. 538.
128 Ibid., p. 538.
129 VILLAÇA, Flávio. *Op. Cit.* p. 13.

a própria renda não passa de uma categoria superada relativa ao modo de produção feudal e impropriamente aplicada à análise do capitalismo.[130]

Já o solo urbano passa a ser definido em função das articulações com a totalidade do espaço, em seu processo de apropriação (através da terra-matéria) marcará o fato de que o que realmente está sendo apropriado é o trabalho geral da sociedade contido na totalidade do espaço geográfico: apropriar-se de um lugar construído na cidade. O solo urbano enquanto mercadoria tem um valor que se expressa através da localização, papel e grau de inter-relação com o espaço global produzido, mesmo que seja potencial, dentro de condições específicas.[131]

Por tudo isso, os preços não poderiam existir sem o poder monopolista da propriedade privada da terra e a capacidade de apropriação da renda, sendo que o preço da terra é pagamento pela localização, que é um valor de uso e é comercializada enquanto mercadoria, dotada de valor de troca; já o preço da localização entra como parte do preço da produção de mercadorias e, por fim, o solo urbano, enquanto mercadoria, tem um valor que se expressa através da localização.

Por outro lado, numa sociedade capitalista, o acesso à cidade se dá pela mediação do mercado, em função da existência da propriedade privada; por outro lado, o monopólio do espaço, separado das condições de meio de produção ou moradia e a partir do desenvolvimento delas, passa a ser fonte de lucro, na medida em que entra no circuito econômico como realização econômica do processo de valorização que a propriedade confere ao proprietário. Deste modo, o processo de formação do preço do solo urbano é uma manifestação do valor das parcelas do espaço, também influenciado pelos processos cíclicos de

---
130 DEÁK, Csaba. *Em Busca das Categorias do Espaço*. São Paulo: Annablume, 2016, p. 23.
131 CARLOS, Ana Fani Alessandri. *A Cidade*. São Paulo: Contexto, 2015a, p. 53.

conjuntura nacional e também de aspectos políticos e sociais específicos de determinado lugar.[132]

Essa mercadoria moradia tem de fato um aspecto único, peculiar, ela está atrelada à disponibilidade de uma base físico-espacial, de uma parcela de terra, de um espaço do território, para se concretizar (muito embora, no futuro, possamos imaginar que essa base possa ser outra – a água, o espaço ou o que for, como ela já o é, aliás, para muitas formas da produção capitalista). Mas então, a mercadoria moradia (ou outros imóveis de uso comercial) está atrelada a algo que, em si, não é produzido, mas "está lá", dado pela natureza, mesmo que esse pedaço de terra só ganhe utilidade urbana se localizado em um espaço urbano socialmente produzido.[133]

O que de fato importa na comercialização da moradia e, neste caso, também da sua base territorial, é essencialmente esse "espaço urbano", este sim, fruto do trabalho humano investido na sua produção. E o espaço urbano é assim como a terra, ambos não têm as mesmas facilidades ou mecanismos de comercialização do que qualquer outra mercadoria.[134]

Esse espaço possui usos do solo, toda atividade humana, inclusive a moradia, se tornam usos do solo, confinados em zonas e distritos próprios, apoiados por edificações, regulamentos e serviços específicos, este é o espaço urbano, um produto histórico, cada porção do qual fica sujeita às relações dentro do todo – sendo essas relações as próprias relações de produção capitalista e de reprodução social.[135]

Em síntese, o que se afirma aqui é que as relações econômicas, políticas e sociais – em uma compreensão marxista dessas

---

132 Id. *A Condição Espacial*. São Paulo: Contexto, 2016, p. 116.
133 FERREIRA, João Sette Whitaker. *Notas Sobre a Visão Marxista da Produção do Espaço Urbano e a Questão da "Renda da Terra"*. Texto de estudo para a disciplina AUP 5703, ainda não publicado, 2017, p. 3.
134 Ibid., p. 3.
135 DEÁK, Csaba. *Em Busca das Categorias do Espaço*. São Paulo: Annablume, 2016, p. 52.

dinâmicas – foram e são mais importantes para se entender a luta pela terra e sua escassez – inclusive para permitir a generalização da mercadoria moradia – do que propriamente o componente renda:

> Na época de Marx e dos economistas clássicos, o aspecto central para dar "capacidade de suporte" à terra era a sua fertilidade, e também a sua localização (mais ou menos perto do mercado de consumo). Hoje em dia, sabemos que o que dá suporte à produção é o que podemos chamar no sentido largo de "urbanização", que vários autores aqui citados chamarão melhor de "localização", e que corresponde não à fertilidade, mas ao conjunto de processos produtivos, sociais e privados, que estruturam o urbano e dão sentido não só à terra, mas a qualquer outro suporte físico de uma localização, como parte desse urbano.[136]

Por isso, a moradia mercadoria está vinculada a uma parcela de terra, atrelada à disponibilidade de uma base físico-espacial, assim, o solo urbano enquanto mercadoria tem um valor que se expressa através da localização e permite ao proprietário da moradia receber uma quantia em dinheiro paga em troca da autorização para outro habitar.

Por outro lado, o que dá suporte à produção é a urbanização, chamada por alguns de localização e que corresponde não à fertilidade como dizia Marx, mas ao conjunto de processos produtivos, sociais e privados que dão suporte físico de uma localização. De mais a mais, do ponto de vista da política habitacional, a moradia não é um produto fácil de ser comercializado por ser cara, não podendo ser adquirida com a cesta salarial, necessitando de uma intervenção estatal, ou seja, da localização, pois a casa é o elemento central da localização, entretanto

---

136 FERREIRA, João Sette Whitaker. *Notas Sobre a Visão Marxista da Produção do Espaço Urbano e a Questão da "Renda da Terra"*. Texto de estudo para a disciplina AUP 5703, ainda não publicado, 2017, p. 5-6.

o Estado se mostra insuficiente para garantir uma construção coesa à sociedade.

O habitar guarda a dimensão do uso e abrange o corpo como uma presença real e concreta, restitui a presença e o vivido, iluminando os usos e o usador; ele envolve um lugar determinado no espaço, portanto uma localização e uma distância que se relaciona com outros lugares da cidade e que, por isso, ganha qualidades específicas. Deste modo, os lugares da cidade produzem limitações e, ao mesmo tempo, abrem possibilidades.[137]

Por isso, o monopólio do espaço passa a ser fonte de lucro, transformando a moradia em mercadoria, atrelada a algo que não é produzido, mas está lá de fato, para isso, a moradia se torna uso de solo. Por outro lado, existe um "tributo" pelo direito de habitar que é a quantia de dinheiro que se paga em troca da autorização para habitar, assim, habitar envolve um lugar determinado no espaço, ou seja, uma localização.

Por outro viés, o Estado pode assumir vários poderes da regulação do uso da terra, da expropriação da terra, do planejamento do uso da terra e, finalmente, do investimento real, para se contrapor à incoerência e às periódicas febres especulativas que os mercados fundiários periodicamente herdam. Embora o Estado possa sem dúvida colocar sua marca nas estruturas geográficas, ele necessariamente não faz isso de modo a efetivamente vincular o uso da terra à competição ou ao processo de reestruturação da acumulação do capital.[138]

Se uma terra tem um preço, determinado pela competição por localizações, decorrentes da atividade econômica que as produz socialmente, fato é que participam desse processo de produção, de forma dialética, Estado e mercado e, por extensão, capitais públicos e capitais privados, assim, a intervenção

---

137 CARLOS, Ana Fani Alessandri. *A Condição Espacial*. São Paulo: Contexto, 2016, p. 130.
138 HARVEY, David. *Os Limites do Capital*. Tradução de Magda Lopes. São Paulo: Boitempo, 2013c, p. 537.

estatal – é condição para a existência da localização e a regulação estatal, os investimentos em infraestrutura, afetarão os preços das localizações:

> Entretanto, como no meio urbano a base e condição para a produção e reprodução do espaço, surgida da ação estatal, é mais evidente, pois fisicamente visível (ruas, pontes, infraestruturas...), os ganhos obtidos com o aumento de preço de uma localização decorrente de investimentos públicos são mais facilmente assemelhados a um ganho "sem trabalho" por parte do proprietário, já que, como visto, seu valor, ou mesmo sua utilidade, se difunde por todo o trabalho social investido na criação da totalidade do espaço urbano.[139]

De mais a mais, o espaço urbano é uma base de infraestruturas de redes, vias e serviços no território, que interliga uma rede de estruturas físicas, apoiadas (eventualmente) sobre o solo, cujas propriedades específicas – incluindo o seu preço – derivam de sua posição nesse espaço urbano. Essas estruturas físicas – edifícios, equipamentos, moradias –, associadas à sua posição nessa rede, são denominadas localizações, e o espaço urbano que as suporta (e não a terra) é, portanto, produzido socialmente. Isso significa dizer que o Estado tem nesse processo de produção papel fundamental.[140]

Ainda assim, não é equivocada a ideia de que ao regular a produção e reprodução do espaço urbano, o Estado irá estabelecer mecanismos que afetam o aumento (ou a diminuição) de preço e as possibilidades de lucro (ou de perda) decorrentes dos

---

139 FERREIRA, João Sette Whitaker. *Notas Sobre a Visão Marxista da Produção do Espaço Urbano e a Questão da "Renda da Terra"*. Texto de estudo para a disciplina AUP 5703, ainda não publicado, 2017, p. 10-11.
140 Id. *Memorial Circunstanciado*. Concurso público de títulos e provas para provimento de dois cargos de professor titular, em RDIDP, referência ms-6, cargos/claros códigos Nº Sº 220345 e 152781. Edital ATAC 063/2016, AUP FAU-USP, março de 2017. Cedido pelo próprio autor, p. 24.

investimentos que faz, pois isso é a lógica mesma dos processos de produção e reprodução das mercadorias no sistema capitalista. Em todo mercado, a regulação serve também para compensar desequilíbrios decorrentes das próprias dinâmicas desse mercado: aumentam-se taxas, diminuem-se barreiras, liberam-se subsídios, e assim por diante.[141]

Por outro lado, nas antigas áreas mais centrais, a desvalorização gerada pela queda da demanda, que poderia por exemplo permitir a aquisição de terras para fins de políticas públicas de moradia, é travada pela ação dos proprietários que, sem ação reguladora do Estado (por exemplo por meio de ZEIS ou de IPTU progressivo), retém imóveis para fins especulativos. A questão então não é a ação especulativa em si, mas a permissividade do Estado[142] na (falta de) regulação e no abandono de infraestrutura, que fazem perder valor de uso, embora o mercado insista em manter terrenos vazios com preços fictícios, sem serem incomodados por ações reguladoras do Estado e à espera que o mesmo venha, por ventura ou por acertos escusos, investir novamente na área.[143]

Assim, o Estado tem duplo papel, um deles, o de fazer a regulação do mercado de localizações, assim como ele regula qualquer outro mercado de qualquer produto no capitalismo:

> Assim, estabelece regras e leis para tal, os chamados instrumentos urbanísticos, que permitem amenizar os desequilíbrios do mercado e garantir, assim se supõe, melhor e mais acesso a todos ao maior número de localizações, de forma equilibrada. Na prática, a lógica é o Estado tributar aqueles

---

141 Id. *Notas Sobre a Visão Marxista da Produção do Espaço Urbano e a Questão da "Renda da Terra"*. Texto de estudo para a disciplina AUP 5703, ainda não publicado, 2017, p. 11.
142 "Em economias mais reguladas, como em NY, os preços de compra e venda são publicados regularmente em revistas de amplo acesso, assim como as perspectivas de investimentos e renovações são divulgadas, permitindo uma regulação constante dos preços, seja pelo mercado quanto pelo Estado, que irá intervir com instrumentos urbanísticos para relativizar variações mais acentuadas." (Ibid., p. 13).
143 Ibid., p. 14.

beneficiados pelas melhores localizações para investir na melhoria das piores. O segundo papel é o que mais impacta nossa discussão: para além de regular o acesso às localizações, é o próprio Estado que as produz. Ou seja, ele pode definir o grau de homogeneidade em que esta é implantada no território, ampliando seu acesso a mais gente e criando condições de competitividade mais amenas. Ou, ao contrário, pode restringir a produção de infraestrutura a poucas áreas, criando cidades com alto grau de diferenciação entre suas localizações, e tensionando portanto ao máximo essa disputa.[144]

Por isso, sabe-se que o preço da terra é determinado pela competição por localizações, com a participação nesse processo de produção, o Estado e o mercado, sendo essa intervenção condição para a existência da localização. Para regular a produção e a reprodução do espaço urbano, o Estado utiliza mecanismos que afetam o preço e o lucro decorrentes de seus investimentos, para isso, utiliza-se dos instrumentos urbanísticos para fazer a regulação do mercado de localizações.

É evidente que a diferença de localização também pode, e é, em boa medida, construída, pois a melhor ou pior localização, do ponto de vista do capital, depende do próprio capital e da forma de seu desenvolvimento no espaço:

> Assim, um terreno de localização ruim hoje pode vir a ser, amanhã, um terreno valiosíssimo, o que ocorre principalmente nas áreas urbanas. Aqui, ao contrário do que acontece na agricultura, onde, a depender das circunstâncias, como demonstrou Marx, o incremento de um tipo de renda pode reduzir o outro, o resultado pode ser benéfico às duas rendas (leia-se a proprietários de terra e

---

144 Id. *Memorial Circunstanciado*. Concurso público de títulos e provas para provimento de dois cargos de professor titular, em RDIDP, referência ms-6, cargos/claros códigos Nº Sº 220345 e 152781. Edital ATAC 063/2016, AUP FAU-USP, março de 2017. Cedido pelo próprio autor, p. 25.

capitalistas), pois os investimentos podem não só potencializar diferenças originais de localização, como mesmo criá-las. Contudo, considerando-se que os terrenos não podem sair andando por aí, as diferenças de localização podem ser consideradas como parentes próximas da renda diferencial natural, da qual a fertilidade diferenciada do solo é o paradigma.[145]

De mais a mais, é a disputa pela terra enquanto mercadoria urbanizada (ou mais precisamente estruturada) que passa a ser antes de tudo localização ou, em outras palavras, a sua retenção nas mãos de poucos, dentro do mercado capitalista, mas com as vicissitudes do capitalismo brasileiro, é que determina a questão da terra no Brasil:

> Ou seja, dizer que a questão específica da "renda da terra" não é uma categoria útil para a análise urbana atual, não significa questionar ou diminuir a afirmação de que a propriedade da terra, ou melhor, da localização, esta sim, é seguramente o aspecto pelo qual se explica a desigualdade urbana e a segregação socioespacial que caracterizam as cidades brasileiras. Trata-se, em suma, de questionar a lógica capitalista como um todo.[146]

Por tudo isso, percebe-se que a teoria da renda de terra não resolve o problema da propriedade privada e moradia, mas sim a teoria da localização. O proprietário é dono da localização e não da terra, assim, a localização não é propriedade, mas sim produto capitalista. Por outro lado, o Estado assume vários poderes de regulação do uso da terra, da expropriação, do planejamento e dos investimentos, assim, tanto o Estado quanto o

---

145 PAULANI, Leda Maria. *Acumulação e Rentismo: Resgatando a Teoria da Renda de Marx Para Pensar o Capitalismo Contemporâneo*. Revista de Economia Política (On-line), v. 36, 2016, p. 15.
146 FERREIRA, João Sette Whitaker. *Notas Sobre a Visão Marxista da Produção do Espaço Urbano e a Questão da "Renda da Terra"*. Texto de estudo para a disciplina AUP 5703, ainda não publicado, 2017, p. 6.

mercado, participam do processo de produção do preço da terra, e a intervenção estatal é condição para a existência da localização.

Por fim, com o Estado investindo em infraestrutura, isso afeta os preços das localizações, regulando a produção e a reprodução do espaço urbano. Assim, para regular o mercado de localizações o Estado estabelece os instrumentos urbanísticos com o intuito de equilibrar tanto o mercado quanto a localização, e é por meio desta que se pode explicar a desigualdade urbana e a segregação socioespacial.

4.3. Entraves da lógica de produção social na política habitacional no Brasil: a estrutura jurídica institucional

Identificou-se anteriormente que o direito surgiu na idade contemporânea com o capitalismo, após a Revolução Industrial, estando vinculado a um modo de organização da subjetividade que permite a circulação de mercadorias. Já a superestrutura jurídica compreende as normas e as relações sociais e depende de uma organização estatal para existir, pois necessita da existência de uma autoridade que formule as normas, tendo as relações de propriedade como seu comando mais profundo.

Segundo Negri, uma consideração marxista sobre o direito não pode ser simplesmente colocada nem do ponto de vista da história da economia nem do ponto de vista da crítica materialista do direito; na linguagem contemporânea, dir-se-á que é precisamente no ponto de encontro entre historicidade da experiência jurídica e de determinação dos mecanismos de domínio capitalista, entre história da exploração e regime das relações de produção, que é permitida uma análise mais aprofundada sobre a especificidade do direito e de seu movimento.[147]

---

147 PACHUKANIS, Evgeni B. *Teoria Geral do Direito e Marxismo*. Tradução de Paula Vaz de Almeida; revisão técnica de Alysson Leandro Mascaro e Pedro Davoglio. São Paulo: Boitempo, 2017, p. 30-31.

Pachukanis tinha certeza de que o direito era uma forma da sociedade do capital. Para ele, a propriedade vem antes da mercadoria e o direito é um ordenamento que só a burguesia e o capitalismo possuem e aplicam na sociedade. Assim, a norma é um fato objetivo que determina suas funções como relação social no interior de uma história definida pela troca mercantil:

> O direito regula as relações sociais. Ao excluir dessa formulação certo antropomorfismo que lhe é inerente, encontra-se a seguinte proposição: a regulamentação das relações sociais em determinadas condições assume um caráter jurídico. Essa formulação, não se pode negar, é a mais correta e, historicamente, a mais justa.
> Nos limitaremos a notar, por enquanto, que a regulamentação das relações sociais, em maior ou menor medida, assume um caráter jurídico, ou seja, em maior ou menor medida, pinta-se com as mesas cores que fundamentam e especificam a relação jurídica.[148]

Esse sujeito de direito é o núcleo da forma jurídica, não advém do Estado, mas das relações de produção capitalista e nasce na esfera da circulação das mercadorias. Com o sujeito de direito, "livre e igual", permite-se a negociação da propriedade privada, tornando possível a circulação de todas as mercadorias, especialmente a moradia, e são as normas estatais que permitem, esses sujeitos de direito, fazer contratos e negociar a moradia.

Na realidade, uma clara hierarquia subordina os direitos políticos do cidadão etéreo aos interesses concretos do homem burguês apresentados como direitos naturais. Igualdade e liberdade são ficções ideológicas que pertencem ao Estado, embora a realidade que sustentam seja uma de uma sociedade

---

148 Ibid., p. 92-83.

e existência diária de exploração, opressão e individualismo. Assim, explica Douzinas que que os direitos do homem, como todos os direitos, não são naturais ou inalienáveis, mas criações históricas do Estado e da lei:

> Os direitos civis e políticos têm uma clara prioridade sobre os sociais e econômicos. Historicamente, eles foram os primeiros a entrar na cena mundial e são superiores em virtude de seu caráter negativo e individualista. Seu objetivo é estabelecer limites em torno das atividades do Estado, abrindo, assim, áreas livres de interferência política e legal, onde indivíduos podem exercer suas iniciativas sem proibições ou controle excessivo. Para antigos liberais, essa concepção de liberdade negativa, liberdade como falta de limite ou imposição do Estado, é o coração da autonomia humana e dos direitos. Direitos econômicos, por sua vez, não são direitos legais próprios. Eles são reivindicados por grupos, não por indivíduos; são "positivos" em sua ação. Finalmente, os direitos sociais e econômicos não são "justificáveis": não podem ser garantidos pela legislação em um Estado liberal e, além do mais, os tribunais não podem fazer com que sejam cumpridos.[149]

Pachukanis afirma que ao mesmo tempo que um produto do trabalho adquire propriedade de mercadoria e se torna o portador de um valor, o homem adquire um valor de sujeito de direito e se torna portador de direitos:

> Sujeito de direito é o ente cuja vontade é decisiva. O vínculo social da produção apresenta-se, simultaneamente, sob duas formas absurdas: como valor de mercadoria e como capacidade do homem de ser sujeito de direito. O homem como sujeito de direito, ou seja, como proprietário, ele representa também essa mesma condição. Por fim,

---

149 DOUZINAS, Costas. *O Fim dos Direitos Humanos*. São Leopoldo: Unisinos, 2009, p. 177-178.

ambas as determinações estão intimamente ligadas a uma terceira pessoa, na qual o homem figura na qualidade de sujeito econômico egoísta.[150]

Segundo Daniel Bensaïd, Marx, em vez de considerar que a propriedade é uma categoria jurídica ilegítima, ele analisa como uma forma de intercâmbio que correspondia a um determinado estágio de desenvolvimento faz forças produtivas:

> Desse modo, ele acaba secularizando e relativizando uma noção de justiça cuja definição varia historicamente. Como consequência, não há muito sentido em declarar a exploração injusta, ou em denunciar a propriedade como um furto, sem, mas precisões. São, na realidade, duas concepções do direito que se confrontam, direito contra direito, o dos possuidores contra o dos possuídos. Entre um e outro, quem decide é a força.[151]

Por tudo isso, percebe-se que é entre história da exploração e regime das relações de produção que se permite uma análise profunda do direito, sendo que esse direito regula as relações sociais. A forma que confere especificidade ao direito é a subjetividade jurídica, expressa na forma mercadoria e confere ao homem o título de sujeito de direito, podendo dispor de forma "livre e igual" de sua propriedade privada, através do contrato. Entretanto, essa capacidade, é uma qualidade apenas formal para praticar os atos da vida civil. Assim, a afirmação jurídica de que todos são livres e iguais é uma dominação técnica e ideológica, primeiro por excluir os privilégios de alguns e, segundo, com a igualdade

---

150 PACHUKANIS, Evgeni B. *Teoria Geral do Direito e Marxismo*. Tradução de Paula Vaz de Almeida; revisão técnica de Alysson Leandro Mascaro e Pedro Davoglio. São Paulo: Boitempo, 2017, p. 120-154.
151 MARX, Karl. *Os Despossuídos: Debates Sobre a Lei Referente ao Furto de Madeira*. Tradução de Nélio Schneider, Daniel Bensaïd e Mariana Echalar. São Paulo: Boitempo, 2017, p. 48.

formal, mas não concreta, onde esconde as relações sociais de dominação.

O direito à cidade engloba o direito à moradia[152] e este é o mais importante efeito jurídico, de fundamento social, do princípio da função social da propriedade urbana.[153] Como vimos antes, atualmente, a população urbana ultrapassou a rural, ocasionando diversos problemas em razão do grande número de pessoas, dentre eles, a falta de moradia. Sabe-se que esse problema não é só dos juristas, mas também dos arquitetos urbanistas, geógrafos, filósofos e sociólogos.

Sabe-se que o direito à moradia é um direito humano, além de ser um direito fundamental social, de segunda geração ou dimensão. Esse direito foi inserido no nosso ordenamento através da Emenda Constitucional 26 que alterou o rol dos direitos sociais do art. 6º da Constituição Federal. Além desse artigo, a moradia encontra-se nos artigos 23, IX, 7º, IV, 5º, XXIII, 170, III e 182, § 2º, além dos 183 e 191, todos da Constituição Federal.[154]

---

152 Existe uma diferença entre moradia, habitação, domicílio e residência. A moradia está ligada à pessoa e independe de objeto físico para existir e ser protegido; a habitação é a efetivação da moradia sobre um imóvel, ou seja, a ligação do sujeito ao bem, temporariamente; o domicílio é o lugar de habitação do indivíduo, com o ânimo de residir, em outras palavras, onde a pessoa reside com ânimo definitivo; já a residência é o local onde se encontra a pessoa. O Código Civil coloca como sinônimo o domicílio e a habitação.

153 Conceituamos a função social, anteriormente, "como um princípio onde a propriedade deve ser dinâmica e operacionalizada, devendo extrair dela benefícios individuais, que busquem os interesses particulares, mas, principalmente, os sociais onde defende-se os fins coletivos." (ANDRADE, Diogo de Calasans Melo. *O Princípio da Função Social da Propriedade*. São Paulo: Letras Jurídicas, 2014, p. 123).

154 O Direito à Moradia também está presente nos documentos internacionais, são eles a pioneira Declaração Universal dos Direitos Humanos de 1948 (Artigo XXV, item 1), o Pacto Internacional de Direitos Econômicos, Sociais e Culturais, de 1966 (Artigo 11), a Convenção internacional sobre a eliminação de todas as formas de Discriminação Racial, de 1965 (Artigo V), a Convenção sobre a eliminação de todas as formas de Discriminação contra a Mulher, de 1979 (Artigo 14.2, item h), a Convenção sobre os Direitos da Criança (Artigo 21, item 1), a Declaração sobre Assentamentos Humanos de Vancouver, de 1976 (Seção III, 8 e Capítulo II, Aa.3), a Agenda 21 sobre Meio Ambiente e Desenvolvimento, de 1992 (Capítulo 7, item 6) e a Agenda Habitat, de 1996.

Sendo um direito fundamental,[155] a moradia tem aplicação imediata (art. 5º, parágrafo 1º, da Constituição Federal), é cláusula pétrea (art. 60, parágrafo 4º, IV da Constituição Federal) e possui hierarquia constitucional. Sobre a característica aplicabilidade imediata:

> Talvez a inovação mais significativa tenha sido o art. 5º, 1º, da CF, de acordo com o qual as normas definidoras dos direitos e garantias fundamentais possuem aplicabilidade imediata, excluindo, em princípio, o cunho programático destes preceitos, conquanto não exista consenso a respeito do alcance deste dispositivo. Que qualquer modo, ficou consagrado o status jurídico diferenciado e reforçado dos direitos fundamentais na Constituição vigente.[156]

O direito à moradia gera expectativas que concedem ao cidadão uma satisfação positiva do Estado. Sabe-se que quando um cidadão não possui moradia a sua cidadania não é plena, uma vez que todos devem ter os direitos civis, políticos e sociais para alcançar a cidadania. Para Marshall a cidadania é a aquisição e fruição de direitos, que se deu através de conquistas ao longo da história, sendo um conjunto de direitos civis, políticos e sociais:

> Para ele o *status* acompanha o direito, o direito qualifica (*status* jurídico). O elemento civil é composto dos direitos necessários à liberdade individual, de propriedade, dos contratos e da justiça. Por elemento político deve entender o direito de participar no exercício do poder político,

---

155 "Direitos fundamentais são direitos público-subjetivos de pessoas (físicas ou jurídicas), contidos em dispositivos constitucionais e, portanto, que encerram caráter normativo supremo dentro do Estado, tendo como finalidade limitar o exercício do poder estatal em face da liberdade individual." (DIMOULIS, Dimitri; MARTINS, Leonardo. *Teoria Geral dos Direitos Fundamentais*. 4. ed. São Paulo: Atlas, 2012, p. 40).

156 SARLET, Ingo Wolfgang. *A Eficácia dos Direitos Fundamentais: uma Teoria Geral dos Direitos Fundamentais na Perspectiva Constitucional*. 10. ed. Porto Alegre: Livraria do Advogado, 2010, p. 66.

como membro ou como eleitor. Já o elemento social se refere a tudo o que vai desde o direito a um mínimo bem-estar econômico e segurança ao direito de participar, por completo, na herança social e levar a vida de um ser civilizado de acordo com os padrões que prevalecem na sociedade.[157]

Segundo o referido autor, a ordem da aquisição dos direitos foram os civis, políticos e sociais, entretanto, no Brasil, segundo Carvalho, a cronologia desses direitos foi adquirida de forma invertida, primeiro foram conquistados os sociais, depois os políticos e, por fim, os civis, o que compromete a cidadania plena:

> [...] primeiro vieram os direitos sociais, implantados em período de supressão dos direitos políticos e de redução dos direitos civis por um ditador que se tornou popular. Depois vieram os direitos políticos, de maneira também bizarra. A maior expansão do direito do voto deu-se em outro período ditatorial, em que os órgãos de representação política foram transformados em peça decorativa do regime. Finalmente, ainda hoje muitos direitos civis, a base da sequência de Marshall, continuam inacessíveis à maioria da população. A pirâmide dos direitos foi colocada de cabeça para baixo. [...] Na sequência inglesa, havia uma lógica que reforçava a convicção democrática. As liberdades civis vieram primeiro, garantidas por um Judiciário cada vez mais independente do Executivo. Finalmente, pela ação dos partidos e do Congresso, votaram-se os direitos sociais, postos em prática pelo Executivo. A base de tudo eram as liberdades civis. A participação política era destinada em boa parte a garantir essas liberdades. Os direitos sociais eram os menos óbvios e até certo ponto considerados incompatíveis com os direitos civis e políticos. A proteção do Estado a certas pessoas parecia uma quebra da igualdade de todos perante a lei [...] Além

---

157 MARSHALL, Thomaz Humphrey. *Cidadania, Classe Social e Status*. Rio de Janeiro: Zahar, 1967, p. 63-64.

disso, o auxílio do Estado era visto como restrição à liberdade individual do beneficiado, e como tal lhe retirava a condição de independência requerida de quem deveria ter o direito de voto.[158]

Prova disso é que quando a função social da propriedade foi eleita como princípio constitucional, na Constitucional Federal de 1967, não tínhamos os direitos políticos e civis, pois estávamos durante o regime militar, o que comprometeu a aquisição da cidadania plena:

> Mas, somente com a Constituição Federal de 1967, outorgada no regime militar, é que a expressão "função social da propriedade" foi inserida, expressamente, no nosso ordenamento jurídico, em seu artigo 157, III, tornando-se necessário coexistir os interesses do proprietário e da sociedade, mas com aplicação restrita apenas à propriedade privada.[159]

Percebe-se, com isso, que a cidadania é um direito fundamental, individual, cláusula pétrea, fundamento do Estado Democrático de Direito, devendo ser assegurada direta e imediata a todos. Acontece que, no Brasil, a cidadania é excludente e tardia, pois muitos dos direitos civis, como a moradia, continuam inacessíveis à população.

Detectou-se, nos capítulos anteriores, que o Estado é ator no processo de produção do espaço urbano e, esse espaço urbano é contraditório, uma vez que é produto social, mercadoria, que se refere a uma forma social específica, entretanto, por representar um valor de uso, reduz o cidadão à condição de usuário do serviço e é, nesse espaço, que se reproduzem as relações dominantes de produção. Assim, o espaço é visível e representa

---

158 CARVALHO, José Murilo de. *Cidadania no Brasil: O Longo Caminho*. 3. ed. Rio de Janeiro: Civilização Brasileira, 2002, p. 219-220.
159 ANDRADE, Diogo de Calasans Melo. *O Princípio da Função Social da Propriedade*. São Paulo: Letras Jurídicas, 2014, p. 92.

relações sociais reais, reflete a ideologia prevalente dos grupos e instituições dominantes na sociedade e é moldado pela dinâmica das forças de mercado.

Segundo Marx, o Estado não pode ir contra a natureza das coisas, ele não pode blindar o finito contra as condições do finito, não pode blindá-lo contra a contingência. No entanto, o Estado assegurará o interesse privado:

> Dos senhores na medida em que este puder ser garantido por meio de leis racionais e medidas preventivas racionais, mas o Estado não poderá conceder as suas demandas privadas em relação ao criminoso nenhum outro direito além do direito das demandas privadas, isto é, a proteção da jurisprudência civil.[160]

Por isso, sendo o Estado partícipe desse processo de produção do espaço urbano, afeta as formas legais de urbanização através das leis urbanísticas que restringem a possibilidade de ocupação democrática da propriedade privada:

> As leis urbanísticas tradicionalmente no Brasil restringiram qualquer possibilidade de ocupação democrática nessas áreas, com leis de ocupação e uso do solo que conformavam a obrigatoriedade de certo padrão econômico: zonas exclusivamente residenciais com áreas mínimas de lote gigantescas, exigência de recuos significativos obrigando o aumento do lote a construir, e assim por diante. Em seguida, por uma certa liberalidade permitindo modelos de ocupação que renegam a qualidade urbana e a valorização do espaço público: condomínios fechados e fortificados, baseados em padrões de uso impactantes (como por exemplo o alto consumo de água devido à tipologia de múltiplas suítes por unidade), segmentação da malha urbana por

---

160 MARX, Karl. *Os Despossuídos: Debates Sobre a Lei Referente ao Furto de Madeira.* Tradução de Nélio Schneider, Daniel Bensaïd e Mariana Echalar. São Paulo: Boitempo, 2017, p. 120.

muros e recortes, eliminação do comércio de proximidade, substituição do espaço público, das praças e passeios, por espaços privativos aos condomínios, impermeabilização do solo, e assim por diante. Some-se a isso a opção, de política "pública", por um modelo de mobilidade baseado quase que exclusivamente no automóvel individual.[161]

Assim, uma barreira à provisão de moradias está na legislação urbanística excessivamente detalhista e na legislação ambiental, que tornam lentos os processos de aprovação dos projetos, característica reforçada pela fragmentação presente na gestão urbana e pelas características cartoriais do patrimonialismo brasileiro:

> Não são apenas as leis de uso e ocupação do solo ou os planos urbanísticos que não são observados nos bairros ilegais. Nenhuma legislação aí é aplicada e a resolução de conflitos obedece à "lei" do mais forte. A presença do Estado pode se restringir à troca de favores pontuais com finalidade eleitoral. De um modo geral, o Estado está ausente e esse vazio é ocupado por um poder paralelo.[162]

Como vimos, o direito à moradia decorre do princípio da função social da propriedade e está presente tanto na Constituição Federal quanto nos planos diretores, assim, a função social da propriedade e a bandeira do direito à cidade como política pública se fez:

> Acompanhar pelas remoções de favelas com o consequente deslocamento dos moradores que ficaram no caminho do processo de valorização promovido pela urbanização

---

161 FERREIRA, João Sette Whitaker. *Memorial Circunstanciado*. Concurso público de títulos e provas para provimento de dois cargos de professor titular, em RDIDP, referência ms-6, cargos/claros códigos Nº Sº 220345 e 152781. Edital ATAC 063/2016, AUP FAU-USP, março de 2017. Cedido pelo próprio autor, p. 29.
162 MARICATO, Ermínia. *Por Um Novo Enfoque Teórico na Pesquisa Sobre Habitação*. Revista Cadernos Metrópole 21, 10 sem. 2009b, p. 41-43.

contemporânea. Faz-se também a acompanhar pelo recrudescimento dos conflitos (com, por exemplo, a construção de coletivos, o poder mobilizador dos movimentos de moradia), pontuando formas renovadas de resistência contra a ação do mercado imobiliário e de uma justiça que se faz priorizando interesses de classes.[163]

Por isso, esse discurso da função social da propriedade encobre: a) o processo que tornou a propriedade uma potência estranha – autonomizando a obra social da existência humana; b) o fetiche que transforma os homens em coisas através da expropriação consentida; c) a condição da força de trabalho tornada mercadoria e sua posição de consumidora de bens e serviços; d) a função ideológica da propriedade como mecanismo que mantém o mundo tal qual é, portanto, invertido: o mundo no qual as coisas dominam os homens.[164]

O debate em torno da importância do papel da função social da propriedade compõe um campo cego na análise, estreitando o horizonte da mudança social:

> A possível centralidade da luta de moradia no conjunto das lutas aponta diretamente para o papel da propriedade privada da terra urbana e das relações contratuais que ela dissemina na sociedade, iluminando estratégias da acumulação através de articulação entre público e privado; essa situação aponta caminho radicalmente inverso dos discursos sobre a cidade, mostrando que a desigualdade se reproduz, aprofundando-se, pois as políticas públicas realizam estratégias de classe.[165]

---

163 CARLOS, Ana Fani Alessandri. A Privação do Urbano e o "Direito à Cidade" em Henri Lefebvre. In: CARLOS, Ana Fani Alessandri; ALVES, Glória; PADUA, Rafael Faleiros (Orgs.). *Justiça Espacial e o Direito à Cidade*. São Paulo: Contexto, 2017, p. 49-51.
164 Ibid., p. 51.
165 CARLOS, Ana Fani Alessandri. A Privação do Urbano e o "Direito à Cidade" em Henri Lefebvre. In: CARLOS, Ana Fani Alessandri; ALVES, Glória; PADUA, Rafael Faleiros (Orgs.). *Justiça Espacial e o Direito à Cidade*. São Paulo: Contexto, 2017, p. 51.

De mais a mais, para disciplinar as diretrizes da política urbana brasileira, ou seja, o conteúdo da função social da propriedade urbana, foi criado o Estatuto da Cidade para disciplinar os caminhos para concretização da política urbana, obrigando os municípios a incluí-los em seus planos diretores. Sobre a importância desse estatuto:

> O Estatuto da Cidade é, sem dúvida nenhuma, uma lei moderna que modifica a estrutura jurídica, administrativa e social do Brasil. Sua fundamentação é a função social da propriedade, servindo como meio de retificação da exclusão social e demais problemas urbanos. Ele regulamentou os Artigos 182 e 183 da Constituição Federal, definindo as diretrizes gerais da política urbana. Sua denominação foi dada pela própria lei, mas merece uma crítica uma vez que se trata, apenas, de uma norma geral de direito urbanístico e não um estatuto que disciplina de forma detalhada e específica a gestão da cidade.[166]

Esse estatuto traz como instrumentos da política urbana o parcelamento e a edificação compulsória que deverão ser determinados por lei municipal específica para uma área prevista no plano diretor, devendo o Município noticiar o proprietário para cumpri-lo. Descumpridos o parcelamento ou utilização compulsória, surge o IPTU progressivo ou urbanístico, que também é um instrumento de política urbana.

Alguns motivos que dificultam a aplicação dos instrumentos urbanísticos advêm da própria legislação, ou seja, uma verdadeira via crúcis legislativa precisa ser percorrida para que haja possibilidade de aplicação desses instrumentos:

> A começar pelo fato de que a lei federal que regulamentou o capítulo constitucional da política urbana – o Estatuto

---
166 ANDRADE, Diogo de Calasans Melo. *O Princípio da Função Social da Propriedade.* São Paulo: Letras Jurídicas, 2014, p. 163.

da Cidade – só foi aprovada treze anos após a Constituição, o que fez com que esses instrumentos adormecessem por toda a década de 1990. Após a regulamentação federal, os municípios deveriam incluí-los em seus planos diretores apontando as áreas passíveis de aplicação, o que levou mais alguns anos para ocorrer. Além disso, por determinação da própria Constituição, é preciso uma lei municipal específica baseada no plano diretor para tratar desses mecanismos de forma mais detalhada. Por fim, a administração municipal deve definir competências internas e procedimentos para viabilizar a operacionalização do PEUC, o que, em geral, demanda que seja elaborado um decreto municipal.[167]

Em obra anterior, defendemos, que o Estatuto da Cidade determina que o proprietário deve ser notificado pelo Poder Público em razão de possuir imóvel considerado como não utilizado, subutilizado ou não edificado, localizado em área delimitada pelo Plano Diretor e, não havendo o cumprimento da obrigação pelo proprietário, será realizado sucessivamente a aplicação do IPTU progressivo e se mesmo assim o dono do bem não der adequado aproveitamento à sua propriedade, mesmo sendo cobrado 5 anos de IPTU progressivo, será imposta a desapropriação com indenização paga por meio de título da dívida pública.[168]

Assim, se aplicado o IPTU progressivo e mesmo assim o proprietário não cumprir a função social o Poder Público Municipal, poderá desapropriar o imóvel. Nesse sentido, o Estatuto da Cidade é um importante instrumento a ser utilizado pelo

---

167 FROTA, Henrique Botelho. *Função Social da Propriedade: Pesquisa Analisa Aplicação de Instrumentos Urbanísticos.* Publicado em 10 de novembro de 2015 no site ObservaSP. Disponível em: <https://observasp.wordpress.com/2015/11/10/funcao-social-da-propriedade-pesquisa-analisa-aplicacao-de-instrumentos-urbanisticos>. Acesso em 22 de setembro de 2017.
168 ANDRADE, Diogo de Calasans Melo. *O Princípio da Função Social da Propriedade.* São Paulo: Letras Jurídicas, 2014, p. 165.

Município para concretizar o direito à moradia com a possibilidade de desapropriar os imóveis urbanos que violam a função social da propriedade urbana:

> Assim, o Estatuto da Cidade surgiu como lei federal regulamentadora dos Artigos 182 e 183 da Constituição Federal, que tem como objetivo a efetivação da política urbana para os Municípios alcançarem a função social da propriedade urbana, e, para isso, deve utilizar-se do parcelamento, edificação ou utilização compulsória do solo, do IPTU progressivo e da desapropriação para que se atinja a função social da propriedade urbana.[169]

Entretanto, como resultado de uma pesquisa,[170] percebeu-se que o parcelamento, a edificação ou a utilização compulsória (PEUC) são amplamente citados nos planos diretores municipais, mas pouquíssimo aplicados. Em todo o país, foram detectadas experiências de aplicação apenas em Diadema, Santo André, São Bernardo do Campo, Curitiba, Goiânia, Palmas, Maringá e São Paulo. E, em alguns desses casos, a quantidade de imóveis notificados foi insignificante e/ou não houve continuidade na aplicação. Em relação ao IPTU progressivo no tempo, é ainda menor o grupo de municípios que possuem experiências de aplicação. Até o momento, somente Maringá e São Bernardo do Campo e, a partir do próximo ano, São Paulo.[171]

Por conta disso, o Estatuto da Cidade disciplina o conteúdo da função social da propriedade urbana, definindo as diretrizes da política urbana que, se não forem atendidas pelo proprietário,

---

169 Ibid., p. 169.
170 A pesquisa foi realizada em 2014 por uma equipe da Universidade Federal do ABC, coordenada pela Professora Rosana Denaldi, no âmbito do Programa Pensando o Direito, da Secretaria de Assuntos Legislativos do Ministério da Justiça, e contou também com apoio do Ministério das Cidades.
171 FROTA, Henrique Botelho. *Função Social da Propriedade: Pesquisa Analisa Aplicação de Instrumentos Urbanísticos*. Publicado em 10 de novembro de 2015 no site ObservaSP. Disponível em: <https://observasp.wordpress.com/2015/11/10/funcao-social-da-propriedade-pesquisa-analisa-aplicacao-de-instrumentos-urbanisticos>. Acesso em 22 de setembro de 2017.

o Poder Público Municipal poderá se valer dos seguintes instrumentos da política urbana: parcelamento e edificação compulsória, IPTU progressivo e desapropriação. Acontece que, esses importantes instrumentos jurídicos não são aplicados de fato, uma vez que dos 5.570 municípios que temos, somente 8 regulamentaram essa lei.

Por outro lado, o plano diretor[172] é o instrumento básico de política de desenvolvimento e expansão urbana e de competência do Poder Legislativo Municipal e, segundo o Estatuto da Cidade, a propriedade urbana cumpre a sua função social quando atendidas as exigências do Plano Diretor. Assim, achou por bem o legislador eleger o plano diretor como instrumento para fixar os requisitos da função social da propriedade urbana para cada Município.

Por isso, quem define a função social da propriedade urbana, segundo a Constituição Federal e o Estatuto da Cidade, é o plano diretor de cada cidade que, de acordo com a política urbana, estabelece os requisitos para atender a função social dos seus imóveis urbanos, ou seja, a função social da propriedade urbana é atendida quando se observa o Plano Diretor. Assim, se determinada propriedade não tiver atendendo sua função social, seu proprietário pode sofrer as penas acima descritas e previstas na Lei Maior, regulamentadas pelo Estatuto da Cidade.

Além do mais, os municípios, em sua grande maioria, elaboraram seus planos diretores e, em grande número desses planos, o tema moradia, solo urbano e instrumentos de política fundiária estão presentes, entretanto, as limitações e fragilidades desses processos de planejamento locais:

---

172 O Plano Diretor é uma lei municipal, instrumento de política de desenvolvimento e expansão urbana, obrigatório para as cidades com mais de 20 mil habitantes e tem como finalidade o desenvolvimento das funções sociais da cidade e o bem-estar dos cidadãos, sujeitando o prefeito que não apresentar o projeto na Câmara Municipal a responder por improbidade administrativa." (ANDRADE, Diogo de Calasans Melo. *O Princípio da Função Social da Propriedade*. São Paulo: Letras Jurídicas, 2014, p. 179).

> Em primeiro lugar, estes foram elaborados em sua grande maioria sem referências ou marcos de planejamento regionais e, muito menos ainda, nacionais. Essa questão é particularmente importante e problemática no caso das regiões metropolitanas ou na relação do planejamento local com as bacias hidrográficas que transcendem as fronteiras municipais. Esse é um limite da ação exclusivamente focada no município utilizada na Campanha pelos Planos Diretores Participativos, fruto mais das contingências do momento – prazo de 2006 definido pelo Estatuto da Cidade e a necessidade de que este não se transformasse imediatamente em "lei que não pega" antes mesmo de ser experimentado – do que propriamente de uma opção radicalmente descentralizadora.[173]

Esse plano diretor tornou-se um instrumento desgastado em virtude das possibilidades que vinha apresentando de ser manipulado e desvirtuado pelos setores reacionários que dominam a produção do espaço urbano. Consequentemente, a elaboração de vários planos diretores para importantes cidades do país no início dos anos de 1990 não conseguiu mobilizar os movimentos populares urbanos.[174]

Outro entrave em relação ao plano diretor é a falta de obrigatoriedade de vincular os ciclos orçamentários subsequentes à aprovação de planos diretores às suas definições e propostas:

> Na área de desenvolvimento urbano, pouca autonomia real tem as arenas decisórias locais sobre estes investimentos – sejam elas participativas ou não –, uma vez que a área de desenvolvimento urbano do Estado brasileiro permanece estruturada em burocracias altamente

---

[173] ROLNIK, Raquel; CYMBALISTA, Renato; NAKANO, Kazuo. *Solo Urbano e Habitação de Interesse Social: A Questão Fundiária na Política Habitacional e Urbana do País*. Revista de Direito da ADVOCEF. Porto Alegre, ADVOCEF, n. 13, v. 1, 2011, p. 154-155.
[174] VILLAÇA, Flávio. Uma Contribuição Para a História do Planejamento Urbano do Brasil. In: DEÁK, Csaba; SCHIFFER, Sueli Ramos (Org.). *O Processo de Urbanização no Brasil*. 2. ed. São Paulo: Editora Edusp, 2015b, p. 238.

setorializadas e centralizadas que funcionam através de processos decisórios bastante penetrados pelos interesses de atores econômicos e políticos que deles dependem para sobreviver. Este fato nos ajuda a entender algumas características da política urbana que bloqueiam as tentativas de implementação de uma agenda de reforma na direção de cidades pactuadas e planejadas democraticamente em uma esfera pública. Uma complexa rede de corretagem política que vai dos altos escalões aos espaços locais intermedeia a transferência de recursos para os municípios, tanto através das emendas como dos convênios e acesso ao crédito.[175]

Acontece que, poucos são os municípios[176] que regulamentam a função social da propriedade, como o Município de São Paulo que em 2014, através de decreto, regulamentou:

> O decreto estabelece os procedimentos e prazos de todas as etapas de um processo que inicia com a notificação e que pode resultar, no sétimo ano, em desapropriação do imóvel pelo valor venal, com pagamento em títulos da dívida pública (em vez de dinheiro).
> Esse decreto regulamenta o que já está definido na Constituição, no Estatuto da Cidade, no Plano Diretor e em lei municipal de 2010. Não é qualquer imóvel vazio ou subutilizado que está sujeito a sanções, apenas aqueles que não cumprem com a missão estabelecida no Plano Diretor.[177]

---

175 ROLNIK, Raquel. *Democracia no Fio da Navalha: Limites e Possibilidades Para a Implementação de Uma Agenda de Reforma Urbana no Brasil*. Revista Brasileira de Estudos Urbanos e Regionais, n. 2, v. 11, novembro 2009, p. 47.
176 "Em relação ao Município de Aracaju podemos perceber que apesar de ter sido mantido os requisitos da função social no novo Plano Diretor do Município de Aracaju, a demora na aprovação da Lei Complementar, ocasiona um grande prejuízo para a cidade, uma vez que a norma em vigor, que possui mais de 13 anos, está em desconformidade com a atual realidade social, sendo necessária a aprovação definitiva do Plano Diretor de 2010 para que criem-se novas diretrizes para a função social da propriedade urbana." (ANDRADE, Diogo de Calasans Melo. *O Princípio da Função Social da Propriedade*. São Paulo: Letras Jurídicas, 2014, p. 182).
177 ROLNIK, Raquel. *Prédios Vazios, Cumpra-se a Lei!*. Publicado em 13 de novembro de 2014 no Blog da Raquel Rolnik. Disponível em: <https://raquelrolnik.wordpress.com/2014/11/03/predios-vazios-cumpra-se-a-lei/>. Acesso em 22 de setembro de 2017.

Por isso, o plano diretor, importante instrumento de política de desenvolvimento e expansão urbana, que estabelece os requisitos da função social da propriedade urbana com a finalidade da concretização do direito à moradia, são elaborados sem referência ou marcos de planejamento e não são devidamente atualizados e regulamentados, o que compromete a aplicação do princípio constitucional da função social da propriedade urbana e, consequentemente, o direito à moradia.

Não custa lembrar que a elite brasileira se cercou de uma imensa teia de organismos e burocracia (além da ajuda do Judiciário) para impedir que a maior parte da população, especialmente os trabalhadores pobres, tivesse acesso à propriedade fundiária. O latifúndio permanece intocável durante todo o período de modernização e industrialização do país, apesar das polêmicas alimentadas pela proposta liberal de substituição dos escravos pela colonização branca durante o século XIX.[178]

Por outro lado, com a criação do Ministério das Cidades, em 2003, o desenho definido para a Política Nacional de Habitação (PNH) apontava claramente para dois eixos de atuação: um voltado para provisão de novas unidades e outro para a urbanização de assentamentos precários, consolidando, em nível legal, a pauta da Reforma Urbana. Em vários municípios do Brasil, esse movimento, que tinha como origem o debate constituinte (1986-1988), tinha gerado práticas das administrações locais, voltada para a urbanização e regularização das favelas, sendo os eventuais reassentamentos necessários tratados dentro de uma lógica que privilegiava o direito à moradia.[179]

---

178 MARICATO, Ermínia. *Por Um Novo Enfoque Teórico na Pesquisa Sobre Habitação*. Revista Cadernos Metrópole 21, 10 sem. 2009b, p. 44.
179 CARDOSO, Adauto Lúcio; MELLO, Irene de Queiroz; JAENISCH, Samuel Thomas; e GRAZIA, Grazia de. A Retomada das Remoções na Cidade do Rio de Janeiro e o Programa Minha Casa Minha Vida. In: CARDOSO, Adauto Lúcio; ARAGÃO, Thêmis Amorim; JAENISCH, Samuel Thomas. *Vinte e Dois Anos de Política Habitacional no Brasil: Da Euforia à Crise*. Rio de Janeiro: Letra Capital; Observatório das Metrópoles, 2017, p. 225.

Seguindo a proposta do Projeto Moradia, a PNH tomou como ponto de partida que a moradia na cidade adquire sentido apenas no contexto da política urbana. Ainda de acordo com o Projeto Moradia, a PNH depende fundamentalmente de três eixos: política fundiária, política financeira e estrutura institucional. Os aspectos relacionados à construção civil estariam dependentes dessa matriz formada por fatores determinantes.[180]

Segundo a tese que sustenta a PNH, é preciso combinar ações que ampliem o mercado privado em direção às classes médias:

> que atualmente não encontram alternativas para sua moradia e ações de promoção pública que deem conta da população de rendas mais baixas, especialmente aquelas situadas no intervalo de 0 a 5 salários mínimos. Dessa forma espera-se evitar que as classes médias se apropriem dos recursos públicos (ou semipúblicos como o FGTS), como aconteceu durante os anos que precederam o governo Lula, conforme mostra o gráfico abaixo.[181]

Um dos componentes centrais da nova PNH objetiva planejar as ações públicas e privadas, em médio e longo prazo, para equacionar as necessidades habitacionais do país no prazo de quinze anos:

> Foi concebido como um plano estratégico de longo prazo coordenado com propostas a serem implementadas a curto e médio prazo, tendo como horizonte 2023. Suas propostas e etapas se articulam com a elaboração dos PPAs, prevendo-se monitoramento, avaliações e revisões a cada quatro anos (2011, 2015, 2019). A estratégia exige ações simultâneas em quatro eixos indispensáveis: financiamentos e subsídios; arranjos institucionais; cadeia produtiva da construção civil; estratégias urbano fundiárias. Esses

---

180 MARICATO, Ermínia. *O Ministério das Cidades e a Política Nacional de Desenvolvimento Urbano*. Ipea Políticas Sociais – Acompanhamento e Análise, n. 12, fevereiro 2006, p. 216.
181 Ibid., p. 217.

eixos estão intrinsecamente articulados. Não haverá alterações substanciais no quadro da política habitacional se não forem realizadas ações concomitantes nas quatro frentes. A ampliação dos recursos para habitação é central no PlanHab, de modo a criar uma nova política de subsídio baseada em grupos de atendimento por capacidade de retorno ao financiamento, em que os mais pobres são beneficiados e os que têm alguma capacidade de pagar, mas representam risco para os agentes financeiros, podem utilizar um Fundo Garantidor.[182]

Essa PNH, instituída em 2004, conta com a ação conjunta do Sistema Nacional de Habitação, o Desenvolvimento Institucional, o Sistema de Informação e Avaliação e Monitoramento da Habitação, além do Plano Nacional de Habitação (PlanHab). Esse PNH atua de duas formas, uma voltada à provisão de novas moradias e outra urbanizando os assentamentos precários. Assim, seus eixos são a política fundiária, política financeira e estrutura institucional. Por fim, seu objetivo era planejar as ações públicas e privadas, durante 15 anos, para combater o déficit habitacional.

O objetivo da PlanHab é a mobilização de recursos, através de uma ação conjunta da União, Estados, Distrito Federal e Municípios, para reduzir o déficit habitacional. Nesse viés, surge esse plano, através de ações públicas e privadas, onde busca equacionar as necessidades habitacionais no Brasil, tendo como base quatro eixos: o financiamento, arranjos institucionais, cadeia produtiva da construção civil e estratégias urbano-fundiárias.

A política habitacional teve efeito perverso, concebida para atenuar desigualdades sociais, termina ela por acentuá-la mais ainda, concorrendo para agravar a concentração da renda no país:

---

182 BONDUKI, Nabil. *Do Projeto Moradia ao Programa Minha Casa*. Revista Teoria e Debate 82, maio/junho 2009, p. 12.

Vista em seus próprios termos, faltou à política habitacional imaginação – ou decisão política – para encontrar a solução que melhor se amoldasse às condições das classes baixas. Desconheceram-se os mecanismos espontâneos de que lançam mão tais classes para atender suas necessidades habitacionais. Em consequência, limitou-se a política à ação "tapa-buraco", construindo aqui e ali conjuntos populares, arranhando mais que enfrentando o problema. A falência da política de habitações populares pode ser melhor aquilatada pela expansão do chamado mercado informal, paralelo ou clandestino, formado pelas moradias construídas sem licença das prefeituras, pelas populações de baixa renda. Indício de fraco desempenho do banco é também o crescimento acelerado dos domicílios rústicos nos últimos anos.[183]

Assim, em dezembro de 2009, foi publicado o Plano Nacional de Habitação (PlanHab)[184] com o intuito de apresentar instrumentos capazes de enfrentar as necessidades habitacionais presentes e futuras, propondo-se que é possível transformar as condições de moradia do país, com a participação ativa dos setores públicos e privados, dos agentes e dos movimentos sociais. Para o plano, o lançamento do Programa Minha Casa Minha Vida (PMCMV), em 2009, colocou em curso um conjunto de diretrizes previstas no PlanHab.

Esse PlanHab propôs incentivar, com prioridade no acesso aos recursos, os municípios a adotarem políticas fundiárias

---

183 AZEVEDO, Sérgio; ANDRADE, Luís Aureliano Gama de. *Habitação e Poder: da Fundação da Casa Popular ao Banco Nacional Habitação [on-line]*. Rio de Janeiro: Centro Edelstein de Pesquisas Sociais, 2011, p. 108.
184 "Plano Nacional de Habitação – PlanHab – é um dos mais importantes instrumentos para a implementação da nova Política Nacional de Habitação. Previsto na Lei 11.124/05, que estruturou o Sistema Nacional de Habitação de Interesse Social, ele foi elaborado, sob a coordenação da Secretaria Nacional de Habitação do Ministério das Cidades, pela consultoria do Consórcio PlanHab, formado pelo Instituto Via Pública, Fupam-LabHab-FAU--USP e Logos Engenharia, por meio de um intenso processo participativo, que contou com a presença de todos os segmentos sociais relacionados com o setor habitacional." (Plano Nacional de Habitação. Versão para debates. Brasília: Ministério das Cidades/ Secretaria Nacional de Habitação Primeira impressão, maio de 2010).

e urbanas corretas, como a instituição do imposto progressivo para combater os imóveis ociosos e subutilizados, lembrando que quase 2 mil municípios formularam planos diretores e, na sua grande maioria, não puseram em prática instrumentos para combater a especulação imobiliária.[185]

O PlanHab pretende introduzir o planejamento habitacional em nível federal, contribuindo para firmar o acesso à moradia como política social e de Estado:

> Esta não é uma tarefa fácil. Não há no setor habitacional tradição de planejamento, nem se detém de informações sistematizadas para todo o país sobre vários aspectos do problema de que estamos tratando. Mesmo com algumas restrições de dados o Estado Brasileiro busca montar uma estratégia planejada, que leva em conta a diversidade das necessidades, os custos variados de produção da moradia e o contexto dos Municípios brasileiros.[186]

Assim, o PNH, através de uma ação conjunta pública e privada, busca diminuir o déficit habitacional, no prazo de 15 anos, para isso, utiliza-se de seu mais importante instrumento que é o PlanHab, que tem como objeto implementar a PNH. O PlanHab divide-se em 3 etapas: a primeira (2009-2011), transição e implementação; a segunda (2012-2015), consolidação; e a terceira (2016-2023), conquista e resultados. Sobre a terceira etapa:

> Para esse período futuro, a expectativa é de que o programa de urbanização de assentamentos precários tenha apresentado resultados favoráveis, podendo, nesta 3ª etapa, receber uma prioridade menor, para que os esforços possam ser fortemente concentrados na produção de unidades novas.[187]

---

185 BONDUKI, Nabil. *Do Projeto Moradia ao Programa Minha Casa*. Revista Teoria e Debate 82, maio/junho 2009, p. 13-14.
186 BONDUKI, Nabil; ROSSSETO, Rossella. *O Plano Nacional de Habitação e os Recursos Para Financiar a Autogestão*. V. x, p. x, Barcelona: Scripta Nova, 2008, p. 35.
187 Plano Nacional de Habitação. Versão para debates. Brasília: Ministério das Cidades/Secretaria Nacional de Habitação, primeira impressão, maio de 2010.

Para Bonduki, o PlanHab previu um leque de alternativas habitacionais a custos unitários mais reduzidos (como lotes urbanizados e/ou material de construção com assistência técnica), com potencial de atender um número maior de famílias; já o Programa Minha Casa Minha Vida fixou-se na produção de unidades prontas, mais ao gosto do setor da construção civil. O programa não adota o conjunto das estratégias que o PlanHab julgou indispensável para equacionar o problema habitacional, sobretudo nos eixos que não se relacionavam com os aspectos financeiros; em consequência, aborda-o de maneira incompleta, incorrendo em grandes riscos, ainda mais porque precisa gerar obras rapidamente sem que se tenha preparado para isso.[188]

No mesmo sentido, considerando o desenho institucional adotado para o programa – fortemente ancorado no protagonismo do setor privado –, o PMCMV entrou em choque com os princípios do Sistema Nacional de Habitação de Interesse Social (SNHIS) pautados no papel estratégico do setor público, ignorando em larga medida as premissas e os debates acumulados em torno do Plano Nacional de Habitação de Interesse Social (PlanHab) que vinha sendo amplamente discutido desde 2007. Um dos impactos mais imediatos sobre os programas desenvolvidos no âmbito do Fundo Nacional de Habitação de Interesse Social (FNHIS) diz respeito à eliminação dos repasses de recursos para as ações de provisão habitacional.[189]

É fato e deve-se afirmar aqui de maneira bastante direta que o PMCMV injetou recursos bastante significativos na produção habitacional e que estabeleceu mecanismos de subsídio diretos e explícitos, como propunha a Política Nacional de Habitação e o PlanHab,

---

188 BONDUKI, Nabil. *Op. Cit.* p. 13-14.
189 CARDOSO, Adauto Lúcio. Vinte e Dois Anos de Política Habitacional no Brasil: Da Euforia à Crise. In: CARDOSO, Adauto Lúcio; ARAGÃO, Thêmis Amorim; JAENISCH, Samuel Thomas. Rio de Janeiro: Letra Capital; Observatório das Metrópoles, 2017, p. 29.

e assim, por meio dessa equação financeira, ampliou o atendimento para faixas de renda antes atendidas de forma restrita.[190]

Entretanto, tomando então o PlanHab como referência, pode-se ver que o PMCMV se afasta ainda mais daquilo que preconizava a política habitacional, o conhecimento de diferentes realidades para o melhor enfrentamento do déficit habitacional:

> Em um país de dimensões continentais, com profundas desigualdades regionais, sociais, econômicas e uma enorme diversidade cultural, o MCMV se expressa como uma empresa fordista na produção em grande escala, cuja imagem predominante, ainda que não a única, são "casinhas" a perder de vista. Forma única, isto sim, de execução, padronização dos produtos, interesses e arranjos das empresas racionalizando a proposição de empreendimentos, a desconsideração de uma tipologia das cidades que receberiam os investimentos e a mais intensa ligação com as necessidades habitacionais, são alguns dos elementos identificados e explorados no texto.[191]

Por outro lado, a falta de capacidade das prefeituras, Estados e do próprio agente financeiro (Caixa) para uma atuação em larga escala, os constrangimentos da cadeia produtiva, cujos produtos, em geral, não estão adequados para atender à demanda prioritária, a dificuldade de acesso e o custo da terra urbanizada e regularizada para a produção da Habitação de Interesse Social (HIS), em condições urbanas e ambientais adequadas, são obstáculos para a aplicação dos recursos, com foco na população prioritária. Por isso, o PlanHab propõe ações simultâneas nos quatro eixos.[192]

---

190 KRAUSE, Cleandro; BALBIM, Renato; NETO, Vicente Correia Lima. *Minha Casa Minha Vida, Nosso Crescimento: Onde Fica a Política Habitacional?*. Texto para discussão. Instituto de Pesquisa Econômica Aplicada. Brasília; Rio de Janeiro: Ipea, 2013, p. 45.
191 Ibid., p. 47.
192 BONDUKI, Nabil. *Do Projeto Moradia ao Programa Minha Casa*. Revista Teoria e Debate 82, maio/junho 2009, p. 12.

Por sua vez, o PMCMV tem fraca aderência às estratégias de enfrentamento do déficit habitacional, o que o distancia num primeiro momento de uma política habitacional *stricto sensu*, especialmente de habitação de interesse social:

> Seguindo esta lógica destacamos que há uma maior correlação das contratações do MCMV, para faixas de maior renda, com a demanda por habitação conforme calculada pela CAIXA, ou seja, com a expectativa de inserção das famílias no mercado por meio da compra de um imóvel. Numa perspectiva comparada, o MCMV/FGTS mostraria, portanto, melhor *focalização do programa na escala municipal*, em comparação com o MCMV-FAR.[193]

Faz-se necessário fazer uma pesquisa científica específica – que não é o objetivo desta obra – para perceber se o PMCMV acompanha as diretrizes do Plano Nacional de Habitação. Entretanto, detectamos os eixos do PlanHab, quais sejam, o financiamento, arranjos institucionais, cadeia produtiva da construção civil e estratégias urbanas fundiárias, como também seu objetivo de introduzir o planejamento habitacional em nível federal, contribuindo para firmar o acesso à moradia como política social e de Estado. No entanto, comungamos com a doutrina especialista no assunto para afirmar que o PMCMV não adota o conjunto de estratégias que o PlanHab julga necessário para diminuir o déficit habitacional no Brasil e também ignorou as premissas e os debates em torno do plano que vinha sendo discutido desde 2007.

Por tudo que foi exposto, percebe-se que o direito, através da superestrutura jurídica, traz normas que transformam os cidadãos em sujeitos de direito e, através da subjetividade jurídica, torna possível que exista a negociação, "livre e igual",

---

193 KRAUSE, Cleandro; BALBIM, Renato; NETO, Vicente Correia Lima. *Minha Casa Minha Vida, Nosso Crescimento: Onde Fica a Política Habitacional?*. Texto para discussão. Instituto de Pesquisa Econômica Aplicada. Brasília; Rio de Janeiro: Ipea, 2013, p. 46.

da moradia. Acontece que o direito à moradia, considerado como direito humano e fundamental, necessita de diversos instrumentos jurídicos, tais como o Estatuto da Cidade, o Plano Diretor, a Política Nacional de Habitação e do Programa Minha Casa Minha Vida para ser aplicado. Entretanto, essa arrumação legal tem o feito contrário, trazendo diversos obstáculos, para não efetivar o direito à moradia.

4.4. A questão da moradia e o Programa Minha Casa Minha Vida

Neste tópico, trouxemos mais uma vez os conceitos de forma jurídica, agora aplicada especificamente à moradia. O estudo da intervenção estatal para preservar essa forma, as possíveis "soluções" da doutrina marxista para eliminar a escassez de moradia, a relação entre as favelas e o déficit habitacional, a análise do Programa Minha Casa Minha Vida, compreendendo suas fases, faixas, finalidade e agentes, a responsabilidade dos Municípios, a ligação entre utilização dos investimentos públicos e o lucro das construtoras e, por fim, a união entre Estado, construtoras, Caixa e Município e suas consequências para a questão da moradia.

Para Marx, quando se introduz materialmente em nosso direito o interesse privado, que não suporta a luz da dimensão pública, deve-se dar a ele também uma forma adequada, ou seja, um processo confidencial, para que pelo menos não sejam despertadas nem nutridas ilusões perigosas e presunçosas. A forma não tem valor, se não for a forma conteúdo.[194]

Entretanto, foi Pachukanis que relacionou a forma mercadoria com a jurídica, entendendo que a forma jurídica é reflexo da forma mercantil. Ele afirma que a forma do direito, expressa por abstrações lógicas, é produto da forma jurídica

---

[194] MARX, Karl. *Os Despossuídos: Debates Sobre a Lei Referente ao Furto de Madeira*. Tradução Nélio Schneider, Daniel Bensaïd e Mariana Echalar. São Paulo: Boitempo, 2017, p. 125.

real ou concreta, uma mediação real das relações de produção. Ele apontou que a gênese da forma jurídica deve ser procurada nas relações de troca e destacou o momento que representa a mais completa realização da forma jurídica, a saber, o tribunal e o processo judicial.[195]

Como vimos no capítulo primeiro desta obra, a forma mercadoria é propriedade abstrata de valor e é constituída das relações sociais, ou seja, pelas interações sociais; já a forma jurídica é reflexo da relação social (relação dos proprietários), considerada como um dado histórico social concreto e seu desenvolvimento se dá com a circulação mercantil e é, através do princípio da equivalência, que se permite sua constituição. Além disso, detectou-se, que existe um profundo vínculo jurídico interno entre a forma jurídica e a forma mercantil.

Segundo Negri, o conceito de forma do direito para Pachukanis surge quando se coloca o problema não simplesmente da base (econômica) da qual emana o poder jurídico e se desenvolve seu funcionamento sistêmico, mas também se trata de definir a potência estendida do ordenamento legal e a convergência de legitimidade e efetividade que dá a sua força:

> Ora, insiste Pachukanis, a "forma" do direito se impõe na complexidade das condições sociais que ela encarna e exprime. Não se trata de simples forma técnica ou mera projeção de conteúdos normativos, mas da instituição do valor social do trabalho e dos equilíbrios/desequilíbrios que se desenvolvem nos processos de determinação institucional. A regra constitutiva da "forma" é a mesma que a desmistifica, como acontece nos textos que Marx dedica ao fetichismo, porque mostra as relações de força que a constituem.[196]

195　PACHUKANIS, Evgeni B. *Teoria Geral do Direito e Marxismo*. Tradução de Paula Vaz de Almeida; revisão técnica de Alysson Leandro Mascaro e Pedro Davoglio. São Paulo: Boitempo, 2017, p. 64.
196　Ibid., p. 51-52.

Por outro lado, a propriedade dos meios de produção e da terra atravessa a história, tornando-se abstrata no capitalismo através de sua forma jurídica (a propriedade privada):

> E, nesta condição, naturaliza dominando e diferenciando aos indivíduos e expandindo-se através da subordinação de todas as relações sociais à sua lógica, em diferentes formas; o desdobramento da propriedade no mundo moderno realiza-se muito além do mundo dos objetos criados no processo produtivo, dominando todas as formas de produção humana, dentre elas a cidade. Nesta perspectiva, a sociedade urbana vive a cidade como exterioridade – fonte de privação – o que atualiza os termos da alienação gerando lutas no espaço, isto é, pelo espaço da vida, na cidade.[197]

Por outro lado, a intervenção estatal é de fato necessária para preservar a forma mercadoria (assegurando as condições de funcionamento do mercado), ela também é antagonística com aquela última, ao impor um limite à expansão da forma mercadoria precisamente enquanto a medida em que a sustenta. Assim, a tendência para a generalização da forma mercadoria levanta uma contra tendência que a nega, a saber, a sempre mais abrangente intervenção estatal e a produção direta de valores de uso, isso é o que se chama de dialética da forma mercadoria.[198]

No que pertine à moradia, à quantidade, à qualidade, ao *status* e à forma da moradia resultam da conjunção de quatro sistemas:

> O sistema de produção deste bem durável que ele representa, o sistema de distribuição social deste produto, o sistema de distribuição social dos homens (função de seu lugar na produção e na gestão); o sistema de correspondência entre os dois sistemas de distribuição. O resultado

---

197 CARLOS, Ana Fani Alessandri. A Privação do Urbano e o "Direito à Cidade" em Henri Lefebvre. In: CARLOS, Ana Fani Alessandri; ALVES, Glória; PADUA, Rafael Faleiros (Orgs.). *Justiça Espacial e o Direito à Cidade*. São Paulo: Contexto, 2017, p. 59.
198 DEÁK, Csaba. *Em Busca das Categorias do Espaço*. São Paulo: Annablume, 2016, p. 181.

assim obtido articula-se no sistema ideológico (utopias urbanísticas, imagens arquiteturais etc.) que o reforça e dá-lhe uma coerência, através de sua constituição em forma material e em mito residencial. A profundidade significativa da moradia pode ser desvendada desta forma, a partir da compreensão do processo social que o determina.[199]

Um dos primeiros marxistas que analisou a questão da moradia foi Engels, em sua obra *Sobre a Questão da Moradia* quando detectou que a escassez de moradia não é peculiar da época atual, não é nem mesmo um dos sofrimentos peculiares do proletariado moderno em comparação com todas as classes oprimidas anteriores; pelo contrário, ela atingiu todas as classes oprimidas de todos os tempos de modo bastante homogêneo e para pôr um fim a essa escassez de moradia só existe um meio:

> Eliminar totalmente a espoliação e a opressão da classe trabalhadora pela classe dominante. O que hoje se entende por escassez de moradia, é o peculiar agravamento das más condições de moradia dos trabalhadores em razão da repentina afluência da população às metrópoles; é o aumento colossal dos preços do aluguel; é a aglomeração ainda maior de moradores nas casas particulares; e, para alguns, é a total impossibilidade de encontrar alojamento. E a única razão pela qual essa escassez de moradia passou a ser tema frequente é que ela não se limitou à classe trabalhadora, mas acabou atingindo também a pequena burguesia.[200]

Para Castells essa carência das moradias, as falhas de equipamento e de salubridade do espaço residencial resultam do aumento brusco da concentração urbana, num processo denominado lógica da industrialização:

---

199 CASTELLS, Manuel. *A Questão Urbana*. Tradução de Arlene Caetano. 6. ed. São Paulo: Paz e Terra, 2014, p. 249.
200 ENGELS, Friedrich. *Sobre a Questão da Moradia*. Tradução de Nélio Schneider. São Paulo: Boitempo, 2015, p. 38.

> Assim, a moradia é um dos elementos essenciais da reprodução da força do trabalho, como tal, ela segue os movimentos de concentração, dispersão e distribuição dos trabalhadores e também provoca, em caso de crise, um ponto de estrangulamento importante no processo de produção. [...]
> Assim, quanto maior a taxa de crescimento industrial (capitalista), mais intenso é o crescimento urbano, maior é a tendência à concentração em grandes aglomerados e maior é a penúria de moradias como também a deterioração do patrimônio imobiliário. É necessário contar, além disso, os mecanismos multiplicadores da crise: em situação de penúria, desenvolve-se a especulação, os preços sobem, a rigidez social faz-se maior, a dificuldade do problema amortece as iniciativas para resolvê-lo, contribuindo assim para agravá-lo e para desenvolver em espiral o círculo vicioso da crise.[201]

No mesmo viés, a escassez de moradia dos trabalhadores de uma parcela dos pequenos burgueses de nossas metrópoles modernas constitui uma das inumeráveis precariedades de menor importância, secundárias, que decorrem do atual modo de produção capitalista. De modo algum é consequência direta da espoliação do trabalhador, enquanto trabalhador, pelo capitalista. Essa espoliação é o mal fundamental que a revolução social quer abolir, abolindo o modo de produção capitalista.[202]

Embora, individualmente, o capitalista lamente a escassez de moradia, dificilmente mexerá um dedo para dissimular mesmo que superficialmente suas consequências mais terríveis, e o capital global, o Estado, também não fará mais do que isso; quando muito, tomará providências para que o grau de dissimulação superficial que se tornou usual seja aplicado em toda parte do mesmo modo.[203]

---

201 CASTELLS, Manuel. *Op. Cit.* p. 226.
202 ENGELS, Friedrich. *Sobre a Questão da Moradia*. Tradução de Nélio Schneider. São Paulo: Boitempo, 2015, p. 38.
203 Ibid., p. 100.

Assim, os problemas com a falta de moradia não são eliminados, mas apenas transferidos para outro lugar:

> A mesma necessidade econômica que os gerou no primeiro local também os gerará no segundo. E enquanto existir o modo de produção capitalista, será loucura querer resolver isoladamente a questão da moradia ou qualquer outra questão social que afete o destino dos trabalhadores. A solução está antes na abolição do modo de produção capitalista, na apropriação de todos os meios de vida e trabalho pela própria classe trabalhadora.[204]

A burguesia resolve a questão da moradia da seguinte forma: os focos de epidemias, as covas e os buracos mais infames em que o modo de produção capitalista trancafia nossos trabalhadores noite após noite não são eliminados, mas apenas transferidos para outro lugar. A mesma necessidade econômica que os gerou no primeiro local também os gerará no segundo e, enquanto existir o modo de produção capitalista, será loucura querer revolver isoladamente a questão da moradia ou qualquer outra questão social que afete o destino dos trabalhadores, a solução está na abolição do modo de produção capitalista, na apropriação de todos os meios de vida e trabalho pela própria classe trabalhadora.[205]

Por outro lado, é um contrassenso querer solucionar a questão da moradia e preservar as metrópoles modernas pois as metrópoles modernas, contudo, somente serão eliminadas pela abolição do modo de produção capitalista e, quando esta tiver sido posta em marcha, as questões que deverão ser tratadas serão de natureza bem diferente daquelas de conseguir para cada trabalhador uma casinha que lhe pertença.[206]

Engels, ainda na obra *Sobre a Questão da Moradia*, critica a ideia de Proudhon de que é necessária a abolição da moradia de

---
204 Ibid., p. 108.
205 Ibid., p. 108.
206 Ibid., p. 80.

aluguel, mais precisamente, da forma da exigência de que cada locatário seja transformado em proprietário de sua moradia:

> A moradia de aluguel será resgatada [...]. Ao atual dono da casa será pago até o último centavo do valor de sua casa. Até agora o aluguel pago representou o tributo que o locatário paga ao direito perene do capital; em vez disso, a partir do dia em que for proclamado o resgate da moradia de aluguel, a soma paga pelo locatário, regulamentada com exatidão, será o pagamento anual da prestação da moradia da qual ele tomou posse [...]. Por essa via, a sociedade [...] se transforma numa totalidade de possuidores livres e independentes de moradias.[207]

Assim, essa medida que Proudhon acreditou ser revolucionária é hoje praticada em todos os países por companhias de especuladores que, nesses termos, aumentando o preço dos aluguéis, fazem com que se pague duas a três vezes o valor das casas.[208]

O proprietário de uma moradia, na qualidade de capitalista, tem não só o direito, mas também de certo modo, em virtude da concorrência, o dever de obter por sua casa, sem nenhum escrúpulo, os aluguéis mais altos possíveis; numa sociedade desse tipo, a escassez de moradia não é um acaso, é uma instituição necessária, que só pode ser eliminada, com repercussões sobre a saúde etc., quando a ordem social da qual ela se origina for revolucionada desde a base.[209]

Por isso, a questão da moradia só poderá ser resolvida quando a sociedade tiver sido revolucionada a ponto de poder se dedicar à supressão da oposição entre cidade e campo, levada ao extremo pela atual sociedade capitalista:

---

207 Ibid., p. 50.
208 Ibid., p. 54.
209 Ibid., p. 71.

A sociedade capitalista, longe de poder suprimir essa oposição, é forçada, ao contrário, a exacerbá-la diariamente.
[...]
Em suas estruturas-modelo não existe mais a oposição entre cidade e campo. Ocorre, portanto, o contrário do que afirma Sax: não é a solução da questão da moradia que leva simultaneamente à solução da questão social, mas é pela solução da questão social, isto é, pela abolição do modo de produção capitalista que se viabiliza concomitantemente a solução da questão da moradia.[210]

Assim, para Engels a crise da moradia é uma instituição necessária que não pode ser eliminada. Comentando esse trecho da obra *A Questão da Moradia*, Castells afirma que a questão da moradia é primordialmente a de sua crise e, o que caracteriza essa crise é:

Que ela afeta outras camadas sociais além das que se encontram embaixo da escala de rendas e atinge amplos setores dos estratos médios, que se situam melhor em outros domínios do consumo, mas não podem escapar da penúria das moradias, suscitadas pela concentração urbana. Esta penúria não é uma necessidade inexorável dos processos de urbanização; ela responde a uma relação entre a oferta e a procura, a qual é determinada pelas condições sociais de produção do bem, objeto do mercado, quer dizer, a moradia.[211]

Por isso, a crise da moradia não é puramente conjuntural e simples questão de equilíbrio entre oferta e demanda, pois trata-se de uma defasagem necessária entre as necessidades, socialmente definidas, da habitação e a produção de moradias e de equipamentos residenciais. Assim, é necessária a determinação

---
210 Ibid., p. 80.
211 CASTELLS, Manuel. *A Questão Urbana*. Tradução de Arlene Caetano. 6. ed. São Paulo: Paz e Terra, 2014, p. 222.

estrutural desta defasagem, bem como suas peculiaridades históricas, pois a moradia pode ser caracterizada, por um lado, com relação ao seu lugar no conjunto do sistema econômico e, por outro, enquanto produto com características específicas.[212]

Por isso, a questão da moradia só poderá ser resolvida quando a sociedade tiver sido revolucionada a ponto de poder se dedicar à supressão da oposição entre cidade e campo, levada ao extremo pela atual sociedade capitalista:

> A sociedade capitalista, longe de poder suprimir essa oposição, é forçada, ao contrário, a exacerbá-la diariamente.
> [...]
> Em suas estruturas-modelo não existe mais a oposição entre cidade e campo. Ocorre, portanto, o contrário do que afirma Sax: não é a solução da questão da moradia que leva simultaneamente à solução da questão social, mas é pela solução da questão social, isto é, pela abolição do modo de produção capitalista que se viabiliza concomitantemente a solução da questão da moradia.[213]

Pelo exposto, segundo essa corrente marxista, para pôr um fim na escassez da moradia deve-se eliminar a espoliação e a opressão da classe trabalhadora pela classe dominante, sendo a moradia um dos elementos essenciais da reprodução da força de trabalho. No entanto, essa escassez decorre do atual modo de produção capitalista e os problemas relativos à moradia não são resolvidos, mas somente transferidos de um lugar para outro. Assim, a solução é a abolição do modo de produção capitalista e a apropriação dos meios de vida e trabalho pela classe trabalhadora.

Nesse sentido, Engels critica a ideia de Proudhon que defende o resgate da moradia, com a declaração que o valor pago pelo aluguel, por parte do locatário, sirva de pagamento pelo preço do imóvel ao proprietário, transformando o locatário em

---
212 Ibid., p. 224-225.
213 ENGELS, Friedrich. *Op. Cit.* p. 80.

proprietário. Por outro lado, argumenta que se deve acabar com o documento legal (título de propriedade), uma vez que para solucionar a questão da moradia deve-se extinguir o modo de produção capitalista, haja vista que a solução da questão social, com a abolição desse modo, soluciona também a questão da moradia.

Em contrapartida, Ferreira afirma que cerca de 40% da população das grandes cidades vive hoje na informalidade, em favelas, loteamentos irregulares ou clandestinos, cortiços ou mesmo nas ruas. Isso sem falar da parcela importante que vive dentro da legalidade, mas ainda assim em bairros e casas bastante precários. Entender a cidade sem enxergar tal contingente populacional, enquanto os noticiários são regularmente invadidos pelas tragédias – enchentes, deslizamentos, incêndios etc. – que se abatem invariavelmente sobre ele tornou-se um exercício de cinismo por demais inaceitável.[214]

No mesmo sentido, Davis atribuiu ao Brasil a proporção de 36,6% da população urbana morando em favelas, como sua tabela é uma classificação baseada em número absolutos e, para chegar a esse número, o autor soma na conta das favelas locatários informais, cortiços, loteamentos ilegais e moradores de rua, assim, o Brasil está situado como o terceiro país do mundo com maior população moradora de favelas, atrás apenas da Índia e da China.[215]

Por isso, questão fundiária e imobiliária está na base do travamento desse mercado:

> A ocupação indiscriminada de várzeas, encostas de morros, áreas de proteção de mananciais, beira de córregos enfim, áreas ambientalmente frágeis e protegidas por lei

---

214 FERREIRA, João Sette Whitaker. *Memorial Circunstanciado*. Concurso público de títulos e provas para provimento de dois cargos de professor titular, em RDIDP, referência ms-6, cargos/claros códigos Nº Sº 220345 e 152781. Edital ATAC 063/2016, AUP FAU-USP, março de 2017. Cedido pelo próprio autor, p. 37
215 MIKE, Davis. *Planeta Favela*. Tradução de Beatriz Medina. São Paulo: Boitempo, 2006, p. 221.

são as mais agredidas pela falta de alternativas de moradia no mercado legal, para a maior parte da população das metrópoles e cidades grandes.[216]

Maricato afirma que os indicadores de moradias urbanas construídas a partir da invasão de terras mostra que a invasão, espontânea ou organizada, é uma alternativa habitacional que faz parte da estrutura de provisão de habitação no Brasil:

> Nesse sentido, apesar de ilegal, ela é institucional: é funcional para a economia (barateamento da força de trabalho) e também para o mercado imobiliário privado, e é ainda funcional para a orientação dos investimentos públicos dirigidos pela lógica da extração concentrada e privatista da renda fundiária.[217]

Por tudo isso, percebe-se que em virtude do número de pessoas que moram em habitações informais, a criação das favelas se torna alternativa para a falta de habitação e a invasão de terras, apesar de ser "ilegal" é institucional e funcional para a economia, para o mercado imobiliário e para os investimentos público, como o objetivo da extração da renda fundiária.

Atualmente, sabe-se que cerca de 5 milhões[218] de domicílios residenciais estão vagos nos centros urbanos e o déficit[219]

---

216 MARICATO, Ermínia. *Brasil, Cidades: Alternativa Para a Crise Urbana*. 2. ed. Petrópolis/RJ: Vozes, 2002, p. 86.
217 Ibid., p. 83.
218 IBGE, 2010.
219 "O indicador déficit habitacional foi elaborado pela Fundação João Pinheiro para o governo federal em meados da década de 1990, e utilizado ainda hoje com algumas alterações, tal indicador tinha como finalidade orientar as definições da política nacional de habitação em contexto de restruturação institucional do setor. Ao descrever uma trajetória de construção deste mensurador, pôde-se observar as disputas travadas tanto no campo das pesquisas estatísticas quanto naquele da política habitacional." (RUSSO, Endyra de Oliveira. O Que o Indicador Indica? O Déficit Habitacional no Brasil e as Disputas em Torno de Sua Elaboração, Em Meados dos Anos 1990. In: CARDOSO, Adauto Lúcio; ARAGÃO, Thêmis Amorim; JAENISCH, Samuel Thomas. *Vinte e Dois Anos de Política Habitacional no Brasil: Da Euforia à Crise*. Rio de Janeiro: Letra Capital; Observatório das Metrópoles, 2017, p. 51).

habitacional do Brasil é de 5,8 milhões[220] de moradias. Ocorre que, a dimensão da inadequação dos domicílios era mais assustadora, 10 milhões, considerando-se apenas os critérios de carência de infraestrutura.

Esse déficit está formado por três grandes grupos: coabitação familiar, definida como o caso onde mais de uma família compartilha o mesmo lar; ônus excessivo com aluguéis, representado por famílias com renda até três salários mínimos e que gastam 30% ou mais com pagamento de aluguel; e domicílios improvisados[221].

Assim, verificou-se que o déficit se concentrava no meio urbano (67%) e, neste, o maior componente era a coabitação (77%), sendo a precariedade concentrada no meio rural (68%). De mais a mais, 25% do déficit se encontrava nas Regiões Metropolitanas (RM) e mais da metade dele atingia famílias com renda de até dois salários mínimos (SM).[222]

Entretanto, o indicador déficit habitacional é constantemente questionado quanto a sua capacidade de mensurar a carência de habitação, mesmo quando olhado o conjunto das dimensões que compõem as necessidades habitacionais definidas pela Fundação João Pinheiro em meados de 1990 e utilizadas até hoje:

> O trabalho procurou descrever o processo de conformação da metodologia oficial para o cálculo do déficit habitacional como uma necessidade de se estabelecer uma visão governamental e científica para o trato da questão. Embora não tenha incorporado inteiramente a visão empresarial sobre o problema habitacional, o expressivo número que o indicador o apresenta, e a interpretação dada a esse, qual seja, a necessidade de produção de unidades habitacionais, faz com que esse seja bastante útil para os setores interessados.

---

220 Fundação João Pinheiro, 2008.
221 Fundação João Pinheiro, 2008.
222 Fundação João Pinheiro. Dados colhidos no site, disponível em: <http://www.fjp.mg.gov.br/index.php/produtos-e-servicos1/2742-deficit-habitacional-no-brasil-3>. Acesso em 04 de agosto de 2017.

> Mesmo a tentativa de destacar a legitimidade dos investimentos em urbanização, acaba sendo negligenciada pelo uso que se faz do indicador, reforçando a dimensão da necessidade de produção. O lançamento do Programa Minha, Casa Minha Vida é exemplo dessa utilização, com respaldo no amplo e quase místico déficit habitacional no Brasil que permanece na casa de 5 milhões de unidades.[223]

Por outro lado, pelo Censo 2010 (IBGE) a população de pessoas que moram em aglomerados subnormais, alcançou em 2010, 11,4 milhões de pessoas, quase o dobro do número verificado em 2000 (6,5 milhões de pessoas), assim, os residentes em favelas passaram de 3,9% para 6,9% aumentando 65% no número de moradores encontrados em 2000.[224] Deve-se frisar que os dados do Censo não demonstram a qualidade das moradias, uma vez que uma parte da população está inserida em moradias com infraestrutura precária, nos assentamentos informais.

Para diminuir esse déficit o governo criou o Programa Minha Casa Minha Vida (PMCMV), e sua implantação está interligada com a polarização entre as lutas pelo direito à cidade e o controle privado sobre a cidade. Para isso, o Estado atua de duas formas, ao mesmo tempo como reorganizador das estruturas institucionais ligadas ao planejamento e, por outro lado, com uma ação diversa dessas estruturas, contrária ao planejamento habitacional.

Para Castells, a produção da moradia resulta da articulação dos três elementos:

> O terreno no qual se constrói, os materiais e/ou elementos incorporados na construção e a construção do imóvel

---

223 RUSSO, Endyra de Oliveira. O Que o Indicador Indica? O Déficit Habitacional no Brasil e as Disputas em Torno de sua Elaboração, Em Meados dos Anos 1990. In: CARDOSO, Adauto Lúcio; ARAGÃO, Thêmis Amorim; JAENISCH, Samuel Thomas. *Vinte e Dois Anos de Política Habitacional no Brasil: Da Euforia à Crise*. Rio de Janeiro: Letra Capital; Observatório das Metrópoles, 2017, p. 80.
224 Dados extraídos do site <http://censo2010.ibge.gov.br/>. Acesso em 01 de agosto de 2017.

propriamente dita, a saber, aplicação da força de trabalho numa dada organização, sobre os materiais de base, para produzir a habitação. As características dos três elementos, suas formas de articulação e sua relação com o mercado determinam uma forma específica do trabalho ou, como diz frequentemente, uma certa "organização da profissão".[225]

A estrutura de provisão de moradias se refere à construção, manutenção e distribuição de um estoque, que se forma a partir de diversas formas de provisão de habitação:

> promoção privada de casas, apartamentos ou loteamentos, promoção pública de casas ou apartamentos, autoconstrução no lote irregular ou na favela, autopromoção da casa unifamiliar de classe média ou média alta, loteamento irregular, entre outros. Apenas essa abordagem ampla, que toma a moradia como um produto social e histórico, pode explicar o desaparecimento de certas formas de provisão em algumas cidades.[226]

Assim, em virtude do enorme número do déficit habitacional no Brasil, além do grande número de pessoas que moram em aglomerados subnormais, o governo criou o PMCMV com o intuito de reduzir esses dados e para a produção dessas moradias deve-se levar em conta três elementos: o terreno, os materiais e a construção do imóvel. Já para o abastecimento das moradias, faz-se necessário, além da construção, a manutenção e a distribuição do estoque das moradias.

O referido PMCMV foi dividido em fases: a fase 1 foi de abril de 2009 a junho de 2011 e a fase 2 vai de junho de 2011 a

---

225 CASTELLS, Manuel. *A Questão Urbana*. Tradução de Arlene Caetano. 6. ed. São Paulo: Paz e Terra, 2014, p. 228.
226 MARICATO, Ermínia. *Por Um Novo Enfoque Teórico na Pesquisa Sobre Habitação*. Revista Cadernos Metrópole 21, 10 sem., 2009b, p. 36.

dezembro de 2014. Também foi dividido em faixas[227] de rendas, o grupo 1 para aqueles que possuem renda bruta familiar anual até R$ 15.000,00 reais e passam a ter subsídio integral; o grupo 2 para a renda bruta familiar anual de R$ 15.0001 a R$ 30.000,00 e tem descontos de R$ 7.610,00 do FGTS, subsídio para assistência técnica e equilíbrio econômico financeiro; por fim, o grupo 3, para os outros que possuem renda bruta familiar anual de R$ 30.000,01 a R$ 60.000,00 e passam a ter subsídio para assistência técnica e equilíbrio.

Em virtude desse programa, o mercado de habitação popular adquire, a partir de 2009, com o PMCMV, um mecanismo de produção/financiamento subsidiado pelo governo federal, que atesta a forte dependência desse setor em relação ao poder público (ao Estado), sobretudo quanto ao atendimento das necessidades de moradia dos setores inferiores das classes médias e dos mais pobres.[228]

Assim, o programa, mesmo sendo formalmente um único programa, com espectro de atendimento bastante amplo, compreendendo faixas de renda de zero até dez salários mínimos, na

---

227 "A Faixa 1 também é atendida por intermédio do Fundo de Desenvolvimento Social (FDS) em operações contratadas com entidades, associações e cooperativas de natureza diversa que tenham se habilitado junto ao Ministério das Cidades e que se disponham a fazer a gestão (direta ou indireta) dos empreendimentos. Trata-se de uma modalidade que incorpora discursos e práticas da produção habitacional autogestionária promovida por governos locais ao longo dos anos 1990 e início dos 2000. Nas Faixas 2 e 3, o financiamento se dá com recursos do FGTS, que se constitui como um "dinheiro mais caro", que exige retorno e cobra juros. Os níveis de subsídio nos financiamentos operados por esse, que é o principal fundo da política habitacional desde sua criação em 1966, vinham sendo aumentados desde 2004, com a aprovação da Resolução 460 do Conselho Curador do FGTS, mediante aportes orçamentários aplicados à Faixa 2 de forma inversamente proporcional à renda familiar: quanto menor a renda, maior o subsídio, até o limite da Faixa 2, considerando ainda os subsídios "indiretos" que decorrem de uma variação nas taxas de juros." (AMORE, Caio Santo. "Minha Casa Minha Vida" Para Iniciantes. In: *Minha Casa... e a Cidade? Avaliação do Programa Minha Casa Minha Vida em Seis Estados Brasileiros*. AMORE, Caio Santo; SHIMBO, Lúcia Zanin; RUFINO, Maria Beatriz Cruz (Orgs.). Rio de Janeiro: Letra Capital, 2015, p. 22).
228 VOLOCHKO, Danilo. A Reprodução do Espaço Urbano Como Momento da Acumulação Capitalista. In: CARLOS, Ana Fani Alessandri (Org.). *Crise Urbana*. São Paulo: Contexto, 2015a, p. 105.

prática pode ser visto como uma política com diferentes estratégias de atendimento conforme a faixa de renda da população, em que se diferenciam claramente dois cenários:

> Um de subsídio público à produção habitacional exclusivamente para a população de mais baixa renda (de zero a três salários mínimos), implementada em parceria com os municípios para demanda por eles indicada a partir de cadastros de beneficiários, com o uso de importantes investimentos públicos a fundo perdido (oriundos do Orçamento Geral da União – OGU e alocados no Fundo de Arrendamento Residencial – FAR), operados pela Caixa Econômica Federal.
> A outra parte do PMCMV é destinada às faixas de renda média (até dez salários mínimos), a saber, o chamado segmento econômico. É composta, minoritariamente, por recursos não onerosos (na forma de "descontos" para as faixas até seis salários mínimos) e, principalmente, recursos onerosos (a serem devolvidos na forma de pagamentos de parcelas), advindos do Fundo de Garantia por Tempo de Serviço – FGTS, e com taxa de juros reduzida e maior facilidade de acesso ao crédito.[229]

Esse programa é voltado[230] a dinamizar a economia do Brasil num momento de crise do setor financeiro mundial, como também para diminuir o déficit habitacional por atender a diferentes faixas de rendas, assim, desde que foi lançado em 2009 é o principal programa habitacional do governo federal, como também dos governos municipais, que diminuíram suas políticas

---

229 FERREIRA, João Sette Whitaker. *Produzir Casas ou Construir Cidades? Desafios Para um Novo Brasil Urbano*. São Paulo: LABHAB, FUPAM, 2012, p. 41.
230 "Art. 1º O Programa Minha Casa, Minha Vida – PMCMV – tem por finalidade criar mecanismos de incentivo à produção e aquisição de novas unidades habitacionais ou requalificação de imóveis urbanos e produção ou reforma de habitações rurais, para famílias com renda mensal de até R$ 4.650,00 (quatro mil, seiscentos e cinquenta reais) e compreende os seguintes subprogramas: I - o Programa Nacional de Habitação Urbana (PNHU); II - o Programa Nacional de Habitação Rural (PNHR)." (BRASIL. *Lei. 11.977/2009*. Disponível a partir do site <http://www.planalto.gov.br>).

habitacionais locais para dedicarem-se quase que exclusivamente ao programa federal.

Por outro lado, a política do programa divide-se em, de um lado subsídio público, a produção habitacional, para a população de baixa renda (em parceria com os Municípios), com a utilização de investimentos públicos, operados pela Caixa e, em contrapartida, destinado à renda média, denominada, segmento econômico, os descontos, recursos onerosos do FGTS, redução de juros e acesso ao crédito.

Para atingir os objetivos do programa, o governo federal deve exigir dos agentes promotores – o operador financeiro, construtoras e municípios – a observação da qualidade arquitetônica e urbanística, além de incentivar os municípios, responsáveis pela gestão do uso e ocupação do solo, para a aplicação dos instrumentos do Estatuto da Cidade, de forma a evitar os impactos urbanos relatados no capítulo anterior. Deve também promover a integração entre as esferas de governo na implementação das políticas públicas.[231]

O PMCMV prioriza que os investimentos imobiliários sejam feitos em áreas com infraestrutura e transporte coletivo, escolas, postos de saúde, mas na prática, conforme pesquisas que serão citadas, o que se detectou foi o deslocamento da população para a periferia sem acesso aos serviços públicos básicos do cidadão, assim, primeiro cria-se a moradia, depois realiza-se o investimento em infraestrutura. Cumpre frisar que a responsabilidade por tudo isso também é do Município, gestor do uso e ocupação do solo, como também responsável pela aplicação dos instrumentos urbanísticos para efetivar a moradia.

Em contrapartida, as grandes empresas do ramo de construção de habitação percorrem todo o ciclo do produto imobiliário pois são proprietárias das terras, incorporadoras, construtoras e

---

231 FERREIRA, João Sette Whitaker. *Produzir Casas ou Construir Cidades? Desafios Para um Novo Brasil Urbano.* São Paulo: LABHAB, FUPAM, 2012, p. 48.

vendedoras, necessitando de produção em escala e com o mesmo padrão, além do capital financeiro e a participação do Estado.

Essa concentração da produção habitacional em grandes empresas construtoras já vinha se esboçando, antes do lançamento do PMCMV, com o fortalecimento do segmento econômico:

> Desde o início da década de 1990 – particularmente desde 1994, com o plano de estabilização da economia (*Plano Real*) –, uma série de mecanismos regulatórios, institucionais e produtivos acabaram favorecendo a atuação de agentes privados e a ampliação do protagonismo do mercado na política habitacional brasileira. Tais mecanismos possibilitaram a constituição de um nicho bastante lucrativo para grandes empresas ao fomentar a incorporação e a construção de unidades habitacionais com valores de até USD 100 mil e destinadas a famílias que somam renda suficiente para acessar tanto os subsídios públicos (famílias de baixa renda) quanto o crédito imobiliário (famílias de média renda).[232]

Sobre a produção de moradias e o lucro das construtoras, o "Observatório das Metrópoles" avaliou que de 2006 a 2010 multiplicou-se por 16 a sua produção e bateu o teto de produção de mais de 45 mil unidades em 2010. Já o lucro líquido foi aumentado em 4.310%, entre 2006 e 2011, alcançando o patamar de R$ 760 milhões. O ano de 2011 foi um ponto de virada no desempenho operacional da empresa na medida em que a partir daí houve uma redução em quase todos os seus indicadores: em 2013, a produção baixou para aproximadamente 26 mil unidades/ano e seu lucro líquido caiu para aproximadamente R$ 420 milhões (ou seja, uma redução de quase 50% em relação a 2011).[233]

---

232 SHIMBO, Lúcia Zanin. A Forma de Produção da Habitação Social de Mercado no Brasil. In: CARDOSO, Adauto Lúcio; ARAGÃO, Thêmis Amorim; JAENISCH, Samuel Thomas. *Vinte e Dois Anos de Política Habitacional no Brasil: Da Euforia à Crise*. Rio de Janeiro: Letra Capital; Observatório das Metrópoles, 2017, p. 311.
233 Ibid., p. 312.

Esse êxito econômico das construtoras, sobretudo até 2011, pode ser explicado pela:

> Sua estrutura de produção *strictu sensu* (desde o canteiro de obras até as instâncias de gestão e decisão da empresa), pelo seu vínculo com o Estado e com o capital financeiro, e também pela sua estratégia de controle de produção do espaço urbano. Ou seja, essa forma específica de produção da habitação – a habitação social de mercado – possibilitou ganhos de escala, de lucro e de abrangência territorial, estabelecendo uma conexão inédita na estrutura de provisão habitacional no Brasil, na qual as decisões tomadas no interior da empresa impactam, significativamente, na produção do espaço urbano, muitas vezes, sem qualquer intermediação do poder público ou de agência de regulação.[234]

Por outro lado, com a abertura de capital de 24 empresas do setor imobiliário e uma forte inversão de capital externo, iniciou-se uma avassaladora procura por terrenos, num processo especulativo que chegou a ser chamado, entre 2007 e 2008, de *boom* imobiliário:

> Frente à necessidade de ampliar seu mercado, muitas empresas, tradicionalmente voltadas para a classe alta e média alta, criaram subsidiárias especializadas em produtos mais baratos, dirigidos à baixa classe média, segmento que cresceu fortemente com a política econômica e salarial do governo Lula, mas com renda ainda insuficiente para adquirir uma moradia do mercado privado. A viabilização do crédito imobiliário privado, sem subsídio, para esse segmento é decisiva para a questão habitacional.[235]

O "Observatório das Metrópoles" detectou que quando a empresa construtora abriu seu capital na Bolsa de Valores,

---

234 Ibid., p. 312.
235 BONDUKI, Nabil. *Do Projeto Moradia ao Programa Minha Casa*. Revista Teoria e Debate 82, maio/junho 2009, p. 11.

em 2007, o montante de recursos captado foi destinado para a aquisição de terrenos e para a incorporação de novos empreendimentos (45% do total):

> Para tanto, executivos da empresa saíram percorrendo sete Estados brasileiros em busca de boas oportunidades de negócio. Como resultado dessa busca, se seu banco de terrenos, em 2006, estava avaliado em aproximadamente 1,5 bilhão de reais, com capacidade para construção de 11.700 unidades, um ano depois ele aumentou em 10 vezes o seu valor e o seu respectivo número de unidades, passando para R$ 10 bilhões e mais de 107 mil unidades. Em 2012, esse valor estava em R$ 21,8 bilhões, correspondente a 173 mil unidades, num total de 8,1 milhões de metros quadrados de área útil comercializável.[236]

Acontece que o PMCMV entra em funcionamento justamente quando algumas destas empresas passaram a ter dificuldades, principalmente em decorrência da crise hipotecária norte-americana em 2008. O início das ações do PMCMV representou para o setor imobiliário uma oportunidade de reconcentração e fusão de grandes empresas que tiveram na abertura de créditos e linhas de financiamentos por parte do governo federal a oportunidade de garantirem um novo ciclo de acumulação.[237]

Ao mesmo tempo que se buscava uma solução para a crise do setor habitacional através do PMCMV, promovia-se um progressivo afastamento do Estado da resolução das questões

---

236 SHIMBO, Lúcia Zanin; A Forma de Produção da Habitação Social de Mercado no Brasil. In: CARDOSO, Adauto Lúcio; ARAGÃO, Thêmis Amorim; JAENISCH, Samuel Thomas. *Vinte e Dois Anos de Política Habitacional no Brasil: Da Euforia à Crise*. Rio de Janeiro: Letra Capital; Observatório das Metrópoles, 2017, p. 318.

237 OLIVEIRA, Julio Cezar Pinheiro de. As Dimensões Corporativas do Programa Minha Casa Minha Vida: O Dilema do Limite Entre Política Social e Política Econômica. In: CARDOSO, Adauto Lúcio; ARAGÃO, Thêmis Amorim; JAENISCH, Samuel Thomas. *Vinte e Dois Anos de Política Habitacional no Brasil: Da Euforia à Crise*. Rio de Janeiro: Letra Capital; Observatório das Metrópoles, 2017, p. 335.

relativas à problemática habitacional. Este afastamento se deu, em parte, pela entrega das decisões da política habitacional ao setor privado, que priorizou atuar na oferta de moradias com formas e modelos construtivos massificados que buscavam a maior lucratividade.[238]

Assim, percebe-se que o PMCMV tem como finalidade a diminuição do déficit habitacional, através de uma ação conjunta dos agentes promotores, operadores financeiros, construtoras e Município. Entretanto, o programa entrega as decisões da política habitacional para o setor privado, utilizando fundos públicos nesse setor, o que implica exclusão social, com o deslocamento da população para a periferia e ganhos fundiários para as construtoras com a construção das "habitações sociais".

Por outro viés, o Estado pode participar diretamente na produção das moradias, como também pode financiar e contratar a construção. Ele é ainda, em geral, o agente regulador da terra, das relações trabalhistas, das regras do financiamento privado, além de poder promover a implantação da infraestrutura e abrir novos espaços para o investimento imobiliário privado em acordo com proprietários de terra.[239]

Os Estados têm participação importante na aplicação das leis sobre uso e ocupação do solo, principalmente nas áreas de jurisdição estadual, como as áreas de proteção ambiental (APAs, APPs, Mananciais). Respondem pela aprovação dos projetos localizados nessas áreas sensíveis e de projetos de grande porte, com impacto em mais de um município. São

---

238 OLIVEIRA, Julio Cezar Pinheiro de. As Dimensões Corporativas do Programa Minha Casa Minha Vida: O Dilema do Limite Entre Política Social e Política Econômica. In: CARDOSO, Adauto Lúcio; ARAGÃO, Thêmis Amorim; JAENISCH, Samuel Thomas. *Vinte e Dois Anos de Política Habitacional no Brasil: Da Euforia* à *Crise*. Rio de Janeiro: Letra Capital; Observatório das Metrópoles, 2017, p. 435.
239 MARICATO, Ermínia. *Por um Novo Enfoque Teórico na Pesquisa Sobre Habitação*. Revista Cadernos Metrópole 21, 10 sem., 2009b, p. 42.

muitas vezes responsáveis pela infraestrutura de transporte, saneamento, iluminação e, por isso, têm interferência em empreendimentos de maior porte ou em áreas ainda não atendidas pelos serviços urbanos.[240]

No mesmo sentido, os Municípios são hoje responsáveis pela elaboração dos planos diretores e das leis de uso e ocupação do solo urbano e, portanto, têm participação importante no mercado de terras e localização dos empreendimentos habitacionais, respondem pela aprovação dos projetos e definem as medidas mitigadoras a serem executadas pelo agente promotor, caso haja necessidade em função dos impactos provocados pelo empreendimento em aprovação.[241]

Sabe-se que a prerrogativa das políticas territorial, urbana e habitacional é, desde 1988, municipal, assim, no máximo um programa de financiamento federal (ou estadual) poderá estabelecer algumas diretrizes condicionais, com a esperança que os municípios as acatem, mas não é da competência de um programa de financiamento determinar a localização de empreendimentos, nem a política fundiária municipal:

> O fato é que é das prefeituras a responsabilidade de garantir oferta de terra urbanizada bem localizada também aos mais pobres, de estabelecer normas de qualidade urbanística e edilícia, de prover infraestrutura, equipamentos e serviços. Desde 1988 devem elaborar Planos Diretores que supostamente deveriam dar diretrizes para isso, e desde 2001, com o Estatuto da Cidade, elas dispõem de um conjunto de instrumentos legais para, por exemplo, combater a retenção de terras ociosas em áreas centrais, para fazer estoques fundiários para fins de moradia, para regularizar áreas informais. Instrumentos que poderiam lhes dar a força reguladora necessária para produzir HIS em

---

240 FERREIRA, João Sette Whitaker. *Produzir Casas ou Construir Cidades? Desafios Para um Novo Brasil Urbano*. São Paulo: LABHAB, FUPAM, 2012, p. 48.
241 Ibid., p. 48.

áreas mais centrais, ainda mais quando aparecesse alguma política de financiamento mais substanciosa.[242]

Nesse sentido, a Lei 11.977/2009 (PMCMV) elencou os requisitos para a implantação de empreendimentos do Programa Nacional de Habitação Urbana (PNHU), em seu artigo 5º A:

> I - localização do terreno na malha urbana ou em área de expansão que atenda aos requisitos estabelecidos pelo Poder Executivo federal, observado o respectivo plano diretor, quando existente;
> II - adequação ambiental do projeto;
> III - infraestrutura básica que inclua vias de acesso, iluminação pública e solução de esgotamento sanitário e de drenagem de águas pluviais e permita ligações domiciliares de abastecimento de água e energia elétrica; e
> IV - a existência ou compromisso do poder público local de instalação ou de ampliação dos equipamentos e serviços relacionados a educação, saúde, lazer e transporte público.[243]

Entretanto, com o lançamento e a crescente hegemonia do PMCMV, verifica-se um retrocesso das administrações locais que:

> Com a facilidade oferecida pelo novo Programa do Governo Federal, passam a orientar-se com maior vigor na direção de transferir as famílias para áreas distantes de seus locais de origem. Essa facilidade decorre do fato de que os novos conjuntos são realizados praticamente sem recursos municipais, cabendo às administrações locais o papel de realizar cadastros e inaugurações, o que lhes aumenta o capital político, sem necessidade de alocar recursos orçamentários. Com isso, a organização da política habitacional nos dois eixos que a caracterizavam parece encontrar-se ameaçada, e a política de urbanização de

---

242 Id. *Minha Casa, Minha Vida: Notas Sobre a Responsabilidade Coletiva de um Desastre Urbano*. Anais do XVI ENANPUR, Belo Horizonte, 2015b, p. 8.
243 BRASIL. *Lei. 11.977/2009*. Disponível a partir do site <http://www.planalto.gov.br>.

> assentamentos precários começa a ser subordinada à lógica das remoções e do Programa Minha Casa Minha Vida. As consequências desse processo recaem sobre os moradores, inviabilizando o seu acesso (ainda que precário) às fontes de trabalho e renda, às redes de sociabilidade local e os moradores ainda têm que arcar com os custos – sociais e monetários – da vida em condomínio. Sem dúvida alguma, está sendo criado um passivo social que já apresenta hoje problemas graves e que terá consequências mais sérias no futuro.[244]

Percebe-se que é de competência do Poder Público local elaborar os planos diretores e as leis de uso e ocupação do solo urbano, participando do mercado de terras e da localização do empreendimento, da política fundiária municipal, como também da instalação dos serviços de educação, saúde, lazer e transporte público. Assim, cabe ao Município ofertar a terra urbanizada e bem localizada, além de estabelecer os instrumentos urbanísticos, infraestrutura, equipamentos e serviços.

Entretanto, conforme detectado nas pesquisas apresentadas, os empreendimentos do PMCMV não atendem a esses requisitos, ocasionando uma segregação, com a transferência das famílias para áreas distantes de seu local de origem, o que implica em inviabilidade ao acesso às fontes de trabalho e renda, às redes de sociabilidade local, além dos altos custos em virtude de morar em condomínios.

O PMCMV se estrutura sobre um modelo de mercantilização do bem que se propõe a ofertar a moradia a partir da transferência (ou aquisição) da propriedade do bem:

> Um primeiro impacto sobre a sustentabilidade do programa diz respeito ao fato de que, uma vez transferido, o bem

---

[244] CARDOSO, Adauto Lúcio; MELLO, Irene de Queiroz e; JAENISCH, Samuel Thomas; GRAZIA, Grazia de. A Retomada das Remoções na Cidade do Rio de Janeiro e o Programa Minha Casa, Minha Vida. In: CARDOSO, Adauto Lúcio; ARAGÃO, Thêmis Amorim; JAENISCH, Samuel Thomas. *Vinte e Dois Anos de Política Habitacional no Brasil: Da Euforia à Crise*. Rio de Janeiro: Letra Capital; Observatório das Metrópoles, 2017, p. 225.

tem um valor de mercado, o que permitiria ao beneficiário capitalizar o valor monetariamente, transferindo-o para outra pessoa. Isso pode significar – e ocorre frequentemente – que essa transferência implique um desvio em relação aos objetivos sociais do programa, já que acabariam sendo beneficiadas pessoas de faixas de renda mais elevadas, que se aproveitariam dos subsídios promovidos. Por conta desse problema, o programa estabelece um conjunto de limitações visando evitar transferências prematuras, mas há sempre o risco de transações realizadas informalmente.[245]

Um outro problema, mais sério, diz respeito ao fato de que uma política habitacional dotada de amplos recursos de subsídios e financiamentos direcionados tem como consequência imediata um aquecimento do mercado e uma tendência à elevação dos preços da terra, cuja oferta tem pouca elasticidade em relação à demanda:

> A elevação dos preços da terra, aliada ainda ao aumento da demanda por insumos para a produção, gera um crescimento dos custos de produção significativamente superior à valorização média de outros bens e à inflação. Para enfrentar esse problema, a proposta original de política habitacional presente no Projeto Moradia colocava em plano relevante a adoção de medidas de controle da valorização e da especulação com a terra. Isso, todavia, não aconteceu, o que levou a que a cada edição do PMCMV se fizessem reajustes significativos dos valores teto de produção, implicando em um crescimento dos gastos públicos com subsídios superior ao crescimento do volume de produção. Este foi um dos fatores que pode ter levado ao sucessivo adiamento do lançamento da terceira edição do programa, já que o governo, em 2015, havia adotado medidas importantes de contenção dos gastos e de ampliação dos juros.[246]

---

245 Ibid., p. 42-43.
246 CARDOSO, Adauto Lúcio. *Vinte e Dois Anos de Política Habitacional no Brasil: Da Euforia à Crise*. In: CARDOSO, Adauto Lúcio; ARAGÃO, Thêmis Amorim; JAENISCH, Samuel Thomas. Rio de Janeiro: Letra Capital; Observatório das Metrópoles, 2017, p. 42-43.

Por outro lado, a especulação imobiliária provém essencialmente da penúria das moradias, que ela contribui para reforçar:

> Com efeito, numa situação relativamente equilibrada entre oferta e demanda das moradias, a especulação recai apenas sobre certas zonas (centro da cidade, zonas de boa densidade etc.) e não sobre o conjunto do aglomerado ou mesmo sua periferia. Portanto, se do ponto de vista de uma política de habitação, o primeiro obstáculo a vencer é a especulação imobiliária (pois uma vez que ela aparece, seu mecanismo absorve todos os orçamentos-moradias de que se pode dispor), ela não está na base da enorme defasagem entre construção e necessidade de moradias. As razões fundamentais desta defasagem devemos encontrar no próprio processo de produção.[247]

Por tudo isso, o PMCMV trouxe um modelo de mercantilização do bem, uma vez que todo bem tem um valor de mercado, o que permite ao beneficiário capitalizar o valor monetariamente, transferindo-o a outra pessoa quando a venda for possível. Por outro lado, ocasiona o aquecimento do mercado e a elevação dos preços da terra, assim, a elevação dos preços da terra junto com o aumento da demanda por insumos para a produção, gera um crescimento dos custos de produção maior do que a valorização média dos outros bens e à inflação. Por fim, gera a especulação imobiliária sobre certas zonas, tais como centro da cidade e zonas de boa densidade.

Entretanto, na prática, defende Ferreira, que o programa acentua o processo de segregação dos mais pobres em conjuntos periféricos e estigmatizados. As casinhas enfileiradas, sem nenhuma qualidade arquitetônica e construtiva, que pouco ou nada se integram à cidade, com poucos equipamentos e

---
247 CASTELLS, Manuel. *A Questão Urbana*. Tradução de Arlene Caetano. 6. ed. São Paulo: Paz e Terra, 2014, p. 230.

implantação paisagística monótona, são hoje o modelo de urbanização predominante no país.[248]

Essa segregação urbana, conforme Castells, é a tendência à organização do espaço em zonas de forte homogeneidade social interna e com intensa disparidade social entre elas, sendo esta disparidade compreendida não só em termos de diferença, como também de hierarquia:

> Existe, por um lado, a interação entre as determinações econômicas, política, ideológica, na composição do espaço residencial; por outro lado, existe um reforço da segregação, um transbordamento de seus limites tendenciais ou modificação dos fatores de ocupação do solo, segundo a articulação da luta de classes no local de residência, por exemplo através da comunidade de grupos pelas fronteiras ecológicas.[249]

A segregação urbana é expressão, em nível da reprodução da força de trabalho, das relações complexas e mutáveis que determinam suas modalidades, assim, não há espaço privilegiado antecipadamente, em termos funcionais, sendo o espaço definido e redefinido segundo a conjuntura da dinâmica social. Isso quer dizer concretamente que a estrutura do espaço residencial sofre as seguintes determinações:

> Em nível econômico, ela obedece à distribuição do produto entre os indivíduos e à distribuição específica deste produto que é a moradia. Este fator está na base do conjunto do processo.
> [...]

---

248 FERREIRA, João Sette Whitaker. *Minha Casa, Minha Vida: Notas Sobre a Responsabilidade Coletiva de um Desastre Urbano*. Anais do XVI ENANPUR, Belo Horizonte, 2015b, p. 6.
249 CASTELLS, Manuel. *A Questão Urbana*. Tradução de Arlene Caetano. 6. ed. São Paulo: Paz e Terra, 2014, p. 250.

> Em nível político-institucional, a "democracia local" tende a reforçar as consequências da segregação, praticando uma política de serviços em função dos interesses da fração dominantes de cada unidade administrativa.
> [...]
> Em nível ideológico, a segregação residencial ocorre por dois movimentos bem diferentes.[250]

Pelo exposto, já repetimos diversas vezes que a utilização de fundos públicos para a construção de habitações em larga escala de forma dissociada de uma política de gestão e de terras tem como consequência a exclusão social e ganhos fundiários. Além disso, o PMCMV funda-se na noção de casa como mercadoria e não como direito fundamental que é, adotando a produção nova como modelo único de produção, desvinculada do urbanismo e dos direitos à cidade. Por fim, esse programa gera a segregação, uma vez que o espaço é definido pela dinâmica social e sua estrutura é determinada em nível econômico, político-institucional e ideológico.

Nesse viés, os conjuntos residenciais, levantados com dinheiro público, mas por firmas privadas, para as classes médias baixas e os pobres:

> Situam-se quase invariavelmente nas periferias urbanas, a pretexto dos preços mais acessíveis dos terrenos, levando, quando havia pressões, a extensões de serviços públicos como luz, água, às vezes a esgotos, pavimentação e transportes, custeados, também, com os mesmos recursos. É desse modo que o BNH contribui para agravar a tendência ao espraiamento das cidades e para estimular a especulação imobiliária. A construção de um conjunto residencial, e a consecutiva dotação de infraestruturas, valoriza os terrenos ao derredor, estimulando os proprietários a uma espera especulativa. Produzem-se novos vazios

---
250 Ibid., p. 262-263.

urbanos, ao passo que a população necessitada de habitação, mas sem poder pagar pelo seu preço nas áreas mais equipadas, deve deslocar-se para mais longe, ampliando o processo de periferização.[251]

Com o PMCMV, o Estado canaliza os recursos públicos para aquela produção/acumulação capitalista ocupada com a satisfação de parte das necessidades da reprodução da força de trabalho: a moradia, mas sobretudo para reproduzir os capitais presentes na sua realização como mercadoria. Após cinco anos de andamento do programa, as críticas convergem para o seguinte ponto: quando se observa o quadro do déficit habitacional no Brasil, vê-se que 89,6% desse déficit diz respeito às famílias com renda mensal entre 0 e 3 salários mínimos, faixa para a qual têm sido contratados menos financiamentos.[252]

No mesmo caminho, Harvey releva o papel múltiplo que os subsídios estatais para habitação representam para a indústria da construção de moradias:

> Em primeiro lugar, os subsídios do Estado para a indústria constituem um suporte Keynesiano para a economia e um regulador importante do crescimento. Em segundo lugar, a posse de uma casa de moradia é visualizada como um meio pelo qual as reivindicações do trabalhador foram divididas em preocupações relativas ao trabalho e preocupações referentes à qualidade de vida, em que esta recebe a maior ênfase da parte do Estado (socialização do capital). Finalmente, o fato de uma porção importante da classe trabalhadora possuir uma propriedade quebra ainda mais a consciência de classe e faz com que o grupo

---

251 SANTOS, Milton. *A Urbanização Brasileira*. 5. ed. São Paulo: Editora da Universidade de São Paulo, 2013, p. 124.
252 VOLOCHKO, Danilo. A Reprodução do Espaço Urbano Como Momento da Acumulação Capitalista. In: CARLOS, Ana Fani Alessandri (Org.). *Crise Urbana*. São Paulo: Contexto, 2015a, p. 113.

de proprietários da classe trabalhadora se alie aos capitalistas e contra aqueles que vivem de aluguel.[253]

Assim, o setor da construção civil transborda os investimentos do PMCMV para os demais setores do mercado, visto que há uma complexa inter-relação entre os agentes econômicos por meio da cadeia produtiva do setor de habitação, ligando desde fornecedores de matérias-primas, prestações de serviços, insumos, entre outros e, ainda, atividades que trabalham os produtos imobiliários prontos, como hotéis, aluguéis, administração e consultorias.[254]

Por tudo isso, detecta-se que a utilização dos fundos públicos por parte do Poder Público para o PMCMV faz com que o setor privado (especialmente as construtoras) se beneficie dos subsídios públicos, além de canalizar esses recursos para a produção/acumulação capitalista, fazendo com que haja o crescimento das construtoras desse setor que transbordam os investimentos públicos para outros setores do mercado.

Por outro lado, não é objeto dessa obra avaliar o PMCMV, mas analisar as pesquisas científicas já realizadas, como também a doutrina especializada no tema, para podermos compreender melhor as consequências que o programa trouxe em relação ao déficit habitacional e entender sua relação com as construtoras, Caixa Econômica Federal e Municípios, além de detectar a qualidade nas produções das moradias.

Volochko, analisando os empreendimentos do PMCMV, percebe que a tecnologia construtiva de muitos empreendimentos é voltada para a otimização da construção, utilizando formas e materiais pré-fabricados que permitam uma montagem mais rápida e padronizada. A aprovação desses grandes condomínios,

---
253 GOTTDIENER, Mark. *A Produção Social do Espaço Urbano*. 2. ed. São Paulo: Edusp, 2016, p. 137.
254 PEREIRA, Luiz Ismael; BALCONI, Lucas Ruíz. Direito Econômico e Políticas Sociais: Impacto Econômico do Programa Minha Casa Minha Vida. In: DUARTE, Clarice Seixas Duarte et al. (Orgs.). *Reflexões Acadêmicas Para Superar a Miséria e a Fome*. Bauru/SP: Canal 6, 2016, p. 345.

que abrigam milhares de famílias, junto ao poder público costuma ser marcada por uma maior permissividade dos órgãos municipais, a despeito do fato de que nos empreendimentos financiados pela Caixa Econômica Federal, como Minha Casa Minha Vida, existem critérios e normas construtivas que devem ser fiscalizadas por um corpo de engenheiros.[255]

O mesmo autor nota que os novos moradores dos condomínios habitacionais produzidos nesse processo são procedentes em sua maioria de espaços já periféricos, embora de periferias menos distantes, o que leva a crer que existe uma sujeição desses grupos a um maior afastamento explicada pela tentativa de tornarem-se proprietários formais de suas casas, o que apenas pode ocorrer em espaços distantes e menos valorizados.[256]

No mesmo trilhar, Ferreira defende que a produção pública hoje, em regra geral, ainda não é boa, do ponto de vista arquitetônico:

> Reproduz os modelos do período do BNH, com conjuntos de milhares de casas idênticas, de péssima arquitetura. A habitação popular tornou-se sinônimo de baixa qualidade. Deixa-se também contaminar pela má qualidade arquitetônica da produção privada para a renda média, do segmento econômico. Parece paradoxal, em um país em que a eficiência do setor privado é geralmente muito festejada, que hoje o setor público para baixa renda produza – mesmo que em quantidade ainda muito pequena – exemplos de conjuntos habitacionais com mais qualidade do que os produzidos pelo mercado privado do segmento econômico.[257]

---

255 VOLOCHKO, Danilo. A Reprodução do Espaço Urbano Como Momento da Acumulação Capitalista. In: CARLOS, Ana Fani Alessandri (Org.). *Crise Urbana*. São Paulo: Contexto, 2015a, p. 109.
256 Ibid., p. 106.
257 FERREIRA, João Sette Whitaker. *Produzir Casas ou Construir Cidades? Desafios Para um Novo Brasil Urbano*. São Paulo: LABHAB, FUPAM, 2012, p. 56.

Além disso, Rolnik entende que o PMCMV não contribuiu para qualificar as áreas onde os empreendimentos são implantados e reduzir sua precariedade:

> Pois a forma do condomínio fechado e murado reproduz enclaves fortificados, fragmentados e desconexos, não transformando ou qualificando. Essa forma de condomínio exige dos moradores o pagamento de uma taxa mensal de manutenção, que em muitos condomínios pesquisados existe a inadimplência. Existem também empreendimentos dominados por grupos ligados ao tráfico de drogas e/ou milícias. Por fim, dados demonstram como a violência está fortemente presente nos empreendimentos.[258]

Por outro lado, argumenta Rizek que o PMCMV acaba por se constituir em profunda despolitização da questão da moradia e, sobretudo, do acesso à cidade:

> A construção da demanda dos grupos candidatos a beneficiários empreendimentos, se dá, sobretudo, através de relações de âmbito privado, relações de parentesco ou amizade, oriundas de relações pessoais, e é raro entre os grupos pesquisados encontrar alguém com nítida trajetória de luta no movimento de moradia, com tempo de participação que exceda o tempo de formação do grupo e assinatura do contrato, são relações que acabamos por denominar "associativismo de ocasião".[259]

Por tudo isso, percebe-se que as moradias construídas através do PMCMV têm uma tecnologia voltada à otimização da construção, com a montagem rápida e padronizada e, do ponto de

---

258 ROLNIK, Raquel. *Guerra dos Lugares: A Colonização da Terra e da Moradia na Era das Finanças*. 1. ed. São Paulo: Boitempo, 2015, p. 314-316.
259 RIZEK, Cibele Saliba; AMORE, Caio Santo; CAMARGO, Camila Moreno de. Política Habitacional e Políticas Sociais: Urgências, Direitos e Negócios. In: Ana Fani Alessandri Carlos, Danilo Volochko, Isabel Pinto Alvarez (Orgs.). *A Cidade Como Negócio*. São Paulo: Contexto, 2015b, p. 117.

vista arquitetônico, as casas são idênticas, com péssima arquitetura e baixa qualidade. Por outro lado, a forma como são construídos os condomínios, fechado e murado, fragmentado e desconexo, tornam-se sem qualificação. Por fim, existe a despolitização da questão da moradia, uma vez que os beneficiários são escolhidos através de relações privadas, quais sejam, parentesco ou amizade.

O "Observatório das Metrópoles" detectou que entre 2004 e 2005, os financiamentos eram provenientes, basicamente, do Programa Crédito Associativo (operacionalizado pela Caixa) e do financiamento contraído diretamente com a construtora (que correspondia a aproximadamente 60% do total dos financiamentos). Entre 2006 e 2008, surge o financiamento bancário, contraído junto aos bancos comerciais, e que passa a ser majoritário nesse período. Por fim, entre 2009 e 2013, há o aumento considerável da participação do Crédito Associativo, que passa a abarcar em torno de 80% dos financiamentos contraídos.[260]

Além disso, por ser um programa de financiamento e não uma política habitacional e urbana, quem assegura a fiscalização dos parâmetros de qualidade arquitetônica e urbanística é um banco, a Caixa:

> Cuja vocação, evidentemente, não é bem essa, e cujo poder sobre os municípios no que tange à organização do território também é limitado, apesar da boa vontade de seus técnicos, e de seus escritórios regionalizados.
> Condicionam as aprovações de empreendimentos por critérios técnicos de projeto e urbanismo que muitas vezes se mostram rigorosos demais em quesitos pouco essenciais, mas pouco efetivos em aspectos importantes para a qualidade urbanística. Somam-se aos critérios da Caixa (como por exemplo o chamado Selo Azul) algumas

---

260 SHIMBO, Lúcia Zanin. A Forma de Produção da Habitação Social de Mercado no Brasil. In: CARDOSO, Adauto Lúcio; ARAGÃO, Thêmis Amorim; JAENISCH, Samuel Thomas. *Vinte e Dois Anos de Política Habitacional no Brasil: Da Euforia à Crise*. Rio de Janeiro: Letra Capital; Observatório das Metrópoles, 2017, p. 322.

outras tentativas de parametrização, como novas normas de desempenho dos materiais de construção, a exigência de projetos universais (que possam ser convertidos em projetos acessíveis) que, de alguma forma, ajudam a melhorar um pouco a qualidade dos projetos. Ainda assim, estamos longe de uma mudança real de qualidade.[261]

Por outro lado, a gestão operacional dos recursos destinados à concessão da subvenção do PNHU é efetuada pela Caixa Econômica Federal e os Ministros de Estado das Cidades e da Fazenda fixarão, em ato conjunto, a remuneração da Caixa Econômica Federal pelas atividades exercidas no âmbito do PNHU.[262]

No mesmo sentido, é limitado o poder político da Secretaria Nacional de Habitação na condução do programa, face à Caixa Econômica Federal, que o opera financeiramente, ou mesmo a outras secretarias do Governo Federal, e as iniciativas tomadas têm pouco efeito:

> Mesmo limitando os condomínios a 300 unidades, nada impede as construtoras de, com a complacência interessada dos municípios, enfileirarem dez ou mais condomínios, produzindo conjuntos de 3 mil unidades. A determinação de localizar os empreendimentos em áreas de extensão urbana não impede que câmaras municipais, em um exemplo folclórico mas indicativo das relações ainda arcaicas que regem a ordenação do território, denominem como tal a distante fazenda do genro do primo do filho do prefeito, e assim por diante. Além do mais, as desigualdades regionais brasileiras produzem situações pitorescas: em pequenas cidades de regiões muito pobres, satisfazer as exigências de infraestrutura – como asfalto, luz, linhas de ônibus – significa transformar o empreendimento do

---

261 FERREIRA, João Sette Whitaker. *Minha Casa, Minha Vida: Notas Sobre a Responsabilidade Coletiva de Um Desastre Urbano*. Anais do XVI ENANPUR, Belo Horizonte, 2015b, p. 10.
262 Art. 9º (BRASIL. *Lei 11.977/2009*. Disponível a partir do site <http://www.planalto.gov.br>).

PMCMV em um bairro mais luxuoso do que as áreas "nobres", porém paupérrimas, da cidade.[263]

Em contrapartida, Ferreira defende que dar moradia não significa apenas dar teto, mas sim dar "cidade", com tudo que isso implica: mobilidade, acesso ao comércio, aos empregos, a equipamentos e serviços, espaços públicos de qualidade etc. Como é quase impossível – e extremamente custoso – garantir essa equação urbana em bairros distantes e desprovidos de tudo, onde geralmente se localizam os conjuntos para os mais pobres, ou seja, resolver "de verdade" o problema da habitação significaria tornar nossas cidades democráticas, alterando radicalmente sua lógica de produzir segregação, desigualdade e intolerância.[264]

Assim, quando se menciona o direito de habitar, a cidade não pode reduzir o tema ao acesso a uma unidade residencial em um bloco de apartamentos ou a uma casa em conjunto habitacional – edificações geralmente produzidas em série pela racionalidade mercantil estatal e privada. É preciso valorizar experiências mais ricas de habitação em curso nas favelas e periferias, elevando-as à condição de direito, direito à morada:

> A concepção de morada aqui destacada significa a inserção de pessoas em relações de pertencimento, tangíveis e intangíveis, que estabelecem horizontes de sentido do território em uso, uma vez que reúne recursos sociais (escolas, postos de saúde, creches), recursos afetivos (amores, paixões, parentescos, amizades) e recursos simbólicos (igrejas, bares, blocos de carnaval, escolas de samba, campos de futebol, terreiros de umbanda e de candomblé), mobilizados e compartilhados por indivíduos, famílias e grupos sociais,

---

263 FERREIRA, João Sette Whitaker. *Minha Casa, Minha Vida: Notas Sobre a Responsabilidade Coletiva de Um Desastre Urbano*. Anais do XVI ENANPUR, Belo Horizonte, 2015b, p. 10.
264 Ibid., p. 5.

no processo de atribuir significado às suas exigências e de sua tenaz permanência na cidade.[265]

Por fim, o CNPq junto com o Ministério das Cidades, lançou em 2012 um edital de pesquisa para avaliar o PMCMV, do qual resultou 11 equipes contempladas que formaram a Rede Cidade e Moradia e avaliaram empreendimentos de 22 municípios em 6 Estados: Pará, Ceará, Rio Grande do Norte, Minas Gerais, Rio de Janeiro e São Paulo, e concluíram em outra pesquisa publicada pelo "Observatório das Metrópoles" em 2015:

> a) como são as construtoras – em sua relação com a Caixa – que definem o projeto e sua localização, tem prevalecido no programa um padrão de produção com fortíssima homogeneização das soluções de projeto arquitetônico e urbanístico e das técnicas construtivas, independentemente das características físicas dos terrenos ou das condições bioclimáticas locais; b) os Municípios permitem a construção dos empreendimentos em localizações mais baratas, como por exemplo, em zonas rurais englobadas por alterações nos perímetros urbanos, que reproduzem um padrão de cidade segregada e sem urbanidade, pois são mal servidas por transporte, infraestrutura ou oferta de serviços urbanos adequados ao desenvolvimento econômico e humano; c) os processos de seleção da demanda feito por meio de cadastro das prefeituras nem sempre são transparentes; d) programa habitacional que atende prioritariamente aos interesses do setor privado, sem vínculos necessários com uma política urbana e fundiária, que estima o aumento dos preços dos imóveis na cidade e tem gerado péssimas inserções urbanas e segregação social, e) o programa baseia-se numa produção padronizada e em larga escala, desarticulada das realizadas locais, mal inserida e

---

265 BARBOSA, Jorge Luiz. As Favelas na Reconfiguração Territorial da Justiça Social e dos Direitos à Cidade. In: CARLOS, Ana Fani Alessandri; ALVES, Glória; PADUA, Rafael Faleiros (Orgs.). *Justiça Espacial e o Direito à Cidade*. São Paulo: Contexto, 2017, p. 183.

isolada da cidade, a partir de um modelo de propriedade privada condominial.²⁶⁶

Assim, desde o início dos anos 1980, nunca as perspectivas foram tão boas para o enfrentamento em larga escala do problema habitacional, inclusive para a baixa renda. No entanto, se não forem tomadas as medidas necessárias no âmbito do planejamento habitacional, da regulação urbana, da cadeia produtiva da construção civil e da capacitação institucional, o crédito farto poderá gerar um *boom* imobiliário, mas novamente os setores de baixa renda poderão ficar de fora, reproduzindo-se o tradicional processo de exclusão territorial.²⁶⁷

Por tudo que foi exposto, detecta-se que os empreendimentos construídos através do PMCMV utilizam tecnologia voltada à otimização da construção, produzindo uma moradia que não é boa arquitetonicamente, não qualificando as áreas dos empreendimentos e constituindo uma despolitização da questão da moradia. Por fim, as moradias construídas pelo programa estão desvinculadas das características físicas e climáticas locais. Suas localizações são ruins, sem transporte, infraestrutura e serviços urbanos; a seleção dos beneficiários não é transparente; atende ao setor privado desvinculado da política urbana e fundiária; além de ser desarticulado com as realidades locais.

---

266 RUFINO, Maria Beatriz Cruz; SHIMBO, Lúcia Zanin; AMORE, Caio Santo (Orgs.). *Minha Casa... e a Cidade? Avaliação do Programa Minha Casa Minha Vida em Seis Estados Brasileiros*. Rio de Janeiro: Letra capital, 2015, p. 419-422.
267 BONDUKI, Nabil. Política Habitacional e Inclusão Social no Brasil: Revisão Histórica e Novas Perspectivas no Governo Lula. In: Ivo Dickmann; Ivanio Dickmann (Orgs.). *A Questão da Habitação Popular*. 1. ed. Curitiba: Base Editorial; IBEP, 2015, p. 104.

CONCLUSÃO

A partir das teorias e exposições realizadas, conheceu-se a forma jurídica atual e entendeu-se que nas fases pré-capitalistas o direito estava contido em outras formas sociais, pois a forma jurídica não era bem desenvolvida, uma vez que se encontrava misturada com as relações sociais. A atual forma jurídica, vinculada ao sujeito de direito, decorre da forma mercantil e é, na mercadoria, que está a parte principal da reprodução capitalista, por isso, as relações econômicas criam as relações jurídicas, ligadas ao sistema econômico, que têm como fundamento a propriedade privada e a forma jurídica.

Compreendeu-se que a forma jurídica é reflexo da relação social, qual seja, relação dos proprietários dessas mercadorias, considerada um dado histórico – social concreto –, e seu desenvolvimento, decorre da circulação mercantil e das relações de produção capitalistas. Foi necessário que a lei reconhecesse a recíproca propriedade dos proprietários, por meio da relação jurídica entre os sujeitos de direito "livres e iguais", permitindo que os proprietários, por meio dos contratos, de acordo com sua vontade, pudessem vender a propriedade privada capitalista, fazendo circular a mercadoria propriedade privada.

Identificou-se que o sujeito de direito nasce das relações de produção capitalista (forma-mercadoria) e não do Estado, mas é o Estado, que concede a esses sujeitos, através das normas, a "liberdade e igualdade" para realizar os negócios jurídicos, considerados como fundamento de todo o direito. Esse sujeito pode perder, através dessas mesmas normas estatais, diversos direitos, mas não a subjetividade jurídica, a qual possibilita a realização do contrato e a venda da propriedade privada capitalista.

Viu-se que o Estado, para Marx, é uma forma de organização em que a burguesia se utiliza para a garantia da propriedade e de seus interesses, utilizando-o para que a classe dominante possa valer-se dos seus interesses comuns, mas, essa dominação, não acontece de forma direta e imediata, mas como um poder impessoal.

Entretanto, atualmente, o Estado e o Direito são formas que derivam da troca mercantil, mas o Estado, muitas vezes, não protege a propriedade privada capitalista de forma intransigente, pois, se for necessário, para a manutenção da sociabilidade capitalista, ele pode ir de encontro à propriedade privada, expropriando-a. Identificou-se que uma das áreas de maior interferência do Estado é a de produção do espaço, ou seja, produção/transformação de estruturas espaciais, ou ainda, ambientes construídos.

Compreendeu-se que a concepção de Estado dada pela teoria da derivação do Estado e do direito, muda os mecanismos de atuação e os modos de intervenção do Estado, não reduzindo o Estado a mero instrumento de classes dominantes, mas entendendo-o como forma política específica da sociabilidade capitalista, derivado das categorias da economia capitalista, do processo de produção e circulação de mercadorias e da acumulação de capital.

Aprendeu-se que o direito é o modo de organização da subjetividade jurídica que permite a circulação mercantil, e a forma do direito é a da equivalência subjetiva autônoma, só existindo o direito em uma relação equivalente, na qual homens são reduzidos na mesma unidade comum de medida, em virtude de sua dependência ao capital.

Acontece que, o direito, como temos hoje, passou a existir na Idade Contemporânea, após a Revolução Industrial e interligado à forma jurídica, à subjetividade jurídica, aos sujeitos de direito e ao contrato. O direito possui uma forma ideológica, e sua dominação pode se dar de forma técnica, com a "exclusão" dos privilégios das classes e, de forma ideológica, com a utilização da igualdade formal e não concreta, na qual esconde-se a real desigualdade, utilizando do contrato e dos sujeitos de direito para concretizar a exploração capitalista.

Nesse sentido, o elemento mais fundamental da estrutura jurídica é a relação de propriedade que tem base econômica e, essa estrutura, compreende as normas estatais e as relações sociais e, quando essas relações sociais passam a ter coerção, por meio da organização estatal, o direito passa a poder ser exigido dos indivíduos.

O segundo capítulo desta pesquisa buscou compreender a cidade e o urbano nas obras dos teóricos Henri Lefebvre e David Harvey. A abordagem do filósofo Lefebvre está entre a filosofia materialista e a prática social, possibilitando entender vários conceitos, dentre eles, o de cidade como decorrente da história, que lhe cabe o trabalho espiritual e intelectual e da organização político-econômica, cultural e militar; considerando a cidade como fruto da cisão da totalidade, entre natureza e razão; da primeira divisão social do trabalho, entre cidade e campo. Lefebvre defende que a base da hegemonia capitalista são as relações de propriedade vigentes que dão base à sociedade em seu nível mais profundo.

Lefebvre define, também, o direito à cidade como o direito à vida, transformada, renovada, ligada à globalidade, ao direito de figurar sobre todas as redes e circuitos de comunicação, de informação e troca. Entretanto, manifesta-se no direito à liberdade, à individualização, ao *habitat* e ao habitar, na socialização; tendo seu sentido conferido pelo uso desses direitos, nos modos de apropriação do ser humano para a produção de sua vida.

O teórico francês entendeu que a industrialização acarretou a urbanização total da sociedade, iniciando-se uma fase denominada mundialização, com a destruição das particularidades locais de cada cidade, em favor do mercado global. A sociedade industrial configura-se, então, não como um fim em si mesma, mas como preparatória para o urbanismo.

Por isso, o urbano impõe-se em escala mundial do duplo processo de implosão-explosão da cidade, aparecendo enquanto realidade real e concreta, ligada à vida do homem e manifestada no curso da explosão da cidade. Nesse sentido, esse duplo processo industrialização *versus* urbanização, produziu a explosão *versus* implosão, que é a problemática atual das cidades, pois a implosão surge quando a industrialização nega a centralidade na cidade e, a explosão, ocorre na projeção dos fragmentos urbanos da malha urbana pelas periferias da cidade.

Lefebvre defende que o urbanismo é funcional e não consegue sair de uma crise permanente entre o interesse público e o privado, implicando um duplo fetichismo, o da satisfação ao fornecer um objeto e, o do espaço, pois quem cria o espaço cria o que preenche, transformando a urbanização no sentido, no objeto e na finalidade da industrialização.

Em relação ao espaço, Lefebvre entende que representa a ordem sincrônica da realidade e o tempo denota a ordem diacrônica, assim, o tempo e o espaço só podem ser compreendidos em um contexto de uma sociedade, pois são fundamentos históricos que entram na prática social como modo de existência real. Assim, o espaço é produto social, atrelado à realidade social, não existindo espaço em si mesmo, pois ele é produzido.

Diferencia-se habitar de moradia, considerando o termo habitar ligado à arquitetura, condição revolucionária, pois opõe-se à homogeneização do capital, trata-se do direito à cidade no sentido político mais profundo. Já o direito à moradia, não reconhecido formal e materialmente, desvincula-se de um pensamento urbanístico que dirige as iniciativas do governo, atrelando-se a um projeto com o intuito de oferecer moradias mais rápidas pelo menor preço. Essa moradia oculta os problemas da cidade, e é considerada um aspecto subordinado de um problema central: o das relações entre cidade *versus* campo, suas oposições e a superação delas. Nesse projeto, resolve-se o problema da moradia por uma gestão e por uma apropriação coletiva do espaço.

Quanto à forma urbana, sustenta que a burguesia consegue manter e dominar o mercado mundial, pois ela tem uma forma de propriedade inerente às relações de produção, que é a produção do solo. Por isso, a burguesia tem um duplo poder sobre o espaço: a própria propriedade privada do solo e o conhecimento e a ação do Estado.

Define-se a cidade como forma de simultaneidade, campo de trocas, projeção da sociedade sobre um local, sobre o lugar sensível e sobre o plano específico. Por isso, a forma urbana tem como nome a simultaneidade, já que reúne e torna simultâneo as coisas, pessoas e signos. É forma pura, cumulativa, expressão das estruturas, forma não material, mas concreta, ligada à lógica das formas e à dialética dos conteúdos. Essa simultaneidade, portanto, é um elemento necessário da reprodução capitalista.

Essa forma urbana tem uma tendência à centralidade, ligada às decisões do Estado e à policentralidade, interligados aos centros para a dispersão e para a segregação. Nesse sentido, revela-se uma abstração e, sendo abstrata, sua análise é pouco compreendida. Por isso, essa forma é encontro e reunião de todos os objetos e sujeitos a serem explorados, gerando um objeto virtual, qual seja, o urbano, com o espectro da cidade e a sociedade urbana.

Lefebvre identificou que a cidade cria a segregação, fruto da valorização fundada na apropriação de forma desigual, fazendo com que a população pobre e sem moradia se segregue nas periferias das cidades. É o Estado que reproduz essa segregação, por meio do seu sistema, tornando o tecido urbano um lugar de diferentes classes, com pessoas, sem moradias ou morando em favelas.

Por outro lado, o geógrafo britânico David Harvey busca construir uma teoria da relação sociedade-espaço, refletindo sobre a vida urbana atual. Harvey conceituou, mais uma vez, o direito à cidade como direito coletivo concentrado, incluindo todos aqueles que facilitam a reprodução da vida cotidiana, considerando como um direito comum, uma vez que a transformação depende de um poder coletivo de moldar o processo de urbanização. Nesse trilhar, é o direito de mudar a nós mesmos pela mudança da cidade, um direito ativo de fazer a cidade diferente de acordo com a coletividade.

Definiu-se, também, o urbanismo como uma forma particular ou padronizada de processo social, forma social ligada à divisão do trabalho, produto de atividade econômica individual que forma um modo de interação social e econômico e cujo estudo contribui para compreendermos as relações sociais na base econômica da sociedade.

Harvey defende que a urbanização é um processo social espacialmente fundamentado, um conjunto dos processos sociais, um fenômeno de classes. Como a urbanização depende do excedente, existe uma conexão entre o desenvolvimento do capitalismo e a urbanização. Esse processo de urbanização desempenhou a função de resolver o problema das crises de excesso de acumulação no capitalismo, convergindo instituições e o Estado de um lado e, do outro, o sistema de crédito para o financiamento urbano.

Adverte Harvey que os direitos de propriedade resultam do poder de classe do capital de extrair e manter o controle dos excedentes, por isso, para desafiar o capitalismo, faz-se necessário combater os processos materiais por meio dos quais os excedentes são criados e apropriados pelo capital. Para ele, o urbanismo implica na concentração de excedente na cidade.

Defende-se que o mercado de moradia, em razão de sua própria lógica espacial interna, deve conter a ação coletiva se quiser funcionar coerentemente, sendo que, esse mercado é sensível a pressões econômicas e políticas e, com essas pressões, os indivíduos podem defender ou elevar o valor de seus direitos de propriedade.

Para explicar a teoria do uso do solo urbano afirma Harvey que a mercadoria é coisa dupla, um valor de uso e um valor de troca. Assim, os usuários proprietários estão relacionados com os valores de uso e agem com isso, por outro lado, operam com o valor de troca, alugando o imóvel adquirido para obter renda ou utilizando o financiamento para compra de imóveis para aumentar o valor líquido de suas posses.

Ao final desse segundo capítulo, procuramos identificar os argumentos semelhantes nas obras de Henri Lefebvre e David Harvey, dentre elas: o urbanismo como entidade autossuficiente; urbanismo e conhecimento científico; processo social e forma social; revolução urbana; concepções espaciais ou prática social.

Por outro lado, diferenciamos o pensamento de cada um dos dois autores, em relação ao conceito de direito à cidade; urbanismo; urbanização; a tese de que a urbanização do campo implica em uma ruralização subsidiária da cidade; conceitos sobre o espaço e o argumento que o urbanismo é produto de circulação de mais-valia.

Cumpre frisar, que tanto a ideia de direito à cidade de Lefebvre quanto a de Harvey não são as tradicionais, assim, o direito à cidade não é a solução dos problemas da cidade e da moradia, mas pelo contrário, é o problema. Quando os autores se referem ao direito à cidade não é o que chamamos tradicionalmente de direito, mas relaciona-se à forma jurídica e mercantil, trazida no primeiro capítulo desta obra. Assim, pode-se afirmar que só existem os problemas relacionados ao direito à cidade e à moradia porque existem o direito e o Estado.

No terceiro capítulo tratou-se da (re)configuração da propriedade privada e o direito à moradia e, inicialmente, considerou-se a cidade como legado histórico, reprodução do capital e da força do trabalho, pertencente ao capital. Por outro lado, a cidade é uma mercadoria consumida conforme as leis dessa reprodução do capital, transpondo a terra urbana – servida de infraestrutura e serviços – para o mercado imobiliário. Essa reprodução do capital se realiza através do setor imobiliário e financeiro.

Identificou-se, a cidade como mercado, meio de consumo coletivo, empreendimento planejado, que traz a necessidade de competição entre cidades, transpondo o modelo estratégico das empresas para as cidades-empresa, no nosso universo urbano. Entretanto, para vender essa cidade, faz-se necessário analisar as características do tipo de consumidor de cada cidade.

Por outro lado, compreendeu-se a moradia como *status*, dependente do modo pelo qual a sociedade estiver hierarquizada em classes sociais. É mercadoria a ser consumida pelo morador consumidor e, essa mercantilização da moradia, afeta a concretização da moradia, uma vez que abandona as políticas públicas de moradia, para criar uma política patrimonial. Para isso, o setor imobiliário em conjunto com a construção civil reproduz o espaço enquanto mercadoria. Essa transformação da habitação em mercadoria e ativo financeiro teve como motivo a superacumulação e, esse mercado imobiliário, contribui para o processo especulativo.

Para compreendermos a cidade em sua dimensão espacial foi obrigatório analisar a realidade material, a vida urbana e fato de que é através do espaço que o homem produziu a si mesmo e ao mundo como prática real e concreta. A produção do espaço se realiza sob a proteção da propriedade privada do solo e, sendo o espaço mercadoria, entra no circuito da troca, reproduzindo riqueza. Compreendeu-se que para ter direito ao uso de um pedaço de terra é pressuposto pagamento, haja vista que o uso é produto das formas de apropriação e, esse uso, está interligado à teoria do valor, utilizando-se da urbanização para transformar renda do solo em valor de uso.

Percebeu-se que o Estado tem um papel importante na produção do espaço urbano através do controle do fundo público de investimentos, regulando e comandando o uso e a ocupação do solo, criando infraestrutura urbana em favor dos interesses privados imobiliários. Desse modo, essa intervenção estatal estimula a especulação e fomenta a produção dos espaços na cidade por meio de investimentos em infraestrutura urbana, o que, por vezes, expulsa os moradores para as periferias, ocasionando a segregação.

Assim, o Estado participa da segregação, através da desapropriação, expulsando a população de um lugar para outro. Exemplo disso foram os megaeventos nos quais pessoas foram removidas à força de suas moradias, em razão da ação dos atores privados sobre o governo, tornando indefinido o que é público do que é privado.

São as classes dominantes que controlam esse processo de estruturação do espaço urbano, sendo que essa segregação é determinada pelos interesses do mercado imobiliário, desde que necessário ao mercado de capital. Por conta da segregação, as periferias ficam excluídas dos investimentos públicos em infraestrutura e, essa segregação, trata-se de um fenômeno social, utilizado para entender as dinâmicas da metrópole.

Viu-se que o capital global controla a terra e o discurso das cidades globais é adotado pelo Poder Público, criando a imagem de cidade global como uma questão ideológica, com o objetivo de fazer a sociedade crer a globalização como benéfica à modernização e à inserção econômica das cidades quando, na verdade, essas cidades causam exclusão social e a dominação em virtude do capital financeiro. Para atender esse fim, a globalização criou cidades e sistemas urbanos mundiais, ampliando as relações econômicas para fora da fronteira nacional e, para o Brasil, significou uma nova forma de dominação e exploração.

Percebeu-se que com a passagem do dinheiro do setor industrial para o setor imobiliário, transformou o espaço em produto imobiliário, ou seja, produto mercadoria. Para isso, fez-se obrigatório a aproximação entre o setor imobiliário e o capital financeiro, fazendo com que o mercado realizasse mudanças de uso e de produção de novos valores de uso e de troca do espaço.

Esse mercado está ligado à financeirização da produção do espaço, o que traz como consequência a valorização de alguns imóveis, mas, para isso, necessita-se de uma maior atuação do Estado em transformar o espaço urbano em ativo financeiro. Com essa financeirização gerou-se uma explosão de novos empreendimentos em espaços anteriormente desvalorizados e localizados em bairros periféricos. Assim, com a possibilidade de se ganhar mais dinheiro com transações financeiras do que com construção de novas moradias, isso comprometeu as políticas públicas de moradia, que passam a ser políticas patrimoniais.

Percebeu-se que a noção de produção contempla a apropriação, que está interligada ao ato de morar, ou seja, é necessário apropriar-se de um lugar construído na cidade. Viu-se que a cidade apresenta um modo de apropriação expresso através do uso do solo que, como produto capitalista, só se realiza através da apropriação, através da propriedade privada.

Identificou-se que o Estado, através do planejamento urbano, realiza um conjunto de ações de ordenação espacial das atividades urbanas cujas decisões políticas se subordinam aos interesses de mercado. Assim, não é por falta ou má qualidade de planos que temos os atuais problemas da cidade, em especial a falta de moradia, mas pelo fato da sua aprovação seguir os interesses da política local. Quanto ao planejamento estratégico, modelo de planejamento urbano, aplicado nas cidades globais, tem como finalidade desregular, privatizar, fragmentar e dar ao mercado um espaço absoluto, através de parcerias entre o setor público e privado.

No último capítulo tratou-se da Política Habitacional no Brasil e, preliminarmente, identificou-se que a interferência do Estado na provisão de moradias subsidiárias ocorreu após 1930, na Era Vargas. No entanto, o governo foi incapaz de formular uma proposta que atendesse às necessidades habitacionais do Brasil, uma vez que faltou, de fato, uma política habitacional.

Tal interferência do Estado em relação à moradia ocorreu pelo fato da habitação não ser um produto de fácil comércio, haja vista seu preço alto o qual não se encaixava na cesta salarial, necessitando de uma ação estatal, com o objetivo de regulamentar as atividades produtivas. Nesse sentido, foi criado um Estado do bem-estar social e os direitos sociais, em especial à moradia, para garantir os padrões mínimos de habitação para todos.

Entretanto, o Estado de bem-estar no Brasil difere dos países da Europa e Estados Unidos, uma vez que nossa política é patrimonial, implementada pelo Estado no qual público e privado se misturam. Assim, esse Estado do bem-estar social cedeu lugar à hegemonia de mercado. Na nossa sociedade patrimonialista os interesses particulares estão acima dos interesses coletivos, predominando a propriedade como valor central da sociedade, de modo que, no Brasil, nossa política não é pública, mas sim uma política patrimonial.

Conceituamos o que seria uma política pública de moradia para concluir que, apesar das políticas promovidas no Brasil, elas não são públicas, uma vez que se direcionam para determinados setores da sociedade e, para isso, o Estado cria processos de valorização diferenciada do espaço, investindo recursos em infraestrutura e ocasionando a segregação.

De mais a mais, o Estado entrega as políticas de habitação aos setores imobiliários e financeiros privados, fortalecendo os sistemas financeiros privados de habitação e criando um campo de aplicação do excedente, sendo o PMCMV a manifestação acabada desse processo. Para isso, transformam a moradia em um negócio urbano financeirizado, o que contribui para o processo de valorização, segregação e surgimento das periferias.

Mais adiante, interpretou-se a teoria da renda da terra agrícola de Marx fazendo um contraponto com a teoria da localização. No entanto, a renda que Marx tratou foi a renda da terra agrícola, dentro de um contexto de uma teoria inglesa que deve ser compreendida tendo em vista as peculiaridades da sociedade que a originou, uma vez que, primeiro, perde sentido a afirmação que a renda é um pagamento por uma dádiva da natureza se, no momento atual, paga-se pela localização socialmente produzida e, segundo, não tem fundamento, no capitalismo atual, a afirmação que a renda é uma transferência da classe dos capitalistas à dos proprietários de terra.

Compreendeu-se que a renda que Marx tratou foi a da terra agrícola, mas não a da terra urbana e, hoje, a questão urbana baseia-se no conceito de produção do espaço, em que valores de localização e a infraestrutura são essenciais para a formação do preço e do lucro. Com a releitura da teoria de Marx criou-se a teoria da localização, considerada como o produto socialmente concebido pelo capitalismo urbano, que gera conflitos de classes na cidade e disputa pela terra.

Sabe-se que o espaço urbano é produto do trabalho e, esse produto, é chamado de localização. Marx não explorou o conceito de localização, mas a doutrina marxista conceituou essa teoria como produto socialmente produzido pelo capitalismo no espaço urbano, considerando um valor de uso e valor de troca, para toda atividade de produção e reprodução, constituída de uma estrutura física sobre o solo.

Assim, a localização comanda o preço estabelecido no mercado, criando um pagamento pela localização do bem porque localização é um valor de uso e porque é comercializada enquanto mercadoria, dotada de valor de troca. Por isso, aqueles que possuem terras em locais favorecidos podem converter os excessos de lucros em renda fundiária.

Por outro lado, a "terra localização" é um produto do trabalho, com a peculiaridade da irreprodutividade e, por ser única, a terra não pode ser distribuída equitativamente entre os que necessitam e, seu estudo, ajuda a compreender a transformação da terra em mercadoria, o desaparecimento dos proprietários de terra enquanto classe e a manutenção da propriedade privada pelo capitalismo.

Identificou-se a moradia considerada mercadoria, estando ligada a uma parcela de terra, tendo um valor que se expressa através da localização, o que permite ao proprietário da moradia receber uma quantia em dinheiro, paga por outrem, em troca da autorização para o outro habitar.

O monopólio do espaço passa a ser fonte de lucro, atrelado a algo que não é produzido (a terra), mas que está lá de fato, permitindo ao proprietário da moradia receber uma quantia em direito em troca da autorização para outro habitar, fazendo com que a habitação seja um lugar determinado no espaço, ou seja, uma localização. Para regular o mercado das localizações, o Estado estabelece os instrumentos urbanísticos com o intuito de equilibrar tanto o mercado quanto a localização, tendo como consequência a desigualdade urbana e a segregação socioespacial.

Sob outra perspectiva, identificou-se que o direito à cidade engloba o direito à moradia e, este, é o mais importante efeito jurídico do princípio da função social a propriedade urbana, inserido em nossa constituição. No entanto, para disciplinar as diretrizes da política urbana brasileira, ou seja, o conteúdo do princípio da função social da propriedade urbana, foi criado o Estatuto da Cidade. Acontece que, após análise de pesquisas, anteriormente realizada (2014), percebeu-se que dos 5.570 municípios do Brasil, apenas 8 regulamentaram esse diploma.

No mesmo sentido, estudou-se o plano diretor, instrumento jurídico que fixa os requisitos da função social da propriedade urbana por cada município e percebeu-se que os planos são elaborados sem referência ou marcos de planejamento, e não são devidamente atualizados e regulamentados, o que compromete a aplicação do princípio constitucional e, consequentemente, a concretização do direito social à moradia.

Compreendeu-se a Política Nacional de Habitação (PNH) como um plano que busca equacionar as necessidades habitacionais do Brasil, através de ações públicas e privadas, no prazo de 15 anos. Essa PNH conta com a ação conjunta do Plano Nacional da Habitação (PlanHab) que tem como objetivo a mobilização de recursos para reduzir o déficit habitacional.

No entanto, não foi localizada uma pesquisa específica para detectar se o PMCMV acompanha as diretrizes do PlanHab, entretanto, a doutrina afirma que o PMCMV não adota o conjunto de estratégias que o PlanHab julga necessário para diminuir o déficit habitacional no Brasil, como também, que o programa ignorou as premissas e os debates em torno do plano que vinha sendo discutido.

Por fim, a respeito da questão da moradia e o Programa Minha Casa Minha Vida (PMCMV), preliminarmente, analisou-se as soluções marxistas para acabar com a escassez de moradia e, percebeu-se, que se deve eliminar a espoliação da classe trabalhadora pela classe dominante, além da abolição do modo de produção capitalista e a apropriação dos meios de vida e trabalho pela classe trabalhadora.

Identificou-se que a criação das favelas se tornou uma alternativa para a falta de habitação e, analisando dados da Fundação João Pinheiro (2008), detectou-se que o déficit habitacional no Brasil é de 5,8 milhões de moradias. Por outro lado, pelo Censo – IBGE (2010), a população de pessoas que moram em aglomerados subnormais é de 11,4 milhões de pessoas.

Com a finalidade de equilibrar esses dados, o governo criou o PMCMV, no entanto, o programa entregou as decisões da política habitacional para o setor privado, ocasionando ganhos fundiários para as construtoras. Estudou-se a responsabilidade dos municípios em ofertar a terra urbana e bem localizada, além de estabelecer os instrumentos urbanísticos, infraestrutura, equipamentos e serviços para a efetivação do PMCMV.

Entretanto, como detectado nas pesquisas trazidas nessa obra, os empreendimentos do PMCMV não atendem a esses requisitos, ocasionando uma segregação, com a transferência das famílias para áreas distantes de seu local de origem, o que implica em inviabilidade ao acesso às fontes de trabalho e renda, às redes de sociabilidade local, além dos altos custos em virtude de morar em condomínios.

Cumpre relembrar que não foi objeto deste livro realizar uma pesquisa, específica, sobre o Programa Minha Casa Minha Vida (PMCMV), mas analisarmos diversas pesquisas já realizadas, principalmente as publicadas pelo "Observatório das Metrópoles", além da doutrina especialista no tema. Assim, os dados e as conclusões desta, sobre o PMCMV, tiveram esses dois fundamentos.

A mercantilização da moradia, tão debatida pela doutrina marxista, no terceiro capítulo desta pesquisa, foi detectada no PMCMV, uma vez que toda habitação tem um valor de mercado, o que permite ao proprietário do bem capitalizar o valor monetariamente, transferindo-se a outra pessoa, quando possível.

O referido programa ocasionou o aquecimento do mercado e a elevação do preço da terra, no entanto, com a elevação dos preços da terra em conjunto com o aumento da demanda por insumos para a produção, gerou um crescimento dos custos de produção maior do que a valorização média dos outros bens e a inflação. Gerou, também, a especulação imobiliária sobre determinadas zonas, tais como centro da cidade e zonas de boa densidade.

Detectou-se que a teoria utilizada no capítulo anterior sobre os investimentos públicos do Estado em favor do setor privado, também está presente do PMCMV, uma vez que existiu a utilização de fundos públicos, por parte da União, para a construção de habitações sociais, em larga escala, e de forma dissociada de uma política de gestão e de terras urbanas, tendo como consequência, a exclusão social com a segregação e os ganhos fundiários por parte do setor privado imobiliário.

Essa utilização dos fundos públicos, por parte do Poder Público, para o Programa Minha Casa Minha Vida faz com que o setor privado imobiliário (especialmente as construtoras), se beneficiem dos subsídios públicos, além de canalizar esses recursos para a produção/acumulação capitalista, fazendo com que haja o crescimento das construtoras desse setor que transbordam os investimentos públicos para outros setores do mercado.

Nesse sentido, o PMCMV dá prioridade para que os investimentos imobiliários sejam feitos pelo Poder Público em áreas com infraestrutura, transporte coletivo, escolas, creches, postos de saúde. Entretanto, segundo as pesquisas analisadas, na prática, o que se detecta, é o deslocamento da população carente para a periferia, sem acesso a esses serviços públicos, mínimo necessário para todos os cidadãos. O que se faz na verdade é, primeiro construir o condomínio, criando a moradia, para depois investir nesses serviços.

Um dos responsáveis por isso é o município onde o condomínio foi construído, que é o gestor do uso e ocupação do solo, como também garantidor da aplicação dos instrumentos urbanísticos para efetivar esse direito fundamental à moradia, mas, como vimos anteriormente, os municípios são negligentes na regulamentação e aplicação desses instrumentos.

O programa baseia-se na ideia de casa como mercadoria, e não como um direito fundamental efetivado pelo próprio Estado, uma vez que adota um modelo padrão nas construções, desvinculados dos instrumentos urbanísticos e dos direitos à cidade. Outra consequência é a segregação gerada pelo programa, uma vez que o espaço urbano é definido pela dinâmica social e sua estrutura é determinada em nível econômico, político-institucional e ideológico.

No que tange as moradias construídas pelo programa, as pesquisas evidenciaram (2015), que as casas têm uma tecnologia voltada à otimização da construção, com a montagem rápida e padrão. Por outro lado, do ponto de vista arquitetônico, percebeu-se que as casas construídas pelo PMCMV são idênticas, com péssima arquitetura e baixa qualidade nos materiais utilizados.

Entretanto, a forma como são construídos os condomínios de casas e apartamentos desse programa se dá de forma fechada e murada, fragmentada e desconexa, o que os tornam sem qualificação. Na contramão, o programa gera a despolitização da questão da moradia, uma vez que, muitas vezes, os beneficiários das moradias são escolhidos não de forma transparente, mas através de relações privadas, baseadas na amizade ou parentesco.

Por tudo isso, conclui-se que as moradias construídas pelo PMCMV são produzidas com uma arquitetura ruim; sem qualificação das áreas dos empreendimentos; com construções habitacionais desvinculadas das características físicas e climáticas locais; em condomínios mal localizados; sem transporte coletivo eficaz; faltando infraestrutura urbana e serviços públicos; não possuindo transparência na seleção dos beneficiários das moradias; trazendo benefícios financeiros para o setor privado imobiliário; desvinculadas da política urbana e fundiária de cada município e, por fim, desarticuladas com as realidades locais.

Por fim, a abordagem crítica contra o PMCMV não tira o mérito do seu ato de enfrentar, em larga escala, o déficit habitacional no Brasil, mas, não se pode deixar de perceber que essa política patrimonial, realizada pelo suposto Estado do bem-estar social, através da ação do Estado, é direcionada aos interesses privados. É necessário, também, identificar a negligência dos municípios na aplicação dos instrumentos urbanísticos, o que ocasiona os entraves ao programa pelo próprio direito, tudo isso para atender ao mercado financeiro e imobiliário. Sendo assim, defende-se nesta obra que os obstáculos relativos à concretização do direito social à moradia são ocasionados pelo próprio Estado e pelo direito.

REFERÊNCIAS

ABBAGNANO, Nicola. *Dicionário de Filosofia*. São Paulo: Martins Fontes, 1998.

ALFREDO, Anselmo. *O Mundo Moderno e o Espaço: Apreciações Sobre a Contribuição de Henri Lefebvre*. GEOUSP – Espaço e Tempo, São Paulo, n. 19, 2006, p. 53-79.

ALVAREZ, Isabel Pinto. A Produção e Reprodução da Cidade Como Negócio e Segregação. In: Ana Fani Alessandri Carlos, Danilo Volochko, Isabel Pinto Alvarez (Orgs.). *A Cidade Como Negócio*. São Paulo: Contexto, 2015.

ALAPANIAN, Silvia. *A Crítica Marxista do Direito: Um Olhar Sobre as Posições de Evgeni Pachukanis*. Semina: Ciências Sociais e Humanas, Londrina, v. 26, set. 2005, p. 15-26.

ALVES, Antônio José Lopes. *Propriedade Privada e Liberdade em Hegel e Marx*. Revista Intuitio, Porto Alegre, n. 2, v. 1, novembro/2008, p. 49-67.

AMORE, Caio Santo. "Minha Casa Minha Vida" Para Iniciantes. In: AMORE, Caio Santo; SHIMBO, Lúcia Zanin; RUFINO, Maria Beatriz Cruz (Orgs.). *Minha Casa... e a Cidade? Avaliação do Programa Minha Casa Minha Vida em Seis Estados Brasileiros*. Rio de Janeiro: Letra Capital, 2015.

ANDRADE, Diogo de Calasans Melo. *Direito e Moradia: Uma Abordagem Crítica*. Paraíba: Sal da Terra, 2017.

ANDRADE, Diogo de Calasans Melo. *Políticas Públicas, Mínimo Existencial e Poder Judiciário: A Questão do Direito* à *Moradia*. Rev. Bras. Polít. Públicas (on-line), Brasília, n.1, v. 6, 2016, p. 150-165.

ANDRADE, Diogo de Calasans Melo; MENEZES, Rita de Cassia Barros de; OLIVEIRA, Liziane Paixão Silva. *A Reorganização Urbana das Metrópoles Periféricas na Era da Financeirização Global do Capital*. Revista de Direito à Cidade, n. 4, v. 8, 2016, p. 1495-1515.

_____. *O Princípio da Função Social da Propriedade*. São Paulo: Letras Jurídicas, 2014.

ANDRADE, Luciana da Silva; DEMARTINI, Juliana. Repensando a Prática Arquitetônica no Contexto da Moradia Popular. In: CARDOSO, Adauto Lúcio; ARAGÃO, Thêmis Amorim; JAENISCH, Samuel Thomas. *Vinte e Dois Anos de Política Habitacional no Brasil: Da Euforia* à *Crise*. Rio de Janeiro: Letra Capital; Observatório das Metrópoles, 2017.

ANGOTTI, Tom. América Latina Urbana: Violência, Enclaves e Lutas Pela Terra. In: FERREIRA, João Sette Whitaker (Org.). *Margem Esquerda: Ensaios Marxistas*. São Paulo: Boitempo, 2015.

ALTHUSSER, Louis. *Por Marx*. Tradução de Maria Leonor F. R. Campinas/SP: Editora Unicamp, 2015.

ARANTES, Otília Beatriz Fiori. Uma Estratégia Fatal. In: ARANTES, Otília; VAINER, Carlos; MARICATO, Ermínia. *A Cidade do Pensamento Único: Desmanchando Consensos*. 8. ed. Petrópolis/RJ: Vozes, 2013.

ARAÚJO, James Amorim. *Sobre a Cidade e o Urbano em Henri Lefebvre*. GEOUSP – Espaço e Tempo, São Paulo, n. 31, 2012, p. 133-142.

ÁVILA, Humberto. *Teoria dos Princípios da Definição à Aplicação dos Princípios Jurídicos*. 13. ed. São Paulo: Malheiros, 2012.

AVILA, Róber Iturriet. *Estamento: Senhorial e/ou Burocrático? Perspectivas de Florestan Fernandes e de Raymundo Faoro*. Porto Alegre, março/2014. Disponível em: <http://www.fee.rs.gov.br/textos-para-discussao>. Acesso em 8 de setembro de 2017.

AZEVEDO, Sérgio; ANDRADE, Luís Aureliano Gama de. *Habitação e Poder: Da Fundação da Casa Popular ao Banco Nacional Habitação* (on-line). Rio de Janeiro: Centro Edelstein de Pesquisas Sociais, 2011.

BARBOSA, Jorge Luiz. As Favelas na Reconfiguração Territorial da Justiça Social e dos Direitos à Cidade. In: CARLOS, Ana Fani Alessandri; ALVES, Glória; PADUA, Rafael Faleiros (Orgs.). *Justiça Espacial e o Direito à Cidade*. São Paulo: Contexto, 2017.

BARROSO, Luis Roberto. Da Falta de Efetividade à Judicialização Excessiva: Direito à Saúde, Fornecimento de Medicamentos e Parâmetros Para a Atuação Judicial. In: SOUZA NETO, Claudio Pereira de; SARMENTO, Daniel. *Direitos Sociais: Fundamentos, Judicialização e Direitos Sociais em Espécie*. Rio de Janeiro: Lumen Juris, 2010.

BARTTOMORE, Tom. *Dicionário do Pensamento Marxista*. Rio de Janeiro: Zahar, 1988.

BATISTA, Flávio Roberto. *O Conceito de Ideologia Jurídica em Teoria Geral do Direito e Marxismo: Uma Crítica a Partir da Perspectiva da Materialidade das Ideologias*. Revista On-line Virinotio, n. 19, ano X, abr. 2015, p. 91-105.

BLOEMER, Neusa Maria Sens; XAVIER, Soiara Suziney. *Programas Habitacionais: Indicadores de Avaliação*. Revista Brasileira de Gestão e Desenvolvimento Regional, Taubaté/SP, n. 3, v. 9, set.-dez./2013, p. 54-74.

BONAVIDES, Paulo. *Do Estado Liberal ao Estado Social*. 6. ed. São Paulo: Malheiros, 1996.

BONDUKI, Nabil. *Origens da Habitação Social no Brasil: Arquitetura Moderna, Lei do Inquilinato e Difusão da Casa Própria.* 7. ed. São Paulo: Estação Liberdade; FAPESP, 2017.

_____. Política Habitacional e Inclusão Social no Brasil: Revisão Histórica e Novas Perspectivas no Governo Lula. In: Ivo Dickmann; Ivanio Dickmann (Orgs.). *A Questão da Habitação Popular.* 1. ed. Curitiba: Base Editorial; IBEP, 2015, p. 141-173.

BONDUKI, Nabil. *Do Projeto Moradia ao Programa Minha Casa.* Revista Teoria e Debate 82, maio/junho 2009, p. 8-14.

BONDUKI, Nabil; ROSSSETO, Rossella. *O Plano Nacional de Habitação e os Recursos Para Financiar a Autogestão.* v. X, Barcelona: Scripta Nova, 2008, p. 33-38.

BORJA, Jordi. *Ciudad, Urbanismo y Clases Sociales.* Disponível em: <www.sinpermiso.info>. Acesso em 24 de maio de 2017.

_____. *Ciudadanía y Espacio Público.* Ambiente y Desarrollo, n. 3, v. XIV, set.1998, p. 13-22.

BRASIL. *Constituição* (1988). Disponível a partir de <http://www.planalto.gov.br>.

BRASIL. *Lei 11.977/2009.* Disponível a partir de <http://www.planalto.gov.br>.

BUCCI, Maria Paula Dallari. Quadro de Referência de uma Política Pública: Primeiras Linhas de uma Visão Jurídico-Institucional. In: SMANIO, Gianpaolo Poggio; BERTOLIN, Patrícia Tuma Mantins. *O Direito na Fronteira das Políticas Públicas.* São Paulo: Páginas & Letras Editora e Gráfica, 2015.

_____. *Fundamentos Para uma Teoria Jurídica de Políticas Públicas.* São Paulo: Saraiva, 2013.

BUCCI, Maria Paula Dallari. O Conceito de Política Pública em Direito. In: BUCCI, Maria Paula Dallari (Org.). *Políticas Públicas: Reflexões Sobre o Conceito Jurídico*. São Paulo: Saraiva, 2006.

CALDAS, Camilo Onoda. *A Teoria da Derivação do Estado e do Direito*. São Paulo: Outras Expressões, 2015.

_____. *O Estado*. São Paulo: Estúdio Editores.com, 2014.

CARDOSO, Adauto Lucio; MELLO, Irene de Queiroz e; JAENISCH, Samuel Thomas; GRAZIA, Grazia de. A Retomada das Remoções na Cidade do Rio de Janeiro e o Programa Minha Casa Minha Vida. In: CARDOSO, Adauto Lucio; ARAGÃO, Thêmis Amorim; JAENISCH, Samuel Thomas. *Vinte e Dois Anos de Política Habitacional no Brasil: Da Euforia à Crise*. Rio de Janeiro: Letra Capital; Observatório das Metrópoles, 2017.

CARDOSO, Adauto Lúcio; MELLO, Irene de Queiroz; JAENISCH, Samuel Thomas; GRAZIA, Grazia de. A Retomada das Remoções na Cidade do Rio de Janeiro e o Programa Minha Casa Minha Vida. In: CARDOSO, Adauto Lúcio; ARAGÃO, Thêmis Amorim; JAENISCH, Samuel Thomas. *Vinte e Dois Anos de Política Habitacional no Brasil: Da Euforia à Crise*. Rio de Janeiro: Letra Capital; Observatório das Metrópoles, 2017.

CARLOS, Ana Fani Alessandri. A Privação do Urbano e o "Direito à Cidade" em Henri Lefebvre. In: CARLOS, Ana Fani Alessandri; ALVES, Glória; PADUA, Rafael Faleiros (Orgs.). *Justiça Espacial e o Direito à Cidade*. São Paulo: Contexto, 2017.

_____. *A Condição Espacial*. São Paulo: Contexto, 2016.

_____. *A Cidade*. São Paulo: Contexto, 2015a.

_____. Metageografia: Ato de Conhecer a Partir da Geografia. In: CARLOS, Ana Fani Alessandri (Org.). *Crise Urbana*. São Paulo: Contexto, 2015b.

CARLOS, Ana Fani Alessandri. A Reprodução do Espaço Urbano Como Momento da Acumulação Capitalista. In: CARLOS, Ana Fani Alessandri (Org.). *Crise Urbana*. São Paulo: Contexto, 2015c.

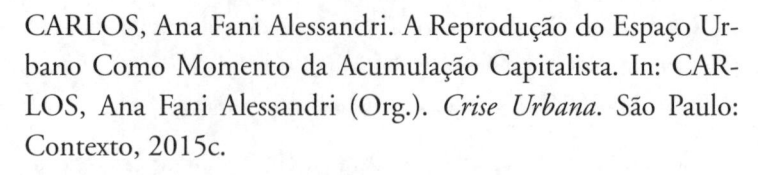

_____. A Tragédia Urbana. In: Ana Fani Alessandri Carlos, Danilo Volochko, Isabel Pinto Alvarez (Orgs). *A Cidade Como Negócio*. São Paulo: Contexto, 2015d.

_____. A Reprodução da Cidade Como "Negócio". In: CARLOS, Ana Fani Alessandri; CARRERAS, Carles (Orgs.). *Urbanização e Mundialização: Estudos Sobre a Metrópole*. São Paulo: Contexto, 2012.

_____. *O Espaço Urbano: Novos Conceitos Sobre a Cidade*. São Paulo: Contexto, 2004.

CARRERAS, Carles. Da Cidade Industrial à Cidade dos Consumidores: Reflexões Teóricas Para Debater. In: CARLOS, Ana Fani Alessandri; CARRERAS, Carles (Orgs.). *Urbanização e Mundialização: Estudos Sobre a Metrópole*. São Paulo: Contexto, 2012.

CASALINO, Vinícius. *Troca, Circulação e Produção em Teoria Geral do Direito e Marxismo: Sobre a Crítica "Circulacionista" à Teoria de Pachukanis*. Revista On-line Virinotio, n. 19, ano X, abr. 2015, p. 106-125.

CASTELLS, Manuel. *A Questão Urbana*. Tradução de Arlene Caetano. 6. ed. São Paulo: Paz e Terra, 2014.

COMPARATO, Fábio Konder. *Direitos e Deveres Fundamentais em Matéria de Propriedade*. Revista CEJ, n. 3, v. 1, set./dez. 1997.

CUNHA, Elcemir Paço. *Marx e Pachukanis: Do Fetiche da Mercadoria ao "Fetiche do Direito" e de Volta*. Revista On-line Virinotio, n. 19, ano X, abr. 2015, p. 160-171.

DAMIANI, Amélia Luisa. A Geografia e a Produção do Espaço da Metrópole: Entre o Público e o Privado. In: CARLOS, Ana Fani Alessandri; CARRERAS, Carles (Orgs.). *Urbanização e Mundialização: Estudos Sobre a Metrópole.* São Paulo: Contexto, 2012.

DANTAS, Shirley Carvalho. *O Direito à Cidade de Lefebvre e uma Reflexão Sobre a Violência Urbana.* Revista Resgate, n. 21, v. XIX, jan./jun. 2011, p. 97-102.

DEÁK, Csaba. *Em Busca das Categorias do Espaço.* São Paulo: Annablume, 2016.

_____. Acumulação Entravada no Brasil e a Crise dos Anos 1980. In: DEÁK, Csaba; SCHIFFER, Sueli Ramos (Orgs.). *O Processo de Urbanização no Brasil.* 2. ed. São Paulo: Editora Edusp, 2015.

DEBOULET, Agnes. Espaços em Disputa e Contestações. Tradução de João Sette Whitaker Ferreira. In: FERREIRA, João Sette Whitaker (Org.). *Margem Esquerda: Ensaios Marxistas.* São Paulo: Boitempo, 2015.

DIMOULIS, Dimitri; MARTINS, Leonardo. *Teoria Geral dos Direitos Fundamentais.* 4. ed. São Paulo: Atlas, 2012.

DOUZINAS, Costas. *O Fim dos Direitos Humanos.* São Leopoldo: Unisinos, 2009.

DUARTE, Clarice Seixas. Para Além da Judicialização: A Necessidade de uma Nova Forma de Abordagem das Políticas Públicas. In: SMANIO, Gianpaolo Poggio; BERTOLIN, Patrícia Tuma Mantins. *O Direito na Fronteira das Políticas Públicas.* São Paulo: Páginas & Letras Editora e Gráfica, 2015.

_____. O Ciclo das Políticas Públicas. In: SMANIO, Gianpaolo Poggio; BERTOLIN, Patrícia Tuma Mantins (Orgs.). *O Direito e as Políticas Públicas no Brasil.* São Paulo: Atlas, 2013.

DUARTE, Clarice Seixas. Direito Público Subjetivo e Políticas Educacionais. In: Maria Paula Dallari Bucci (Org.). *Políticas Públicas: Reflexões Sobre o Conceito Jurídico*. São Paulo: Saraiva, 2004, p. 113-118.

EDELMAN, Bernard. *O Direito Captado pela Fotografia*. Tradução de Several Martins e Pires de Carvalho. Coimbra: Centelha, 1976.

ENGELS, Friedrich. *Sobre a Questão da Moradia*. Tradução de Nélio Schneider. São Paulo: Boitempo, 2015.

_____. *A Origem da Família, da Propriedade Privada e do Estado*. Tradução de Ruth M. Klaus. 4. ed. São Paulo: Centauro, 2012.

FAORO, Raymundo. *Os Donos do Poder: Formação do Patronato Político Brasileiro*. 5. ed. São Paulo: Globo, 2012.

FELTRAN, Gabriel de Santis. Conflito Urbano e Gramáticas de Mediação. In: FERREIRA, João Sette Whitaker (Org.). *Margem Esquerda: Ensaios Marxistas*. São Paulo: Boitempo, 2015.

FERNANDES, Florestan. *A Revolução Burguesa no Brasil – Ensaio de Interpretação Sociológica*. 5. ed. São Paulo: Globo, 2006.

FERREIRA, João Sette Whitaker. *Memorial Circunstanciado*. Concurso público de títulos e provas para provimento de dois cargos de professor titular, em RDIDP, referência ms-6, cargos/claros códigos Nº Sº 220345 e 152781. Edital ATAC 063/2016, AUP FAU-USP, março de 2017. Cedido pelo próprio autor.

_____. *Notas Sobre a Visão Marxista da Produção do Espaço Urbano e a Questão da "Renda da Terra"*. Texto de estudo para a disciplina AUP 5703, ainda não publicado, 2017.

FERREIRA, João Sette Whitaker. Apresentação. Dossiê: Cidades em Conflito, Conflitos na Cidade. In: FERREIRA, João Sette Whitaker (Org.). *Margem Esquerda: Ensaios Marxistas*. São Paulo: Boitempo, 2015a.

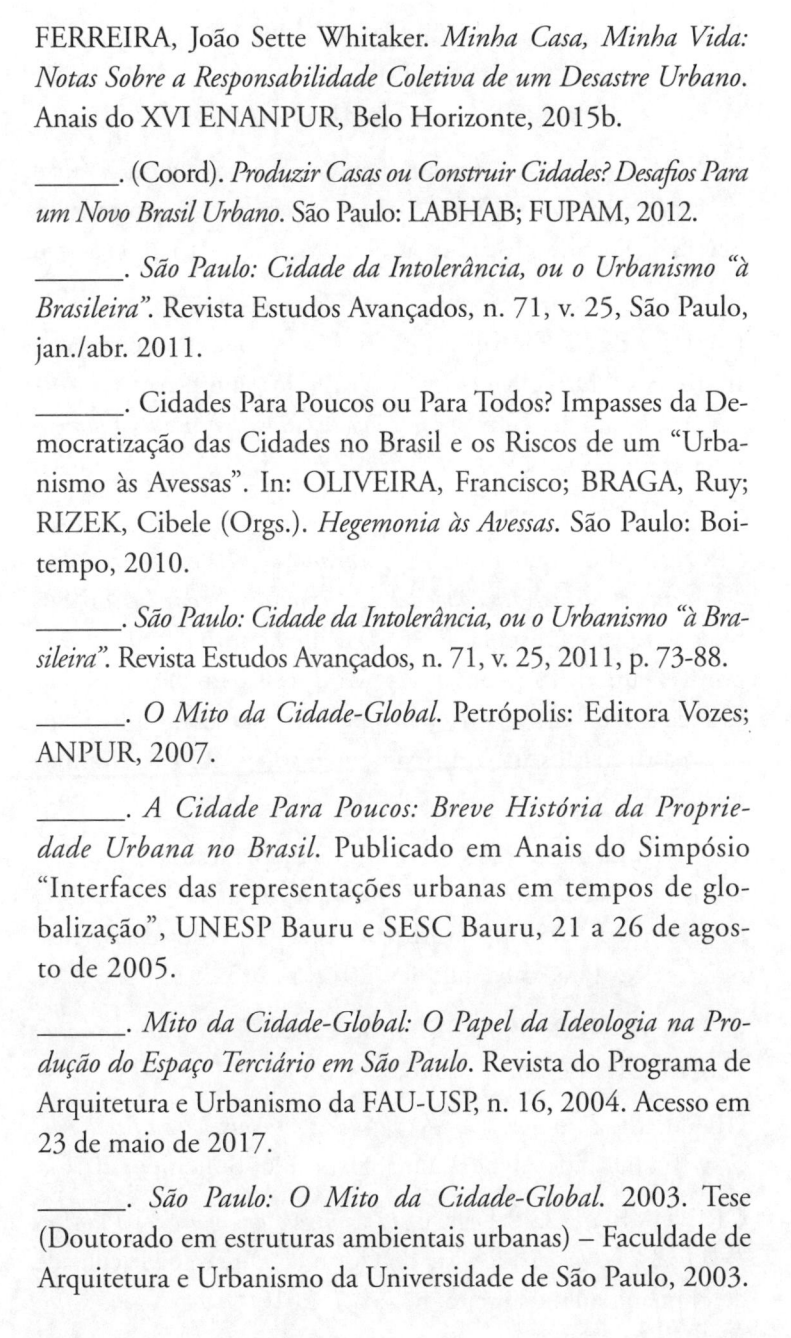

FERREIRA, João Sette Whitaker. *Minha Casa, Minha Vida: Notas Sobre a Responsabilidade Coletiva de um Desastre Urbano.* Anais do XVI ENANPUR, Belo Horizonte, 2015b.

_____. (Coord). *Produzir Casas ou Construir Cidades? Desafios Para um Novo Brasil Urbano.* São Paulo: LABHAB; FUPAM, 2012.

_____. *São Paulo: Cidade da Intolerância, ou o Urbanismo "à Brasileira".* Revista Estudos Avançados, n. 71, v. 25, São Paulo, jan./abr. 2011.

_____. Cidades Para Poucos ou Para Todos? Impasses da Democratização das Cidades no Brasil e os Riscos de um "Urbanismo às Avessas". In: OLIVEIRA, Francisco; BRAGA, Ruy; RIZEK, Cibele (Orgs.). *Hegemonia às Avessas.* São Paulo: Boitempo, 2010.

_____. *São Paulo: Cidade da Intolerância, ou o Urbanismo "à Brasileira".* Revista Estudos Avançados, n. 71, v. 25, 2011, p. 73-88.

_____. *O Mito da Cidade-Global.* Petrópolis: Editora Vozes; ANPUR, 2007.

_____. *A Cidade Para Poucos: Breve História da Propriedade Urbana no Brasil.* Publicado em Anais do Simpósio "Interfaces das representações urbanas em tempos de globalização", UNESP Bauru e SESC Bauru, 21 a 26 de agosto de 2005.

_____. *Mito da Cidade-Global: O Papel da Ideologia na Produção do Espaço Terciário em São Paulo.* Revista do Programa de Arquitetura e Urbanismo da FAU-USP, n. 16, 2004. Acesso em 23 de maio de 2017.

_____. *São Paulo: O Mito da Cidade-Global.* 2003. Tese (Doutorado em estruturas ambientais urbanas) – Faculdade de Arquitetura e Urbanismo da Universidade de São Paulo, 2003.

FERREIRA, João Sette Whitaker. *Globalização e Urbanização Subdesenvolvida*. Revista São Paulo Perspectiva, n. 4, v. 14, São Paulo, out./dez. 2000. Acesso em 01 de setembro de 2016.

FIORAVANTI, Lívia Maschio. *Reflexões Sobre o "Direito à Cidade" em Henri Lefebvre: Obstáculos e Superações*. Revista Movimentos Sociais e Dinâmicas Espaciais, n. 2, v. 2, Recife, 2013, p. 173-184.

FLORES, Joaquín Herrera. Los Derechos Humanos en El Contexto de La Globalización: Tres Precisiones Conceptuales: In: RÚBIO, David Sanchez; FLORES, Joaquín Herrera; CARVALHO, Salo de. *Direitos Humanos e Globalização: Fundamentos e Possibilidade Desde a Teoria Crítica*. 2. ed. Porto Alegre: ediPUCRS, 2010, p. 72-109.

FROTA, Henrique Botelho. *Função Social da Propriedade: Pesquisa Analisa Aplicação de Instrumentos Urbanísticos*. Publicado no site ObservaSP em 10 de novembro de 2015. Disponível em: <https://observasp.wordpress.com/2015/11/10/funcao-social-da-propriedade-pesquisa-analisa-aplicacao-de-instrumentos-urbanisticos>. Acesso em 22 de setembro de 2017.

GOMES, Daniela; MARTINELLI, Danúbia Maria Cazarotto. *O Código Florestal e o Uso da Propriedade Rural na Perspectiva da (In)Constitucionalidade da Reserva Legal*. Cadernos de Direito, n. 23, v. 12, Piracicaba, jul./dez. 2012, p. 215-233.

GOTTDIENER, Mark. *A Produção Social do Espaço Urbano*. 2. ed. São Paulo: Edusp, 2016.

GRAHAM, Stephen. *Cidades Sitiadas: O Novo Urbanismo Militar*. Tradução de Alyne Azuma, São Paulo: Boitempo, 2016.

GRINOVER, Ada Pellegrini. *O Controle das Políticas Públicas Pelo Poder Judiciário*. Revista do Curso de Direito da Faculdade de Humanidades e Direito, n. 7, v. 7, 2010, p. 9-37.

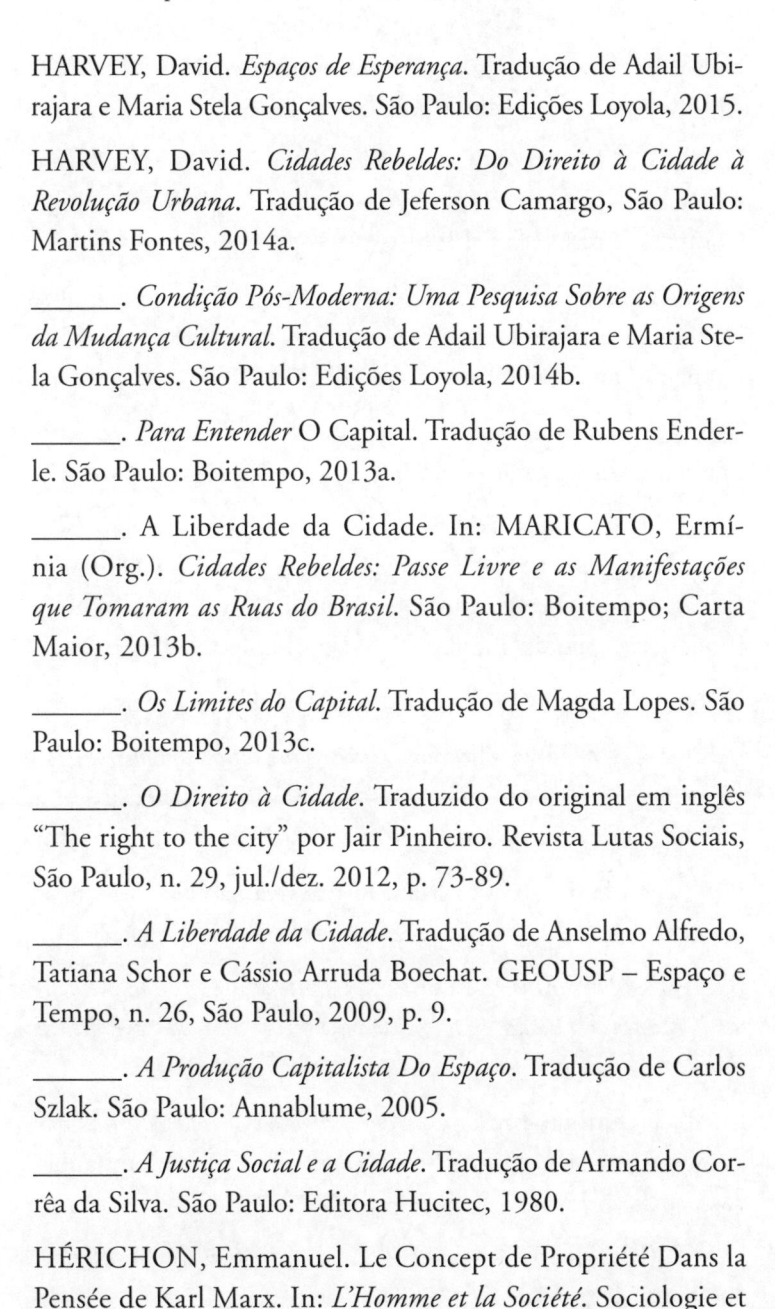

HARVEY, David. *Espaços de Esperança*. Tradução de Adail Ubirajara e Maria Stela Gonçalves. São Paulo: Edições Loyola, 2015.

HARVEY, David. *Cidades Rebeldes: Do Direito à Cidade à Revolução Urbana*. Tradução de Jeferson Camargo, São Paulo: Martins Fontes, 2014a.

_____. *Condição Pós-Moderna: Uma Pesquisa Sobre as Origens da Mudança Cultural*. Tradução de Adail Ubirajara e Maria Stela Gonçalves. São Paulo: Edições Loyola, 2014b.

_____. *Para Entender* O Capital. Tradução de Rubens Enderle. São Paulo: Boitempo, 2013a.

_____. A Liberdade da Cidade. In: MARICATO, Ermínia (Org.). *Cidades Rebeldes: Passe Livre e as Manifestações que Tomaram as Ruas do Brasil*. São Paulo: Boitempo; Carta Maior, 2013b.

_____. *Os Limites do Capital*. Tradução de Magda Lopes. São Paulo: Boitempo, 2013c.

_____. *O Direito à Cidade*. Traduzido do original em inglês "The right to the city" por Jair Pinheiro. Revista Lutas Sociais, São Paulo, n. 29, jul./dez. 2012, p. 73-89.

_____. *A Liberdade da Cidade*. Tradução de Anselmo Alfredo, Tatiana Schor e Cássio Arruda Boechat. GEOUSP – Espaço e Tempo, n. 26, São Paulo, 2009, p. 9.

_____. *A Produção Capitalista Do Espaço*. Tradução de Carlos Szlak. São Paulo: Annablume, 2005.

_____. *A Justiça Social e a Cidade*. Tradução de Armando Corrêa da Silva. São Paulo: Editora Hucitec, 1980.

HÉRICHON, Emmanuel. Le Concept de Propriété Dans la Pensée de Karl Marx. In: *L'Homme et la Société*. Sociologie et idéologie: marxisme et marxologie, n. 17, 1970, p. 163-181.

HIRSCH, Joachim. *Forma Política, Instituições Políticas e Estado* I. Revista Crítica Marxista, 1994, p. 9-28.

HOBSBAWM, Eric J. *Ecos da Marselhesa: Dois Séculos Reveem a Revolução Francesa*. Tradução de Maria Celia Paoli. São Paulo: Companhia das Letras, 1996.

KASHIURA JUNIOR, Celso Naoto; NAVES, Márcio Bilharinho. *Pachukanis e os 90 Anos de Teoria Geral do Direito e Marxismo*. Revista On-line Virinotio, n. 19, ano X, abr. 2015, p. 70-78.

_____. *Pachukanis e a Teoria Geral do Direito e o Marxismo*. Revista Jurídica Direito e Realidade, v. 1, 2011, p. 41-60.

KRAUSE, Cleandro; BALBIM, Renato; NETO, Vicente Correia Lima. *Minha Casa Minha Vida, Nosso Crescimento: Onde Fica Política Habitacional?*. Texto para discussão. Instituto de Pesquisa Econômica Aplicada. Brasília; Rio de Janeiro: Ipea, 2013, p. 1-59.

KONDER, Leandro. *O Que é Dialética*. São Paulo: Brasiliense, 2008.

JAENISCH, Samuel Thomas. *Vinte e Dois Anos de Política Habitacional no Brasil: da Euforia à Crise*. Rio de Janeiro: Letra Capital; Observatório das Metrópoles, 2017.

JUNIOR LEÃO, Teófilo Marcelo de Arêa. *Acesso à Moradia: Políticas Públicas e Sentença Por Etapas*. Curitiba: Juruá, 2014.

JÚNIOR SERRANO, Odoné. *O Direito Humano Fundamental à Moradia Digna: Exigibilidade, Universalização e Políticas Públicas Para o Desenvolvimento*. Curitiba: Juruá, 2012.

LEAL, Victor Nunes. *Coronelismo, Enxada e Voto: o Município e o Regime Representativo no Brasil*. 7. ed. São Paulo: Companhia das Letras, 2012.

LEFEBVRE, Henri. *Espaço e Política: O Direito à Cidade II*. Tradução de Margarida Maria de Andrade, Pedro Henrique Denski e Sérgio Martins. 2. ed. Belo Horizonte: Editora UFMG, 2016.

LEFEBVRE, Henri. *O Vale de Campan: Estudos de Sociologia Rural*. Tradução de Ana Cristina Mota Silva e Anselmo Alfredo. São Paulo: Editora da Universidade de São Paulo, 2011.

_____. *A Produção do Espaço*. Tradução de Doralice Barros Pereira e Sérgio Martins. Do original: La Production de L'espace. 4. ed. Paris: Éditions Anthropos, 2000. Primeira versão: 2006.

LEFEBVRE, Henri. *A Revolução Urbana*. Tradução de Sérgio Martins. Belo Horizonte: Editora UFMG, 2002.

_____. *O Direito à Cidade I*. Tradução de Rubens Eduardo Frias. São Paulo: Centauro, 2001a.

_____. *A Cidade do Capital*. Tradução de Maria Helena Rauta Ramos e Marilena Jamur. Rio de Janeiro: DP&A Editora, 2001b.

_____. *De lo Rural a lo Urbano*. Tradução de Javier González Pueyo. Barcelona: Península, 1978.

_____. *O Pensamento Marxista e a Cidade*. Tradução de Maria Idalina Furtado. Portugal: Editora Ulisseia, 1972.

LEFEBVRE, Henri; CABALERRO, José M.; GONZALEZ, Oscar; KANPETTER, Werner. *La Renta de la Tierra*. México: Tlaiuali, 1983.

LIMONAD, Ester. *Reflexões Sobre o Espaço, o Urbano e a Urbanização*. Revista GEOgraphia, n. 1, ano I, 1999, p. 71-91.

MACHADO, Carlos R. S. *Momentos da Obra de Henri Lefebvre: Uma Apresentação*. Revista Ambiente & Educação, v. 13, 2008, p. 83-95.

MARICATO, Ermínia. *Para Entender a Crise Urbana*. São Paulo: Expressão Popular, 2015.

_____. *O Impasse da Política Urbana no Brasil*. 3. ed. Petrópolis/RJ: Vozes, 2014.

MARICATO, Ermínia. As Ideias Fora do Lugar e o Lugar Fora das Ideias: Planejamento Urbano no Brasil. In: Otília Arantes, Carlos Vainer, Ermínia Maricato. *A Cidade do Pensamento Único: Desmanchando Consensos*. 8. ed. Petrópolis/RJ: Vozes, 2013.

_____. *Globalização e Política Urbana na Periferia do Capitalismo*. Revista VeraCidade, n. 4, ano IV, março/2009, p. 1-25.

_____. *Por um Novo Enfoque Teórico na Pesquisa Sobre Habitação*. Revista Cadernos Metrópole 21, 10 sem. 2009b, p. 33-52.

_____. *O Ministério das Cidades e a Política Nacional de Desenvolvimento Urbano*. Ipea, Políticas sociais – acompanhamento e análise, n. 12, fev. 2006, p. 211-220.

MARICATO, Ermínia. *Brasil, Cidades: Alternativa Para a Crise Urbana*. 2. ed. Petrópolis/RJ: Vozes, 2002.

MARSHALL, Thomaz Humphrey. *Cidadania, Classe Social e Status*. Rio de Janeiro: Zahar, 1967.

MARTINS, José de Souza. *O Cativeiro da Terra*. 9. ed. São Paulo: Contexto, 2015.

_____. *Uma Sociologia da Vida Cotidiana: Ensaios na Perspectiva de Florestan Fernandes, de Wright Mills e Henri Lefebvre*. São Paulo: Contexto, 2014.

MARX, Karl. *Os Despossuídos: Debates Sobre a Lei Referente ao Furto De Madeira*. Tradução de Nélio Schneider, Daniel Bensaïd e Mariana Echalar. São Paulo: Boitempo, 2017.

_____. *Manifesto do Partido Comunista*. Tradução de Luciano Cavini Martorano. São Paulo: Martin Claret, 2015.

_____. *Crítica da Filosofia do Direito de Hegel*. Tradução de Rubens Enderle e Leonardo de Deus. 2. ed. São Paulo: Boitempo, 2010a.

_____. *Sobre a Questão Judaica*. Tradução de Nélio Schneider, Daniel Bensaïd, Wanda Caldeira Brant. São Paulo: Boitempo, 2010b.

MARX, Karl. *O 18 de Brumário de Luís Bonaparte*. Tradução de Nélio Schneider. São Paulo: Boitempo, 2011.

_____. *A Ideologia Alemã*. Tradução de Rubens Enderle, Nélio Schneider, Luciano Cavini Martorano. São Paulo: Boitempo, 2007.

_____. *Manuscritos Econômico-Filosóficos e Outros Textos Escolhidos*. Tradução de Jesus Ranieri. São Paulo: Boitempo, 2004.

_____. *O Capital: Crítica da Economia Política*. Tradução de Regis Barbosa e Flávio R. Kothe. 3. ed. São Paulo: Nova Cultural, 1988.

_____. *O Capital: Crítica da Economia Política*. Tradução de Regis Barbosa e Flávio R. Kothe. Livro primeiro. Tomo I. Cap. I. São Paulo: Nova Cultural, 1996a.

MARSHALL, Thomaz Humphrey. *O Capital: Crítica da Economia Política*. Tradução de Regis Barbosa e Flávio R. Kothe. Livro primeiro. Tomo II. Cap. XXIV. São Paulo: Nova Cultural, 1996b.

MARX, Karl; ENGELS, Friedrich. *A Ideologia Alemã*. Tradução de Rubens Enderle, Nélio Schneider e Luciano Cavini Martorano. São Paulo: Boitempo, 2007.

MASCARO, Alysson Leandro. *Introdução ao Estudo do Direito*. 5. ed. São Paulo: Atlas, 2015a.

_____. A Crítica do Estado e do Direito: A Forma Política e a Forma Jurídica. In: NETTO, José Paulo (Org.). *Curso Livre Marx-Engels: A Criação Destruidora*. São Paulo: Boitempo; Carta Maior, 2015b.

_____. *Filosofia do Direito*. 4. ed. São Paulo: Atlas: 2014.

_____. *Estado e Forma Política*. São Paulo: Boitempo, 2013.

MAUTNER, Yvonne. A Periferia Como Fronteira de Expansão Do Capital. In: DEÁK, Csaba; SCHIFFER, Sueli Ramos (Orgs.). *O Processo de Urbanização no Brasil*. 2. ed. São Paulo: Editora Edusp, 2015.

MELO, Carlos Emanuel Alves Florêncio de. *Sobre a Mercadoria Força de Trabalho em Karl Marx*. 2015. Dissertação (mestrado) – Universidade Federal da Bahia. Faculdade de Filosofia e Ciências Humanas, Salvador, 2015.

MENDES, Luís. *Cidade Pós-Moderna, Gentrificação e a Produção Social do Espaço Fragmentado*. Caderno Metrópoles, v. 13, n. 26, São Paulo, jul./dez. 2011, p. 473-495.

MEKSENAS, Paulo. *Introdução ao Conceito de Propriedade nos Manuscritos Econômicos e Filosóficos de Marx*. Revista Espaço Acadêmico, n. 86, ano VIII, julho de 2008.

MILAGRES, Marcelo de Oliveira. *Direito à Moradia*. São Paulo: Atlas, 2011.

MIKE, Davis. *Planeta Favela*. Tradução de Beatriz Medina. São Paulo: Boitempo, 2006.

MORI, Klára Kaiser. A Ideologia na Constituição do Espaço Brasileiro. In: DEÁK, Csaba; SCHIFFER, Sueli Ramos (Orgs.). *O Processo de Urbanização no Brasil*. 2. ed. São Paulo: Editora Edusp, 2015.

MOTTA, Carolina Portugal G. da; CARDOSO, Adauto Lúcio. Família e Habitação: Desigualdades nos Domicílios Brasileiros de 1989 a 2010, a Partir dos Dados dos Censos. In: CARDOSO, Adauto Lúcio; ARAGÃO, Thêmis Amorim; JAENISCH, Samuel Thomas (Orgs.). *Vinte e Dois Anos de Política Habitacional no Brasil: da Euforia à Crise*. Rio de Janeiro: Letra Capital; Observatório das Metrópoles, 2017.

NABARRO, Sérgio Aparecido; SUZUKI, Júlio César. *A Renda da Terra nos Autores Clássicos*. Anais do XVI Encontro Nacional dos Geógrafos. Realizado de 25 a 31 de julho de 2010. Porto Alegre/RS, 2010, p. 1-13.

NASCIMENTO, Joelton. *Direito e Capitalismo Segundo Marx*. Revista Convergência Crítica, n. 6, v. 1, 2015.

_____. *Com Pachukanis, Para Além de Pachukanis: Direito, Dialética da Forma-Valor e Crítica do Trabalho*. Revista On-line Virinotio, n. 19, ano X, abr. 2015, p. 79-90.

NAVES. Márcio Bilharinho. *A Questão do Direito em Marx*. São Paulo: Outras Expressões; Dobra Universitária, 2014.

_____. *Marxismo e Direito: Um Estudo Sobre Pachukanis*. São Paulo: Boitempo, 2008a.

_____. *Marx: Ciência e Revolução*. São Paulo: Quartier Latin, 2008b.

OLIVEIRA, Julio Cezar Pinheiro de. As Dimensões Corporativas do Programa Minha Casa Minha Vida: o Dilema do Limite Entre Política Social e Política Econômica. In: CARDOSO, Adauto Lúcio; ARAGÃO, Thêmis Amorim; JAENISCH, Samuel Thomas. *Vinte e Dois Anos de Política Habitacional no Brasil: Da Euforia à Crise*. Rio de Janeiro: Letra Capital; Observatório das Metrópoles, 2017.

OLIVEIRA, Maysa Mayara Costa de; QUEIROZ, José Benevides. *A Rebeldia das Cidades Como Gênese da Constituição do Espaço Urbano Contemporâneo*. Revista Repocs, n. 25, v. 13, jan./jun. 2016.

ORRUTEA, R. M. *Da Propriedade e a sua Função Social no Direito Constitucional Moderno*. Londrina: UEL, 1998.

PACHUKANIS, Evgeni B. *Teoria Geral do Direito e Marxismo*. Tradução de Paula Vaz de Almeida; revisão técnica de

Alysson Leandro Mascaro e Pedro Davoglio. São Paulo: Boitempo, 2017.

_____. *Teoria Geral do Direito e Marxismo*. Tradução de Silvio Donizete Chagas. São Paulo, Editora Acadêmica: 1988.

PAULANI, Leda Maria. *Acumulação e Rentismo: Resgatando a Teoria da Renda de Marx Para Pensar o Capitalismo Contemporâneo*. Revista de Economia Política (on-line), v. 36, 2016, p. 514-535.

PAZELLO, Ricardo Prestes. *Os Momentos da Forma Jurídica em Pachukanis: Uma Releitura de Teoria Geral do Direito e Marxismo*. Revista On-line Virinotio, n. 19, ano X, abr. 2015, p. 133-143.

PEQUENO, Renato; ROSA, Sara Vieira, SILVA, Henrique Alves. O Programa Minha Casa Minha Vida no Ceará e na Região Metropolitana de Fortaleza. In: CARDOSO, Adauto Lúcio; ARAGÃO, Thêmis Amorim; JAENISCH, Samuel Thomas. *Vinte e Dois Anos de Política Habitacional no Brasil: da Euforia à Crise*. Rio de Janeiro: Letra Capital; Observatório das Metrópoles, 2017.

PENHAVEL, Pedro Felix Carmo. *Capitalismo Avançado e Acumulação Primitiva: A Urbanização Por Despossessão*. Anais do II Seminário de Pesquisa da Faculdade de Ciências Sociais. Nov. 2011.

PEREIRA, Luiz Carlos Bresser. *Estado, Sociedade Civil e Legitimidade Democrática*. Revista Lua Nova, n. 36, 1995, p. 85-200.

PEREIRA, Luiz Ismael; BALCONI, Lucas Ruíz. Direito Econômico e Políticas Sociais: Impacto Econômico do Programa Minha Casa Minha Vida. In: DUARTE, Clarice Seixas et al. (Orgs.). *Reflexões Acadêmicas Para Superar a Miséria e a Fome*. Bauru/SP: Canal 6, 2016.

PERRY, Anderson. *Linhagem do Estado Absolutista*. Tradução de João Roberto Martins Filho. São Paulo: Brasilense, 2004.

PERRY, Anderson. *Passagens da Antiguidade ao Feudalismo*. Tradução de Beatriz Sidau. 3. ed. São Paulo: Brasiliense, 1991.

PIRES, Luis Manuel Fonseca. *Controle Judicial da Discricionariedade Administrativa: dos Conceitos Jurídicos Indeterminados às Políticas Públicas*. 2. ed. Belo Horizonte: Fórum, 2013.

POULANTZAS, Nicos. *O Estado, o Poder e o Socialismo*. Tradução de Rita Lima. 4. ed. Rio de Janeiro: Graal, 2000.

PRETECEILLE, Edmond; RIBEIRO, Luiz Cesar de Queiroz. *Tendências da Segregação Social em Metrópoles Globais e Desiguais: Paris e Rio de Janeiro nos Anos 80*. Revista EURE (Santiago), n. 76, v. 25, Santiago dic. 1999. Acesso em 25 de agosto de 2017.

RENAULT, Emmanuel; DUMÉNIL, Gérard; LOWY, Michael. *Ler Marx*. Tradução de Mariana Echalar. São Paulo: Editora Unesp, 2011.

RIZEK, Cibele Saliba; AMORE, Caio Santo; CAMARGO, Camila Moreno de. Política Habitacional e Políticas Sociais: Urgências, Direitos e Negócios. In: Ana Fani Alessandri Carlos, Danilo Volochko, Isabel Pinto Alvarez (Orgs.). *A Cidade Como Negócio*. São Paulo: Contexto, 2015b.

ROBIRA, Rosa Tello. Áreas Metropolitanas Espaços Colonizados. In: CARLOS, Ana Fani Alessandri; CARRERAS, Carles (Orgs.). *Urbanização e Mundialização: Estudos Sobre a Metrópole*. São Paulo: Contexto, 2012.

ROQUET, Patrícia; CHOHFI, Roberta Dib. Políticas Públicas e Moradia: A Falta de Acompanhamento Como Óbice à Concretização do Direito à Cidade. O Direito na Fronteira das Políticas Públicas. São Paulo: Páginas & Letras Editora e Gráfica, 2015.

_____. Políticas Públicas e Moradia: Rumo à Concretização do Direito à Cidade. In: SMANIO, Gianpaolo Poggio;

BERTOLIN, Patrícia Tuma Mantins (Orgs.). *O Direito e as Políticas Públicas no Brasil.* São Paulo: Atlas, 2013.

ROLNIK, Raquel. *Guerra dos Lugares: A Colonização da Terra e da Moradia na Era das Finanças.* São Paulo: Boitempo, 2015.

_____. *Prédios Vazios, Cumpra-se a Lei!.* Publicado em 13 de novembro de 2014 no blog da Raquel Rolnik. Disponível em: <https://raquelrolnik.wordpress.com/2014/11/03/predios-vazios-cumpra-se-a-lei/>. Acesso em 22 de setembro de 2017.

_____. *Democracia no Fio da Navalha: Limites e Possibilidades Para a Implementação de Uma Agenda de Reforma Urbana no Brasil.* Revista Brasileira de Estudos Urbanos e Regionais, n. 2, v. 11, nov./2009, p. 31-50.

_____. *A Construção de Uma Política Fundiária e de Planejamento Urbano Para o País – Avanços e Desafios.* Revista Ipea Políticas Sociais – Acompanhamento e Análise 12, fev./2006, p. 199-210.

ROLNIK, Raquel; CYMBALISTA, Renato; NAKANO Kazuo. *Solo Urbano e Habitação de Interesse Social: A Questão Fundiária na Política Habitacional e Urbana do País.* Revista de Direito da ADVOCEF – Porto Alegre, n. 13, v. 1, 2011, p. 123-158.

RUFINO, Maria Beatriz Cruz. Um Olhar Sobre a Produção do PMCMV a Partir de Eixos Analíticos. In: AMORE, Caio Santo; SHIMBO, Lúcia Zanin; RUFINO, Maria Beatriz Cruz (Orgs.) *Minha Casa... e a Cidade? Avaliação do Programa Minha Casa Minha Vida em Seis Estados Brasileiros.* Rio de Janeiro: Letra Capital, 2015.

RUSSO, Endyra de Oliveira. O Que o Indicador Indica? O *déficit* Habitacional no Brasil e as Disputas em Torno de sua Elaboração em Meados dos Anos 1990. In: CARDOSO, Adauto Lúcio; ARAGÃO, Thêmis Amorim; JAENISCH, Samuel Thomas. *Vinte e Dois Anos de Política Habitacional no Brasil: da Euforia à Crise.* Rio de Janeiro: Letra Capital; Observatório das Metrópoles, 2017.

SARLET, Ingo Wolfgang. *A Eficácia dos Direitos Fundamentais: uma Teoria Geral dos Direitos Fundamentais na Perspectiva Constitucional*. 10. ed. Porto Alegre: Livraria do Advogado, 2010.

SARMENTO, João. *David Harvey: Lugares e Encontros*. Finisterra, LI, 101, 2016, p. 71-88.

SARTORI, Vitor Bartoletti. *Marx, Marxismo e o Terreno do Direito: Um Debate Necessário*. Revista On-line de Filosofia e Ciências Humanas, n. 19, ano 10, abril de 2014.

SANTOS, Milton. *A Urbanização Brasileira*. 5. ed. São Paulo: Editora da Universidade de São Paulo, 2013.

_____. *Por uma Outra Globalização: Do Pensamento Único à Consciência Universal*. 10. ed. Rio de Janeiro: Record, 2003.

_____. *Técnica, Espaço, Tempo: Globalização e Meio Técnico-Científico Informal*. 5. ed. São Paulo: Editora USP, 1990.

SANTOS, César Simoni. Do Lugar do Negócio à Cidade Como Negócio. In: Ana Fani Alessandri Carlos, Danilo Volochko, Isabel Pinto Alvarez (Orgs.). *A Cidade Como Negócio*. São Paulo: Contexto, 2015.

SCHMID, Christian. *A Teoria da Produção do Espaço de Henri Lefebvre: Em Direção a Uma Dialética Tridimensional*. Tradução de Marta Inez Medeiros Marques e Marcelo Barreto. GEOUSP – Espaço e Tempo, São Paulo, n. 32, 2012, p. 89-109.

SHIMBO, Lúcia Zanin. A Forma de Produção da Habitação Social de Mercado no Brasil. In: CARDOSO, Adauto Lúcio; ARAGÃO, Thêmis Amorim; JAENISCH, Samuel Thomas. *Vinte e Dois Anos de Política Habitacional no Brasil: da Euforia à Crise*. Rio de Janeiro: Letra Capital; Observatório das Metrópoles, 2017.

SILVA, Ricardo Toledo. A Regulação e o Controle Público da Infraestrutura e dos Serviços Urbanos no Brasil. In: DEÁK,

Csaba; SCHIFFER, Sueli Ramos (Orgs.). *O Processo de Urbanização no Brasil*. 2. ed., São Paulo: Editora Edusp, 2015.

SILVA, Virgílio Afonso. *Direitos Fundamentais: Conteúdo Essencial, Restrição e Eficácia*. 2. ed. São Paulo: Malheiros, 2011.

SMITH, Neil. *Gentrificação, a Fronteira e a Reestruturação do Espaço Urbano*. Tradução de Daniel de Mello Sanfelici. GEOUSP – Espaço e Tempo, São Paulo, n. 21, 2007, p. 15-31.

SOTO, William Héctor Gómez. *O Pensamento Crítico de Henri Lefebvre*. Revista Espaço Acadêmico, n. 140, ano XII, jan./2013, p. 22-28.

SOUZA, Luciane Moessa de. *Meios Consensuais de Solução de Conflitos Envolvendo Entes Públicos e a Mediação de Conflitos Coletivos*. 2010. Tese (Doutorado em Direito) – Faculdade Federal de Santa Catarina, Santa Catarina, 2010.

TIGAR, Michael E; LEVY, Madeleine R. *O Direito e a Ascensão do Capitalismo*. Tradução de Ruy Jungmann. Rio de Janeiro: Zahar Editores, 1977.

THOMPSON, Edward Palmer. *Costumes em Comum*. Tradução de Rosaura Eichemberg. São Paulo: Companhia das Letras, 1998.

TOPALOV, Christian. *Fazer História da Pesquisa Urbana: A Experiência Francesa Desde 1965*. Tradução de Regina Silva Pacheco. Revista Espaço e Debate, n. 23, 1988, p. 5-30.

VAINER, Carlos B. Pátria, Empresa e Mercadoria: Notas Sobre a Estratégia Discursiva do Planejamento Estratégico Urbano. In: ARANTES, Otília; VAINER, Carlos; MARICATO, Ermínia. *A Cidade do Pensamento Único: Desmanchando Consensos*. 8. ed. Petrópolis/RJ: Vozes, 2013a.

_____. Os Liberais Também Fazem Planejamento Urbano? Glosas ao "Plano Estratégico da Cidade do Rio de Janeiro". In:

ARANTES, Otília; VAINER, Carlos; MARICATO, Ermínia. *A Cidade do Pensamento Único: Desmanchando Consensos*. 8. ed. Petrópolis/RJ: Vozes, 2013b.

VILLAÇA, Flávio. O Território e a Dominação Social. Dossiê: Cidades em Conflito, Conflitos na Cidade. In: FERREIRA, João Sette Whitaker (Org.). *Margem Esquerda: Ensaios Marxistas*. São Paulo: Boitempo, 2015a.

_____. Uma Contribuição Para a História do Planejamento Urbano do Brasil. In: DEÁK, Csaba; SCHIFFER, Sueli Ramos (Orgs.). *O Processo de Urbanização no Brasil*. 2. ed. São Paulo: Editora Edusp, 2015b.

_____. *As Ilusões do Plano Diretor*. São Paulo: Edição do Autor, 2005.

_____. *A Terra Como Capital (Ou a Terra-Localização)*. Revista Espaço & Debates, n. 16, ano V, 1985, p. 5-13.

VOLOCHKO, Danilo. A Reprodução do Espaço Urbano Como Momento da Acumulação Capitalista. In: CARLOS, Ana Fani Alessandri (Org.). *Crise Urbana*. São Paulo: Contexto, 2015a.

_____. A Moradia Como Negócio e a Valorização do Espaço Urbano Metropolitano. In: Ana Fani Alessandri Carlos, Danilo Volochko, Isabel Pinto Alvarez (Orgs.). *A Cidade Como Negócio*. São Paulo: Contexto, 2015b.

ZANOTELLI, Cláudio Luiz; FERREIRA, Francismar Cunha. *O Espaço Urbano e a Renda da Terra*. Revista GeoTextos, n. 1, vol. 10, jul./2014, p. 35-58.

ZIZEK, Slavoj. *Multiculturalism, Or, the Cultural Logic of Multinational Capitalism*. New Left Review I/225, September-October 1997, p. 28-51.

Esta obra foi composta em CTcP
Capa: Supremo 250g – Miolo: Pólen Soft 80g
Impressão e acabamento
Gráfica e Editora Santuário